Liberdade 1880–1882

Luiz Gama

OBRAS COMPLETAS

edição brasileira© Hedra 2023
organização© Bruno Rodrigues de Lima

edição Jorge Sallum
coedição Suzana Salama
assistência editorial Paulo Henrique Pompermaier
revisão Renier Silva, Luiza Simões Pacheco
capa Lucas Kröeff

ISBN 978-65-89705-16-1

conselho editorial Adriano Scatolin,
Antonio Valverde,
Caio Gagliardi,
Jorge Sallum,
Ricardo Valle,
Tales Ab'Saber,
Tâmis Parron

Dados Internacionais de Catalogação na Publicação (CIP)
(Câmara Brasileira do Livro, SP, Brasil)

Gama, Luiz, 1830-1882

Liberdade 1880-1882 / Luiz Gama; organização, introdução, estabelecimento de texto, comentários e notas Bruno Rodrigues de Lima. 1. ed. São Paulo, SP: Editora Hedra, 2022. (Obras completas; volume 8). Bibliografia.

ISBN 978-65-89705-16-1

1. Abolição 2. Direito à educação 3. Direito – Aspectos sociais 4. Ensaios brasileiros 5. Escravidão I. Lima, Bruno Rodrigues de. II. Título. III. Série.

23-164689 CDU: 306.43

Elaborado por Tábata Alves da Silva (CRB-8/9253)

Índices para catálogo sistemático:
1. Ensaios brasileiros : Sociologia 306.43

Grafia atualizada segundo o Acordo Ortográfico da Língua Portuguesa de 1990, em vigor no Brasil desde 2009.

Direitos reservados em língua
portuguesa somente para o Brasil

EDITORA HEDRA LTDA.
R. Fradique Coutinho, 1139 (subsolo)
05416-011 São Paulo SP Brasil
Telefone/Fax +55 11 3097 8304
editora@hedra.com.br

www.hedra.com.br
Foi feito o depósito legal.

Liberdade 1880–1882

Luiz Gama

Bruno Rodrigues de Lima
(*Organização, introdução, estabelecimento de texto, comentários e notas*)

1ª edição

São Paulo   2023

Liberdade abarca textos escritos por Luiz Gama entre 1880 e 1882, ano de sua morte. Registra o surgimento de uma literatura de combate que exigia a imediata abolição da escravidão. Apesar da recorrente temática abolicionista na obra de Gama, presente desde seus primeiros textos, é somente em 1880 que a campanha pela liberdade ganha um *corpus* textual específico, que também visava à garantia da educação e cidadania para os libertos: seu abolicionismo exigia cidadania e igualdade de fato e de direito. A importância desta reunião deve-se também ao fato de que o advogado refletia sobre o processo histórico em curso, e propunha soluções políticas para o tempo presente, revelando sua natureza intelectual até hoje pouco (re)conhecida.

Luiz Gonzaga Pinto da Gama nasceu livre em Salvador da Bahia no dia 21 de junho de 1830 e morreu na cidade de São Paulo, como herói da liberdade, em 24 de agosto de 1882. Filho de Luiza Mahin, africana livre, e de um fidalgo baiano cujo nome nunca revelou, Gama foi escravizado pelo próprio pai, na ausência da mãe, e vendido para o sul do país no dia 10 de novembro de 1840. Dos dez aos dezoito anos de idade, Gama viveu escravizado em São Paulo e, após conseguir provas de sua liberdade, fugiu do cativeiro e assentou praça como soldado (1848). Depois de seis anos de serviço militar (1854), Gama tornou-se escrivão de polícia e, em 1859, publicou suas *Primeiras trovas burlescas*, livro de poesias escrito sob o pseudônimo Getulino, que marcaria o seu ingresso na história da literatura brasileira. Desde o período em que era funcionário público, Gama redigiu, fundou e contribuiu com veículos de imprensa, tornando-se um dos principais jornalistas de seu tempo. Mas foi como advogado, posição que conquistou em dezembro de 1869, que escreveu a sua obra magna, a luta contra a escravidão por dentro do direito, que resultou no feito assombroso — sem precedentes no abolicionismo mundial — de conferir a liberdade para aproximadamente 750 pessoas através das lutas nos tribunais.

Bruno Rodrigues de Lima é advogado e historiador do direito, graduado em Direito pela Universidade do Estado da Bahia (UNEB-Cabula), mestre em Direito, Estado e Constituição pela Universidade de Brasília (UnB) e doutorando em História do Direito pela Universidade de Frankfurt, Alemanha, com tese sobre a obra jurídica de Luiz Gama. Trabalha em Frankfurt, no Instituto Max Planck de História do Direito e Teoria do Direito. Pela EDUFBA, publicou o livro *Lama & Sangue – Bahia 1926* (2018).

Sumário

Apresentação das Obras Completas, *por Bruno Rodrigues de Lima* 9
Introdução, *por Bruno Rodrigues de Lima* 15
Lista de abreviaturas 53

I	UMA AUTOBIOGRAFIA. 55	
» 1	Sem sacrilégio: um bilhete à guisa de prólogo 57	
» 2	Minha vida. 59	
» 3	Minha mãe. 69	
» 4	Luiz Gama por Lúcio de Mendonça 73	
II	IRMÃO AFRO. 85	
» 1	Quem te viu, quem te vê 87	
III	TRÊS SPARTACUS E UM JOHN BROWN. 101	
» 1	Aos homens da ordem. 103	
» 2	A questão de raças 105	
» 3	Neste país não é permitido ao negro se divertir 107	
» 4	A preta Brandina 109	
IV	O TÚMULO DA CONSTITUIÇÃO. 111	
» 1	A lei e os «cafetões». 113	
» 2	Emparedando o chefe de polícia 115	
» 3	A deportação dos «cafetões» 117	
» 4	A deportação dos «cafetões» II 131	
V	A PELEJA DO ADVOGADO CONTRA O BACHAREL. . .145	
» 1	Falador passa mal 147	
» 2	Insânia e calúnia 149	

VI	FONTES DO DIREITO E ESTRATÉGIAS DE LIBERDADE.	.153
» 1	Porque sou abolicionista sem reservas	155
» 2	Africanos livres presos como escravos	171
» 3	Interesses inconfessáveis criam anacronismos nos tribunais	173
» 4	Terrorismo judiciário	179
» 5	Questão jurídica I	189
» 6	Escrevo estas linhas para evitar desastres	211
» 7	Desfazendo as ficções do direito	217
» 8	Questão jurídica II	219
VII	O COCHEIRO E O CÔNSUL.	.225
» 1	O cocheiro negro no banco dos réus	227
» 2	Tranquilo dentro do caos	231
» 3	A colônia portuguesa em São Paulo	233
VIII	UMA ESTÁTUA, UM COVEIRO E UM PERITO CRIMINAL.	.235
» 1	Chibata aos pobres, incenso aos ricos	237
» 2	Uma história criminosamente bíblica	239
» 3	Um cadáver disputado	243
» 4	A farsa do atestado de óbito	247
» 5	Revirando as vísceras da medicina legal	251
IX	UM CRIME PUXA OUTRO.	.257
» 1	O misericordioso Almeida	259
» 2	Aplausos para o carrasco	263
» 3	Tortura é tortura	265
» 4	O crime da rua de S. Bento	267
X	O ÁS DA ABOLIÇÃO.	.269
» 1	Olho vivo no parlamento	271
» 2	O caminho da liberdade	275
» 3	O heroico escravo que mata o senhor	279
» 4	A libertação do ventre escravizado	285

» 5	Conspiração dos escravocratas	293
» 6	A revolução que se aproxima	299
» 7	Emboscada dos criminosos escravocratas	309
» 8	Histórias improváveis	319
» 9	A abolição surge no horizonte	329
» 10	A neta de Zambo	335
» 11	No verbo mora o sarcasmo	345

XI	A EMANCIPAÇÃO AO PÉ DA LETRA	353
» 1	O meu companheiro José do Patrocínio	355
» 2	Emancipação II	357
» 3	Em defesa do jornalismo abolicionista	359
» 4	A liberdade urge	361

XII	A DEFESA DA CARTA A FERREIRA DE MENEZES	365
» 1	Chamada de atenção	367
» 2	Pratos limpos	371
» 3	Em defesa dos escravizados Antonio e Raymundo	373

XIII	CRUELDADE NO QUARTEL	375
» 1	A República em prisão de quartel	377
» 2	O capitão torturador	379
» 3	Ninguém deterá o capitão torturador?	383
» 4	O soldado Seixas sai da solitária	385
» 5	Um baiano provoca os paulistas	387

XIV	AGONIZA, MAS NÃO MORRE	389
» 1	Sabendo se excluir	391
» 2	Cuidado com a cabeça, Senhor Imperador	393
» 3	Memória de José Bonifácio	399
» 4	Liberdade irrevogável	405
» 5	Acautelem-se os compradores	407
» 6	À força o Cristo da multidão	409

» 7	Carta a Hyppolito de Carvalho	415
» 8	Católico, mas escravista	417
» 9	Pela libertação de 78 pessoas!	419

Bibliografia 423
In memoriam 427
Agradecimentos 429
Índice remissivo 433

Apresentação das Obras Completas

> A trajetória desse misterioso astro se dirige a uma grande alvorada. Tranquilizemo-nos.[1]

Em 2030, o Brasil comemorará o bicentenário de nascimento de Luiz Gonzaga Pinto da Gama. Dada a urgência histórica em se ler, conhecer e promover o debate público sobre a obra do advogado negro que marcou a história do Brasil e das Américas, além da história do direito e da literatura mundial, a editora Hedra resgata e publica as *Obras Completas* do herói abolicionista que, nas palavras de um contemporâneo que testemunhou a sua luta, "ainda que mais não faça, é já um nome que merece um lugar na gratidão humana, entre Espártacos e John Brown".[2]

Entre manuscritos e artigos de imprensa, as *Obras Completas* reúnem mais de oitocentos textos originais de Gama, sendo mais de seiscentos deles desconhecidos do público, pensados e articulados numa estratégia autoral *sui generis* que transitava por diversas linguagens e gêneros literários. Em onze volumes, patenteiam a escrita original — poética, profética, política, democrática, satírica, jurídica, humanitária — de um autor negro num país opulento, racista e violento, tão embranquecido em suas formas sociais quanto marcado pelo espírito da escravidão.

---

1. *Ça Ira!* (SP), [editorial], 23 de setembro de 1882, p. 1.
2. O vaticínio pode ser lido no célebre perfil biográfico "Luiz Gama por Lúcio de Mendonça", in: Luiz Gama. *Obras Completas de Luiz Gama, vol. 8. Liberdade, 1880–1882*. Organização, introdução, estabelecimento de texto, comentários e notas de Bruno Rodrigues de Lima. São Paulo: Hedra, 2021, pp. 73–84, especialmente p. 84.

Para facilitar o acesso ao *corpus* literário de Gama, a organização das *Obras Completas* combina critérios temáticos e cronológicos. Cada volume carrega sua respectiva temática-síntese e periodização que o insere numa área do conhecimento, bem como numa das frações temporais dos longos trinta e dois anos da produção intelectual de Luiz Gama (1850-1882). No entanto, nem o recorte cronológico nem a organização temática devem ser vistos necessariamente como enquadramentos intransponíveis. Numa obra complexa e sofisticada, sobreposições temporais e cruzamentos discursivos são bem-vindos e encorajados. A ideia, no fundo, é a de que cada volume comunique com o seu vizinho imediato e produza sentido se percebido em conjunto. Desse modo, tema e tempo, matéria e cronologia, convergem para o propósito de se apresentar as *Obras Completas* de Luiz Gama em suas linhas de continuidades, rupturas, diacronias, fugas e variações.

O volume de abertura, *Poesia, 1854-1865*, reúne os primeiros escritos autorais de Luiz Gama. A partir de sua entrada tão incrível quanto estranha no mundo da imprensa em julho de 1854, quando se achava preso na cela de uma cadeia, o volume percorre uma década decisiva para a formação intelectual do jovem e insubmisso poeta. Além de suas *Primeiras trovas burlescas*, poesias lançadas sob o pseudônimo Getulino em 1859 e 1861 — e que que marcariam sua estreia literária —, o volume engloba textos posteriores a Getulino, que evidenciam a sofisticação de um projeto literário que articulava poesia lírica, satírica e prosa poética.

O segundo volume, *Profecia, 1862-1865*, compreende crônicas que o jovem Gama publicou, sobretudo, fora da cidade de São Paulo. As crônicas tratam, em sua maioria, de assuntos criminais, da resistência à escravidão, disputas na alta sociedade, articulações partidárias, além de denúncias de corrupção nos aparelhos de estado. O título *Profecia* remete, a um só tempo, ao sugestivo pseudônimo adotado por Gama e às suas visões de liberdade para o futuro do Brasil. Gama apelava à consciência do público através de uma espécie de chamado profético, que antevia, no presente, as armadilhas e os desafios do futuro.

O terceiro volume, *Comédia, 1865-1867*, colige crônicas que ridicularizam os costumes de São Paulo, especialmente da vida cultural, teatral, política e religiosa da época. *Comédia* pode ser lido como linha de continuidade às crônicas do volume anterior, *Profecia*. Mais experiente na lida com a imprensa, Gama avança em seu projeto literário apostando em um estilo mais cômico e teatral. A crítica aos costumes, então, se revelava como uma arma poderosa na mão do poeta satírico. Os textos de *Comédia* servem como janelas para que os leitores de hoje vejam, e talvez riam, das barbaridades da elite paulista da época, que, afinal, não é tão distante assim da nossa.

O quarto volume, *Democracia, 1867-1869*, revela a atuação de Gama em outros domínios do conhecimento e debate público, como a educação e a política, além de marcar sua entrada no mundo do direito. Gama passa a defender na imprensa o direito à educação universal e a obrigação do Estado em garantir ensino público de qualidade em todos os níveis como um dos fundamentos da vida democrática. Nesse período, democracia, direito e liberdade tornam-se palavras-chave de sua literatura. Não sem razão, foi justamente nessa época que Gama foi demitido do cargo de amanuense da Secretaria de Polícia da capital, o que o lançaria para uma nova fase, agora dedicada à advocacia e ao direito.

O quinto volume, *Direito, 1870-1875*, demonstra que a prioridade de Gama passava a ser a escrita de uma literatura normativo--pragmática. São textos que podem ser lidos segundo divisões temáticas internas do direito: civil, criminal e processual, mas também a partir dos casos concretos em que Gama atuou como advogado ou parte interessada. Ainda que a maior parte dos textos tratasse de causas que envolvessem escravidão e liberdade, o volume também reúne textos de outras naturezas jurídicas, estritamente técnicas, o que revela, por sua vez, o domínio intelectual do advogado em outras matérias do direito.

O sexto volume, *Sátira, 1875-1876*, é formado por textos afiadíssimos que, em geral, criticam os costumes e moralidade de uma sociedade corrupta, violenta e escravocrata. Gama construiu uma obra satírica de envergadura épica. Ninguém passou ileso pelo bico da sua pena: juízes, advogados, professores, jornalistas, banqueiros. Todos foram ridicularizados como expressão medonha da sociedade escravocrata brasileira.

O sétimo volume, *Crime, 1877-1879*, representa a volta de Luiz Gama à literatura normativo-pragmática a partir de textos que são, em sua maioria, constituídos por denúncias de violação de direitos de presos e prisões ilegais. Relacionados à matéria penal e à matéria processual penal, os textos em *Crime* revelam o conhecimento de causa com que Gama interpretava o direito criminal do Brasil. Uma habilidade técnica, aliás, pela qual foi reconhecido e remunerado como um dos maiores no campo profissional.

O oitavo volume, *Liberdade, 1880-1882*, demarca o surgimento de um tipo de literatura de intervenção que exigia a imediata abolição da escravidão. Apesar da condenação moral do cativeiro ser recorrente na obra de Gama, é somente em 1880 que a campanha pela liberdade ganha um *corpus* textual específico. Os artigos deste volume, portanto, são fruto da luta radical pela abolição e por direitos. O abolicionismo de Gama, como ficará patenteado nas páginas de *Liberdade*, exigia cidadania e igualdade de fato e de direito.

O nono volume, *Justiça, 1850-1882*, reúne manuscritos fundamentais de Luiz Gama, que se constituem, inclusive, como páginas decisivas do abolicionismo mundial. É composto por petições que tramitaram no judiciário, escritas às vezes nas portas das cadeias, da polícia e dos tribunais. Somando-se aos anteriores, *Justiça* revela a magnitude da ação política e jurídica de Gama. É uma obra que confirma sua estatura de jurista. Sendo exceção na ordem cronológica do conjunto, *Justiça* é o arremate que a um só tempo articula os temas anteriores, sobretudo jurídicos, e dá unidade à sua literatura. É um volume ímpar das *Obras Completas* de Luiz Gama.

O décimo volume, *Polícia, 1850-1882*, compreende escritos de ofício, sobretudo da época em que Gama atuou como auxiliar da polícia e de outras repartições de estado, primeiro como copista, depois como escrevente, escrivão e amanuense. São cartas, boletins e petições administrativas que patenteiam a pluralidade de suas ações políticas dentro da máquina administrativa.

O décimo primeiro volume, *África-Brasil, 1850-1882*, é composto de escritos relativos à experiência de liberdade dos africanos ilegalmente escravizados em São Paulo. Abarcando textos que jogam novas luzes sobre a presença de Gama no mundo policial e administrativo, *África-Brasil* ressignifica sua relação com a imensa e plural comunidade de africanos — e seus descendentes — no Brasil. Reúne o início, o meio e o fim dessa relação constitutiva de sua formação como pensador, a relação África-Brasil, ela que também foi constitutiva do país onde Gama nasceu, viveu e lutou: o Brasil.

Por derradeiro, estamos certos de que "a década de Luiz Gama" está apenas começando. Será trabalho de gerações, como efetivamente tem sido, recuperar o legado de Luiz Gama e reinseri-lo no lugar que merece ocupar nas letras, no jornalismo, na política, no direito e na história. Se as *Obras Completas* refletem o progressivo acúmulo geracional de conhecimento que socialmente temos do Brasil Império, em geral, e da trajetória de Gama, em particular, elas não escapam das deficiências e lacunas de nosso presente. Ainda que tenhamos disponíveis, como nunca antes, incríveis bases de dados digitalizadas, que permitem o acesso remoto a uma parte considerável dos jornais do século XIX, não se poderia cravar que a reunião desse quase um milhar de textos seja uma edição definitiva. No último dos cinco volumes das correspondências de Machado de Assis, o coordenador da edição, Sergio Paulo Rouanet, pontuou que "numa obra desse tipo, todo final é sempre provisório".[3] Essa é, sem dúvida, uma das limi-

---

3. Machado de Assis. *Correspondência de Machado de Assis, tomo V: 1905-1908*. Organização de Sergio Paulo Rouanet, Irene Moutinho e Sílvia Eleutério. Rio de Janeiro: ABL, 2015, p. XXV.

tações destas *Obras Completas*. Por paradoxal que seja, ela só é completa até o presente momento. Daí que, oxalá assim seja, ela possa ser revista e ampliada no futuro. Afinal, essa é uma obra impensável sem o esforço de gerações de pesquisadores e leitores do passado e do presente, e que fica aberta às contribuições, retificações, críticas e sugestões de todos os leitores.

À semelhança do que cantou Gil em "Iansã", estamos diante de "uma obra que é de todos nós e de mais alguém, que é o tempo, o verdadeiro grande alquimista".[4]

BRUNO RODRIGUES DE LIMA
Frankfurt am Main, 21 de junho de 2021

---

[4]. Gilberto Gil. "Iansã", in: Gilberto Gil. *Ao vivo na USP*. Rio de Janeiro: Gege Produções Artísticas, 2018 [1973].

Introdução

BRUNO RODRIGUES DE LIMA

Como Luiz Gama radicalizou a luta abolicionista no Brasil? Quais foram suas táticas de luta — no debate na imprensa e nos tribunais? Quem esteve ao seu lado a toda hora — e quem atravessou a rua de fininho e mudou de calçada? O volume *Liberdade* reúne textos que respondem a essas, e outras, perguntas.

Partindo do início de 1880 e chegando até a morte de Gama, em agosto de 1882, *Liberdade* sintetiza a visão política da maior liderança abolicionista de São Paulo na última década da escravidão no Brasil. Jornalista e advogado experiente, Gama usaria de sua veia literária para mudar a chave narrativa e operar uma clivagem conceitual e prática no reposicionamento do movimento abolicionista em São Paulo, que viria a ter repercussão em todo o país. Muito de caso pensado, Gama politizará a racialização da violência e do terrorismo de Estado, radicalizando, assim, o discurso abolicionista a níveis nunca antes vistos. E o fará na esfera discursiva, em momentos decisivos, através de pseudônimos, convertidos em arma retórica e nexo de inflexão radicalizadora do conceito e da prática.

De modo inédito no abolicionismo brasileiro, Gama definiria a política da escravidão como significante indissociável de violência, crueldade, terror, crime e impunidade, ao passo em que enalteceria a resistência dos escravizados pardos e negros como ação política imbuída de indiscutível valor moral e autonomia da vontade. E Gama dirigia essa radicalização conceitual no abolicionismo com um sentido pragmático: conquistar a abolição e a cidadania ampla, geral e irrestrita o mais rápido possível. Para isso, posicionou o tema da violência racial e policial nos mais improváveis repertórios, como a filosofia do direito natural e o conhecimento normativo legislativo, doutrinário e jurisprudencial brasileiro, descrevendo em mínimos detalhes a estupidez branca e o terrorismo judiciário da política da escravidão.

Parte significativa dos próprios abolicionistas reagiria muito mal à mudança de chave narrativa de Gama. Joaquim Nabuco, por metonímia da classe, diria mais tarde que o seu abolicionismo era o de baluartes como Wilbeforce e Garrisson, e não o "de Spartacus, ou de John Brown",[1] aqui tomados como signos de fúria e barbárie. Para bom entendedor, é claro que ele refutava oblíqua e dissimuladamente as ideias de Gama, que dois anos antes escrevera que desejava ser "louco como Espártacos, como Lincoln, como John Brown, como Jesus".[2] Se ninguém serve a dois senhores, logo se verá que o abolicionismo de um não foi, e quiçá nunca mesmo poderia ter sido, o abolicionismo do outro.

Assim como o movimento que ele organizava, pode-se dizer que Gama elegia "retóricas, estratégias e arenas conforme a conjuntura política".[3] No início da década de 1880, que lamentavelmente marcaria o final de sua vida, o advogado mudava o patamar discursivo do abolicionismo no espaço público brasileiro, escolhendo a retórica da fúria negra, potencializada pelo uso de pseudônimos enquanto estratégia autoral, para disseminar sua voz por diferentes arenas de debates, sempre atento às injunções da conjuntura política — sobretudo a da política local. A combinação explosiva desses elementos atordoaria correligionários, oponentes e inimigos. Mas inegavelmente representava a esperança de liberdade, justiça e cidadania para "um milhão e quinhentas mil vítimas do mais abominável crime".[4]

---

1. Joaquim Nabuco. *O abolicionismo*. Londres: Tipografia de Abraham Kingdon, 1883, p. 25.
2. "A liberdade urge", ver p. 361.
3. Angela Alonso. *Flores, votos e balas: o movimento abolicionista brasileiro (1868-88)*. São Paulo: Companhia das Letras, 2015, p. 19.
4. "Terrorismo judiciário", ver p. 179.

O Brasil de 1880 estava numa encruzilhada — e Gama não tinha dúvida de que lado, e ao lado de quem, estava.

A ENCRUZILHADA DE 1º DE DEZEMBRO DE 1880

Quem abrisse os jornais daquela quarta-feira, 1º de dezembro de 1880, principalmente no Rio de Janeiro ou em São Paulo, veria que três grandes polêmicas sobre a escravidão tomavam corpo na imprensa. Nas três, a presença do advogado negro Luiz Gama se destacava. Na capa da *Gazeta da Tarde*, folha carioca de viés abolicionista, aparecia o despretensioso "trecho de uma carta" que, como se confirmaria nos meses seguintes, seria a primeira das onze partes de uma das mais impressionantes, senão a mais radical obra política de Luiz Gama.[5] Em São Paulo, onde conhecia a todos e era por todos conhecido, outros dois artigos ganharam as páginas naquele mesmo dia: um na *Gazeta do Povo*, em que, defendendo o seu camarada José do Patrocínio, anunciava um novo patamar da luta política abolicionista;[6] e outro artigo na *Província de S. Paulo* que, como se verá, teve de usar de um pseudônimo para denunciar a tortura e o assassinato de uma criança parda de sete anos de idade pelas mãos de dois senhores brancos, que a quiseram enterrar viva.[7]

Os três artigos não foram, até hoje, lidos em conjunto. Trata-se, portanto, de reunião inédita na literatura de Luiz Gama. Partes de uma mesma estratégia literária e editorial, os três artigos abrem portas para se compreender a obra do maior jurista da história desse país e a sua luta, com as roupas e as armas da imprensa e do direito, pela liberdade e pelos direitos dos humilhados, ofendidos e condenados da terra. Semelhantes no propósito, os três artigos, contudo, tinham formas e destinatários diferentes, o que explica terem sido publicados não em um, mas em três jornais

---

5. "Olho vivo no parlamento", ver p. 271.
6. "O meu companheiro José do Patrocinio", ver p. 355.
7. "Revirando as vísceras da medicina legal", ver p. 251.

distintos. Com isso, intensificava a presença abolicionista na imprensa, visando, certamente, acelerar o processo histórico em curso.

Na capital do Império, Gama era apresentado pela *Gazeta da Tarde* como o maior líder abolicionista em São Paulo. Desse lugar, ele se dirigia ao público simpático às ideias que tinham em comum, mirando um movimento popular de massas que derrubasse a monarquia, que ele entendia ser a fonte de sustentação da escravidão. Suas cartas corriam no fio da navalha, entre a sobriedade do jurista erudito e a insurgência do revolucionário, emitindo múltiplas mensagens para a diversidade de atores na arena política, muito embora tivessem o objetivo prático de mobilizar os abolicionistas para um conjunto de ações em comum. Foi justamente nesse contexto, como reforço à construção de sua liderança junto ao movimento, agora em perspectiva nacional, que a *Gazeta da Tarde* publicou seu perfil biográfico, destacando pela primeira vez a jornada épica do menino preto nascido livre, escravizado pelo próprio pai, que fugiu do cativeiro e conquistou sua liberdade para, no futuro, libertar mais de quinhentas pessoas ilegalmente escravizadas.[8]

Mas, em São Paulo, o 1º de dezembro tomou outras formas. Dois ataques cruzados vieram à luz: na *Gazeta do Povo*, Gama escrevia com todas as letras que era chegado o tempo da radicalização até as últimas consequências. E isso através da defesa enfática de José do Patrocínio, em particular, e da imprensa francamente abolicionista, em geral, como critério de unidade dos abolicionistas.[9] Tergiversar, ou dar palanque, como a *Província* fizera, aos defensores de uma nova *pax escravocrata* seria uma imperdoável capitulação nas fileiras republicanas. E era disso que Gama passaria a acusar, com provas, seus antigos companheiros

---

8. "Luiz Gama por Lúcio de Mendonça", ver p. 73.
9. "O meu companheiro José do Patrocinio", *op. cit.*.

de imprensa, partido e maçonaria: de aliarem-se taticamente aos liberais e conservadores para postergar a abolição até perdê-la de vista.[10]

A radicalização — e racialização — do discurso, porém, precisava de reforço. Assim, Gama resolveu multiplicar sua voz lançando mão de uma das táticas que o destacaria como mestre na tribuna da imprensa: o uso de pseudônimos para criar polifonia e repercutir um determinado assunto. Em seção paga do jornal de que se tornaria desafeto, Gama pagou a aposta de subir o tom do debate, fustigando os apelos por moderação e prudência que, em sua visão, nada tinham de uma ou de outra, sendo apenas ardis para dissuadir o movimento abolicionista. A série de artigos "Uma estátua, um coveiro e um perito criminal", fechada justamente no tal 1º de dezembro de 1880, exemplifica isso, atirando contra as autoridades policiais e a promotoria pública paulista, assim como contra a imprensa, acusando-as de cúmplices em um bárbaro assassinato de uma criança parda de sete anos de idade.[11]

É de se notar, em síntese, como um estilo original de ação política tomou forma em uma mesma data. Por que atacar adversários e inimigos simultaneamente, em planos e níveis distintos? Por que exortar à luta seus correligionários, fazendo uso de linguagens variadas, transitando momento a momento entre a racionalidade jurídica e o fervor jacobino? Por que diferentes projetos de discurso, ora revelando, ora ocultando alguns, mas nunca dissimulando a autoria? Que liderança é essa, afinal, tão difícil de se compreender? Quais são as ideias-chave desse abolicionismo negro e radical? As respostas a essas perguntas passam

---

10. A *Província de S. Paulo* de setembro, outubro e novembro de 1880 registra diversos textos na direção de um abolicionismo acovardado. Para a crítica radical de Gama sobre a capitulação dos antigos aliados, cf. o artigo, que se lê nesse volume, "A liberdade urge", ver p. 361.

11. "Revirando as vísceras da medicina legal", *op. cit*. O desfecho da série ocorre, como sublinhado no corpo do texto, no mesmo dia em que Gama lançava o primeiro trecho da "Carta a Ferreira de Menezes", ver p. 271.

pela encruzilhada da quarta-feira, 1º de dezembro de 1880. Para, quiçá, encontrarmos as respostas, comecemos por um dos lados dessa encruzilhada de três pontas, a monumental carta ao dr. Ferreira de Menezes.

O ABOLICIONISMO SEGUNDO LUIZ GAMA

A "Carta ao dr. Ferreira de Menezes" é um dos mais importantes documentos da história da abolição da escravidão no Brasil e da notável produção literária de Luiz Gama. Além de afigurar-se como o mais longo texto em prosa publicado individualmente pelo autor, revela acontecimentos e histórias nunca antes trazidos a público, oferecendo, portanto, uma nova perspectiva de análise para especialistas e leitores em geral.[12] Escrita por um homem negro, para outro homem negro, na imprensa negra do Rio de Janeiro, a carta surge como retrato do mais radical abolicionismo que deu chão do Brasil, fora dos salões festivos, das máquinas partidárias ou de episódico enfrentamento armado. Dividida em onze diferentes trechos, o documento ganhou as páginas da *Gazeta da Tarde* e as ruas do Rio de Janeiro, e de outras cidades, entre os meses de dezembro de 1880 e fevereiro de 1881. Por sua unidade narrativa e o pacto estabelecido entre autor, destinatário e público leitor, cada trecho constitui-se como parte diferente de um mesmo todo. Embora apenas um trecho desse grupo de cartas tenha sido republicado dezenas de vezes, desde os anos 1930, lê-lo em separado faz escapar o conjunto da obra, as ideias fundamentais de Luiz Gama e o que identifico como dois dos principais objetivos da missiva: orientar o movimento abolicionista para um novo estágio da luta política pela supressão da escravidão; e documentar o passado da escravidão, a partir de um inventário da crueldade senhorial branca e da resistência de escravizados negros e pardos.

12. Recentemente, a carta foi republicada, com alterações significativas. Cf. Lígia Fonseca Ferreira. *Lições de Resistência: artigos de Luiz Gama na imprensa de São Paulo e do Rio de Janeiro*. São Paulo: Edições Sesc São Paulo, 2020.

À primeira vista, o texto não obedece a uma ordem esquemática. Embora regular, mas nunca linear, o fluxo das cartas oscila e o autor alterna o teor delas, carregando na tinta, a depender do mote de cada trecho. Alguns trechos são tão fortes que parecem uma espécie de soco na boca do estômago, tamanho o impacto das imagens e dos argumentos mobilizados para apresentar dezenas de cenas de sangue e tortura "neste país clássico da sagrada liberdade".[13] Um presidente de província correu a se manifestar de que não acobertaria um crime nela denunciado; outro figurão, um comendador, tratou de refutar a acusação de que reduzia pessoa livre à escravidão. Outras autoridades, envolvidas na narrativa, sentiram-se agredidas com o teor da missiva. O público respondia. Novas denúncias advieram, encorajadas pela obstinação de Gama.

Já no primeiro trecho da carta vê-se que o autor tinha duas ideias fixas na cabeça: a escravidão enquanto crime dos senhores brancos e a urgência da abolição como medida de salvação nacional. O realinhamento entre liberais e conservadores na Câmara dos Deputados foi o estopim para Gama. O início da série de onze cartas, portanto, foi uma reação à proposta do deputado paulista Moreira de Barros,[14] que defendia o prolongamento da escravidão no Brasil. É a Moreira de Barros, literalmente ou como metonímia de uma classe, que Gama se dirige, sem meias palavras, desde a primeira frase de sua longa série de textos. Se não havia dúvida de que o deputado paulista inaugurava uma nova fase da política da escravidão, amparada na defesa do cativeiro sob a égide do discurso liberal de abolição gradual, sem sobressaltos ou rupturas, também ficaria nítido que Gama devolveria a ferro e fogo qual a linha de combate do abolicionismo radical.

Se ambos, Moreira de Barros e Gama, partilhavam de um

---

13. "O heroico escravo que mata o senhor", ver p. 279.
14. Antonio Moreira de Barros (1841–1896), paulista de Taubaté, foi deputado, ministro e presidente da província de Alagoas.

horizonte de expectativas em comum, apenas um deles manejava os recursos da mais poderosa máquina partidária da política da escravidão. Apenas um deles, novamente o primeiro, exprimia o discurso corrente dos meios de produção de opinião em escala industrial, via imprensa de massa. Ao outro coube a invenção de táticas para suplantar a absurda desigualdade de armas, num esforço de arregimentar os deserdados da fortuna política brasileira — negros, pardos e brancos pobres —, para as causas abolicionista e republicana, faces diferentes da mesma moeda da igualdade social e racial no Brasil. Somente um deles alugou sua língua para retardar o processo histórico abolicionista; o outro, representante nato da "gente que não tem o que perder",[15] acelerou a locomotiva, fazendo todo o possível para que o país extinguisse a escravidão e, ato contínuo, garantisse cidadania efetiva para todos, independente de cor ou condição social.

Embora o detonador tenha sido um discurso parlamentar, o que demonstra como Gama estava atento aos debates na Corte, não eram só as coisas do centro do poder que ocupavam a sua cabeça. Ao contrário, eram as cenas do dia a dia o seu *locus* preferencial, como se da miséria senhorial surgisse o núcleo de seu argumento. São as miudezas do cotidiano da antiga província de São Paulo, portanto e paradoxalmente, a matéria prima para o seu pensamento político e jurídico. Faz da "Carta" um inventário da crueldade senhorial branca, por um lado e, por outro, um elogio da resistência negra na última década da escravidão. Como se pegasse na ponta de um fio, Gama destrinchava o nó de um dado processo, denunciando criminosos e recuperando a verdade histórica de um fato. Mais de um caso revela o método. Como convite à leitura, vejamos de perto essa rápida e densa descrição de uma cena da escravidão em São Paulo, tomando-a

---

15. No texto, Gama fala "dos homens ricos, dos milionários, *da gente que tem o que perder*". Inverti a frase, sem prejuízo algum de sentido, para ilustrar o contexto da luta política. Cf., nesse volume, "O caminho da liberdade", ver p. 275.

como porta de entrada para o abolicionismo liderado por Gama e o modo pelo qual o advogado negro pensava o crime, o direito, o racismo e o Brasil.

«ISTO É TORPEZA DE BRANCO»

O preto velho Porfírio Pires Carneiro morava no vigésimo quinto quarteirão do distrito sul da Freguesia da Sé da cidade de São Paulo.[16] À margem do rio Tamanduateí, o local era descrito como um "arrabalde frequentado por porcos, bestas soltas e cães vadios".[17] Carneiro era, nos dizeres de um acusador antipático, um mero "carregador de arquivos" de caráter duvidoso.[18] Para Gama, no entanto, este homem "maior de 60 anos e paupérrimo"[19] tinha uma dignidade fora de suspeita. O amigo Carneiro, dizia Gama, "é de cor preta, é afilhado do defunto conselheiro Martim Francisco, que o criou em seu lar, que o educou entre seus filhos e que à sua custa fê-lo viajar pela Europa; tem no porte, e no ânimo, a nobre altivez e a inflexibilidade nativa dos Andradas".[20] Tratava-se, logo se via, de um amigo de longa data por quem nutria verdadeira afeição. Ligando os pontos, pode-se dizer que o preto velho era um daqueles raríssimos amigos que Gama conservou por toda a vida.

Num relato dramático "*entre muitos semelhantes*, de deslumbradora eloquência",[21] Gama estabeleceu um nítido e irreconciliável contraponto entre o amigo Carneiro e os abolicionistas brancos da imprensa republicana de São Paulo que, irônica e sadicamente, a história registrou como seus diletos e inseparáveis... amigos! A síntese do contraponto proposto por Gama

---

16. "Lista dos eleitores da Comarca da Capital". São Paulo: Tipografia do Correio Paulistano, 1883, p. 13.
17. "A libertação do ventre escravizado", ver p. 285.
18. "Carregador de arquivo", *Correio Paulistano*, 15 de março de 1881, p. 2.
19. "A libertação do ventre escravizado", *op. cit.*
20. *Ibid.*
21. *Ibid.* Grifo original. Voltaremos a outros casos de "deslumbradora eloquência" por toda a introdução.

é que não poderia haver dois abolicionismos, como não poderia haver duas réguas para medir a justiça. Em outras palavras, ou se defendia a abolição imediata e irrestrita, garantindo educação e cidadania para os negros libertos, ou não se poderia se reivindicar abolicionista.

O caso que Gama nos conta é brutal. Certa noite, "foi exposto um menino recém-nascido, de cor parda"[22] à porta da casa de Porfírio Pires Carneiro. Nas palavras de Gama:

O indigno abandono do menor, criminosamente feito, à sua porta, foi-lhe causa de insônias; revoltou-o.
— *Isto é torpeza de branco*, exclamava ele enfurecido, enfiando os dedos pretos pelos bastos cabelos brancos!
Passou uma semana percorrendo os subúrbios; varejou as vendas, auscultou pelas quitandas, até que um dia deu com a ponta do fio de Ariadna!...
O enjeitado, aquele inocente mulatinho, atirado aos cães, é um ingênuo, filho de uma escrava pertencente a um negociante rico, que, brutalmente, sem defesa possível, obrigou a mísera mãe a depô-lo à margem de um rio, expostos às intempéries, às bestas, às feras, embora mais compassivas do que ele!...[23]

O velho Carneiro "tomou a si a criação do menor arrancado à morte".[24] Ato contínuo à descrição do indigno abandono, produto da "torpeza de branco", Gama escreveu um longo parágrafo no qual despeja toda sua fúria e revolta com os falsos abolicionistas, ou "abutres", da imprensa paulista. Para ele, o fato de a imprensa dita republicana e abolicionista não ter publicado uma mísera nota, ou esboçado a menor crítica sobre o "indigno abandono criminosamente feito", era prova suficiente de que uma linha definitiva dividia o seu abolicionismo — e de seu amigo Car-

---

22. *Ibid.*
23. *Ibid.* Grifo original.
24. *Ibid.*

neiro — do chamado abolicionismo de seus ex-companheiros, aquele que "abraça o algoz, justifica o suplício e subscreve a condenação".[25]

Para o advogado, a moral e a ideia de direito dos jornalistas de São Paulo e a do autor do criminoso abandono eram faces distintas da mesma "torpeza de branco". Uma agia, consumava o crime, e a outra, não menos dolosa, fazia "mesuras ao patíbulo", dava "um sorriso a César e uma lágrima ao penitente".[26] Figura de destaque na imprensa paulista havia mais de vinte anos, custaria caro para Gama romper com aquele grupo de aliados. Custaria o espaço que usualmente tinha nos jornais. Mas aquela era uma nova época. Era preciso criar um novo abolicionismo. Desta vez, um abolicionismo marcadamente negro e radical. Ou, em outras palavras: um abolicionismo radicalmente negro.

Gama estava muito doente naquele dezembro de 1880. Tinha expressa recomendação médica para repousar e não se ocupar das lutas de sempre. Seu frágil estado de saúde inspirava todo cuidado. A propósito, dizia ele em carta ao dramaturgo negro e seu amigo querido, Ferreira de Menezes: "daqui, a despeito das melhoras que experimento, ainda pouco saio às tardes, para não contrariar as prescrições do meu escrupuloso médico e excelente amigo, dr. Jayme Serva. Descanso dos labores e das elucubrações da manhã e preparo o meu espírito para as lutas do dia seguinte".[27]

Mais do que estafa mental, suas queixas levavam a crer que a diabetes de que sofria havia anos, e que o vitimou fatalmente em agosto de 1882, atacava de novo.[28] Entretanto, como veremos, foi justamente no final de 1880 e início de 1881, entre a prescrição de repouso absoluto e a convalescença, que Gama escreveu a série de cartas que revela sua concepção do processo abolicio-

---

25. *Ibid.*
26. *Ibid.*
27. "O heroico escravo que mata o senhor", *op. cit.*
28. Havia pelo menos dois anos que a saúde de Gama inspirava cuidados. Ver, por exemplo, *A Província de S. Paulo*, "Noticiário", 27/02/1878, p. 2.

nista. É nessa série que se vê com todas as cores que era insuperável a ruptura com antigos aliados da Loja maçônica América, do Partido Republicano Paulista, do Clube Radical Paulistano, apenas para citar três associações de que ele e ex-companheiros eram ou haviam sido membros desde longa data.[29] Entender o abolicionismo de Gama passa por discernir seus reais aliados (e inimigos) da época e evitar, com isso, a possibilidade de abraçar acriticamente uma narrativa anacrônica criada sobretudo *após* sua morte.[30]

Além disso, responder às perguntas sobre sua rede de aliados e inimigos significa mexer num tabuleiro paradoxalmente frágil e consolidado, que é, justamente, a periodização de sua ação política. Nessa, Gama usualmente ascende em 1869 como um militante incendiário, turbulento e insubmisso — atado a um "legalismo moderado" —, e morre, em apoteose conciliatória, verdadeira conclamação das raças, como "o amigo de todos".[31] É óbvio que essa periodização tem problemas e convive mal com os muitos escritos de maturidade de Gama, que veste a carapuça não do legalista comedido ou ferrenho, mas a do inimigo público número um de uma parcela considerável da elite paulista (inclusive intelectual), fosse ela conservadora, liberal ou... abolicionista!

A cena descrita também ilumina um fator de grande relevância: o modo singular como Carneiro "percorreu" os subúrbios, "varejou" as vendas e "auscultou" as quitandas. Essa parece ser a melhor metáfora para apresentar a luta de Gama nesse triênio.

---

29. Sobre a participação de Gama na fundação das três associações citadas, ver: Elciene Azevedo. *Orfeu de carapinha: a trajetória de Luiz Gama na imperial cidade de São Paulo*. São Paulo: Editora Unicamp, 1999, cap. 2 e 3, respectivamente: "Em meios brancos" e "Um sonho de República", p. 79–188.
30. Cf. "S. Paulo é a terra do anacronismo: ou por que Luiz Gama é o bode na historiografia da abolição", na introdução da minha tese de doutorado.
31. Assim como "a roda de Luiz Gama", essa é uma expressão muito repetida na fortuna crítica sobre o advogado. Quem a iniciou, nesse caso, foi Raul Pompeia em: "Última página da vida de um grande homem". In: Afrânio Coutinho. *As obras de Raul Pompeia (escritos políticos)*. Rio de Janeiro: Civilização Brasileira, 1982, p. 68.

Lembremos o modo pelo qual o preto velho "deu com a ponta do fio de Ariadna" e encontrou a história por trás daquele abandono, ou, no jargão jurídico-penal, daquele homicídio tentado contra pessoa absolutamente incapaz. Inicialmente, Carneiro tinha uma hipótese fortíssima: a de que o autor do crime seria um branco. Pelo contexto, significa dizer que o crime foi praticado não por um branco pobre, mas por um branco de alto prestígio e influência. Não se trata de outra coisa quando ele categoricamente afirma, furioso, que o monstruoso crime era produto da "torpeza de branco". Porém, só a suspeita, abandonada da apuração e sua correspondente comprovação, transformaria sua verdade em mero palpite.

Da fúria que gerou sua suspeita inicial, Carneiro tomou um conjunto de ações. Passou uma semana percorrendo os subúrbios, investigando nos arredores de sua vizinhança e certamente em outros subúrbios onde mais se pudesse achar informação segura que o levasse a desvendar a trama. Varejou as vendas, conversou com donos e clientes de mercearias, conjecturou suas suspeitas com as dos demais, debateu, enfim, as possibilidades de autoria e as circunstâncias do crime. Auscultou as quitandas perguntando de um lado ao outro, pedindo notícias, orientando, quem sabe, algum *malungo* a manter, em sua ausência, as orelhas em pé até que um fiapo de conversa miúda escapasse...

O relato de Gama sobre o modo que o velho Carneiro encontrou o fio da trama é tão breve quanto eloquente, como se dizendo menos dissesse mais. O fato é que, ao fim de uma semana, ele já sabia quem era a mãe da criança e as circunstâncias centrais do crime. Sua suspeita principal quanto à autoria se confirmava: o mandante era mesmo um homem branco, que a essa qualificação cumulava as de senhor de escravos e negociante rico. Provavelmente, o preto velho não fora pego de surpresa ao descobrir o perfil do verdadeiro autor do crime. Podemos, ainda, perceber um detalhe a mais no modo como Carneiro buscou desvendar o crime: não bastou-lhe saber que a mãe depôs o filho na margem do rio, o que fazia da mãe da criança materialmente responsável pelo crime em última instância, já que pela lei criminal brasileira o escravizado tinha suficiente capacidade jurídica para responder criminalmente como pessoa comum nesse tipo penal.[32] No raciocínio de Carneiro, porém, faltavam as razões últimas que levaram a mãe a tão extremo ato; faltava, no jargão criminológico da época, o *animus abandonandi* da autora em enjeitar o filho "às intempéries, às bestas, às feras" das margens do rio Tamanduateí.[33]

E era aí que a conta não fechava.

Como o preto velho concluiu que não a mãe, mas um terceiro estaria envolvido diretamente, ainda mais na qualidade de mandante do crime, não se sabe em exatidão. Pode-se deduzir, no entanto, que, à suspeita inicial, Carneiro somou os vestígios recolhidos em uma semana inteira de investigação. Do cotejamento dos indícios apurados, a conclusão que o autor do crime não era, de fato, a mulher escravizada.

Carneiro concluiu que a mãe não era a culpada porque, "sem defesa possível",[34] foi ela brutalmente obrigada àquele crime por outrem, homem branco, seu senhor e negociante rico. A mulher, portanto, foi obrigada, sob brutal violência, a agir como agiu. Gama sugere que Carneiro alcançou uma informação segura sobre a trama, possivelmente uma confidência de alguém muito próximo da mãe da criança, ou até mesmo de pessoa íntima do mandante do crime. Daí porque a exclamação enfática sobre a "torpeza de branco" no princípio da narrativa revoltou e indignou o velho Carneiro, mas não o pegou de surpresa com a revelação da autoria.

Até agora ficamos com Carneiro. Não passou batido pelo lei-

---

32. Para uma síntese da capacidade jurídica do escravo no processo criminal brasileiro da segunda metade do séc. XIX, ver: Agostinho Marques Perdigão Malheiro. "O escravo ante a lei criminal (penal e processo) e policial". In: _____. *A escravidão no Brasil: ensaio histórico-jurídico-social*, vol. 1, Rio de Janeiro: Tipographia Nacional, 1866, p. 4–33.
33. "A libertação do ventre escravizado", *op. cit.*
34. *Ibid.*

tor, imagino, algo que Gama grifou nesse mesmo artigo. Ele dizia ser esse um caso "*entre muitos semelhantes*, de deslumbradora eloquência". E foi a partir deste indício, isto é, da potencial existência de semelhantes casos, que algumas perguntas ganharam relevância. Será que Gama teria ocupado as páginas dos jornais com outras denúncias de crueldade contra escravizados? Será que poderia ter denunciado a racialização dessa violência? Essas perguntas só podem ser respondidas ao se acompanhar seus passos nos mínimos detalhes.

Em se tratando de Luiz Gama, contudo, logo percebi que uma chave de leitura a mais precisaria ser preenchida, sob o risco de se escapar o x da questão. Notei que não bastaria catalogar os artigos de imprensa por seu nome próprio, senão rastrear dezenas e dezenas de "outros nomes" que surgem em múltiplos veículos de imprensa com a sugestiva peculiaridade de comentarem, em espaço-tempo coincidentes, casos em que a participação de Gama era certa ou de se conjecturar.

Por essa suspeita, identifiquei preliminarmente uma série de pseudônimos que apontavam para a autoria de Gama. Da identificação inicial, passei a cotejá-los com outras fontes, marcas estilísticas, padrões de repetição lexical e estratégias editoriais, no que pude ver o leque de ações e o repertório de movimentos que se conectam e cruzam, na esteira da ligação nominativa de fontes; que, nesse particular, amplia o alcance do que se entende por nominativo, na medida em que vincula alônimos, pseudônimos e heterônimos a um determinado nome próprio. O resultado revela um Luiz Gama muito mais complexo e radical do que a historiografia supunha.

SPARTACUS E JOHN BROWN NO BRASIL

Não há dúvidas de que Gama é o autor do paradigmático artigo originalmente intitulado "Emancipação – Ao pé da letra".[35]

---

35. "A liberdade urge", *op. cit.*

Nele, o autor manifesta querer "ser louco como Espártacos, como Lincoln, John Brown, como Jesus".[36] O que diria o leitor se encontrássemos um certo John Brown, indiscutível referência ao mártir abolicionista norte-americano, nas páginas de um jornal paulistano tão somente vinte e quatro dias após o desejo manifesto por Gama?[37] E se o John Brown paulistano dirigisse uma carta aberta ao "Presidente do Tribunal da Relação"?[38] E se Brown usasse de um conhecido estilo que se lê em mais de uma centena de artigos de inquestionável autoria de Luiz Gama? Na denúncia do Brown paulistano, tamanha era a violência da escravidão, que "a preta Brandina, maior de 70 anos", preferiu fugir desesperadamente em vez de aguardar um processo viciado, no qual os juízes sequer consideraram seu dinheiro como meio de liberdade. "Brandina", dizia Brown-Gama, "a desgraçada velha candidata à mortalha, para evitar os rigores do cativeiro, no derradeiro quartel da vida, fugiu da casa do senhor, meteu-se pelos matos, já que não encontrou juízes humanos nas povoações, no seio das sociedades civilizadas".[39]

Assim como o contemporâneo John Brown, agora era a vez de Spartacus, o lendário libertador dos escravizados romanos, ir a São Paulo poucos meses depois do chamado de Gama. Como o próprio nome invoca, Spartacus estava furioso. Dirigindo-se ao chefe de polícia da província, criticava a violência policial na casa do "africano livre Joaquim Antonio".[40] Mesmo de posse de uma "*licença* para dar um divertimento",[41] Joaquim Antonio foi preso, teve a casa arrombada e saqueada "por uma *patrulha policial*".[42] Spartacus, possivelmente "enfiando os dedos pretos por entre os bastos cabelos brancos", exclamava, diante do absurdo: "Já não é

---

36. *Ibid.*
37. "A preta Brandina", ver p. 109.
38. *Ibid.*
39. *Ibid.*
40. "Neste país não é permitido ao negro se divertir", ver p. 107.
41. *Ibid.* Grifo original.
42. *Ibid.* Grifo original.

pouco! *neste país clássico da liberdade* não é permitido ao negro divertir-se, em sua casa, sem licença da polícia!".[43] A narrativa do caso segue o mesmo estilo crítico que Gama imprimiu ao seu projeto literário abolicionista.

Outros elementos também chamam a atenção. É possível notar como John Brown e Spartacus se dirigem, em pé de igualdade, à mais alta autoridade competente para cada caso: o presidente do tribunal, que poderia ser acionado para apreciação da legalidade da decisão proferida em instância inferior; e o chefe de polícia da capital, responsável em último nível pela conduta das patrulhas policiais e dos subdelegados de distrito.

Ambos, Brown e Spartacus, demonstram sólido conhecimento normativo, muito acima da média, mesmo para um advogado ou articulista veterano. É o que se vê pela doutrina jurídica citada por Brown numa demanda de liberdade de rito normalmente sumário — a alforria mediante pagamento de pecúlio. Isto também pode ser visto na forma pela qual Spartacus qualificou a vítima, identificando-a, não fortuitamente, como "africano livre" e "cidadão português, do estado de Moçambique",[44] abrindo espaço para uma possível argumentação que pleiteasse processamento diverso em razão da nacionalidade do eventual acusado. Ambos, ainda, apostaram numa estrutura narrativa concisa e num estilo literário semelhante, cravado de grifos, para descrever diferentes acontecimentos criminais de inegáveis contornos jurídicos, políticos e raciais. Introduziram cada caso, igualmente, pela qualificação da vítima, isto é, pelo nome, seguido do local dos fatos, estatuto jurídico, razão do conflito e autoridade coatora. No mesmo sentido, desenvolveram o enredo com frieza até um ponto de tensão e ruptura no qual expunham, enfim, um desfecho violento — o desespero da fuga de Brandina, "a desgra-

---

43. *Ibid.* Grifo original.
44. *Ibid.*

çada velha candidata à mortalha"[45] e o iminente revide armado por Joaquim Antonio, o africano livre que não tem por si o patriotismo "que é só para os brancos".[46]

A estrutura concisa e a linguagem afiada, como visto, chamam a atenção. Mas é no arremate que a assinatura, ou seja, um dos sinais da autoria, ganha destaque. Os termos finais com que o John Brown paulistano atacou *A Província*, sugerindo com todo sarcasmo que se lançasse uma "forte reprimenda positivista"[47] contra a sedição da miseranda velha, remetem a duas cartas assinadas por Gama e publicadas por volta de vinte dias antes! Afinal, os "pregadores de política positiva", ardilosos e "solertes redatores da *Província de S. Paulo*" de uma carta eram os mesmos partidários do "positivismo da macia escravidão" da outra.[48]

O arremate de Spartacus também tem as suas aproximações com a assinatura de Gama, sobretudo no tom ambíguo que tem a aparência de um elogio, mas, no fundo, acena com uma espécie de intimidação. Alguns artigos assinados por Gama nos servem para essa comparação.[49] No entanto, o que instiga ainda mais quem se espantou com a presença de um Spartacus negro na cidade de São Paulo é constatar que houve outros quatro Spartacus afirmativamente negros nos jornais da época. Todos eles, a propósito, com uma estranha afinidade com Luiz Gama, tanto pelos assuntos de que se ocuparam, visão política, pertencimento racial, marcas estilísticas, ou pelo espaço de jornal em que escreveram.[50] À semelhança do Spartacus que defendeu o africano

---

45. "A preta Brandina", *op. cit.*
46. "Neste país não é permitido ao negro se divertir", *op. cit.*
47. "A preta Brandina", *op. cit.*
48. Respectivamente, "A libertação do ventre escravizado", *op. cit.*; e "A liberdade urge", *op. cit.*
49. Ver, por exemplo, no volume *Direito* destas *Obras completas*, a série de quatro artigos intitulada "Questão do pardo Narciso", publicada no *Correio Paulistano* entre os dias 27 de novembro de 1870 e 04 de dezembro de 1870.
50. Todos eles escreveram na seção de publicações a pedidos, normalmente numa coluna apertada de uma página interna do jornal.

livre Joaquim Antonio, os demais também poderiam dizer, ao pé da letra, que "a pessoa que isto escreve está de tudo bem informada".[51]

Ou o Spartacus que "instruiu aos pretos que, em análogas circunstâncias, repilam a agressão *a ferro e à bala*"[52] não era o mesmo que instruía "aos mulatos e aos negros livres, libertos ou ingênuos, a retirarem-se dos partidos *liberal* e *conservador* em que se acharem, a não exercerem o direito de voto em caso algum"?[53] Esse "outro" Spartacus, também oriundo de São Paulo, escrevia agora num jornal do Rio de Janeiro justamente naquele período em que Gama manifestou querer ser "louco como Spartacus". O artigo intitulado "A questão de raças" discutia a opinião do parlamentar Moreira de Barros — aquele mesmo deputado a quem Gama se dirigiu na primeira parte da "Carta a Ferreira de Menezes" — e sua desejada manutenção da segregação racial para a então hipotética pós-abolição. A descrição concisa também se valia de um tipo de qualificação logo no início, não da vítima, nesse particular, mas do fato. O arremate, por sua vez, revelava um Spartacus, assim como Gama, profundamente republicano.

> Quando, nesta cidade, lutava-se no pleito eleitoral, para a nomeação de vereadores e juízes de paz, a 1º do corrente, com relação a um distinto membro do partido conservador, que era objeto de manifestações de simpatias populares, disse um dos chefes do partido: "Fulano não pode ser vereador, porque *é mulato e foi cativo!...*"
>
> [...] Convidamos aos mulatos e aos negros livres, libertos ou ingênuos, a retirarem-se dos partidos *liberal* e *conservador* em que se acharem, a não exercerem o direito de voto em caso algum; aderirem às ideias republicanas e esperar uma organização forte desse partido para futuro procedimento.[54]

Não sabemos com exatidão o nome do "fulano", muito embora o grifo para "*é mulato e foi cativo*" bem delimite o rol de

---

51. "Neste país não é permitido ao negro se divertir", *op. cit.*
52. *Ibid.*
53. "A questão de raças", ver p. 105. Grifos originais.
54. *Ibid.* Grifos originais.

possíveis personagens. Como delimitado, também, é o rol de quem possa ter feito um chamamento público para que "mulatos", "negros livres", "libertos ou ingênuos" aderissem às ideias republicanas e futuramente se associassem a um partido que, para começo de conversa, não seria racista. Bom, nessa toada, já não é para se surpreender se os "outros" Spartacus se revelarem como peritos em direito. Porque são. Um deles denunciava ao juiz provedor e ao promotor de resíduos e capelas — notem o endereçamento exato para a autoridade competente na matéria — a completa desídia processual do testamenteiro que não prestou contas de um encargo, que lhe era obrigatório por disposição testamentária. Era o caso da alforria testamentária de seis escravos, todos livres, no argumento de Spartacus, por força da vontade senhorial última. Além da qualificação inicial dos alforriados, da espécie de obrigação condicionada no testamento, Spartacus mostrava conhecer o processo pelas suas entranhas.[55] Outro Spartacus, por seu turno, assinou a série "Escândalo", que culminava com uma costumeira expressão do jargão jurídico luso-brasileiro — pede justiça —, como se o artigo de opinião fosse precisamente uma petição administrativa ou judiciária: "Assim 'Spartacus' pelo mísero que a polícia já capturou implora a proteção das leis, e promete auxiliar a autoridade que cumprir seu dever — *com outras e mais minuciosas informações*, e pede justiça".[56] O mísero em questão era um "africano de 29 anos de idade", crivado de hematomas, achado por Spartacus na rua da Glória "quase em nudez, faminto e tendo sobre a região lombar inúmeras e recentes contusões e cicatrizes!!"[57] A ênfase na idade e nos maus-tratos fisgou o senhor do escravizado, que vestiu a

---

55. É o que se vê ao citar, indiretamente, a ausência de uma peça no interior dos autos (a prestação de contas do testamenteiro), responsável pela paralisação da tramitação processual regular. Cf., no volume *Direito* destas *Obras completas*, o artigo originalmente publicado como "Mais três…".
56. Cf., no volume *Direito* destas *Obras completas*, o artigo originalmente publicado como "Escândalo – 1". Grifos meus.
57. *Ibid.* Grifos originais.

carapuça e foi à imprensa replicar Spartacus, sem contestá-lo, porém, em cinco traços que individualizam a pessoa capturada pela polícia naquela tarde na rua da Glória: a idade, a nação, a nudez, a fome e o tratamento cruel.[58]

"A pessoa que isto escreve está de tudo bem informada", dizia taxativamente possuir "outras e mais minuciosas informações."[59] Spartacus abria, com isso, duas linhas de argumentação para uma eventual reclamação de liberdade: a suspeita de que se tratava de africano introduzido no país de forma ilegal e a incompatibilidade da posse de escravo por parte de um senhor cruel e hediondo. Pedia, portanto, à "justiça para dar-lhe menos *bárbaro senhor*", naquele caso em que "levanta-se o espectro de uma *ilegalidade*".[60]

Precisamente nos anos em que Spartacus e Brown discutiam essas questões jurídicas na imprensa, Luiz Gama defendia centenas de escravizados, libertos, libertandos, forros e livres de cor nos juízos e tribunais paulistas. E o que é o nó do bordado: advogava com uma singular estratégia de liberdade permeada por argumentos jurídicos idênticos, ou muito semelhantes, se preferirem, aos de "certos pseudônimos" da imprensa.

A aposta por esse estilo de ligação nominativa de fontes, incluindo pseudônimos que remetem a uma só autoria, subsidia alguns argumentos-chave para se compreender o abolicionismo de Gama. É o caso da leitura racial da sociedade brasileira. A frase "isto é torpeza de branco" marca, de saída, a singularidade de seu abolicionismo. Mais do que uma exclamação momentânea, a sentença organiza um aspecto da interpretação jurídica de Gama, tanto em matéria criminal como civil e administrativa: que a escravidão, tomasse ela a circunstância judicial e o tipo normativo

---

58. A réplica do senhor, também originalmente intitulada "Escândalo", implicitamente admite os principais pontos argumentados por Spartacus. Ela também pode ser conferida no volume *Direito* destas *Obras completas*.
59. "Neste país não é permitido ao negro se divertir", *op. cit.*
60. Cf., no volume *Direito* destas *Obras completas*, o artigo originalmente intitulado "Escândalo". Grifos originais.

que fosse, seria, sempre, um crime próprio da torpeza de branco. Tal qual um imperativo categórico, portanto, a torpeza de branco seria, em seu argumento de combate, a razão fundadora da escravidão. Com esse princípio, o advogado iria às últimas consequências, como de fato foi ao sustentar que "o escravo que mata o senhor cumpre uma prescrição inevitável de direito natural".[61]

Se em matéria criminal, por um lado, a vítima, o autor e a prova possuem um estatuto que permite até mesmo o julgamento leigo por "juízes de fato", cabendo à banca de defesa convencê-los da não culpabilidade do réu, por outro lado, no domínio do direito civil, mediado por uma complexa normatividade e julgado por jurisconsultos especialistas, nem sempre a torpeza de branco se fazia tão nítida como num crime contra a vida. Ainda assim, será possível ver Gama atacar a torpeza na lei eleitoral ou numa disposição testamentária para sucessão de herdeiros. É o que podemos ver com Spartacus. O combate ao racismo, portanto, tornou-se o ponto convergente de sua estratégia jurídica.

Spartacus e John Brown não estavam sozinhos. Num raio de sessenta dias, entre o caso envolvendo Carneiro, a preta Brandina e o africano Joaquim Antonio, encontra-se outros pseudônimos, notoriamente pertencentes à estratégia autoral de Gama. Embora rompido com ex-companheiros de imprensa, encontrava no uso criativo de pseudônimos uma forma de denunciar a crueldade contra escravizados e evidenciar a racialização dessa mesma violência na esfera pública.

UM DETETIVE, UM COVEIRO E UM MÉDICO-LEGISTA

Uma notinha despretensiosa "puxava o fio de Ariadna" para um caso que se revelaria complexo e cruel. "A *Gazeta do Povo* e o *Jornal da Tarde* que são tão solícitos em zurzir o mais pequenino fato que se dá com qualquer escravo malcriado, e que põem em pelourinho o nome de pessoas inofensivas, por que razão

---

61. "O heroico escravo que mata o senhor", *op. cit.*

tem guardado um *calculado* silêncio a respeito de um crime atroz praticado na rua de S. Bento e de que a polícia já tomou conta?" E arrematava: "Será porque eles leem por duas cartilhas — Azorrague para os pobres, incenso para os ricos?"[62]

Somando a *Gazeta do Povo* e o *Jornal da Tarde* à *Província de S. Paulo* e ao *Correio Paulistano*, estava completo o quarteto dos grandes jornais liberais de São Paulo com os quais Gama romperia definitivamente. Como preço a pagar, não se veria mais o seu nome como articulista frequente de nenhuma dessas folhas.[63] Estava explícito, desse modo, que para ele o abolicionismo da imprensa liberal significava, no limite, não registrar, comentar ou combater casos semelhantes ao do "crime atroz praticado na rua de S. Bento".[64] O que era de todo inegociável para Gama. A saída, porém, não poderia ser outra a não ser intensificar a denúncia de casos, a um só tempo cruéis e ilegais, para escandalizar a opinião pública e emparedar as autoridades.

No entanto, se o seu nome estava interditado nos veículos da imprensa paulista e as denúncias não deveriam parar, a solução apontava para uma tática já utilizada por Gama no tumultuado triênio de 1869-1871, quando inclusive foi processado sob pena de perder a provisão para advogar e teve a cabeça a prêmio. A tática, nesse particular, seria multiplicar os pseudônimos que comentavam uma determinada questão, amplificando o problema e fazendo dele o assunto do dia. Por isso que, em vez de "Luiz Gama", o que se viu sobre o caso da rua São Bento foi uma aula de direito criminal assinada por "outros autores": *A bola*, *O Leão da torre de S. Bento* e *Panthera*. Depois que A bola lamentou o calculado silêncio dos jornais a respeito do crime da rua de São Bento, surgiu o relato de uma testemunha *sui generis*: uma "estátua" que, como o nome sugere, repousava imóvel, na torre de uma igreja, e de lá "tudo via", já que fazia ângulo com o "feu-

---

62. "Chibata aos pobres, incenso aos ricos", ver p. 237. Grifos originais.
63. No *Correio Paulistano*, por exemplo, Gama foi colaborador por mais de dez anos.
64. "Chibata aos pobres, incenso aos ricos", *op. cit.*

dal palacete" que foi cenário do crime.[65] O Leão da Torre de S. Bento "enxergou" aquilo que os jornais não publicaram, descreveu os objetos da cena do crime, acompanhou minuciosamente os movimentos do assassino que "subias as escadas, atravessava as salas, penetrava as alcovas, implorava às senhoras, rogava aos senhores"[66] preocupado em encobrir as pistas, apagar os vestígios, forjar documentos, calar testemunhas, iludir os peritos, a polícia e a promotoria.

"A pessoa que isto escreve está de tudo bem informada", também poderia dizer aquele que escrevia por trás da estátua, "cá de cima do aéreo Cruzeiro dos Bentos".[67] A exemplo de Spartacus e John Brown, o Leão da Torre de S. Bento entendia tudo e mais um pouco de direito. Falava o "juridiquês" com a desenvoltura dos doutores, opinava sobre praxe processual como um prático do foro, e examinava, como experiente perito policial, o valor probante de testemunhos e de outras evidências inclusas nos autos. Cotejava depoimentos e confrontava exames periciais, formulando, ao fim, quesitos de medicina legal sobre a validade de uma prova documental viciada. O Leão da Torre, em síntese, não escondia sua assinatura.[68] O estilo literário persuasivo que descarregava uma tonelada de violência em duas linhas revelava que ele era uma figura bem conhecida da São Paulo da época. O vocabulário sóbrio e incisivo, o atrevimento de comunicar-se sem meneios ou lisonjas com a autoridade judiciária responsável pela matéria, exigindo-lhe resposta oficial inclusive, o conhecimento de peças dos autos, as estocadas irônicas nos adversários de imprensa são evidências robustas de uma autoria singular.

Dividido em quatro partes, o texto analisa a ocorrência daquilo que Carneiro chamaria com todas as letras de "torpeza de branco", isto é, um crime bárbaro cometido por um homem

---

65. "Um cadáver disputado", ver p. 243.
66. *Ibid.*
67. "A farsa do atestado de óbito", ver p. 247.
68. Os redatores da *Província* demonstravam que reconheciam a identidade real do Leão da Torre.

branco, senhor de escravizados e negociante rico. A minuciosa descrição do caso, contudo, revela mais. Além da profunda indignação que sentia, própria da imagem do preto velho enfurecido que "enfiou os dedos pretos pelos bastos cabelos brancos", e de outras características relacionadas à estrutura, estilo, vocabulário e técnica jurídica, um outro ponto chama a atenção: o procedimento de recolher vestígios, discernir a relevância das pistas, escolher as evidências mais verossímeis e, com isso, interpretar o que antes estava secreto e oculto, nesse particular, a autoria e as circunstâncias do enigmático crime da rua São Bento.

Ao seu modo, portanto, o Leão da Torre também percorreu os subúrbios, varejou as vendas e auscultou as quitandas. Tão bem informado e lançando mão de um raciocínio indiciário afiado, ele dava a entender que tinha informantes em todos os cantos. Parecia que tinha olhos em todas as cenas do crime: no cemitério, na polícia, em consultórios médicos e, inclusive, no interior do ostensivo palacete da rua São Bento. Suas "visões" sobre o espancamento de "*uma Rio Branco*",[69] expressão que indica alguém nascido após a Lei do Ventre Livre (1871), portanto uma criança, são perturbadoras.

Aqueles que dotados de melindrosa sensibilidade tão justamente se horrorizam, quando algum escravo feroz, no auge do desespero, dominado pela loucura, lança mão de arma homicida, e acomete o senhor, devem enlouquecer de dor, de pesar, depois de reclamar, com energia, a vindita legal, perante os tribunais, ouvindo o seguinte caso:

No interior de certo vistoso palacete, à rua de S. Bento, uma pessoa de elevada posição social, toma-se de nobres cóleras contra uma mísera crioulinha, ingênua, filha de uma sua escrava, menor de 9 anos de idade — *uma Rio Branco*.

Isto nada tem de notável, a pessoa que descende de uma família considerável, e de ramo, célebre tanto pelo sangue como pelo crime, e

---

69. "Uma história criminosamente bíblica", ver p. 239. Grifo original. A referência ao visconde de Rio Branco, chefe do gabinete imperial à época da assinatura da Lei de 28 de setembro de 1871, serve, a um só tempo, para marcar a idade e o estatuto jurídico da vítima.

pelo homicídio, não é muito que odeie, que deteste mesmo, uma infeliz criança, que nasceu de ventre escravo; espécie de precito, descendente de grilheta.

Também não é de espantar que espanque, com ferocidade nativa, a desgraçada criança: o ferro endireita-se a malho.

É bem natural que, para eficácia do castigo, e para evitar desastres de estômago, privem-na de alimentos.

É proveitoso, para exemplo de futuros ingênuos, filhos de escravas, que a criança, com o corpo todo chagado, cicatrizado, em parte, ensanguentado, fosse posta em uma arca, no quintal do suntuoso palacete, num chiqueiro com os seus irmãos porcos.

É belo de ver-se esta criatura humana, cristã, purificada nas águas do batismo, ungida com os óleos santos, vivendo dia e noite com os seus irmãos cerdosos.

É suntuoso, é edificante, é bíblico, ver-se os porcos comerem, na mesma gamela, como aquela cristã de raça preta.

É uma cena gastaria, digna dos Martinhos, dos Cotegipes, e dos enflorados Florêncios.

É arrebatador, é admirável verem-se os porcos, os seletos irmãos do cônego Ferreira, tomados de treda inveja, e quais modernos Cains, atirarem-se àquela menor cristã, para judiciosamente impedirem-na de comer mais do que eles, no imundo banquete.

É, porém, deplorável vê-la fugir deles, perseguida, esfomeada, sem abrigo, sem proteção divina, sem socorro humano, desesperada, *meter-se em uma barrica, e ali*, qual caranguejo em sua concha, ocultar-se, diante de olhos católicos, à ferocidade de incitadas bestas; ali passar horas, dias e noites, tendo por leito, por homizio as tábuas côncavas do providencial casulo; ali, receber, às ocultas, corrompidos sobejos de comida; ali viver alguns dias, como se irracional fora; e ali morrer menos cuidada do que um cão.[70]

O Leão da Torre descrevia com precisão a cena do crime. Primeiro, o espancamento no interior do palacete, seguido da criança ensanguentada atirada numa arca para dentro do chiqueiro, onde permaneceu por dias e noites. Traçava o perfil do criminoso, "pessoa de elevada posição" que "descende de uma família considerável" e sugeria que outros escravizados pode-

---

70. *Ibid.*

riam ter presenciado a cena, que deveria servir "para exemplo de futuros ingênuos". Escravizados esses, talvez, responsáveis por prolongar a sobrevivência da criança ao alimentá-la clandestinamente — "às ocultas" — com alguns restos de comida. Discorria sobre a "eficácia do castigo" e dava detalhes das etapas da sevícia: o espancamento, a privação de alimentos, a clausura no chiqueiro e o isolamento forçado até a morte.[71] A narrativa, como visto, apelava para o que havia de sensibilidade na opinião pública. Adotava elementos da cosmologia e liturgia cristã para assim realçar a violência, a dor e o sofrimento experimentados por "aquela cristã de raça preta". No fundo, para a estátua que via o crime do alto da torre, tudo era "bíblico": os porcos, "quais modernos Cains", aparentados de um cônego escravocrata, e a criança torturada, muito embora "criatura humana, cristã, purificada nas águas do batismo, ungida com os óleos santos", compunham, cada qual no seu papel, a tragédia moral da escravidão num país constitucionalmente católico.[72]

Para além das imagens bíblicas, a denúncia tomava outra proporção, desta vez mais pragmática, quando o Leão da Torre enxergava que de dentro do cemitério "a polícia agitava-se misteriosa, ativa, solícita, interessada" e entregava "um cadáver de Lázaro em miniatura" para dois médicos juramentados procederem o exame pericial.[73] O cronista, porém, parecia ter olhos dentro da polícia e afirmava que os dois médicos, "os fidelíssimos auxiliares científicos da polícia, olharam para o cadáver como uma donzela delicada para um copo de jalapa; viram-no *por fora*".[74] Dizia ao público, numa comunicativa metáfora da época que denotava nojo e distanciamento, que os médicos não fizeram nenhum tipo de exame interno no cadáver, quesito básico e essencial para ratificar a validade jurídica do laudo. A certeza da

71. *Ibid.*
72. *Ibid.*
73. "Um cadáver disputado", *op. cit.*
74. *Ibid.*

inexistência de exame interno veio de uma informação obtida na calada do cemitério, onde apenas policiais, médicos e, no limite, coveiros trabalhavam naquela manhã de domingo.

O surpreendente, contudo, era que o parecer técnico produzido coincidia com o relato do informante oculto. Para um bom leitor dos vestígios do crime, isso dizia muito. A "indigesta dissertação, repleta de insinuações malévolas, embrulhada em retórica cediça"[75] tinha por conclusão finalíssima não o resultado da própria perícia, mas sim a palavra de um terceiro médico que não havia visto o cadáver e nem assistido a nenhuma etapa pericial. Um terceiro que interferiu na feitura do laudo "por solicitação de pessoa distinta".[76] A opinião dos doutores juramentados de "*que a morte resultara de lesão interna*" não se apoiava no exame meticuloso da *causa mortis* segundo os preceitos científicos da matéria, mas tão somente na "opinião de *terceiro* não presente", combinada com uma olhadela superficial deles próprios, dos peritos nomeados pela polícia.[77]

"A dissertação dos professores, portanto, lavrada a esmo, sem estudo especial, sem o indispensável exame interno, é uma peça despida de critério médico-legal, feita em desvantagem da polícia, em prejuízo da justiça, em menoscabo da sociedade",[78] concluía o hábil investigador Leão da Torre. O autor ainda trazia a público excertos do próprio atestado médico, documento que deixava questões em aberto. Levando em conta tamanhas aberrações, o cronista arrematava que tudo aquilo era "uma comédia científica, que serve de prólogo a um crime célebre (…), o começo de um desastre policial; o prenúncio de uma vergonha judiciária; um eclipse da medicina legal; uma incúria dos peritos; uma prova irrecusável de fatal desídia".[79]

---

75. *Ibid.*
76. *Ibid.*
77. *Ibid.* Grifos originais.
78. *Ibid.*
79. "A farsa do atestado de óbito", *op. cit.*

O laudo dos "professores de elevada distinção" veio exposto na terceira e quarta partes da crônica. A discussão seria a partir daí travada no interior da medicina forense. Antes, contudo, existem novos elementos, personagens e movimentos na cena do crime. Vejamos com lupa:

> No dia em que o cadáver da menor, *tendo ainda os pés sujos de barro*, foi levado ao cemitério e *recusado pelo coveiro que levantou o alarma, à noite*, julgando não ser visto, entrou ele, e demorou-se no palacete da rua de S. Bento... Quando a tiraram da barrica, e a reconduziram ao sobrado, porque lhe minguassem as inúmeras feridas, deu alguns gritos. Para que não incomodasse aos senhores aplicaram-lhe, como calmante, algumas pancadas. Saudáveis, deliciosas pancadas: ela recebeu-as e, para sempre calou-se...[80]

O Leão da Torre indica como o coveiro parece ter sido "o" ou "um" dos informantes ocultos. A *"Rio Branco"* de "raça preta" que contava não nove, mas sete anos de idade, ia ser enterrada às pressas e clandestinamente, como sugestiona a expressão grifada *"tendo ainda os pés sujos de barro"* imediatamente após "cadáver da menor".[81] No entanto, o coveiro, inflexível ao que parece, se recusou a tal envolvimento e "levantou o alarma", esse sinal que pode ter sido o início da reconstituição dos fatos. Na noite anterior, a *"Rio Branco"* foi tirada da barrica que lhe servia de escudo dentro do chiqueiro e voltou ao interior do palacete, território mais hostil e perverso, onde os senhores, agora no plural, finalmente mataram-na a pancadas.

A julgar pelo excerto publicado, o relatório médico-legista dissimulava a natureza dos ferimentos e, por conseguinte, da *causa mortis* da *"Rio Branco"*. Os médicos afirmaram que "a menor faleceu de uma enfermidade gástrica; as úlceras espalhadas pela periferia do cadáver bem podiam resultar daquela enfermidade".[82]

---

80. *Ibid.*
81. "Revirando as vísceras da medicina legal", *op. cit.*
82. "A farsa do atestado de óbito", *op. cit.*

Nada encontraram que levasse a crer em "suspeita fundada de violências".[83] Ademais, um terceiro perito confirmava o óbito por enfermidade gástrica.

Havia poucas saídas. A "gastrite habilmente inventada" estava consolidada em dois pareceres médicos, emitidos por três autoridades no assunto. Além da opinião dos doutores, a "polícia, desanimada e tediosa, contraiu-se diante do crime".[84] Justamente a polícia, que possuía os relatórios médico-legistas e que poderia levar à frente a investigação criminal. Se o caso chegasse aos tribunais, conjecturava o Leão da Torre, o "assassino astucioso" permaneceria oculto, agasalhado por entre provas forjadas e depoimentos extorquidos. "O plano da defesa está bem traçado. A prova oral, que poderá encerrar perigos, será inutilizada pela deficiência dos exames".[85] O raciocínio era de um exímio advogado que antecipava cenários e visualizava os movimentos das partes. Sabia que a instrução de prova testemunhal poderia "encerrar perigos", mas sabia, também, que pouco podia a palavra de um coveiro, por exemplo, diante do corpo de delito firmado pelos médico-legistas.

Infelizmente para sua estratégia, as chances de averiguação do crime e responsabilização do assassino eram mínimas. E as poucas que restavam passavam por desacreditar a palavra final dos médicos, acenando com a futura nulidade jurídica dos relatórios na hipótese de uma ação penal. Foi o que ele tentou fazer, ainda no campo da retórica de imprensa, estigmatizando "a peça mais exótica, senão a mais extravagante, que se há visto no foro da capital".[86] Dizia que nada daquilo tinha pé nem cabeça e elencava diversos pontos acusatórios. Não se limitava, porém, ao ataque retórico. O Leão da Torre simplesmente elaborou um extenso estudo médico-legal sobre as causas, sintomas, manifestações e tratamento aplicável à inflamação no estômago, tanto a

---

83. *Ibid.*
84. "Revirando as vísceras da medicina legal", *op. cit.*
85. "Um cadáver disputado", *op. cit.*
86. "Revirando as vísceras da medicina legal", *op. cit.*

gastrite aguda quanto a crônica. A par da mais atualizada nosologia, ele indicava que a criança, se é que tecnicamente acometida por uma gastrite, tenderia a ser, nesse caso, vítima de uma inflamação aguda oriunda de "metástases [...] traumáticas, *causadas em consequência de violência externa,* ou de objetos agudos engolidos".[87] Isso teria conduzido seu quadro "facilmente a uma exulceração, gangrena ou estado crônico".[88]

Os quesitos que o cronista investido agora de médico forense formulava colocavam em xeque a fragilidade dos relatórios médicos. Ambos careciam da autópsia na vítima. As perguntas certamente perturbaram o público e, talvez, o sossego do criminoso e das autoridades competentes. O Leão da Torre levantava diversas dúvidas: "Procederam os peritos ao exame visceral? Verificaram, por esse meio, ou pela observação de matérias excretadas, a existência de substância tóxica, ou de objetos agudos, que fossem ingeridos?" E continuava: "Verificaram, pelo aspecto do cadáver, segundo a sua idade e compleição, o período ou tempo de duração da moléstia? Esse período ou duração, coadunava-se com aquele dentro do qual se desenvolve e termina uma *gastrite aguda*?".[89]

Por três meses, não houve resposta alguma. Nas palavras do cronista, reinou profundo silêncio. Até que o promotor público da capital veio à imprensa em vista das "proporções e o vulto que tem o facto ultimamente tomado".[90] Da primeira à última frase de sua declaração, o promotor dizia que não responderia ao anônimo que o provocou, mas, a cada negativa, era evidente que era a ele que se dirigia. E o que fez o "anônimo" para arrancar o promotor público de seu profundo silêncio e merecer, enfim, uma mísera resposta? Atacou por outra frente, investindo em outro

---

87. *Ibid*. Grifos originais.
88. *Ibid*.
89. *Ibid*. Grifos originais.
90. Neste volume, resposta de J. J. Cardoso Mello Junior, "O crime da rua de S. Bento", ver p. 267.

semelhante caso, de deslumbradora eloquência, comparando-o com o crime da rua São Bento, dessa vez dando nomes ao "imitador do atentado da rua de S. Bento".[91]

Numa série de pseudônimos que ia de *Ora pro nobis* a *Salomão*, o autor carregava a tinta nas imagens bíblicas para denunciar outro homem branco, senhor de escravos, negociante rico, que castigava uma escrava. Era a parda Maria Luiza, que vivia "seviciada e carregada de ferros"[92] na casa do comendador Francisco Martins de Almeida. Por esse e outros feitos, ironizava o autor, o "secretário da Misericórdia, o misericordioso Almeida", estaria mais perto de conseguir o que tanto desejava: "uma comenda ou baronato!".[93]

O comendador Almeida acusou o golpe e foi à imprensa se explicar. A réplica de Salomão, enfurecida, mas poderosamente sarcástica, ilustra o teor tanto da explicação do comendador quanto da indignação do denunciante: "a gargalheirinha era pequenininha e fechadinha por um pequenininho parafusinho e a correntinha era muito fininha e feita de corda de viola".[94] Por sua vez, o promotor, também implicado — a ele competia parte da investigação —, respondeu o "anônimo" e a correlação do crime na casa do comendador Almeida com o "hoje geralmente conhecido" da rua São Bento.[95] E foi assim, indiretamente, que soubemos que o caso da rua São Bento não virou uma ação penal. Ele próprio, o promotor Cardoso Mello Júnior, em comum acordo com o juiz criminal do segundo distrito da capital, não enxergou indícios suficientes de materialidade na apuração produzida no inquérito policial. O promotor requereu ao juiz "a devolução dos autos ao sr. dr. chefe de polícia",[96] onde, ao fim, o inquérito achava-se parado até nunca mais.

---

91. "Tortura é tortura", ver p. 265.
92. "Aplausos para o carrasco", ver p. 263.
93. *Ibid.*
94. *Ibid.*
95. J. J. Cardoso Mello Junior. "O crime da rua de S. Bento", *op. cit.*
96. "O crime da rua de S. Bento", *op. cit.*

Exatos quinze dias depois de o Leão da Torre finalizar a quarta parte da crônica naquele mesmo 1º de dezembro de 1880, Luiz Gama voltava à carga. "Já que a quadra é dos grandes acontecimentos" — dizia ele como preliminar de um caso que puxaria de memória —, "já que as *cenas de horror* estão na moda e que os nobilíssimos corações estão em boa maré de exemplares vinditas, leiam mais esta: Foi no município da Limeira. O fato deu-se há dois anos".[97] A ligação entre o caso de Limeira com o da rua São Bento, assim como ao do "misericordioso Almeida", fugia dos limites do implícito, pertenciam todos à galeria "dos grandes acontecimentos" e das cenas de horror que estavam na moda. Seus denunciantes possuíam, em particular, o desprezo pelo castigo e a exortação à fuga do escravo, antes um sinal de liberdade e princípio de direito natural do que um crime a ser castigado. Eis o caso, nas palavras de Gama:

Um rico e distinto fazendeiro tinha um crioulo, do norte, esbelto, moço, bem parecido, forte, ativo, que nutria o vício de detestar o cativeiro: em três meses fez dez fugidas!

Em cada volta sofria um rigoroso castigo, incentivo para nova fuga. A mania era péssima; o vício contagioso e perigosíssima a imitação. Era indeclinável um pronto e edificante castigo. Era a décima fugida; e dez são também os mandamentos da lei de Deus, um dos quais, o mais filosófico e mais salutar é — *castigar os que erram.*

---

97. "O heroico escravo que mata o senhor", *op. cit.* Grifo original. Essa carta também foi publicada em outros dois jornais, na mesma semana: na *Gazeta do Povo*, São Paulo, 14 de dezembro de 1880, p. 3; e em *A Província de S. Paulo*, São Paulo, 18 de dezembro de 1880. Sud Mennucci, na década de 1930, foi o primeiro a localizar essa carta, porém, como encontrou a edição de *A Província*, não pôde perceber que a carta faz parte de uma série de outras dez cartas endereçadas ao mesmo destinatário. De Mennucci para cá, pouco mudou nesse ponto: a carta continua sendo lida frequentemente de modo isolado. Discutirei, no volume final destas *Obras completas*, o estado da arte da historiografia sobre Luiz Gama. A respeito disso, cf. Sud Mennucci. *O precursor do abolicionismo no Brasil (Luiz Gama)*. São Paulo: Companhia Editora Nacional, 1938.

O escravo foi amarrado, foi despido, foi conduzido no seio do cafezal, entre o bando mudo, escuro, taciturno dos aterrados parceiros: um Cristo negro que se ia sacrificar pelos irmãos de todas as cores.

Fizeram-no deitar e cortaram-no a chicote, por todas as partes do corpo: o negro transformou-se em Lázaro; o que era preto se tornou vermelho.

Envolveram-no em trapos...

Irrigaram-no de *querosene*: deitaram-lhe fogo... Auto de fé agrário!...[98]

Os casos aqui examinados e entrelaçados têm alguns sugestivos pontos de contato. Fosse quem fosse, Gama, Spartacus, Brown ou o Leão da Torre, todos poderiam dizer sem falsa modéstia que, por trás de cada nome, "a pessoa que isto escreve está de tudo bem informada". Todos guardavam uma dose de fúria indiscutivelmente fora do comum para qualquer um dos padrões retóricos e pragmáticos da indiferente elite cultural paulista da época. Uma fúria contra a lógica da eficácia do castigo da escravidão e sua causa motriz: a torpeza de branco. Contra elas, toda fuga e resistência eram legítimas, sublimes, justas e redentoras. Fuga e resistência, em suma, faces diferentes de "uma prescrição inevitável de direito natural".[99]

A preta Brandina, que com mais de 70 anos "meteu-se nos matos, já que não encontrou juízes humanos nas povoações, no seio das sociedades civilizadas";[100] Joaquim Antonio, "homem infeliz" que teve a casa invadida e saqueada pela patrulha policial e que dali em diante instruído estava a se defender "*a ferro e à bala*";[101] o africano de 29 anos da rua da Glória que, em fuga, "procurava, dizia ele, *menos bárbaro senhor*";[102] a tentativa de sobrevivência da criança "*Rio Branco*"[103] entre os irracionais, porcos e humanos; a parda Maria Luiza, "infeliz escrava encon-

---

98. "O heroico escravo que mata o senhor", *op. cit.*
99. *Ibid.*
100. "A preta Brandina", *op. cit.*
101. "Neste país não é permitido ao negro se divertir", *op. cit.* Grifo original.
102. "Escândalo – 1", *op. cit.* Grifos originais.
103. "Uma história criminosamente bíblica", *op. cit.* Grifo original.

trada martirizada"[104] pelo comendador Almeida; e "o crioulo do norte, esbelto, moço bem parecido" que "em três meses fez dez fugidas".[105] Todos representavam um fio de esperança daquela quadra histórica que Gama chamava de "agonia imperial",[106] isto é, o colapso definitivo dos siameses monarquia e escravidão.

A fuga desesperada de uma velha de setenta anos ou a "décima fugida" de um jovem forte simbolizavam a *via crucis* libertadora rumo ao Calvário da purificação. "O negro transformou-se em Lázaro; o que era preto se tornou vermelho".[107] A criança preta fez-se "Lázaro em miniatura" perante os "modernos Cains" que tomavam assento no "imundo banquete". O sacrifício, o martírio, o suplício, diversos sofrimentos do imaginário cristão foram mobilizados numa espécie de retórica abolicionista negra para comoção da sempre tão insensível opinião pública. Associados a esses elementos da cosmologia cristã, estavam outros de uso estritamente pragmático: o discurso normativo em diferentes níveis — das regras formais do processo penal ao recém-regulamentado direito da alforria por formação do pecúlio; dos limites legais do castigo ao escravo e da garantia constitucional da casa como asilo inviolável do cidadão.[108]

Exímios intérpretes de direito, conhecedores a fundo da legislação, os "pseudônimos" que ocuparam as páginas dos jornais naqueles meses em que Gama desejou ser louco como Espártacos, Lincoln, John Brown e Jesus, tinham o abolicionismo radical como agenda política. Nenhum deles, organizados pelo mesmo

---

104. "O misericordioso Almeida", ver p. 259.
105. "O heroico escravo que mata o senhor", *op. cit.*
106. No volume *Democracia* destas *Obras completas*, "Fim da peça".
107. "O heroico escravo que mata o senhor", *op. cit.*
108. *Constituição Política do Império do Brazil* (1824). Art. 179, VII, *in verbis*: "Todo o Cidadão tem em sua casa um asilo inviolável. De noite não se poderá entrar nela, senão por seu consentimento, ou para o defender de incêndio, ou inundação; e de dia só será franqueada a sua entrada nos casos, e pela maneira, que a Lei determinar". Embora Spartacus não tenha citado a Constituição de modo expresso, a narrativa do caso evidencia que o autor tratava a batida policial como uma invasão noturna à casa de um cidadão.

artífice literário, tergiversou sobre o tema. Todos acusavam a nefasta protelação dos liberais, conservadores e republicanos escravocratas como imperdoável leniência que servia de endosso à manutenção de uma ordem cruel e injusta. O abolicionismo radical era igualmente um abolicionismo afirmativamente negro. Não tinha ilusões com as autoridades judiciárias, com chefes de polícia, promotores e juízes. Tinha a urgência da justiça e da liberdade. Tinha a fúria, sim, mas tinha uma estranha serenidade. "Violentamente pacífico", quiçá diria um dos Racionais que o visse ali na antiga São Bento.

NOTA SOBRE O ESTABELECIMENTO DO TEXTO

Os textos reunidos neste volume das *Obras completas* foram transcritos diretamente do original e revisados à luz das fontes primárias. O processo minucioso de transcrição, cotejamento e revisão partindo exclusivamente dos originais, e nunca da literatura secundária, foi imprescindível para o estabelecimento do texto. Isso fica ainda mais evidente considerando-se que praticamente todos os artigos republicados em coletâneas passadas possuem mutilações textuais, a exemplo de centenas de supressões de palavras originais — às vezes de parágrafos inteiros —, acréscimos de palavras inexistentes, transcrições errôneas, distorções de sentidos, incompreensíveis gralhas, inversões de grifos e marcas estilísticas que, lamentável e fatalmente, resultaram no prejuízo da leitura da escrita de Gama. Para facilitar o acesso aos leitores de hoje, a grafia foi atualizada conforme as regras ortográficas correntes; a pontuação indicativa de falas e pensamentos, bem como marcações de cunho forense e os pronomes de tratamento formais e institucionais, foram padronizados; opções gramaticais hoje em desuso, como alguns casos de concordância e conjugação verbal, foram atualizados; e, por fim, foram preservadas todas as estruturas de parágrafo, marcações de ênfase em itálico e negrito, com exceção em alguns usos da caixa alta, que possuía ênfase tipográfica diversa da que hoje lhe atribuímos.

Por não pretender ser uma edição fac-símile ou semidiplomática, estas *Obras completas* usam da licença editorial para renomear os títulos de época, preservando-os como subtítulo, e assim favorecer a recepção contemporânea.

O estabelecimento do texto, em síntese, teve o cuidado de manter a escrita de Luiz Gama o mais próximo possível do original — convidando à leitura uma pluralidade de gentes para além, oxalá, do círculo dos especialistas.

Lista de abreviaturas

Alv.	Alvará
Art.	Artigo
Aug∴	Augusta
Av.	Aviso
Cap.	Capítulo
Cod. Com.	Código Comercial
D.	Dom
Dr.	Doutor
E. R. M.	Espera Receber Mercê
Ed.	Edição
Exmo.	Excelentíssimo
Exmos.	Excelentíssimos
Fl.	Folha
Ilmo.	Ilustríssimo
Ir∴	Irmãos
Maçon∴	Maçonaria
Of∴	Oficina
S. Excia.	Sua Excelência
S. M.	Sua Majestade
S. n.	Sem número
S. S.	Sua Senhoria
Sr.	Senhor
Tit.	Título
V.	Vossa
V. Excia.	Vossa Excelência
V. S.	Vossa Senhoria
Vv. Ss.	Vossas Senhorias
VV. Revmas.	Vossas Reverendíssimas

PARTE I

UMA AUTOBIOGRAFIA

NOTA INTRODUTÓRIA   *A carta de Luiz Gama a Lúcio de Mendonça e a transformação dela, por Mendonça, em um perfil biográfico, que imediatamente foi publicado na imprensa, constituem essa seção. A disposição textual, portanto, segue o conhecido roteiro dessa correspondência histórica: a carta de Gama, antecipada por um bilhete e acrescida de um poema, e a resposta, agora pública, de Mendonça. Há muitas nuances para se debater sobre o conteúdo da famosa carta, entre elas, a razão que levou Gama a escolher Mendonça como portador da mensagem que se revelaria fantástica e, sob todos os aspectos, digna das melhores páginas da história do Brasil. No entanto, deixemos debates que poderiam descambar para pormenores acadêmicos para outra ocasião. Procuremos aqui, num exercício de criatividade e imaginação, ler a carta como se fossemos nós mesmos os destinatários dela. Assim, a dimensão privada da missiva — desfeita após cinquenta anos do endereçamento original! — perde fôlego e resta o que o narrador brilhante talvez intentasse lá atrás, vislumbrando quiçá a perenidade do texto: a escrita autobiográfica da experiência de vida, tempos, angústias, sonhos, frustrações, provações, dilemas, conquistas e lutas, o sofrimento em suma de um autor. Em síntese: embora tecnicamente uma correspondência particular, a carta — enigmática, cifrada e luminosa feito "trovão dentro da mata" — pode ter sido concebida (e não duvidaríamos nós da genialidade de um mestre da literatura) para ganhar, com o tempo, a dimensão autobiográfica que possui quando o leitor se permite receber a carta como real destinatário dela. O pacto escritor-leitor, portanto, ganha novo e original sentido. Tal a mandinga da carta. E como já disse Gama: "Quem não tem peito não toma mandinga!" O convite, desta feita, é de lermos bilhete, carta e poema, todos de Gama, e o perfil biográfico produzido na reação imediata do primeiro leitor da carta, Mendonça, como pedrinhas de um mesmo fio de contas. Afinal de contas, todos nós, quando leitores de uma autobiografia, podemos, em misterioso vaivém, tomar parte da vida dela, assim como ela toma assento em nossa própria.*

Capítulo 1
Sem sacrilégio: um bilhete à guisa de prólogo
Bilhete para Lúcio de Mendonça[1]

Comentário *A famosíssima carta a Lúcio de Mendonça era antecedida por esse bilhete, até hoje desconhecido do grande público. O bom humor abre-alas para a correspondência histórica.*

Lúcio,
Abraça-te, e beija-te (sem sacrilégio) o teu,

LUIZ GONZAGA PINTO DA GAMA
1880, 26 de julho, à noite

---

1. Lúcio de Mendonça (1854–1909), nascido em Piraí (RJ), foi jornalista, poeta, escritor, advogado e juiz, que chegou, com a República, aos postos de ministro do Supremo Tribunal Federal (1895–1897) e procurador-geral da República (1897). Aos quatorze anos de idade, Mendonça conheceu Gama em São Paulo e, a partir de então, ambos cultivaram estreita amizade. São muitas as passagens em que Gama elogia Mendonça e, não à toa, foi a Mendonça que Gama revelou segredos de sua biografia. Cf. "Minha Vida", na sequência desse bilhete.

Capítulo 2
Minha vida
Carta a Lúcio de Mendonça[1]

Comentário   *É, sob a perspectiva biográfica, a carta mais significativa da produção intelectual de Luiz Gama. Repleta de declarações impactantes e minúcias finíssimas que o mais diligente leitor pode sem querer deixar escapar — ao que antecipadamente alerto em vista de redobrar a atenção —, a "Carta a Lúcio de Mendonça" é uma obra de arte da literatura brasileira. A narrativa da jornada épica do menino baiano que atravessa o país no porão de um navio infestado de ratos e apinhado de mercadorias e pessoas escravizadas, chega ao Rio de Janeiro, e de lá ruma, acorrentado, primeiro em um navio para Santos, depois a pé para Jundiaí, Campinas e finalmente São Paulo, é das coisas mais impressionantes da história do Brasil. Luiz Gama passa, então, oito anos barbaramente escravizado no centro da capital paulista e, de modo enigmático, foge do cativeiro, alcança provas de sua liberdade e assenta praça na Força Pública, espécie de regimento policial da época. De lá, o que já era épico tem sua marca confirmada pelos eventos sincrônicos e seguintes. Insurge-se contra o abuso de autoridade uma, duas, três — diversas! — vezes, aprende a ler e escrever com maestria, toma posse de empregos públicos reservados àqueles que possuíam sólido conhecimento normativo e administrativo, revela-se enquanto homem de letras — poeta e jornalista — e, entre múltiplas expertises, torna-se um dos mais importantes advogados — e juristas! — já conhecidos no Brasil. A carta, que pode ser lida como autobiografia se o leitor se permitir vestir de destinatário da mensagem, é um monumento à criatividade, à luta e à perseverança da humanidade negra que, nas palavras do poeta, "fez e faz história segurando esse país no braço".*

---

1. Biblioteca Nacional, Carta a Lúcio de Mendonça, Documento textual, Manuscritos - I-2-11, 018, São Paulo, 25 de julho de 1880.

Meu caro Lúcio,
Recebi o teu cartão com a data de 28 do pretérito.
Não me posso negar ao teu pedido, porque antes quero ser acoimado[2] de ridículo, em razão de referir verdades pueris,[3] que me dizem respeito, do que de vaidoso e fátuo,[4] pelas ocultar, de envergonhado: aí tens os apontamentos que me pedes, e que sempre eu os trouxe de memória.

Nasci na cidade de São Salvador, capital da província da Bahia, em um sobrado da rua do Bangla,[5] formando ângulo interno, em a quebrada,[6] lado direito de quem parte do adro da Palma,[7] na freguesia de Sant'Ana, a 21 de junho de 1830, por as 7 horas da manhã, e fui batizado, 8 anos depois, na Igreja Matriz do Sacramento, da cidade de Itaparica.[8]

2. Tachado.
3. Ingênuas.
4. Presunçoso.
5. Optei em grafar exatamente como no original, mesmo que a atualização para o português corrente requisitasse a mudança para "Bângala", tal como hoje se acha o nome da rua, na região do centro histórico de Salvador. A razão para isso é porque Gama narra alguns apontamentos que ele "sempre trouxe de memória", logo, o nome da rua para ele, tão meticuloso no manejo das palavras, seria como trazia de cabeça: "Bangla". Além do mais, tal forma de grafar/pronunciar tem implicações para se compreender as minúcias e variações das muitas línguas do grupo Bantu, do qual possivelmente provenha a palavra.
6. Esquina.
7. Refere-se à Igreja de Nossa Senhora da Palma, na antiga freguesia de Sant'Anna, hoje bairro da Mouraria, Salvador, Bahia.
8. A pedido de Sud Mennucci, o cônego Aníbal Matta, secretário da Cúria de Salvador, e o padre Clodoaldo Barbosa, além da famosa educadora Anfrísia Santiago, reviraram os livros de assentamento de batismo da matriz de Itaparica sem, no entanto, encontrar "nenhuma criança de oito anos, com o nome de Luiz ou Luiz Gonzaga, entre os registros". Eu mesmo revirei linha por linha os livros dos arquivos da Cúria de Salvador sem obter maior sucesso que Mennucci e sua turma. As muitas hipóteses de análise, que inclusive em nada desmerecem a afirmativa de Gama, tornando-a, antes, apenas mais complexa de se examinar, são bem mapeadas por Mennucci. Dentre tantas conjecturas, algumas possuem verossimilhança maior, sem, contudo, serem conclusivas a toda prova. A exata certidão de batismo, defende Menucci, "só se poderia verificar mediante uma

Sou filho natural de uma negra, africana-livre,[9] da Costa-da-Mina (Nagô de Nação),[10] de nome Luiza Mahin,[11] pagã, que sempre recusou o batismo e a doutrina cristã.

Minha mãe era baixa de estatura, magra, bonita, a cor era de um preto retinto e sem lustro, tinha os dentes alvíssimos como a neve, era muito altiva, geniosa, insofrida e vingativa.

Dava-se ao comércio — era quitandeira —, muito laboriosa; e mais de uma vez, na Bahia, foi presa, como suspeita de envolver-se em planos de insurreições de escravos, que não tiveram efeito.[12]

Era dotada de atividade. Em 1837, depois da Revolução do dr. Sabino,[13] na Bahia, veio ela ao Rio de Janeiro, e nunca mais voltou. Procurei-a em 1847, em 1856 e em 1861, na Corte, sem que a pudesse encontrar. Em 1862, soube, por uns pretos mi-

---

batida completa nos livros da Cúria, e referentes a todas as freguesias existentes na época, não só da cidade do Salvador, mas também das cidades vizinhas. Trabalho para anos...".

9. Aqui Gama provavelmente utiliza uma noção ampla do conceito de africano-livre enquanto o africano não escravizado. Em muitos contextos, tal conceito restringe-se aos domínios do campo jurídico, indicando estritamente aquele que desembarcou no Brasil após norma proibitiva.

10. Nesse contexto, nagô remete a um dos povos de língua iorubá e a costa da Mina à região geográfica do continente africano, atualmente situada no litoral dos países de Gana, Togo e Benim.

11. A partir do paradigmático "Minha vida" e do poema "Minha mãe", que lhe vai anexo, Gama conta os detalhes que se conhece sobre a vida de sua mãe, Luiza Mahin. A imaginação histórica que sucede o relato vivo de seu filho é, sem dúvida, tema dos mais instigantes, dentre outros campos, da fortuna crítica de Gama e da história das lutas populares no Brasil.

12. A década de 1830 foi especialmente agitada e revoltosa na cidade da Bahia, como então era chamada Salvador, hoje a capital do estado da Bahia. O Levante dos Malês (1835), por exemplo, um dos maiores e mais perigosos para a ordem escravista socialmente constituída, bem expressa a tensão dos conflitos políticos da época. Embora não haja citação direta a esse evento, o fato de Gama viver na cidade da Bahia justamente nesse período, a poucos metros da Ladeira da Praça, epicentro do Levante dos Malês, sugere que essa seja uma das "insurreições de escravos" a que faz menção em sentido amplo.

13. A "revolução do dr. Sabino", também conhecida por "Sabinada" em razão da liderança do médico Francisco Sabino (1796–1846), possuía pautas republica-

nas que conheciam-na e que deram-me sinais certos, que ela, apanhada com malungos[14] desordeiros, em uma *casa de dar fortuna*,[15] em 1838, fora posta em prisão; e que tanto ela como os companheiros desapareceram. Era opinião dos meus informantes que esses *amotinadores*[16] fossem mandados pôr fora, pelo Governo, que, nesse tempo, tratava rigorosamente os africanos-livres, tidos como provocadores.

Nada mais pude alcançar a respeito dela. Nesse ano, de 1861, voltando a São Paulo, e estando em comissão do Governo, na vila de Caçapava, dediquei-lhe os versos que, com esta carta, envio-te.[17]

Meu pai, não ouso afirmar que fosse branco, porque tais afirmativas, neste país, constituem grave perigo perante a verdade, no que concerne à melindrosa presunção das cores humanas; era fidalgo; e pertencia a uma das principais famílias da Bahia, de origem portuguesa.

Devo poupar à sua infeliz memória uma injúria dolorosa, e o faço ocultando o seu nome.

Ele foi rico; e, nesse tempo, muito extremoso para mim: criou-me em seus braços. Foi revolucionário em 1837. Era apaixonado pela diversão da pesca e da caça; muito apreciador de bons cavalos; jogava bem as armas, e muito melhor de baralho, amava as súcias[18] e os divertimentos; esbanjou uma boa herança, obtida de uma tia em 1836; e, reduzido à pobreza extrema, a 10 de

---

nas e reivindicava maior autonomia da então província da Bahia frente ao Rio de Janeiro, sede da administração do Império, assim como a redivisão de poderes locais, incluindo grupos com baixa ou nenhuma representação política.
14. Companheiros, camaradas. No contexto, também pode significar conterrâneo, africano da mesma nação.
15. Espaço de reunião social, política e religiosa de africanos e negros brasileiros. As casas de dar fortuna eram fortemente reprimidas pelas polícias locais, como a da Corte, Rio de Janeiro, que devassavam esses ambientes por representarem potencial subversão da ordem escravista constituída.
16. Que provoca motins, revoltas, agitações.
17. Trata-se do poema "Minha Mãe", que se lê a seguir.
18. Festanças, farras.

novembro de 1840, em companhia de Luiz Candido Quintella, seu amigo inseparável e hospedeiro, que vivia dos proventos de uma casa de tavolagem,[19] na cidade da Bahia, estabelecida em um sobrado de quina, ao largo da praça, vendeu-me, como seu escravo, a bordo do patacho *Saraiva*...

Remetido para o Rio de Janeiro nesse mesmo navio, dias depois, que partiu carregado de escravos, fui, com muitos outros, para a casa de um cerieiro português de nome Vieira, dono de uma loja de velas, à rua da Candelária, canto da do Sabão. Era um negociante de estatura baixa, circunspecto e enérgico, que recebia escravos da Bahia, à comissão. Tinha um filho aperaltado, que estudava em colégio; e creio que três filhas já crescidas, muito bondosas, muito meigas, e muito compassivas, principalmente a mais velha. A senhora Vieira era uma perfeita matrona, exemplo de candura e piedade. Tinha eu 10 anos. Ela e as filhas afeiçoaram-se de mim imediatamente. Eram 5 horas da tarde quando entrei em sua casa. Mandaram lavar-me; vestiram-me uma camisa e uma saia da filha mais nova, deram-me de cear e mandaram-me dormir com uma mulata de nome Felícia, que era mucamba[20] da casa.

Sempre que me lembro desta boa senhora e das suas filhas, vêm-me as lágrimas aos olhos; porque tenho saudades do amor e dos cuidados com que afagaram-me por alguns dias.

Dali saí derramando copioso[21] pranto, e também todas elas, sentidas de verem-me partir.

Oh, eu tenho lances doridos em minha vida, que valem mais do que as lendas sentidas da vida amargurada dos mártires.

Nesta casa, em dezembro de 1840, fui vendido ao negociante

---

19. Casa de jogos, usualmente de cartas, dados e tabuleiros.
20. Aparentemente, Gama grafou mucama, mas, como se nota em exame mais detalhado, ele próprio corrigiu para mucamba. Ambas expressões serviam para designar a função de criada doméstica.
21. Abundante.

e contrabandista alferes²² Antônio Pereira Cardozo,²³ o mesmo que, há 8 ou 10 anos, sendo fazendeiro no município de Lorena, nesta Província, no ato de o prenderem por ter morto alguns escravos à fome, em cárcere privado, e já na idade maior de 60 a 70 anos, suicidou-se com um tiro de pistola, cuja bala atravessou-lhe o crânio.

Este alferes Antônio Pereira Cardozo comprou-me em um lote de cento e tantos escravos; e trouxe-nos a todos, pois que era este o seu negócio, para vender nesta província.

Como já disse, tinha eu apenas 10 anos; e, a pé, fiz toda a viagem de Santos até Campinas.

Fui escolhido por muitos compradores, nesta cidade, em Jundiaí²⁴ e Campinas; e por todos repelido, como se repelem as cousas ruins, pelo simples fato de ser eu *baiano*...

Valeu-me a pecha!...

O último recusante foi o venerando e simpático ancião Francisco Egídio de Souza Aranha,²⁵ pai do exmo. conde de Três Rios, meu respeitável amigo.

Este, depois de haver-me escolhido, afagando-me, disse:

---

22. Antiga patente militar, abaixo do tenente.
23. Antônio Pereira Cardozo (1791–1861), português, fazendeiro, proprietário da fazenda Cachoeira, Lorena (SP), registrado como morador do distrito norte da freguesia da Sé, capital, já em 1837. Cf. *O Novo Farol Paulistano*, 8 de fevereiro de 1837, p. 1. Por mais que Gama indique de modo expresso o recorte temporal do suicídio de Cardozo como sendo "há oito ou dez anos", o fato ocorreu em 1861. Diferente de outras ocasionais passagens em que, por lapso ou descuido, Gama confunde datas, as razões para ele indicar uma data em mais de dez anos distante da factual não parecem ter sido por erro fortuito. Exploro essa questão decisiva para a formação de Gama em minha tese de doutorado.
24. Jundiaí, município paulista que fica 50 km distante de São Paulo (SP), era a principal cidade ao limite norte da capital.
25. Francisco Egídio de Souza Aranha (1778–1860), santista, senhor de engenho em Campinas, foi um dos introdutores da cultura cafeeira naquela cidade. Em seu testamento, datado do ano de 1859, Francisco Egídio declarava ser proprietário de 356 escravos. Cf. Maria Alice Rosa Ribeiro. "Açúcar, café, escravos e dinheiro a prêmio: Campinas, 1817–1861". In: *Resgate: Revista Interdisciplinar de Cultura*, Campinas, SP, v. 23, n. 1, 2015, pp. 15–40.

— Há de ser um bom pajem para os meus meninos; dize-me: onde nasceste?

— Na Bahia, respondi eu.

— *Baiano*!?... exclamou, admirado, o excelente velho. Nem de graça o quero. Já não foi por bom que o venderam tão pequeno!...

Repelido *como refugo*, com outro escravo da Bahia, de nome José, sapateiro, voltei para casa do sr. Cardozo, nesta cidade, à rua do Comércio,[26] nº 2, sobrado, perto da Igreja da Misericórdia.[27]

Aí aprendi a copeiro,[28] a sapateiro, a lavar e a engomar roupa, e a costura.

Em 1847, contava eu 17 anos, quando para a casa do sr. Cardozo veio morar, como hóspede, para estudar humanidades, tendo deixado a cidade de Campinas, onde morava, o menino Antônio Rodrigues do Prado Júnior, hoje doutor em direito, ex-magistrado de elevados méritos, e residente em Mogi Guaçu,[29] onde é fazendeiro.

Fizemos amizade íntima, de irmãos diletos, e ele começou de ensinar-me as primeiras letras.

Em 1848, sabendo eu ler e contar alguma cousa, e tendo obtido ardilosa e secretamente provas inconcussas[30] de minha liberdade, retirei-me fugido da casa do alferes Antônio Pereira Cardozo, que aliás votava-me a maior estima, e fui assentar praça.

---

26. Antiga rua do centro de São Paulo, atualmente denominada de rua Álvares de Azevedo.
27. A Igreja da Misericórdia, situada no antigo largo da Misericórdia, foi construída em 1716 e demolida em 1886. Foi um ponto nevrálgico de circulação, comércio e abastecimento de água da cidade de São Paulo dos séculos XVIII e XIX.
28. Indivíduo que se ocupa do serviço da copa, serve a mesa e faz outros serviços domésticos.
29. Município do interior paulista, distante 160 km da capital que, ao final do século XIX, possuía grandes fazendas de café e concentração de gente escravizada.
30. Incontestáveis, irrefutáveis.

Servi até 1854, seis anos; cheguei a cabo-de-esquadra graduado,[31] e tive baixa do serviço, depois de responder a conselho por atos de suposta insubordinação, quando eu tinha limitado-me a ameaçar um oficial insolente, que me havia insultado, e que soube conter-se.

Estive então preso 39 dias, de 1º de julho a 9 de agosto.[32] Passava os dias lendo e as noites; sofria de insônias; e, de contínuo, tinha diante dos olhos a imagem de minha querida mãe. Uma noite, eram mais de duas horas; eu dormitava; e, em sonho, vi que a levavam presa. Pareceu-me ouvi-la distintamente, que chamava por mim.

Dei um grito, espavorido saltei fora da tarimba; os companheiros alvorotaram-se; corri à grade, enfiei a cabeça pelo xadrez.[33]

Era solitário e silencioso o longo e lôbrego[34] corredor da prisão, mal alumiado, e do seio do qual pendia a luz amarelenta de enfumaçada lanterna.

Voltei para minha esteira, narrei a ocorrência aos curiosos colegas; eles narraram-me fatos semelhantes; eu caí em nostalgia, chorei e dormi.

Durante o meu tempo de praça, nas horas vagas, fiz-me copista; escrevia para o cartório do escrivão major Benedicto Antônio Coelho Netto, que tornou-se meu Amigo; e que hoje, pelo seu merecimento, desempenha o cargo de oficial-maior da Secretaria do Governo; e, como amanuense,[35] no gabinete do exmo. sr. conselheiro Francisco Maria de Sousa Furtado de Mendonça,[36] que aqui exerceu, por muitos anos, com aplausos e

---

31. Antiga patente militar que comandava um coletivo de soldados, cabos e recrutas.
32. Ver, no volume *Poesia* destas *Obras completas*, "Carta – Recreio D'Amizade".
33. Cela, cadeia.
34. Diz-se do lugar sombrio, escuro, em que quase não há claridade.
35. Funcionário de repartição pública que geralmente fazia cópias, registros e tratava da correspondência.
36. Francisco Maria de Sousa Furtado de Mendonça (1812–1890), nascido em Luanda, Angola, foi subdelegado, delegado, chefe de polícia e secretário de polícia da província de São Paulo ao longo de quatro décadas. Foi, também,

admiração do público em geral, altos cargos de administração, polícia e judicatura, e que é catedrático da Faculdade de Direito, fui seu ordenança;[37] por meu caráter, por minha atividade e por meu comportamento, conquistei a sua estima e a sua proteção; e as boas lições de letras e de civismo, que conservo com orgulho.

Em 1856, depois de haver servido como escrivão perante diversas autoridades policiais, fui nomeado amanuense da Secretaria de Polícia, onde servi até 1869,[38] época em que, por *turbulento* e *sedicioso*,[39] fui demitido *a bem do serviço público*, pelos conservadores, que então haviam subido ao poder. A portaria de demissão foi lavrada pelo dr. Antônio Manuel dos Reis, meu particular amigo, então secretário da polícia, e assinada pelo exmo. dr. Vicente Ferreira da Silva Bueno,[40] que, por este e outros atos semelhantes, foi nomeado desembargador da Relação da Corte.[41]

professor catedrático de Direito Administrativo da Faculdade de Direito de São Paulo. A relação de Luiz Gama com Furtado de Mendonça é bastante complexa, escapando, em muito, aos limites dos eventos da demissão de Gama do cargo de amanuense da Secretaria de Polícia, em 1869. Para que se ilustre temporalmente a relação, tenhamos em vista que à época do rompimento público, aos finais da década de 1860, ambos já se conheciam e trabalhavam juntos há quase duas décadas; e, mais, Gama não rompeu definitivamente com Furtado de Mendonça, como erroneamente indica a historiografia, visto que em 1879 publicou o artigo *Aos homens de bem*, defesa moral e política explícita do legado de Furtado de Mendonça.
37. Nesse caso, soldado às ordens pessoais de uma autoridade a quem acompanha durante as horas do expediente.
38. Por equívoco de datas, no original se lê 1868, quando a demissão de fato ocorreu em 1869.
39. Insubordinado, indisciplinado.
40. Vicente Ferreira da Silva Bueno (1815–1873) teve longa carreira administrativo-judiciária, exercendo cargos de delegado de polícia, juiz municipal, juiz dos órfãos, juiz de direito e desembargador em diversas províncias, como Bahia, Paraná, São Paulo e Rio de Janeiro. Em 1869, era chefe de polícia interino da província de São Paulo, cabendo a ele papel de algoz no espetáculo da demissão de Luiz Gama do cargo de amanuense da Secretaria de Polícia.
41. Refere-se ao Tribunal da Relação da Corte, equivalente à segunda instância judiciária da antiga jurisdição da Corte.

A turbulência consistia em fazer eu parte do Partido Liberal; e, pela imprensa e pelas urnas, pugnar pela vitória das suas e minhas ideias; e promover processos em favor de pessoas livres, criminosamente escravizadas; e auxiliar licitamente, na medida de meus esforços, alforrias de escravos, porque detesto o cativeiro e todos os senhores, principalmente os reis.

Desde que fiz-me soldado, comecei a ser homem; porque até os 10 anos fui criança; dos 10 anos até os 18 fui soldado.[42]

Fiz versos; escrevi para muitos jornais; colaborei em outros, literários e políticos, e redigi alguns.

Agora chego ao período em que, meu caro Lúcio, nos encontramos no *Ypiranga*, à rua do Carmo,[43] tu como tipógrafo,[44] poeta, tradutor, folhetinista[45] principiante; e eu como simples aprendiz-compositor,[46] de onde saí para o foro e para a tribuna, onde ganho o pão para mim e para os meus, que são todos os pobres, todos os infelizes; e para os míseros escravos, que, em número superior a 500, tenho arrancado às garras do crime.

Eis o que te posso dizer, às pressas, sem importância e sem valor; menos para ti, que me estimas deveras.

25 de julho de 1880
TEU LUIZ

---

42. No original, a palavra "escravo" aparece riscada antes de "soldado".
43. Antiga rua do centro de São Paulo.
44. Indivíduo que faz serviços tipográficos de composição, paginação ou impressão.
45. Que escreve folhetins — novelas ou crítica de literatura e artes — para jornais.
46. Encarregado de compor originais de texto em tipografia.

Capítulo 3
Minha mãe[1]

Comentário *Como dito na carta, Gama juntou esse poema à histórica mensagem que ganharia o mundo como a sua autobiografia.*

> Minha mãe era mui bela
> — Eu me lembro tanto d'ela,
> De tudo quanto era seu!
> Tenho em meu peito guardadas,
> Suas palavras sagradas
> C'os risos que ela me deu.
>
> JUNQUEIRA FREIRE[2]

Era mui bela e formosa,
Era a mais linda pretinha,
Da adusta[3] Líbia rainha,
E no Brasil pobre escrava!   5
Oh, que saudade que eu tenho
Dos seus mimosos carinhos,
Quando c'os tenros filhinhos
Ela sorrindo brincava.

---

1. O poema "Minha mãe", conforme conta Gama, foi escrito em 1861, quando ele se encontrava em trabalho na vila de Caçapava, Vale do Paraíba (SP). Esse poema foi publicado já em 1861, na segunda edição das *Primeiras trovas burlescas de Getulino*.
2. Luís José Junqueira Freire (1832-1855), natural de Salvador (BA), monge beneditino, sacerdote e poeta. A epígrafe faz parte do poema "A órfã na costura", publicado no livro *Inspirações do claustro* (1855).
3. Quente, fervente.

Éramos dois — seus cuidados,
Sonhos de sua alma bela;
Ela a palmeira singela,
Na fulva[4] areia nascida.
Nos roliços braços de ébano
De amor o fruto apertava,
E à nossa boca juntava
Um beijo seu, que era vida.

Quando o prazer entreabria
Seus lábios de roixo lírio,
Ela fingia o martírio
Nas trevas da solidão.
Os alvos dentes nevados
Da liberdade eram mito,
No rosto a dor do aflito,
Negra a cor da escravidão.

Os olhos negros, altivos,
Dois astros eram luzentes;
Eram estrelas cadentes
Por corpo humano sustidas.
Foram espelhos brilhantes
Da nossa vida primeira,
Foram a luz derradeira
Das nossas crenças perdidas.

Tão terna como a saudade
No frio chão das campinas,
Tão meiga como as boninas[5]
Aos raios do sol de abril.
No gesto grave e sombria,

---

4. De cor amarelo-ouro.
5. Flores também conhecidas por maravilhas e bela-margaridas.

Como a vaga que flutua,
Plácida a mente — era a Lua
Refletindo em Céus de Anil.

Suave o gênio, qual rosa
Ao despontar da alvorada,
Quando treme enamorada
Ao sopro d'aura fagueira.
Brandinha a voz sonorosa,
Sentida como a Rolinha,
Gemendo triste sozinha,
Ao som da aragem faceira.

Escuro e ledo o semblante,
De encantos sorria a fronte,
— Baça[6] nuvem no horizonte
Das ondas surgindo à flor;
Tinha o coração de santa,
Era seu peito de Arcanjo,
Mais pura n'alma que um Anjo,
Aos pés de seu Criador.

Se junto à Cruz penitente,
A Deus orava contrita,
Tinha uma prece infinita
Como o dobrar do sineiro;
As lágrimas que brotavam
Eram pérolas sentidas,
Dos lindos olhos vertidas
Na terra do cativeiro.

---

6. Fosca, sem brilho.

Capítulo 4
Luiz Gama por Lúcio de Mendonça[1]

Comentário   *Por cinco décadas, o perfil biográfico escrito por Mendonça foi o único relato conhecido da história de vida de Luiz Gama. Publicado em um almanaque paulistano como "Biografia" e em um jornal do Rio de Janeiro como "Folhetim", ambas publicações ganharam as ruas no final do ano de 1880. A homenagem, portanto, deu-se com Luiz Gama em vida, que nada censurou ou emendou no conteúdo lançado. O texto de Mendonça repete algumas passagens da carta de Gama, reelabora outras e acrescenta pontualmente informações que ele próprio testemunhou. É um documento de primeira importância para os estudos sobre a vida e a obra de Luiz Gama.*

I

Os republicanos brasileiros, a toda a hora abocanhados pela recordação injuriosa de meia dúzia de apostasias,[2] das que negrejam na crônica de todos os partidos, se quisessem com um nome só, que é um alto exemplo de honrada perseverança, tapar a boca aos detratores, podia lançar-lhes o belo e puro nome que coroa esta página. Quantos outros iguais oferecem porventura, desde o começo de sua existência, os nossos velhos partidos monárquicos?[3]

Faz-se em duas palavras o elogio deste homem verdadeiramente grande, grande neste tempo em que só o podem ser os amigos da humanidade; nascido e criado escravo até a primeira juventude, tem depois alcançado a liberdade a mais de quinhentos escravos!

1. *Gazeta da Tarde* (RJ), Folhetim, 15 de dezembro de 1880, pp. 1–2.
2. Espécie de desistência, abandono de uma causa política, no contexto, da defesa da bandeira republicana.
3. Refere-se ao Partido Conservador e ao Partido Liberal que, subordinados ao imperador, se alternavam no exercício do poder político do Executivo e do Legislativo.

À nobre província de São Paulo, que hoje o estima entre os seus melhores cidadãos, e que ele preza com o entusiasmo que lhe inspiram todas as grandezas democráticas, presumo que há de ser grato ler, em um livro que é particularmente seu, a biografia, já hoje gloriosa, deste bom republicano.

Se chegar a cumprir-se, como eu espero e desejo, o seu elevado destino, possam ser estas linhas obscuras fiel subsídio para cronistas de melhores dias!

II

Nasceu Luiz Gonzaga Pinto da Gama na cidade de S. Salvador da Bahia, à rua do Bangla,[4] em 21 de junho de 1830, pelas 7 horas da manhã; e foi batizado, oito anos depois, na igreja matriz do Sacramento, da cidade de Itaparica.[5]

É filho natural de uma negra, africana livre,[6] da Costa-de-Mina, de nação Nagô,[7] de nome Luiza Mahin,[8] pagã: recusou esta sempre batizar-se e de modo algum converter-se ao cristianismo. Era mulher baixa de estatura, magra, bonita, de um preto retinto e sem lustro; tinha os dentes alvíssimos; era imperiosa, de gênio violento, insofrida, e vingativa; de... olhos negros, altivos...

No gesto grave e sombria.

Era quitandeira, muito laboriosa. Mais de uma vez, na Bahia, foi presa, por suspeita de envolver-se em planos de insurreições de escravos, que não tiveram efeito.[9] Em 1837, depois da revolução do dr. Sabino,[10] naquela província, veio ao Rio de Janeiro, e nunca mais voltou. Procurou-a o filho em 1847, em 1856 e

---

4. Ver n. 5, p. 60.
5. Ver n. 8, p. 60.
6. Ver n. 9, p. 61.
7. Ver n. 10, p. 61.
8. Ver n. 11, p. 61.
9. Ver n. 12, p. 61.
10. Ver n. 13, p. 61.

1861, na Corte, sem que a pudesse encontrar; em 1862 soube, por uns pretos minas que a conheciam e dela deram sinais certos, que, apanhada com malungos desordeiros, em uma *casa de dar fortuna*,[11] em 1838, fora posta em prisão, e que tanto ela como os companheiros desapareceram. Era opinião dos informantes que os amotinadores houvessem sido deportados pelo governo, que nesse tempo tratava rigorosamente os africanos livres, tidos como provocadores.

Nada mais, até hoje, pôde Luiz alcançar a respeito de sua mãe. Naquele mesmo ano de 1861, voltando a São Paulo, e estando em comissão do governo, na então vila de Caçapava, consagrou à mãe perdida os saudosos versos que se leem, como nota de um sentimentalismo dissonante, no risonho livro das *Trovas burlescas*, que deu à lume com o pseudônimo de Getulino.[12]

Vê-se que é hereditário em Luiz Gama o profundo sentimento de insurreição e liberdade. Abençoado sejas, nobre ventre africano, que deste ao mundo um filho predestinado, em quem transfundiste, com o teu sangue selvagem, a energia indômita que havia de libertar centenas de cativos!

O pai de Luiz — outra analogia deste com Spartacus[13] — era nobre, fidalgo, de uma das principais famílias baianas, de origem portuguesa. Foi rico, e, nesse tempo, extremoso para o filho: criou-o nos braços. Foi revolucionário em 1837. Era apaixonado pela pesca e pela caça; gostava dos bons cavalos; jogava bem as armas, e melhor as cartas: comprazia-se em folguedos e orgias:

---

11. Ver n. 15, p. 62.
12. Em 1859, Luiz Gama publicou suas *Primeiras trovas burlescas*, obra corrigida e aumentada em 1861, quando incluiu, na segunda edição, o poema "Minha mãe". A adoção do pseudônimo Getulino remete provavelmente à Getúlia, território ao norte da África.
13. Spartacus (109–71 a.C) foi um gladiador-general, estrategista e líder popular que escapou da escravidão a que era submetido e, num levante de grandes proporções, organizou um exército que enfrentou o poder central de Roma na Terceira Guerra Servil (73–71 a.C). Gama citou Spartacus por diversos escritos, o que revelava sua admiração e até mesmo veneração pela história do mártir que venceu o cativeiro e lutou pelo fim da escravidão na Roma Antiga.

esbanjou uma boa herança, havida de uma tia, em 1836. Reduzido à pobreza extrema, em 10 de novembro de 1840, em companhia de Luiz Candido Quintella, seu amigo inseparável, que vivia dos proventos de uma casa de tavolagem na Bahia, vendeu o filho, como seu escravo, a bordo do patacho *Saraiva*.

Não sei se o desgraçado ainda vive, nem lhe conheço o nome, que Luiz oculta generoso aos amigos mais íntimos; mas, ainda que jogador e fidalgo, a recordação da monstruosa infâmia deve ter-lhe esbofeteado, em todo o resto de seus dias, a velhice desonrada.

III

Remetido dias depois para o Rio de Janeiro, no mesmo navio que partiu carregado de escravos, foi Luiz, com muitos outros, para a casa de um cerieiro português, de nome Vieira, estabelecido com loja de velas à rua da Candelária, esquina da do Sabão. Era um negociante de estatura baixa, circunspecto e enérgico, que recebia escravos da Bahia, à comissão. Tinha, além de um filho peralta que estudava em colégio, umas filhas já crescidas, muito compassivas e meigas; a senhora de Vieira era uma perfeita matrona, cheia de piedade. Tinha então Luiz 10 anos. Todas as mulheres da casa se lhe afeiçoaram imediatamente. Eram 5 horas da tarde quando lhes entrou em casa; mandaram-no lavar; vestiram-lhe uma camisa e uma saia da filha mais nova, deram-lhe de cear, e mandaram-no dormir em boa cama.

Ainda hoje Luiz Gama, que é um dos melhores corações que eu conheço, lembra-se comovido daquela boa gente que o recebeu com tanto afago.

Mas foi por poucos dias: dali saiu logo depois, chorando amargamente e deixando as suas boas amigas chorosas também de o verem ir.

Era em 1840; foi vendido, naquela casa, ao negociante e contrabandista alferes Antônio Pereira Cardozo,[14] o mesmo que, há oito ou dez anos, sendo fazendeiro no município de Lorena, na província de São Paulo, no ato de o prenderem, por haver matado à fome alguns escravos em cárcere privado, já velho de setenta anos, suicidou-se, atravessando o crânio com uma bala de pistola.[15]

O alferes Cardozo comprou Luiz em um lote de cento e tantos escravos, e levou-os todos, pois tal era o seu comércio, a vender para a província de São Paulo.

A pé, com 10 anos de idade, fez Luiz toda a viagem de Santos até Campinas. Escravo, saído de uma infância trágica, descalço, desamparado, faminto, subiu entre um bando de escravos aquela áspera serra do Cubatão, por onde, anos depois, não há muitos anos, lembra-me que passamos juntos os dois, eu estudante que voltava para as aulas, ele advogado que voltava da Corte, abastado, jovial e forte, com um cesto de frutas para a família, repotreado no assento macio de um dos ricos vagões da companhia inglesa.

Foi escolhido por muitos compradores, na capital paulista, em Jundiaí, em Campinas, e por todos rejeitado, como se rejeitam as cousas ruins, pela circunstância de ser *baiano*.

O último que o enjeitou foi o respeitável ancião Francisco Egídio de Souza Aranha, pai do sr. conde de Três Rios.[16] Depois de o haver escolhido, afagou-o, dizendo:

— Está um bom pajem para os meus pequenos.

E perguntou-lhe:

— Onde nasceste?

— Na Bahia.

— *Baiano!...* exclamou, admirado, o excelente velho. Nem de graça! Já não foi por bom que o venderam tão pequeno!...

---

14. Ver n. 23, p. 64.
15. Foi na fazenda Cachoeira o cenário do suicídio do alferes Cardozo, crime que marcou a história do município e a memória de Gama, conforme ele conta na "Carta a Lúcio de Mendonça".
16. Ver n. 25, p. 64.

O sr. conde de Três Rios, que esteve a ponto de ter Luiz para pajem, tem-no hoje como um de seus amigos mais considerados.

Enjeitado como *refugo*, com outro escravo baiano, de nome José, sapateiro, voltou para a casa de Cardoso, na cidade de São Paulo, à rua do Comércio, nº 2, sobrado, perto da igreja da Misericórdia.

Ali aprendeu a copeiro, a sapateiro, a lavar e engomar, e a costura.

Em 1847, tinha Luiz 17 anos, quando para a casa de Cardoso veio morar como hóspede, para estudar humanidades, o menino Antônio Rodrigues do Prado Júnior, hoje doutor em direito, o qual já foi magistrado de muito mérito, e reside agora em Mogi-Guaçu, onde é fazendeiro.

Travaram amizade estreita, de irmãos, e com o estudante entrou Luiz a aprender as primeiras letras. Em 1848, sabendo ler, escrever e contar alguma cousa, e havendo obtido ardilosa e secretamente provas inconcussas de sua liberdade, retirou-se, fugindo, da casa do alferes Cardoso, que aliás o tinha na maior estima, e foi assentar praça.

Termina aqui o período do seu cativeiro.

IV

Serviu como soldado até 1854, seis anos; chegou a cabo de esquadra graduado, e teve baixa do serviço, depois de responder a conselho, por atos de suposta insubordinação, quando limitara-se a ameaçar um oficial insolente, que o insultara, e que soube conter-se. Esteve preso o cabo de esquadra Luiz Gama, de 1º de julho a 9 de agosto, trinta e nove dias, que passou em leitura constante.

Durante o seu tempo de praça, nas horas vagas, fez-se copista; escrevia para o cartório do escrivão major Benedicto Antônio Coelho Netto, que se tornou seu amigo; e daí, sem dúvida, lhe nasceu a inclinação para o foro.

Serviu também como amanuense[17] no gabinete do conselheiro Francisco Maria de Souza Furtado de Mendonça,[18] que por longos anos exerceu na capital de São Paulo altos cargos administrativos, e é ainda hoje catedrático na Faculdade de Direito. Luiz foi sempre seu ordenança,[19] e pelo seu vivo talento, pela sua atividade e bom proceder, mereceu-lhe toda a estima e proteção, e dele recebeu proveitosas lições de letras.

Em 1856, depois de haver servido como escrivão perante diversas autoridades policiais, foi nomeado amanuense da Secretaria da Polícia, onde esteve até 1868, época em que, *turbulento e sedicioso*,[20] foi demitido, *a bem do serviço público*, pela reação conservadora. A portaria de demissão foi lavrada pelo dr. Antonio Manoel dos Reis, seu dedicado amigo e ainda mais dedicado católico, então secretário da polícia, e assinada pelo dr. Vicente Ferreira da Silva Bueno,[21] que, por este e semelhantes atos, foi escolhido desembargador da Relação da Corte.[22]

A turbulência de Luiz Gama consistia em ser liberal exaltado e militante, em promover pelos meios judiciais a liberdade de pessoas livres reduzidas a criminoso cativeiro, e auxiliar alforrias de escravos, na medida de suas posses, e às vezes, além delas, na medida de sua dedicação à causa santa dos oprimidos.

V

Nesse ano de 1868, conheci Luiz Gama. Vi-o, se bem me lembra, a primeira vez, na tipografia do diário liberal *O Ypiranga*, de pro-

---

17. Funcionário de repartição pública que geralmente fazia cópias, registros e tratava da correspondência.
18. Ver n. 36, p. 66.
19. Nesse caso, soldado às ordens pessoais de uma autoridade a quem acompanha durante as horas do expediente.
20. Insubordinado, indisciplinado.
21. Ver n. 40, p. 67.
22. Refere-se ao Tribunal da Relação da Corte, equivalente à segunda instância judiciária da antiga jurisdição da Corte.

priedade e redação de meu irmão Salvador de Mendonça[23] e do dr. José Maria de Andrade.[24] Ali era eu revisor de provas, e empregava os ócios do estudo em aprender a arte tipográfica; também Luiz Gama era aprendiz de compositor,[25] praticante do foro, e colaborador da folha, onde assinava com o pseudônimo Afro.

No ano seguinte, lembro-me dele entre os redatores do *Radical Paulistano*, que eram Rui Barbosa, Bernardino Pamplona de Menezes, o dr. Eloy Ottoni e outros, e entre os oradores do Clube Radical. Foi aplaudidíssima uma conferência sua no salão Joaquim Elias, à rua Nova de S. José.

Os radicais foram, nos nossos últimos anos políticos, os precursores dos republicanos. À exceção de meia dúzia de estacionários ou retrógrados, entre os quais Silveira Martins,[26] Silveira da Motta[27] e Rui Barbosa, em fins de 1869[28] e começo de 1871, os radicais declararam-se abertamente pela República.

Por esse tempo, ou proximamente, fazia Luiz Gama a todo transe a propaganda abolicionista: a sua advocacia era o terror dos senhores de escravos. Sei que teve a cabeça posta a prêmio por fazendeiros de São Paulo, e tempo houve em que não poderia ir da capital a Campinas sem risco de vida.

---

23. Salvador de Mendonça (1841–1913), nascido em Itaboraí (RJ), foi jornalista, poeta, advogado, escritor e diplomata. Ao lado do irmão, Lúcio de Mendonça, Salvador de Mendonça foi um dos fundadores da Academia Brasileira de Letras.
24. José Maria de Andrade (s.d.–s.d.), nascido em São Paulo (SP), foi escrivão do Tribunal da Relação, promotor, juiz municipal e secretário de polícia da província de São Paulo. Como registra a crônica da academia de direito paulistana, e o parecer supra indica, Andrade foi sócio do escritório dos Andradas.
25. Encarregado de compor originais de texto em tipografia.
26. Gaspar da Silveira Martins (1835–1901), natural de Cerro Largo, Uruguai, foi advogado, magistrado e político. Eleito deputado e senador por sucessivos mandatos, também foi ministro da Fazenda (1878–1879) e presidente da província de São Pedro do Rio Grande do Sul (1889).
27. Arthur Silveira da Motta (1843–1914) foi escritor, historiador e militar. Considerado herói na Guerra do Paraguai (1865–1870), reformado como almirante, foi também membro da Academia Brasileira de Letras (1907).
28. No original, por evidente erro tipográfico, está 1879.

Há 8 ou 10 anos, foi Luiz Gama à barra do júri de São Paulo processado por crime de injúrias contra uma autoridade judiciária; defendeu-se por si mesmo, brilhantemente; teve de referir grande parte de sua vida passada; a sala do tribunal, apinhada de assistentes, onde estava quase toda a mocidade da Academia de Direito, a todo o momento cobria de aplausos a voz do réu, a despeito da campainha do presidente; o júri o absolveu por voto unânime, e foi Luiz levado em triunfo até a casa.

Como defensor de escravos, perante o júri, foi mais de uma vez chamado à ordem pelo presidente do tribunal, por pregar francamente o direito de insurreição:

— Todo escravo que mata o senhor, afirmava Luiz Gama, seja em que circunstâncias for, mata em legítima defesa!

Em uma causa célebre no foro de Santos, em que o advogado contrário era ninguém menos que o seu grande amigo José Bonifácio,[29] ganhou Luiz Gama a liberdade de mais de cem escravos.

Recordo-me, como testemunha presencial, de outra solene ocasião em que o nobre vulto de Luiz Gama destacou-se a toda à luz. Estava reunido em São Paulo, num palacete da rua de Miguel Carlos, em 2 de julho de 1873, o primeiro congresso republicano da província, presidido pelo austero cidadão dr. Américo Braziliense.[30]

Era uma assembleia imponente. Verificados os poderes na sessão da véspera, estavam presentes vinte e sete representantes de municípios — agricultores, advogados, jornalistas, um enge-

---

29. José Bonifácio de Andrade e Silva, o Moço (1827-1886), nasceu em Bordeaux, França, e viveu grande parte da vida em São Paulo, onde se graduou e foi professor de Direito. Poeta, literato, foi na política que alcançou maior notoriedade, como deputado, ministro e senador em sucessivos mandatos desde o início da década de 1860.

30. Américo Braziliense de Almeida e Mello (1833-1896), nascido em Sorocaba (SP), foi político, advogado, professor catedrático de Direito Romano na Faculdade de Direito de São Paulo, juiz e ministro do Supremo Tribunal Federal. Foi vereador e deputado em São Paulo, presidente das províncias da Paraíba (1866-1867) e do Rio de Janeiro (1868) e o primeiro governador do estado de São Paulo (1891) no período republicano.

nheiro, todos os membros do congresso, moços pela maior parte, compenetrados da alta significação do mandato que cumpriam, tinham, na sobriedade do discurso e na gravidade do aspecto, a circunspecção de um senado romano.

Lidas, discutidas e aprovadas as bases oferecidas pela *Convenção de Itu*[31] para a constituição do congresso, e depois de outros trabalhos, foi, por alguns representantes, submetido ao congresso, e afinal aprovado, um manifesto à província relativamente à questão do estado servil. No manifesto, em que se atendia mais às conveniências políticas do partido do que à pureza de seus princípios, anunciava-se que, se tal problema fosse entregue à deliberação dos republicanos, estes resolveriam que cada província da União Brasileira realizaria a reforma de acordo com seus interesses peculiares *mais ou menos lentamente*, conforme a maior ou menor facilidade na substituição do trabalho escravo pelo trabalho livre; e que, *em respeito aos direitos adquiridos* e para conciliar a propriedade de fato com o princípio da liberdade, a reforma se faria tendo por base a indenização e o resgate.

Posto em discussão o manifesto, tomou a palavra Luiz Gama, representante do município de S. José dos Campos.[32] Protestou contra as ideias do manifesto, contra as concessões que nele se faziam à opressão e ao crime; propugnava ousadamente pela abolição completa, imediata e incondicional do elemento servil.

Crescia na tribuna o vulto do orador: o gesto, a princípio frouxo, alargava-se, acentuava-se, enérgico e inspirado; estava

---

31. A famosa Convenção de Itu, realizada em 18 de abril de 1873, foi um marco do movimento republicano brasileiro e selou a fundação do Partido Republicano Paulista. Não há registro da participação de Gama na convenção.
32. São José dos Campos (SP) é um município localizado na parte paulista do Vale do Paraíba. Embora Gama não tenha morado na cidade, as regras estatutárias do Partido Republicano para eleger representantes locais deveriam prever a possibilidade de delegação independente do município de residência ou domicílio.

quebrada a calma serenidade da sessão; os representantes, quase todos de pé, mas dominados e mudos, ouviam a palavra fogosa, vingadora e formidável do tribuno negro.

Não era já um homem, era um princípio que falava... digo mal: não era um princípio, era uma paixão absoluta, era a paixão da igualdade que rugia, ali estava na tribuna, envergonhando os tímidos, verberando os prudentes, ali estava, na rude explosão da natureza primitiva, o neto d'África, o filho de Luiza Mahin!

A sua opinião caiu vencida e única; mas não houve também ali um coração que se não alvoroçasse de entusiasmo pelo defensor dos escravos.

Dir-te-hei sempre, meu nobre amigo, que não estás isolado, no Partido Republicano, na absoluta afirmação da liberdade humana. Também como tu, eu proclamo que não há condições para a reivindicação deste imortal princípio, que não há contra ele nem direitos nem fatos que se respeitem. *Pereat mundus, fiat justitia!*[33] E é ignorar essencialmente a natureza das *leis da instituição* querer que elas respeitem *direitos adquiridos*. Não é para Victor Hugo,[34] nem para Castelar[35] que apelamos: é para Savigny, o histórico.[36]

---

33. "Que o mundo pereça, mas faça-se justiça!"
34. Victor-Marie Hugo (1802–1885), poeta, dramaturgo e romancista de renome mundial, lançou clássicos como *Os trabalhadores do mar* e *O Corcunda de Notre-Dame*. Além da obra literária, que marcou profundamente diversas gerações de leitores, Hugo teve marcante militância política a favor dos direitos humanos e da democracia.
35. Emilio Castelar (1832–1899) foi jornalista, escritor, romancista, político e presidente da Espanha (1873–1874).
36. Friedrich Carl von Savigny (1779–1861), nascido em Frankfurt am Main, Alemanha, foi um dos mais influentes juristas e historiadores do direito do século XIX. Foi professor de direito civil, direito penal e direito romano, tendo publicado obras em todos esses campos do conhecimento jurídico. Mendonça faz referência indireta à Escola Histórica do Direito, movimento intelectual alemão do século XIX do qual Savigny foi um dos principais doutrinadores.

VI

Aí está, em meia dúzia de pálidos traços, o perfil do grande homem que se chama Luiz Gama.

Filho de uma província que, com razão ou sem ela, não é simpática aos brasileiros do Sul; emancipador tenaz, violento, inconciliável, numa província inundada de escravos; sem outra família a não ser a que constituiu por si; sem outros elementos que não fossem o seu forte caráter e o seu grande talento; atirado só a todas as vicissitudes do destino, ignorante, pobre, perseguido, vendido como escravo por seu próprio pai, enjeitado pelos próprios compradores de negros, Luiz Gama é hoje em São Paulo um advogado de muito crédito e um cidadão estimadíssimo. É mais do que isso: é um nome de que se ufana a democracia brasileira.

O seu passado é, como se viu, dos mais interessantes; o seu futuro, se se der em vida sua o grande momento político desta terra, há de ler-se — sem a menor dúvida o vaticínio — nas laudas da nossa história.

Seja como for, e ainda que mais não faça, é já um nome que merece um lugar na gratidão humana, entre Spartacus e John Brown.[37]

São Gonçalo, Minas,[38] 21 de agosto de 1880
LÚCIO DE MENDONÇA

---

37. John Brown (1800–1859) foi um abolicionista radical que liderou insurreições armadas contra a escravidão. Foi condenado à pena de morte e passou à história como mártir da abolição nos Estados Unidos.
38. São Gonçalo do Sapucaí é um município localizado no sul de Minas Gerais e teve Lúcio de Mendonça como seu primeiro prefeito (1883–1885).

PARTE II

IRMÃO AFRO

NOTA INTRODUTÓRIA *No meio do acirramento da luta republicana e abolicionista do ano de 1880, um certo Afro, pertencente aos quadros diretivos da Loja América, trazia à baila um documento secreto e antigo para orientar as lutas do presente. Afro tinha em vista os maçons republicanos da capital — sobretudo os membros da Loja América, que, àquele momento, vejam só!, era presidida por Luiz Gama —, e trabalhava pela unidade de seu campo político e ideológico. Pelo alto grau hierárquico que ocupava na Loja América, é certo que Gama possuía acesso aos livros e documentos da loja. Assim que, quando o maçom Afro torna pública a peça que serviria de prova irrefutável de seu argumento, isto é, da capitulação abjeta de um ex-aliado, pouquíssimas pessoas poderiam ter-lhe franqueado tal documento, senão, se me permitem a redundância, ele próprio. O fato é que o documento arquivado cairia como uma bomba para a denúncia que fazia. Denúncia, é verdade, no campo moral, mas que, certamente, haveria de ter repercussão no mundo pragmático da política. Há muito de cálculo político nas visões de Afro-Gama; há muito, também, de crítica moral. Política e moral, assim combinadas, dão a linha dessa afiada página da história do movimento republicano — e da maçonaria — paulista.*

Capítulo 1
Quem te viu, quem te vê
Visões!!!...[1]

Comentário *Tendo em mãos um documento secreto — o texto de um discurso lido numa sessão maçônica da Loja América —, Afro relembrava eventos passados para alertar seus companheiros atuais das ciladas do presente. Uma das ciladas clássicas, nas lutas de sempre, seria a capitulação para o inimigo. Era o caso de Oliveira Bello. O fervoroso republicano e revolucionário da juventude tornara-se, alguns anos depois, um dócil monarquista, agente político do imperador Pedro II. Não era um caminho original, Afro dirá, apontando outros exemplos de antigos liberais e ferrenhos críticos do monarca que logo foram cooptados e se tornaram homens de confiança do mesmíssimo monarca. Alertava, portanto, para o risco de capitulação no presente. Aliás, os eventos do final daquele mesmo ano de 1880 confirmariam outras baixas de maçons nas fileiras republicanas, de modo que a dureza do alerta tinha ainda mais sentido. Por isso que Afro expõe o passado revolucionário de Oliveira Bello, contrastando-o com a adesão monarquista do presente. A mensagem era clara: Oliveira Bello era, antes de qualquer coisa, inconfiável. Para o establishment político, que certamente lia o que Afro escrevia, ficava a dúvida da adesão do novo aliado; para os republicanos, ficava o mau exemplo da traição. Com o exposto, Afro-Gama confere muitos sentidos políticos — e uma linha de conduta — para seus companheiros.*

Houve um dia..., foi a 10 de agosto de 1872, em que os maçons incansáveis da loja América,[2] nesta cidade de São Paulo,

1. *Gazeta do Povo* (SP), Publicações Pedidas, 17 de junho de 1880, pp. 2-3.
2. A Loja América, fundada em novembro de 1868, é uma das mais antigas organizações maçônicas de São Paulo e teve em seus quadros diretivos, por longos anos, a presença de Luiz Gama.

em magna reunião, receberam e abraçaram o grande mestre, o grande vexilário[3] da liberdade, o sagrado corifeu[4] da democracia brasileira, o conselheiro Joaquim Saldanha Marinho.[5]

Nesse dia, os convictos obreiros da revolução tinham à sua frente, como outrora os batalhões marselheses, um jovem estudante, de talento tão fascinante como os raios do Sol, de palavra tão impetuosa como as correntes do Niágara:[6] esse jovem Leônidas[7] era Luiz Alves Leite de Oliveira Bello.[8]

Na vanguarda da maçonaria, e diante do grande mestre, pronunciou ele o discurso que ora reproduzimos.

São passados oito anos...

---

3. Porta-estandarte. Por metonímia, o líder que carrega a bandeira de uma causa.
4. A referência elogiosa, que remete ao personagem-chave do teatro grego, destaca o protagonismo do homenageado na construção da democracia no Brasil.
5. Joaquim Saldanha Marinho (1816-1895), nascido em Olinda (PE), foi jornalista, advogado e político. No Império, foi deputado por cinco legislaturas, com mandatos entre a década de 1840 e a década de 1880, assim como foi presidente das províncias de Minas Gerais (1865-1867) e de São Paulo (1867-1868). Neste mesmo período que Afro 1º faz referência, Saldanha Marinho foi parceiro de Gama na célebre "Questão Netto", a maior ação de liberdade do Brasil, que culminou com a sentença final do Supremo Tribunal do Império decidindo pela liberdade de 217 pessoas escravizadas. Naquela oportunidade, Gama passou uma procuração para que o advogado Saldanha Marinho representasse os interesses da causa junto à instância máxima do Poder Judiciário do Império.
6. As cataratas do Niágara, na fronteira dos Estados Unidos da América com o Canadá, são aqui tomadas, por metonímia, como força e eloquência retórica.
7. O autor recorre a Leônidas I, rei e general de Esparta, na Grécia Antiga, não como elogio sincero, mas, antes, como recurso irônico para a a caracterização da personagem que logo apresentaria.
8. Luiz Alves de Oliveira Bello (1849-1915), nascido no Ingá, Paraíba, foi advogado e político. À época do artigo, Bello tinha sido nomeado, pelo imperador Pedro II, ao cargo de presidente da província de Sergipe, posição que ocupou entre os anos de 1880 e 1881. Posteriormente, ainda sob o regime monárquico, foi presidente das províncias do Paraná (1883-1884) e de Santa Catarina (1889).

Hoje, que, ao lado de Lafayette,⁹ de Silveira Martins,¹⁰ do visconde de Pelotas,¹¹ de Christiano Ottoni,¹² elevados a senadores do Império, constelações misteriosas, feitas de nuvens, que os ventos levam pelo sidéreo espaço, avulta Oliveira Bello, presidente de província, é justo que lhe ponhamos aos pés, como tributo de popular homenagem, o sincero depoimento das suas crenças inalteráveis, o poema sublime da sua infância, a pedra cúbica do seu monumento político.

AFRO:. 1:.

~

Meus ir:.¹³

A aug:.¹⁴ of:.¹⁵ América, respeitosa, curva-se e corteja o chefe da maçon:.¹⁶ brasileira; os democratas estendem o braço e aconchegam ao peito o vexilário¹⁷ de sua hoste; os concidadãos abrem praça e deixam passar entre aplausos o benemérito da pátria.

Em nome da of:. América, em nome da democracia, em nome da pátria, salve!

9. Lafayette Rodrigues Pereira (1834-1917) foi político, fazendeiro, presidente das províncias do Ceará (1864-1865) e do Maranhão (1865-1866), ministro da Justiça (1878-1880) e presidente do Conselho dos Ministros (1883-1884). Foi também, como o autor sublinha, senador do Império, tendo sido escolhido pelo imperador Pedro II em 1879.
10. Ver n. 26, p. 80.
11. José Antonio Corrêa da Câmara (1824-1893), o visconde de Pelotas, gaúcho de Porto Alegre (RS), foi político e militar, tendo sido ministro da Guerra (1881-1882), senador (1880-1889) e governador do Rio Grande do Sul (1889-1890 e 1892).
12. Christiano Benedicto Ottoni (1811-1896) foi militar, engenheiro e político, tendo sido deputado, em diferentes legislaturas, e senador do Império entre 1879 e 1889.
13. Irmãos.
14. Augusta.
15. Oficina.
16. Maçonaria.
17. Porta-estandarte. Por metonímia, o líder que carrega a bandeira de uma causa.

Chefe! Os vossos correligionários vos saúdam; sede bem-vindo ao santuário que a caridade arquitetou de sombras para o olhar do mundo, de luz para o olhar da consciência; dolorosa miséria que te revolves em agonias na vasa[18] infecta da sociedade, atira um punhado de tuas lágrimas, que são as tuas pérolas, sobre a cabeça do augusto hierofante[19] de teu templo.

Vexilário! Os vossos irmãos de armas vos saúdam; sede bem-vindos às tendas que a democracia abriu nos campos das batalhas da liberdade; povo, que te debates em indignação no pego[20] das desonestidades políticas, sacode os andrajos[21] de teus direitos, que são as tuas bandeiras, e vitoria o estrênuo[22] lidador de tua realeza.

Em nome da of:. América, em nome da democracia, em nome da pátria, salve!

Quem somos? De onde viemos? Para onde vamos?

O que é a of:. América? O que faz esse grupo que se acolhe à soturna clandestinidade, onde se ouve de fora o ruído de alguma cousa que se alui, a agitação de alguma cousa que se fabrica?

Irmãos, desfraldemos as nossas bandeiras; chefe, após direis se elas são traidoras e malditas.

Irmãos, ostentemos a divisa dos nossos escudos; chefe, após direis se eles esguardam princípios nobres, ou se acobertam maquinações pérfidas.

Arguem-nos de conspiradores das trevas, acoimam-nos[23] de solapadores da ordem pública, figuram-nos afiando os gumes de nossos punhais sicários[24] no ódio energúmeno das instituições vigentes!... Como os salteadores dos Abruzos,[25] homiziados[26] nas ermidas[27] derrocadas dos Apepinos,[28] por trás das aras em ruínas, tramavam as

---

18. Lama, lodo ou, por sentido figurado, escória.
19. Refere-se, provavelmente, ao imperador Pedro II, hierofante, isto é, sumo sacerdote de um culto, nesse caso, da religião civil do Império.
20. Pode ser lido de duas maneiras diferentes, como alto-mar ou como abismo.
21. Trapos, farrapos.
22. Corajoso, destemido.
23. Tacham-nos.
24. Facínoras.
25. Região da Itália localizada entre os Apepinos e o mar Adriático.
26. Escondidos.
27. Capelas.
28. Região montanhosa da Itália.

correrias nefárias[29] da noite, dizem que nós, acoutados[30] no regaço da maçon:., por trás da caridade mentida, profanada, conjuramos o crime insidioso, a conspiração treda!...[31]

As sombras de que se cercam as ideias, que evitam a luz do mundo para trabalharem nos alicerces sociais pelo futuro, dão em si tela franca aos esboços pessimistas da malquerença.

Que princípio há aí hoje consagrado pelos povos que não haja sido, quando na fase de utopia, isto é, de larva atida aos velhos troncos dos velhos símbolos, investido pelo aleive dos tradicionalistas, se não babujado[32] pela sanha dos intolerantes retrógrados?

O vulgo vinga-se da subserviência irracional, a que o degradam os mistérios do ultramontanismo,[33] denegrindo de odiosidade os mistérios da liberdade:

— Esconde-te, esquiva-te aos olhos da opinião pública... Ah! Tens nódoas de sangue, Caim!... Ah! Tramas o crime traiçoeiro, assassino!...

Miseráveis, ou sereis lógicos e então ímpios, ou sereis incongruentes e então ineptos.

Debaixo da cidade de Augusto,[34] nessa orgia petrificada, esconderam-se uns foragidos das bacanais de Trimalcião;[35] eles tinham nódoas[36] de sangue; mas era daquele que espadanava[37] do martírio dos heróis do Coliseu para as faces de seus irmãos; eles maquinavam um crime... por noite alta, quando todos dormissem — os patrícios nos treclinários da devassidão, os plebeus nas enxergas[38] da miséria —, irem cosidos às sombras e apunhalarem o ódio no seio dos tiranos, a vingança no seio do povo e o despotismo no seio da sociedade.

29. Perversas, atrozes.
30. Abrigados, escondidos.
31. Traiçoeira.
32. Por sentido figurado, adulado, bajulado.
33. Doutrina conservadora que sustentava a autoridade absoluta e a infalibilidade do papa, tanto em assuntos civis como em matérias de fé.
34. Isto é, Roma, a capital do império romano.
35. Referência ao banquete de Trimalcião, ex-escravizado romano que, tornando-se liberto, adquiriu muitas riquezas e as esbanjava em jantares de gala. A cena do banquete, e seu protagonista, são originários do clássico *Satíricon*, do escritor romano Petrônio (27–66).
36. Manchas.
37. Jorrava.
38. Camas rústicas, pobres, geralmente feitas de palha.

Irmãos, desfraldemos as nossas bandeiras.

Senhor, a of:. América brotou espontânea, vivaz, da artéria túmida[39] das crenças democráticas deste país; nasceu do povo, da iniciativa popular, o verbo das grandes obras do presente e do futuro.

Alguns patriotas, bem poucos eram então, incendidos[40] no zelo da fraternidade, vendo-a burlada no meio social em que viviam, tomaram de suas crenças, de sua fé e, como não pudessem emigrar para o futuro, que lhes sorria para além dos quarenta anos do deserto, acolheram-se ao regaço de uma associação secreta, plantaram no meio dela sua insígnia e fizeram o pequeno mundo que lhes ficava em volta à imagem de suas crenças, de sua fé; republicanos antes da República.

Mas a lei escrita agitou-se em seu círculo de bronze e fixou o olhar de Medusa na associação suspeita, que lhe não ajoelhara aos pés a impetrar a esmola de uma consagração oficial; lutar com a lei, forte porque é de ferro, é porfiar com a lâmina açacalada[41] de um punhal, que fere porque é de aço; a associação suspeita transformou-se em associação legal, seu recinto converteu-se em templo maçon:.; e ao par da estátua bela da democracia erigiu-se o busto santo da caridade.

Daí o nosso símbolo.

Cremos e professamos a fraternidade, que tem dois corolários[42] necessários: a caridade, que dá o pão para as fomes do corpo; a democracia, que dá o direito para a dignidade da alma.

A caridade, que é a irradiação da justiça através do coração, que é a justiça suave e carinhosa do sentimento, como a justiça é a caridade severa e inflexível da consciência.

A caridade, que o Evangelho chama um dever: o amor; e que a democracia proclama um princípio: a igualdade.

Cremos e professamos a democracia pura, que é a consagração social das prerrogativas racionais de cada indivíduo, de cada personalidade; que não é a subversão, que não é a fúria a tripudiar entre as chamas de um incêndio e entre cômoros[43] de ruínas; que é a paz mesma porque é o direito e o direito é o equilíbrio — expressão da ordem no mundo físico como no mundo moral.

39. Saliente.
40. Inflamados, ardorosos, apaixonados.
41. Afiada, lustrada.
42. Resultados.
43. Montes.

Cremos e professamos que a democracia é irmã gêmea da caridade; que não pode alguém ser por muito tempo sinceramente caridoso sem que se torne democrata; quem ama os pobres como irmãos, por que não amará o povo, esse pobre de direitos; por que não abraçará a sociedade, essa mendiga de liberdades?

Quando um coração compadecido está em frente de um coração amargurado, eles fraternizam nas efusões da simpatia piedosa, por que, então, nesse nivelamento, que a caridade suscita, a inteligência não há de também acordar do indiferentismo e repetir pela voz da razão, como um princípio, o que a alma soluça pela voz da condolência, como um carinho, "somos irmãos, somos iguais"?

Cremos e professamos que a caridade pleiteia dentro do coração a causa da democracia; que os gemidos do pobre, que padece miséria, se confundem com o grito do direito, que sofre restrições.

Cremos e professamos que o primeiro dever da sociedade é aplainar o caminho para que a igualdade das condições ingênitas[44] se traduza na equivalência das condições civis; é dar um ponto de partida comum a todos os homens — a escola —, e deixar que as faculdades se desenvolvam no plano largo da praça pública.

Pensamos muito na instrução popular; temo-la em conta de um direito e um dever para o Estado e de um direito e um dever para a criança; afirmamos que, fora dela, não há salvação para as liberdades, como o ultramontanismo jura que fora de sua fé ortodoxa não há salvamento para as almas; porque assim pensamos, fundamos uma escola que instrui cem filhos do povo e uma biblioteca que lhes abre três mil volumes.

Porque foi, de toda a nossa vida associada, a democracia e a caridade o símbolo que professamos, fizemos que o primeiro brado, que irrompeu dos lábios da recém-nascida of:. América fosse um protesto contra a escravidão; mas, ponderando que os protestos não servem para desagravo de direitos, antes vão aferrolhar mais e mais a arca de bronze que os encerra e os esmaga, juramos, dois anos antes da lei escrita de 28 de setembro, a lei natural de todos os tempos, a liberdade do escravo.

Eis o que fizemos, o que fazemos e o que faremos.

Chefe, dizei agora, são traidoras e malditas as nossas bandeiras?

Tramamos, sim; mas o malogro das insurreições nefandas do obscurantismo contra a luz, do ultramontanismo contra a consciência, do monopólio contra a liberdade, do despotismo contra o direito.

---

44. Naturais.

Traímos, sim… mas a traição.

Contrainsurrecionistas somos nós, conjuradores são eles! Quem mata — a moléstia que estraga, que solapa, que aniquila, ou o medicamento que luta, que refaz e que salva? Quais subvertem — os que escravizam os que nasceram livres, ou os que querem libertar os que vão morrer escravos? Os que fazem o direito com a lei, ou os que querem fazer a lei com o direito? Quais conjuram — os que pretendem que o passado seja o futuro, e o futuro passado, ou os que sustentam que o passado é o que passou, o que morreu, o futuro o que há de vir, o que vai nascer, e o presente o laboratório em que o progresso escuma[45] as fezes dos prejuízos e prepara as reformas redentoras?

Contrainsurrecionistas somos nós, conspiradores são eles!

Conjurados são os que fazem da sotaina[46] do jesuíta a bandeira do século! São os que juram por Pio IX,[47] que traiu a liberdade que confessara um momento, com grande brado de escândalo para os manes de Inocêncio III,[48] que lhe clamaram "é mentira", e com o escárnio dos mártires da consciência, que sorriram.

---

45. Borbulha, espuma.
46. Batina.
47. Pio IX, nascido Giovanni Maria Mastai-Ferretti (1792–1878), foi o 255º papa da Igreja Católica, pontificando entre os anos 1846–1878.
48. Inocêncio XIII, nascido Michelangelo Conti (1655–1724), foi o 244º papa da Igreja Católica, pontificando entre os anos 1721–1724.

Conjuradores são os que nos anatemizam[49] em nome de Loyola[50] e Laynez,[51] os que nos praguejam em nome de Escobar[52] e de Molina,[53] os que nos ameaçam em nome de Torquemada[54] e de Deza.[55]

Conjuradores são os que nos bradam, apontando para o *queimadero dos dominicanos*: "a luz do século há de ser ofuscada pela luz da fogueira!". São os evangelicídas que crucificam a palavra da revelação nas bulas pontifícias, como os deicidas[56] crucificaram o Nazareno no instrumento da infâmia.

Contrainsurrecionistas somos nós, conjuradores são eles!

— Ah, a maçon:. é uma ímpia! Ela dá a esmola ao pobre; e os jesuítas querem para si o privilégio da caridade... para vendê-lo ao egoísmo e à luxúria!

— Ah, a maçon:. é uma ímpia! Ela dá a esmola ao pobre; e não se lembra que a revolução roubou o luxo e o ócio ao clero, e que ele reivindica o patrimônio da simonia![57]

— Ah, a maçon:. é uma ímpia! Ela dá a esmola ao pobre; mas os bispos já não têm aqueles palácios suntuosos, cujos com a sombra es-

---

49. Amaldiçoam, execram, repreendem.
50. Inácio de Loyola (1491-1556) foi um teólogo basco de grande importância que, dentre outros feitos, fundou a Companhia de Jesus, ordem religiosa católica romana.
51. Diego Laynez (1512-1565) foi um teólogo espanhol e sucedeu Inácio de Loyola como superior-geral da Companhia de Jesus.
52. Antonio de Escobar (1589-1669) foi um teólogo espanhol que pertenceu à Companhia de Jesus.
53. Luís de Molina (1535-1600) foi um teólogo e jurista espanhol, membro da Companhia de Jesus, e que constituía a Escola de Salamanca.
54. Tomás de Torquemada (1420-1498) foi um teólogo católico espanhol, da Ordem Dominicana, que se tornou, em seu tempo, a figura máxima da Inquisição na Espanha.
55. Diego de Deza (1443-1523) foi um teólogo espanhol, da Ordem Dominicana, que sucedeu Tomás de Torquemada no cargo de inquisidor geral da Espanha.
56. Aqueles que matam um Deus. Pelo contexto, nota-se que o autor recorria a um epíteto antissemita, com o qual cristãos costumavam estigmatizar os judeus.
57. Comercialização de coisas sagradas.

magavam a miséria das multidões; mas os *padres* já não têm as fauces[58] repletas de ouro, que os galeões[59] levavam da América e derramavam nas cavernas do Escorial[60] e de S. Roque![61]

Em nome de Cristo, arrancai o pão às fomes do pobre e restitui-o à insaciedade dos austeros penitentes!

O oceano reclama a gota de água que o céu orvalhou no oásis do deserto sáfaro![62]

Conjuradores são eles, são estes!

Mas nós vencemos! Não foi quando a maçon:. se alevantou como um só homem e conculcou[63] o arrojo petulante dos lobos do rebanho episcopal do Rio de Janeiro; mais fez Clemente XIII,[64] o papa, que os deixou morrer à fome; não foi quando a imprensa abafou sob sua palavra o estalejar ridículo da fogueira no brado minaz[65] de d. Lacerda;[66] mais fez Choiseul,[67] mais fez Pombal,[68] que os apagou como uma nódoa da face das instituições, e os extraiu como um cancro do seio das vítimas.

Foi quando — pela hora em que nos dávamos à extinção do incên-

---

58. Grande cavidade.
59. Navios a velas de quatro mastros, bem equipados e armados, utilizados à época para transporte de cargas valiosas.
60. O mosteiro do Escorial, localizado na região de Madri, Espanha, é um suntuoso complexo de edifícios — palácios, bibliotecas e igrejas — que serviu de residência para a realeza espanhola e abriga, ainda hoje, parte considerável do ouro americano a que o autor faz referência.
61. A igreja de São Roque, em Lisboa, Portugal, é uma das primeiras igrejas jesuítas do mundo e abriga, conforme reza o autor, relíquias e riquezas extraídas do solo americano.
62. Árido, agreste.
63. Pisoteou.
64. Clemente XIII, nascido Carlo della Torre-Rezzonico, (1693–1769), foi o 248º papa da Igreja Católica, pontificando entre os anos 1758–1769.
65. Ameaçador.
66. Pedro Maria de Lacerda (1830–1890), nascido no Rio de Janeiro, foi bispo da arquidiocese de sua cidade natal entre os anos de 1868 e 1890. A crítica do autor remonta à "Questão religiosa", conflito entre a Igreja Católica e a maçonaria que agitou os debates sobre os poderes civis da Igreja ao longo da década de 1870.
67. Étienne-François de Choiseul (1719–1785) foi um diplomata e estadista francês que serviu ao monarca Luiz XV, ocupando-se em fortalecer o poder do Estado frente à Igreja Católica.
68. Sebastião José de Carvalho e Melo (1699–1782), o marquês de Pombal,

dio, que a sanha episcopal ateara no lar da caridade — umas senhoras, sim, umas senhoras se acercaram de nós, tomaram entre suas mãos o raio, arrancaram dele a violência do ódio e a transformaram em energia de amor, arrancaram dele o lampo[69] que alucina e o transformaram em luz que fecunda!

Fizeram do anátema[70] sua bandeira, do raio, seu escárnio, da perseguição, seu estímulo, das vítimas, seus irmãos!

Ah! Então eu lhes disse: quando, minhas senhoras, pois que desceis a escadaria escusa que conduz às criptas[71] da associação maçon:., vos bradarem lá de cima "não vedes que vos rebaixais, pois desceis!", redargui: "nós vemos que nos levantamos, pois nos associamos; descemos como o mergulhador em busca da pérola, rebaixamo-nos como a piedade que se ajoelha, humilhando-nos como a alma que ora".

Então eu lhes disse mais: "juro-vos, pela consciência humana, que não desdizeis da vossa honra, de vosso sexo, de vossas auréolas, porque quando o direito está embaixo, o dever está embaixo, a miséria está embaixo, o povo está embaixo; descer é subir, curvar-se é levantar-se".

Foi então que vencemos.

Como para a formação de certos corpos é mister a liga de duas substâncias congêneres, assim, para as grandes produções morais, é necessária a conjunção de duas substâncias simpáticas, a substância homem, isto é, força e razão, e a substância mulher, isto é, sentimento e entusiasmo.

A história da mulher é a epopeia das maravilhas históricas; o herói é um efeito, cujo a causa fica nas sombras do lar doméstico; esta causa é o heroísmo materno; o que o mundo vê e aplaude é a resultante dessa força, é a personificação dessa virtude, é o filho.

A causa da emancipação dos escravos na América oscilava entre o

---

foi um diplomata e estadista português de bastante influência em reformas do Estado, sendo que diversas delas resultaram na limitação do poder civil da Igreja Católica em Portugal.

69. Relâmpago.

70. O mesmo que excomunhão. O autor revela, nas entrelinhas, que aquelas mulheres adeptas da maçonaria foram excomungadas da Igreja Católica.

71. Recinto ou galeria subterrânea.

imã egoísta do Sul e o imã generoso do Norte; Garrison,[72] Channing,[73] Horacio Mann,[74] os combatentes da liberdade, esmoreciam quase; mas eis que uma senhora, Lucrécia Mott,[75] levanta a espada de Joana d'Arc[76] e a transforma na lógica patriótica de Franklin;[77] eis que as irmãs Grink[78] saem a terreiro de mãos dadas entoando os cânticos místicos de Santa Genoveva;[79] eis que Stowe[80] apanha um punhado de lágrimas na cabana do pobre Tom[81] e sagra com elas os lidadores do direito... Grant[82] arrasta a vitória dos campos de batalha para os braços de Lincoln,[83] que a consagra no trono da República, o altar da justiça.

---

72. William Lloyd Garrison (1805–1879) foi um jornalista e líder abolicionista estadunidense que, dentre outras associações, fundou a Sociedade Antiesclavagista Americana (1833–1870).
73. William Ellery Channing (1780–1842) foi um teólogo protestante estadunidense de ideias moderadamente abolicionistas.
74. Horace Mann (1796–1859) foi um educador e militante abolicionista estadunidense.
75. Lucretia Mott (1793–1880) foi uma líder abolicionista estadunidense e ativista dos direitos das mulheres.
76. Joana d'Arc (1412–1431) foi uma camponesa e guerreira francesa, que passou à história como heroína da França e santa da Igreja Católica.
77. Benjamin Franklin (1706–1790), nascido em Boston, Estados Unidos da América, foi escritor, cientista, diplomata, político e estadista, sendo um dos "pais fundadores" da República norte-americana.
78. Talvez por erro tipográfico, não encontrei referências.
79. Genoveva de Paris (c. 420–502) foi uma religiosa francesa, que passou a ser venerada como santa pela Igreja Católica, entre outras tradições cristãs, sendo considerada, também, como a santa padroeira da cidade de Paris.
80. Harriet Beecher Stowe (1811–1896), nascida em Litchfield, Estados Unidos da América, foi poeta, escritora e romancista. Autora de *A cabana do pai Tomás* (1852), um dos maiores *best-sellers* da história editorial, foi publicado em português apenas um ano depois de lançado em inglês, o que sugere a velocidade da circulação de ideias e alcance ao público.
81. Isto é, a personagem-título da novela de Harriet Stowe.
82. Ulysses Grant (1822–1885) foi um militar e estadista estadunidense, sendo considerado como um dos mais importantes presidentes da história dos Estados Unidos da América.
83. Abraham Lincoln (1809–1865) foi um advogado e estadista que presidiu os Estados Unidos da América entre 1861–1865, período em que o país atravessou a Guerra de Secessão e pôs fim ao regime escravista.

Através do esforço heroico das nossas irmãs da of:. *Adoção, Sete de Setembro*,[84] entrevimos a redenção deste país.

Meus ir:. : Em que pese à sanha escandecida dos parasitas das instituições caducas; em que pese ao desespero iracundo[85] dos servos da gleba monárquica; em que pese ao prestígio fátuo[86] das tradições senis, esses absurdos que a força do poder sustém, como a corda sustenta o corpo apodrecido do enforcado; em que pese aos suicidas dos brios, os cortesãos, iguais na vileza às suicidas do pudor, as messalinas; em que pese ao direito divino, que já tombou da cabeça de Luiz XVI para o povo; em que pese às excomunhões que caíram das mãos dos sucessores de Gregório VII[87] para as dos descendentes de João Huss...[88] A revolução há de vir; há de vir, sangrenta, se a fizer assim a resistência insana dos prejuízos; pacífica, se a quiser assim a capitulação prudente dos interesses; há de vir a revolução, porque a erupção do Vesúvio[89] prevê-se, mas não há aí quem a previna; porque as revoluções não as fazem os homens, rola-as a justiça infinita do seio do desconhecido.

A revolução há de vir; quereis uma prova? O século. Quereis uma garantia? A América. Quereis um penhor? A dignidade. Quereis um indício? O despotismo que se desdobra.

O século é da democracia; ele assomou republicano da cratera de 89,[90] como o dia aponta fulguroso dos limites do levante; é da democracia; que falem as realezas que tem abatido, os preconceitos que tem espancado, as reformas que tem vingado, os direitos que tem declarado.

A evolução vem de longe, acrisolando-se[91] no tempo e no espaço, mais e mais; os filósofos gregos, os estoicos romanos, os mártires

---

84. Referência a outras lojas maçônicas de São Paulo.
85. Furioso.
86. Presunçoso.
87. Gregório VII, nascido Hildebrando (1020-1085), foi o 157º papa da Igreja Católica, pontificando entre os anos 1073-1085. É venerado como santo na Igreja Católica.
88. João Huss (1372-1415) foi um teólogo, filósofo e acadêmico tcheco que se tornou conhecido por suas ideias de reforma da Igreja Católica e como precursor do movimento protestante. Foi condenado à pena de morte e queimado vivo por heresia contra as doutrinas católico-romanas.
89. Refere-se ao vulcão Vesúvio, localizado na cidade de Nápoles, Itália.
90. Por metonímia, refere-se à Revolução Francesa de 1789, que, logo após a menção ao Vesúvio, é então comparada a uma indelével cratera na superfície da Terra.
91. Apurando-se, aperfeiçoando-se.

cristãos, os pensadores da Idade Média, o *protesto* do xvi século,⁹² a revolução inglesa do xvii, os publicistas do xviii, as revoluções universais do xix são premissas, a conclusão necessária é a República; e os povos que não a quiserem deduzir com a lógica prudente das reformas políticas hão de sofrê-la pela lógica tremenda das convulsões sociais.

Essas convulsões são subversões... Ah! Muita cousa que se julga inabalável há de cair, muita abusão⁹³ fagueira há de esvaecer-se; o vetusto edifício das góticas constituições há de baquear, e os vermes que aninha em seu seio se irão cevar nos esfacelamentos de sua decomposição; o que quer que é que está hoje acima do nível do direito há de dar miseravelmente em terra; o que quer que é que se acha recalcado abaixo do plano da equidade há de subir estrondosamente até ela; por muito tempo — direi parodiando um eloquente orador —, por muito tempo a luta, a vasca do que vai morrer, o estremecimento do que vai nascer, ficará envolto na poeira; a obscuridade do caos cobrirá a cena; mas quando a poeira se quedar, quando dissipar-se a obscuridade, só ficarão dois combatentes de pé: o povo e o direito.

Colai o ouvido ao chão, não escutais a repercussão de um ruído surdo, que caminha, que avulta mais, ainda mais?... De pé, quem quer que sejais, o que ouviste o preludiar longínquo do terremoto social, de pé!...

Sois pelos prejuízos? Infeliz, apressai-vos, embarque na tormenta, é a salvação; ficar na calmaria do porto é a morte!... Sois pelo passado? Apressa-vos, eia! Abrigai-vos no túmulo esguardando a vossa honra de patriota, ao menos... Sois pela liberdade, sois pela República? De pé, não, de joelhos, jurai, juremos, "viver com ela ou morrer por ela".

Salve! Revolução do futuro!

Vexilário dos republicanos, que juraram, salve!

---

92. Isto é, a Reforma Protestante, iniciada pelo teólogo alemão Martinho Lutero (1483–1546) em 1517.
93. Ilusão.

PARTE III

TRÊS SPARTACUS E UM JOHN BROWN

NOTA INTRODUTÓRIA   Os quatro artigos aqui reunidos podem ser lidos com a seguinte frase a tira-colo: "Ao positivismo da macia escravidão eu anteponho o das revoluções da liberdade; quero ser louco como John Brown, como Espártacos, como Lincoln, como Jesus; detesto, porém, a calma farisaica de Pilatos". Tirada do fantástico "A liberdade urge", a frase de Luiz Gama tem certamente diversas camadas textuais, comportando, ato contínuo, tantas interpretações quanto as múltiplas referências que carrega. A frase também tem o mérito de refletir, numa síntese lapidar, o estado anímico e a visão de mundo do autor. Afinal, por que escolher o libertário gladiador da Roma Antiga como referência moral para a luta abolicionista no "moderno" Brasil? Vale perguntar, na mesma direção, o porquê da escolha do abolicionista norte-americano John Brown, enforcado em 1859, como mártir do movimento. Essas perguntas ganham maior relevância haja vista Gama não só ter "desejado ser", como "ter sido" Spartacus e Brown pela mão da autoria literária. A frase, por outro lado, joga luzes sobre o intrincado repertório de autorias de que Gama lançou mão. Vista por esse ângulo, o leitor tem a oportunidade de compreender melhor a complexidade do pensamento de Luiz Gama, em particular, assim como, em geral, aspectos do processo histórico da abolição da escravidão no Brasil. Optei, nesse bloco de artigos, por reuni-los excepcionalmente em ordem não cronológica. Se o leitor escrupuloso convir, notará que há um inestimável ganho interpretativo ao se cumular os Spartacus e o Brown dessa mesma fração temporal que vai de janeiro de 1880 a junho de 1881. Desse modo, os três Spartacus vêm juntos, seguidos, ao final, por Brown. Lidos em conjunto, o leitor poderá observar um estilo literário singular, que transita habilmente entre o furioso e o sóbrio, o sarcástico e o ponderado, o erudito e o fervoroso. Possuidores de notório saber jurídico, Spartacus e Brown também têm em comum a luta intransigente pela liberdade dos escravizados e pela igualdade racial entre todos os cidadãos. Compartilham da mesma estrutura narrativa, a um só tempo concisa, enérgica e nos termos do direito. Os textos dirigem-se, em regra, aos "homens da ordem" — chefe de polícia, deputado e presidente de tribunal —, articulando de modo original direitos civis e políticos sob a perspectiva da "questão de raças". Vale ler artigo a artigo indo e voltando à "Carta a Ferreira de Menezes". O projeto abolicionista negro e radical que Gama criava no calor da hora das disputas da imprensa tem nessas duas séries — complementares e espelhadas — um testemunho de como raça, direito e liberdade se organizavam numa combinação igualmente original e matadora.

Capítulo 1
Aos homens da ordem[1]

Comentário *Artigo político de crítica aos "mandões do liberalismo" e o compromisso que tinham com a manutenção da monarquia.*

Os seletos liberais defensores do governo, do arbítrio, do despotismo, das espoliações, dos cacetes, das navalhas, dos capoeiras transformados em polícia secreta, dos provocadores, dos ferimentos, das descargas e dos assassinatos em massa, atiram, cotidianamente, pela imprensa, à face do povo, os epítetos de miseráveis, desordeiros, insubordinados, turbulentos, facciosos, petroleiros e revolucionários!...

Preciso é, porém, que saibam os apavonados[2] mandões do liberalismo que do Capitólio[3] à Rocha Tarpeia[4] a distância é pequena... Que o povo tem consciência; que dela ainda não foram riscadas datas memoráveis, entre as quais avulta 1842...[5] E que aqueles que hoje aviltam a saudosa lembrança dos seus maiores,

1. *Gazeta do Povo* (SP), Publicações Pedidas, 11 de janeiro de 1880, p. 3.
2. Presunçosos.
3. Uma das sete colinas de Roma, repleta de mitologias e histórias relacionadas ao poder político do antigo Império e da República romana.
4. Ao sul do Capitólio, a Rocha Tarpeia foi um conhecido local de execução de criminosos e opositores da República Romana. *Spartacus* demonstrava conhecer a expressão latina *Arx tarpeia Capitoli proxima*, isto é, em livre tradução, *A Rocha Tarpeia é próxima do Capitólio*. Afinal, era isto que ele alertava aos "apavonados mandões do liberalismo", que a distância entre o poder e a infâmia não é longa.
5. Refere-se à revolta liberal de 1842, liderada, em São Paulo, pelo brigadeiro Tobias de Aguiar, onde o poder do Partido Conservador foi contestado militarmente pelos liberais exaltados. Não foi, contudo, uma revolta contra o poder imperial. Ao contrário, reforçando a autoridade do imperador, a revolta atacava a concentração de poderes nas mãos dos conservadores. A invocação

condenando, no povo, atos de civismo, que os distingue, se não devem esquecer que a resistência ao despotismo não constitui privilégio das fardas bordadas.

SPARTACUS

da memória das lutas de 1842, entretanto, não se fiava nas disputas políticas intraimperiais de décadas passadas e, sim, na construção de uma narrativa daqueles acontecimentos como disputas entre despotismo e soberania popular.

Capítulo 2
A questão de raças[1]

Comentário *Literatura abolicionista. Spartacus discute rapidamente dois acontecimentos políticos, um deles ocorrido na eleição para vereador de São Paulo e o outro na Câmara dos Deputados. Ambos, contudo, revelam o racismo explícito de importantes membros dos dois partidos do Império, além da cumplicidade igualmente racista dos demais correligionários. Embora o texto seja breve, sobra eloquência na força do argumento. Spartacus fez o que Gama também faria meses mais tarde: contestou publicamente o deputado Moreira Barros, notório político liberal, deixando evidente ao público qual o papel do referido parlamentar na luta política da abolição. Por arremate, Spartacus, republicano que só, conclui o artigo convidando "aos mulatos e aos negros livres, libertos ou ingênuos, a retirarem-se dos partidos liberal e conservador em que se acharem; a não exercerem o direito de voto em caso algum".*

Quando, nesta cidade, lutava-se no pleito eleitoral para a nomeação de vereadores e juízes de paz, a 1º do corrente, com relação a um distinto membro do Partido Conservador, que era objeto de manifestações de simpatias populares, disse um dos chefes desse partido: "Fulano não pode ser vereador, porque *é mulato e foi cativo!...*"

Agora, no seio do parlamento, perante a nação brasileira, o sr. dr. Moreira de Barros, deputado paulista e ex-ministro do imperador, disse o seguinte:

Compreendo que a questão dos escravos possa servir nos rodapés de jornais desmoralizados; mas não deve ser trazida à Câmara. Compreendo que seja levada para aqueles pelos laços de consanguinidade, que respeito, e contra os quais nada tenho a dizer; mas trazê-la à Câmara é injustiça.

1. *Gazeta do Povo* (SP), Publicações Pedidas, 18 de julho de 1880, p. 2; *A Província de S. Paulo* (SP), Seção Particular, 20 de julho de 1880, p. 2; e também na *Gazeta da Tarde* (RJ), Noticiário, 27 de julho de 1880, pp. 3-4.

As palavras do sr. Moreira de Barros[2] não tiveram protesto parlamentar; nem as do chefe conservador de São Paulo da parte de seus correligionários.

Convidamos aos mulatos e aos negros livres, libertos ou ingênuos, a retirarem-se dos partidos *liberal* e *conservador* em que se acharem; a não exercerem o direito de voto em caso algum; aderirem às ideias republicanas e esperar uma organização forte desse partido para futuro procedimento.[3]

S. Paulo, 17 de julho de 1880
SPARTACUS

---

2. Antonio Moreira de Barros (1841–1896), paulista de Taubaté, foi deputado, ministro e presidente da província de Alagoas.
3. Ao final do texto, fora publicada a numeração 10-2, indicando que o artigo seria replicado dez vezes. Não localizei nas edições seguintes que isso de fato tenha ocorrido.

Capítulo 3
Neste país não é permitido ao negro se divertir
A sua Excia. o Ilmo. Sr. Dr. chefe de polícia[1]

Comentário *O artigo de Spartacus é avassalador. Num estilo que combina fúria e indignação com uma sobriedade própria ao mais experiente dos advogados, Spartacus dirige uma carta pública ao chefe de polícia de São Paulo. O texto é estruturado como uma espécie de petição judicial — endereçamento, qualificação das partes, descrição do fato criminoso e reclamação de direitos —, somado, é claro, à linguagem enérgica de um denunciante na imprensa. O caso é fortíssimo e trata da violência policial branca contra negros africanos em São Paulo. Vale notar as minúcias da narrativa, a exemplo da existência de uma licença firmada pelo subdelegado, o horário da invasão policial e o estatuto jurídico dos ofendidos. É evidente que a "pessoa que isto escreve está de tudo bem informada", dizia Spartacus, acrescentando uma expressão exata que Gama utilizou em uma de suas cartas a Ferreira de Menezes, que "neste país clássico da liberdade não é permitido ao negro divertir-se, em sua casa, sem licença da polícia!"*

O africano livre[2] Joaquim Antonio, morador ao marco da Meia Légua,[3] obteve, a 21, licença do digno sr. capitão Almeida Cabral, subdelegado do distrito, *licença* para dar um divertimento.

Já não é pouco; neste país clássico da liberdade não é permitido ao negro divertir-se, em sua casa, sem licença da polícia!

5

1. *Gazeta do Povo* (SP), Publicações Pedidas, 2 de junho de 1881, p. 2.
2. Gama usa a categoria *africanos livres* de diversas maneiras, com variações caso a caso. Nesse contexto, é evidente que utiliza como categoria ampla, que engloba não só os africanos desembarcados posteriormente à proibição do tráfico de escravos, firmada taxativamente por lei nacional em 1831.
3. Os marcos de meia légua demarcavam a distância de 3,3 km de cada ponto cardeal com a praça da Sé, marco zero da cidade. Embora não se saiba exatamente qual o marco de légua citado, pode-se sugerir que seja aquele localizado nas cercanias do Brás e da Mooca, periferia leste da antiga São Paulo, onde se via grande expansão de núcleos de habitação na década de 1880 e onde, também, Gama e sua família moravam.

Divertia-se Joaquim Antonio, cidadão português do estado de Moçambique,[4] homem infeliz, que não tem por si o válido patriotismo luso do distinto sr. Abílio Marques,[5] que é só para os *brancos*, quando foi intimado por uma *patrulha policial* para não continuar.

Joaquim Antonio fechou a sua porta e continuou a divertir-se, com outros seus amigos negros.

A patrulha arrombou a porta, penetrou na casa (era meia-noite!), *saqueou-a*, mediante rigorosa busca, prendeu o africano livre Joaquim Tito, que reclamara contra o ato e, em seguida, arrombou mais duas casas de africanos, sem fundamento nem razão!

A pessoa que isto escreve está de tudo bem informada; e já instruiu aos pretos que, em análogas circunstâncias, repilam a agressão *a ferro e à bala*.

O exmo. sr. dr. chefe de polícia tem meios de impedir desaforos desta ordem.

Sabemos, pelo seu nobre caráter, que é incapaz de autorizar tropelias tais.

SPARTACUS

---

4. Aqui o autor joga com as minúcias do discurso jurídico para conferir maior legitimidade jurídica ao demandante. Joaquim Antonio tem, por um lado, seu estatuto de estrangeiro no Brasil lançado ao seu favor e, por outro lado, a reivindicação criativa da cidadania portuguesa, o que, por vir do território ultramarino de Moçambique, aqui alçado a estado, era uma condição de fato e de direito.

5. Abílio Aurélio da Silva Marques (1851–1891), nascido em Amarante, Portugal, e radicado em São Paulo (SP), foi redator, editor, fundador de periódicos e empresário. Participou da fundação de *A Província de São Paulo* (1875), foi proprietário da Livraria Civilização e atuante na vida cultural de São Paulo nas décadas de 1870 e 1880.

Capítulo 4
A preta Brandina
Ao Exmo Sr. Conselheiro Presidente do Tribunal da Relação[1]

Comentário *Apenas alguns dias após o artigo em que Luiz Gama manifestou querer "ser louco como John Brown", surge nas páginas da imprensa paulistana uma espécie de petição de liberdade dirigida ao presidente do mais importante tribunal local, o Tribunal da Relação de São Paulo. O autor, John Brown, se revela perito em direito. Note-se a estrutura textual afeita ao discurso jurídico: descrição fática detalhada, núcleo da demanda definido, doutrina civilista e precedentes judiciais potencialmente vinculantes devidamente expostos. É, em síntese, uma aula de direito. A causa da "preta Brandina" reúne argumentos — e citações doutrinárias — que Gama desenvolveu em processos no mesmo Tribunal da Relação, além de expressar de maneira cristalina a cor da bandeira abolicionista radical que empunhou por muitas décadas, a exemplo da tantas vezes invocada oposição moral entre juízes criminosos e escravizados libertários.*

Há mais de um ano a preta Brandina, maior de 70 anos, escrava do fazendeiro sr. Barbosa Pires, do distrito de Pirassununga,[2] requereu a alforria por meio de retribuição pecuniária e exibiu, com a sua petição, pecúlio[3] regularmente constituído, no valor de 200$000 em dinheiro.

O sr. Barbosa Pires, para evitar maus exemplos, contrários aos seus direitos dominicais,[4] opõe-se à libertação da miseranda velha, que nada mais pretende do que *morrer livre!*...

---

1. *Gazeta de S. Paulo* (SP), Ineditoriais, 11 de janeiro de 1881, p. 3.
2. Talvez por provocação, o autor qualificou Pirassununga (SP), distante aproximadamente 200 km da capital, de distrito, e não de cidade, condição adquirida em 1879.
3. Patrimônio, quantia em dinheiro que, por lei (1871), foi permitido ao escravizado constituir a partir de doações, legados, heranças e diárias remuneradas.
4. O mesmo que senhoriais.

Os juízes, que não apreciam *monomania emancipadora* e dão razão ao sr. Barbosa Pires, um dos Landlordes[5] dos feudos de Pirassununga, não depositaram a libertanda, deixaram-na em poder do senhor; e assim procederam com manifesta infração da lei e da jurisprudência (alvará de 10 de março de 1682; Código Comercial, artigos 204 e 212; Ramalho, *Praxe Brazileira*, § 100, nº 5 e nota; Revista de 12 de fevereiro de 1873; Acórdão da Relação de São Paulo de 17 de julho de 1875).[6]

Brandina, a desgraçada velha candidata à mortalha, para evitar os rigores do cativeiro, no derradeiro quartel da vida, fugiu da casa do senhor, meteu-se pelos matos, já que não encontrou juízes humanos nas povoações, no seio das sociedades civilizadas.

Eis um fenômeno de metafísica que bem merece forte reprimenda positivista do ilustrado sr. dr. Luiz Pereira Barreto,[7] em uma das suas brilhantes dissertações da *Província*.

JOHN BROWN

5. Senhores, donos. O emprego da expressão, contudo, indica que a caracterização usual não bastava; parecia necessário expor o landlord em questão sob uma marcação semântica moderna e estrangeira, embora igualmente violenta e execrável.
6. Respectivamente: o alvará regulava a liberdade e a escravidão de negros apreendidos na guerra dos Palmares, na antiga capitania de Pernambuco. Conhecido da historiografia sobretudo pela regulação da prescrição do cativeiro após cinco anos de posse da liberdade, nesse texto Gama se reporta a outro comando normativo do alvará — possivelmente o quinto parágrafo — em que o rei de Portugal outorgava que os cativos poderiam demandar e requerer liberdade, ainda que contra o interesse de seus senhores. Art. 204. "Se o comprador sem justa causa recusar receber a cousa vendida, ou deixar de a receber no tempo ajustado, terá o vendedor ação para rescindir o contrato, ou demandar o comprador pelo preço com os juros legais da mora; devendo, no segundo caso, requerer depósito judicial dos objetos vendidos". Art. 212. "Se o comprador reenvia a cousa comprada ao vendedor, e este a aceita (art. 76), ou, sendo-lhe entregue contra sua vontade, a não faz depositar judicialmente por conta de quem pertencer, com intimação do depósito ao comprador, presume-se que consentiu na rescisão da venda". A Revista de 12 fevereiro de 1873, que aliás serviu não só como reforço ao argumento, mas também como base para articular o Alvará de 1682 com o Código Comercial (1850), pode ser lida em: *Arestos do Supremo Tribunal de Justiça*, Candido Mendes de Almeida e Fernando Mendes de Almeida, 1883, p. 770.
7. Naquele período, Barreto era um assíduo contribuinte d'*A Província*. Seu nome pode ser lido em diversas colunas de opinião.

PARTE IV

O TÚMULO DA CONSTITUIÇÃO

NOTA INTRODUTÓRIA   *Gama elabora um estudo de direito público baseado em um caso de ampla repercussão social que começava na delegacia de polícia da capital, ia ao juízo criminal, subia ao tribunal revisor de São Paulo e só ia ter fim com a deportação do prisioneiro para outro país. No curso desse processo tumultuado, Gama escreveu dois sólidos artigos de literatura normativo--pragmática, antecedidos por duas mofinas características de sua intervenção na imprensa, daquelas que serviam de abre-alas do que viria pela frente. O doutrinador do direito era também o advogado de um dos réus, o judeu alemão A. Grimberg, achincalhado na imprensa, preso sem ordem de prisão, sem formação de culpa, sem tipo criminal, mantido incomunicável em cárcere privado e depois em cárcere secreto, tendo passaporte e bens apreendidos, tudo isso antes de sofrer a pena de deportação sumária. O horror do abuso de poder — não de uma ou duas, mas de um conjunto de autoridades policiais e judiciárias — certamente não surpreendia Gama, todavia, é igualmente certo que o mobilizava a buscar justiça para seu cliente com o afinco de costume. A alegação da polícia para expulsão do estrangeiro indesejado fundava-se em sua atividade comercial de agenciar um prostíbulo. Na linguagem pejorativa da imprensa, Grimberg era um cafetão. É evidente que a perseguição a Grimberg fazia parte da campanha antissemita que a polícia da Corte empreendia ostensivamente contra os judeus desde meados de 1879. A perseguição chegava avassaladora a São Paulo naquele janeiro de 1880. Gama organizava a defesa de Grimberg, recusando, de antemão, a caracterização depreciativa de cafetão. Grimberg e o português Gomes do Rego, também preso na mesma emboscada policial, seriam "alcoviteiros, na expressão vernácula". Se respondessem a crime, após diligências policiais obrigatórias e julgamento com direito de defesa assegurado, seria apenas por atentar contra a moral e os bons costumes, nada além disso, o que seria punível com até 40 dias de prisão e multa. Num exercício de hermenêutica constitucional que separava moral e direito, traço inconfundível de um pensamento jurídico moderno, Gama trazia a Constituição, doutrina constitucionalista, o Código Criminal, o Código de Processo Criminal, além de outras referências multinormativas, para sustentar a tese da ilegalidade da deportação de Grimberg. A tese de Gama, contudo, caiu vencida no tribunal, com votação unânime dos seis desembargadores. Em protesto, finalizou, como um dramaturgo finalizaria: "os venerandos acórdãos do colendo Tribunal da Relação, proferidos a 20 do corrente, em face da jurisprudência pátria, devem ser esculpidos no túmulo da Constituição".*

Capítulo 1
A lei e os «cafetões»[1]

Comentário *Luiz Gama era um "constituinte constituído" em um dos dois processos a que o texto faz referência. A rigor, havia somente ele e mais um solicitador ou advogado constituídos na causa dos dois cafetões aprisionados e sem direito regular de defesa. Como advogado que solicitou* habeas-corpus *a um dos ofendidos, Gama tinha todo interesse em arguir o juiz publicamente. As marcas estilísticas e a mofina ao julgador deixavam evidente quem tomava a tribuna da imprensa.*

O sr. juiz dr. Sebastião J. Pereira[2] muito prazer e grande serviço prestará se citar o decreto do governo imperial que o levou a denegar o *habeas-corpus* aos intitulados *cafetões*. De que data é esse decreto? Em que diário foi publicado? Qual é a sua íntegra?

Dá-se um prêmio de 1:000$ para doces a S. S. no dia em que satisfizer a esta justa exigência.

Citar um decreto que nunca apareceu não é de bom magistrado.

Espera-se a resposta de S. S. Não a dando, provará S. S. que faltou à lei e à justiça e que é apenas um juiz violento e bárbaro!

O sr. Juiz tem três dias para responder.

UM CONSTITUINTE CONSTITUÍDO

---

1. *A Província de S. Paulo* (SP), Seção Livre, 21 de janeiro de 1880, p. 2.
2. Sebastião José Pereira (1834-1881), nascido em São Paulo (SP), foi advogado, juiz de direito e presidente da província de São Paulo (1875-1878).

Capítulo 2
Emparedando o chefe de polícia
O Exmo. Sr. Dr. chefe de polícia[1]

Comentário *O autor demonstrava estar profundamente a par das entranhas do processo de Grimberg. Mais até: chega a revelar que o advogado de Grimberg satisfez as "explicações que lhe foram pedidas em recurso de* habeas-corpus*" pelo juiz de direito Sebastião José Pereira. Ora, quem era o advogado? Luiz Gama. Desta feita, a assinatura "Ranter", que fazia explícita referência aos revolucionários populares místicos da Inglaterra do século XVII, tinha um singular adepto na periferia do Império do Brasil.*

Tendo declarado ao exmo. sr. dr. Sebastião José Pereira,[2] satisfazendo as explicações que lhe foram pedidas em recurso de *habeas-corpus*, que Adolpho Grimberg fora preso por ordem do governo imperial, em relação a Antonio Gomes do Rego, além das explicações que deu ao Tribunal da Relação, fez remeter segundo ofício capeando o inquérito *reservado* e a ordem do governo procedendo o presidente do tribunal à leitura do interrogatório.

O sr. dr. chefe de polícia reconheceu, portanto, que uma prisão efetuada, com reserva sobre suas causas, dá lugar ao recurso de *habeas-corpus*, e teve necessidade de quebrar o sigilo do inquérito e remetê-lo ao tribunal.

S. Paulo, 20 de janeiro de 1880
RANTER

---

1. *A Província de S. Paulo* (SP), Seção Livre, 21 de janeiro de 1880, p. 2.
2. Ver n. 2, p. 113.

Capítulo 3
A deportação dos «cafetões»[1]

Comentário   *Literatura normativo-pragmática. Já na primeira frase do artigo, Gama expõe um objetivo claro da sua reflexão. Não trataria de "hiperbolizadas questões de moralidade pública". Falaria apenas de direito. Parece trivial ao leitor de hoje, mas a operação intelectual de discernir esferas distintas de coerção, valoração e decisão, por exemplo, era o que havia de mais moderno no pensamento jurídico da época. Gama pedia aos leitores que deixassem a moral e a religião para outro lado e passassem, "sem ódio nem paixão", a "discutir um ponto de direito". Dito isso, Gama começa a narrar um caso de abuso de autoridade do delegado de polícia que, em efeito cascata, tornou-se um abuso de autoridade coletivo, envolvendo o chefe de polícia, o juiz criminal do distrito e chegaria até os seis desembargadores do Tribunal da Relação. O judeu alemão A. Grimberg foi abordado em sua casa pelo próprio delegado de polícia, teve seu passaporte confiscado e recebeu voz de prisão "sem apresentação de mandado ou ordem por escrito de qualquer autoridade". Posto primeiro em cárcere privado, depois em cárcere secreto, incomunicável, Grimberg seria deportado para Santiago do Chile, em fração de alguns dias, como bandido da pior estirpe. A acusação partiria do Poder Executivo, em "inquérito reservado", que o acusava e o julgava sumariamente por fato que sequer se configurava como crime. Gama tentou intervir pelo remédio judicial de excelência: o* habeas-corpus. *Conforme conta, o conluio das autoridades o impediu de defender seu cliente, que logo foi deportado sem que se julgasse seu pedido de liberdade. Sem se dar por vencido, Gama insistiu com a arma que tanto sabia manejar: a articulação da imprensa com o direito, de modo a dar visibilidade e repercussão a uma causa sob as aras da justiça. Elabora, pois, um estudo histórico sobre as condições da prisão e deportação de um estrangeiro no Brasil. Examina os requisitos de um inquérito policial, discute a formação da culpa, as exigências legais para se decretar a prisão de alguém, os fundamentos do pedido de* habeas-corpus, *o tipo criminal que abarcaria o fato descrito e a separação de poderes no processamento e julgamento de causas criminais. É simplesmente uma aula de direito, que Gama, investido da tribuna da defesa, legou tanto aos leitores da época quanto aos da posteridade.*

1. *A Província de São Paulo* (SP), Seção Livre, 23 de janeiro de 1880, p. 2.

Separando-nos completamente das hiperbolizadas questões de moralidade pública, das de máximo interesse social, nas quais tão envolvida vai a magna política do império, das que, de momento, se referem à conservação da dignidade nacional e aos pundonorosos[2] brios pátrios, prestes a serem precipitados no vórtice do medonho abismo da prostituição, escavado, de chofre,[3] por meia dúzia de alcaiotes[4] públicos, que estão pondo em perigo iminente as Leis, os costumes, o Estado, a religião, e até a própria monarquia, segundo a palavra autorizada que ouvimos do governo, apregoada por as suas gazetas, vamos, sem prevenções políticas, sem ódio nem paixão, discutir um ponto de direito concernente a fatos hodiernos.[5]

No dia 16 do corrente, por as dez e meia horas da manhã, compareceu o sr. dr. delegado de polícia, acompanhado de ordenanças, à casa de Adolpho Grimberg, à travessa da Sé, nº 9;[6] exigiu que o dono da casa lhe apresentasse o seu passaporte; e, uma vez satisfeito, ordenou-lhe que se recolhesse preso, sem apresentação de mandado ou ordem por escrito de qualquer autoridade; sem declarar-lhe o motivo; e o mandou pôr incomunicável, *em cárcere privado*, num xadrez da Estação Central da companhia de urbanos, de onde, mais tarde, foi transferido para outro cárcere secreto, na Penitenciária, com ordem expressa de não comunicar-se com pessoa alguma!...

Nestas lamentáveis circunstâncias, sem que houvesse cometido crime algum, e na mais completa ignorância dos motivos de tão inauditas[7] violências, praticadas com a mais flagrante violação da Lei, um cidadão requereu ordem de *habeas-corpus*, em

2. Altivos, ilustres.
3. De um só golpe, de uma só tacada.
4. Alcoviteiros, cafetões.
5. Atuais.
6. Antiga rua do centro de São Paulo, não mais existente, tomada pelo novo desenho urbano da praça da Sé.
7. Extraordinárias, sem precedentes.

favor do paciente, ao meritíssimo dr. juiz de direito do 1º Distrito Criminal desta comarca; e aquele emérito magistrado, depois de uma informação oficiosa, incongruente e altamente ofensiva da dignidade do Poder Judiciário, prestada por o exmo. dr. chefe de polícia desta província, resolveu negar ordem de soltura ao paciente, *por ser a prisão decretada em razão de providência do Poder Executivo!*...

Esta jurisprudência, além de nova, é singularíssima, e altamente ofensiva dos princípios do direito constitucional pátrio.

A faculdade de pedir *habeas-corpus* esteia-se na salutar disposição do § 10º do art. 179 da Constituição Política do Império,[8] que tanto aproveita a nacionais como aos estrangeiros que, no país, viverem sob o domínio da sua legislação (Lei nº 2.033 de 20 de setembro de 1871, art. 18, § 5º).[9]

Todo cidadão que entender que ele ou outrem sofre *uma prisão ou constrangimento ilegal* em sua liberdade tem direito de pedir uma ordem de *habeas-corpus* em seu favor (Código Processo Criminal, art. 340).[10]

O direito de pedir cabe ao cidadão; a obrigação de atender incumbe aos juízes ou aos tribunais; o motivo é o insólito acometimento ou o constrangimento à liberdade; porque a liberdade é

---

8. Art. 179. "A inviolabilidade dos Direitos Civis e Políticos dos Cidadãos Brasileiros, que tem por base a liberdade, a segurança individual, e a propriedade, é garantida pela Constituição do Império, pela maneira seguinte. (...) § 10: À exceção de flagrante delito, a prisão não pode ser executada, senão por ordem escrita da Autoridade legítima. Se esta for arbitrária, o Juiz, que a deu, e quem a tiver requerido serão punidos com as penas, que a Lei determinar."
9. Art. 18. "Os Juízes de Direito poderão expedir ordem de *habeas-corpus* a favor dos que estiverem ilegalmente presos, ainda quando o fossem por determinação do Chefe de Polícia ou de qualquer outra autoridade administrativa e, sem exclusão dos detidos à título de recrutamento, não estando ainda alistados como praças no exército ou armada. (...) § 5º. Quando dos documentos apresentados se reconhecer evidentemente a ilegalidade do constrangimento, o Juiz a quem se impetrar a ordem de *habeas-corpus* poderá ordenar a imediata cessação, mediante caução, até que se resolva definitivamente."
10. A citação confere exatamente com o teor do artigo do Código Criminal, modulada, entretanto, pelos grifos originais de Gama.

a vida do cidadão; e o cidadão é uma síntese política e viva do direito: ferir, desatender ou atacar a liberdade é destruir a Lei; a destruição da Lei é o aniquilamento social.

A exceção às regras do direito, em sua aplicação, foi preestabelecida no mesmo direito; refere-se aos fatos, visa e precisa as ocorrências, firma-se em motivos de ordem pública; é a segurança do princípio; constitui a confirmação da regra.

Nela, pois, apenas se não inclui o que concerne às ordenanças militares estabelecidas como necessárias à disciplina e recrutamento do Exército e Armada, quando este se tenha verificado com assentamento de praça; nem os casos que não são puramente criminais, *mas em que a Lei determina a prisão de alguma pessoa por desobedecer os mandados da justiça, ou não cumprir alguma obrigação dentro de determinado prazo* (Constituição, art. 179, § 10°, segunda parte; Lei n° 2.033 de 20 de setembro de 1871, art. 18).

Narrados os fatos, com verdade, como se deram, e referidas as disposições da Lei, sem a mínima alteração, perguntaremos:

— Em virtude de que Lei foi preso Adolpho Grimberg?
— Será ele militar?
— Desobedeceu aos mandados da justiça?
— Quando, onde, de que modo?
— Deixou de cumprir alguma obrigação, em prazo certo?
— Que obrigação é essa?

~

O fato de a prisão ter sido decretada em virtude de *providência* do Poder Executivo, quando este pudesse decretar, não limita as atribuições dos juízes, nem dos tribunais, para a concessão de ordem de *habeas-corpus*: essa alegação, sem embargo do muito respeito devido ao digno magistrado que apresentou-a, importa notável cerceamento dos direitos do cidadão; cria uma monstruosidade jurídica; é uma desastrosa interpretação da Lei, e por poder incompetente; é a revogação tumultuária da expressa disposição do art. 18 — primeira parte — da Lei n° 2.033 de 20 de setembro de 1871; é um suicídio judiciário (Vide Constituição, art. 15, § 8º; art. 13; Assento 16 de novembro de 1700; 3º, 9 de abril de 1772; Leis de 29 de novembro de 1753; 6 de julho de 1755, principal; 18 de agosto de 1769, § 11º).[11]

⁓

Em princípio, à face dos poderes políticos legalmente constituídos e das respectivas atribuições marcadas na Constituição e disposições posteriores, a prisão, antes de culpa formada, à exceção do flagrante delito, só pode ter lugar *nos crimes inafiançáveis, por mandado escrito do juiz competente para a formação da culpa, ou à sua requisição*, precedendo, neste caso, ao mandado ou à requisição, declaração de *duas testemunhas*, que jurem de ciência própria, ou prova documental, de que resultem veementes indícios contra o culpado, ou declaração deste confessando o crime (Lei nº 2.033 de 20 de setembro de 1871, art. 13, § 2º; Código Processo Criminal, art. 94).[12]

11. Para a primeira parte do art. 18, Lei nº 2.033 de 1871, ver nota 9, acima; art. 15 (Constituição do Império): "É da atribuição da Assembleia Geral (…) § 8º. Fazer Leis, interpretá-las, suspendê-las e revogá-las". Para os Assentos das Casas da Suplicação e demais leis do Reino de Portugal, aqui invocadas de maneira igualmente retórica e normativa, consultar o excelente repositório digital: *https://www.hedra.com.br/r/gDU*.

12. Art. 13. "O mandado de prisão será passado em duplicata. O executor entregará ao preso, logo depois de efetuada a prisão, um dos exemplares do mandado com declaração do dia, hora e lugar, em que efetuou a prisão, e exigirá que declare no outro havê-lo recebido; recusando-se o preso, lavrar-se-á auto assinado por duas testemunhas. Nesse mesmo exemplar do mandado, o carcereiro passará recibo da entrega do preso com declaração do dia e hora. § 2º. À exceção de flagrante delito, a prisão antes da culpa formada só pode ter lugar nos crimes inafiançáveis, por mandado escrito do Juiz competente para a formação da culpa ou à sua requisição; neste caso precederá ao mandado ou à requisição, declaração de duas testemunhas, que jurem de ciência própria, ou prova documental de que resultem veementes indícios contra o culpado ou declaração deste confessando o crime." Art. 94. "A confissão do réu em Juízo competente, sendo livre, coincidindo com as circunstâncias do fato, prova o delito; mas, no caso de morte, só pode sujeitá-lo à pena imediata, quando não haja outra prova."

Antes de culpa formada ou antes de iniciadas quaisquer diligências do inquérito policial, poderá ser requerida a prisão *por o promotor público, ou quem suas vezes fizer, por a parte queixosa, e por virtude de representação da autoridade policial*, sobre a necessidade e conveniência dela, apoiando-se em prova de que resultem veementes indícios de culpabilidade, ou seja confissão do mesmo réu, ou documento, ou declaração de duas testemunhas (Decreto nº 4.824 de 22 de novembro de 1871, art. 29).[13]

Antes de culpa formada, conhecida a conveniência da prisão, mediante a procedência dos indícios, contra o arguido culpado, *por a autoridade competente para a formação da culpa, por despacho nos autos*, a ordenará, ou expedindo mandado escrito, ou requisitando, por comunicação telegráfica, por aviso geral, na imprensa, ou por qualquer modo que faça certa a requisição (Decreto e art. citados).

A prisão, antes da pronúncia do réu *de crime inafiançável*, poderá ser ordenada *por o juiz formador da culpa*, independente de requerimento da parte acusadora, ou representação de autoridade policial, julgando necessário, ou conveniente, se tiver coligido ou lhe for presente aquela prova de que resultem veementes indícios da culpabilidade do réu (Decreto nº 4.824 de 22 de novembro de 1871, art. 29, § 1º).[14]

13. Art. 29. "Ainda antes de iniciado o procedimento da formação da culpa ou de quaisquer diligências do inquérito policial, o Promotor Público, ou quem suas vezes fizer, e a parte queixosa poderão requerer, e a autoridade policial representar, acerca da necessidade ou conveniência da prisão preventiva do réu indiciado em crime inafiançável, apoiando-se em prova de que resultem veementes indícios de culpabilidade, ou seja, confissão do mesmo réu ou documento ou declaração de duas testemunhas; e, feito o respectivo autuamento, a autoridade judiciária competente para a formação da culpa, reconhecendo a procedência dos indícios contra o arguido culpado e a conveniência de sua prisão, por despacho nos autos a ordenará, ou expedindo mandado escrito, ou requisitando por comunicação telegráfica, por aviso geral na imprensa ou por qualquer outro modo que faça certa a requisição."

14. Art. 29, § 1º. "Independente de requerimento da parte acusadora ou representação da autoridade policial, poderá do mesmo modo o Juiz formador da culpa, julgando necessário ou conveniente, ordenar ou requisitar, antes da

Mas em todas estas hipóteses, o condutor que a efetuar levará consigo o *mandado em duplicata*, entregando ao preso, logo que efetuar a prisão, um dos exemplares, com declaração do dia, hora e lugar em que a fez, e no outro exigirá declaração de o haver recebido (Lei nº 2.033 de 20 de setembro de 1871, art. 13).[15]

Adolpho Grimberg foi indebitamente preso, por ordem verbal do sr. dr. delegado de polícia que, desde logo, por cálculo, e com solapado[16] sentimento, o transferiu à ordem e disposição do exmo. dr. chefe de polícia, infringindo, com este seu ardiloso procedimento, o artigo 186 do Código Criminal.[17]

O exmo. dr. chefe de polícia, vendo que a vítima iria, por mediação de algum protetor, ao colendo Tribunal da Relação pedir remédio contra o seu arbítrio e a desatenção do exmo. dr. juiz de direito do 1º Distrito da Capital, fez com que o paciente no dia 10, pelas 5 horas da manhã, fosse precipitadamente remetido para a Corte, sem que pudesse arrecadar os seus haveres, alienar a sua casa de negócio, cobrar e pagar os seus débitos, levantar dinheiros que tem no Banco e pôr termo às suas transações.

Não houve expedição de mandado contra o paciente; não foi ele intimado de ordem por escrito; não se lhe deu nota de culpa ou ciência do motivo da prisão.

O exmo. dr. chefe de polícia apenas declara, no seu memorável ofício nº 88, que *houve um inquérito-secreto;* que S. M. o Imperador o julgando suficiente e judicioso, houvera por bem determinar que o mesmo paciente seja deportado!

Inquérito reservado?!...

---

pronúncia, a prisão do réu de crime inafiançável, se tiver coligido ou lhe for presente aquela prova de que resultem veementes indícios da culpabilidade do dito réu."
15. Ver n. 12, acima.
16. Por sentido figurado, dissimulado, disfarçado.
17. Art. 186. "Fazer remessa do preso à outra autoridade; ocultá-lo, ou mudá-lo de prisão, com o fim de iludir uma ordem de *habeas-corpus* depois de saber, por qualquer modo, que ela foi passada e tem de lhe ser apresentada."

S. M. o Imperador houve por bem condenar à deportação, em virtude de um *inquérito reservado*, que ele julgou procedente!!...
Isto dito em um documento público, firmado por juiz vitalício, a segunda autoridade da província!!!...

O *inquérito policial* consiste na reunião das diligências necessárias para a verificação:

1º da existência do *crime comum*;

2º de todas as circunstâncias *do mesmo crime*;

3º de todas as circunstâncias sobre os autores ou cúmplices do crime comum (Decreto nº 4.824 de 22 de novembro de 1871, arts. 38 e 42).[18]

Todas as diligências relativas ao inquérito devem ser feitas no prazo improrrogável de 5 dias, com assistência do indiciado delinquente, estando preso por crime inafiançável, ou colhido em flagrante delito quando seja afiançável; e, nesta última hipótese, estando solto deve ser intimado para assisti-lo, ou admitido quando o requeira; pelo que no inquérito policial, segundo a expressa disposição da Lei, à semelhança do que se pratica na formação da culpa, as testemunhas *são inqueridas* em segredo de justiça *somente quando o crime é inafiançável e o réu está ausente* (Código Processo Criminal, art. 147; Decreto nº 4.824 de 22 de novembro de 1871, art. 42, §§ 7º e 9º).[19]

---

18. Art. 38. "Os Chefes, Delegados e Subdelegados de Polícia, logo que por qualquer meio lhes chegue a notícia de se ter praticado algum crime comum, procederão em seus distritos às diligências necessárias para verificação da existência do mesmo crime, descobrimento de todas as suas circunstâncias e dos delinquentes." Art. 42. "O inquérito policial consiste em todas as diligências necessárias para o descobrimento dos fatos criminosos, de suas circunstâncias e dos seus autores e cúmplices; e deve ser reduzido a instrumento escrito, observando-se nele o seguinte [discricionado nos parágrafos]."

19. Art. 147. "A formação da culpa terá lugar enquanto não prescrever o delito e proceder-se-á em segredo somente quando a ela não assista o delinquente e seus sócios." Art. 42, § 7º. "Todas as diligências relativas ao inquérito serão feitas no

O exmo. sr. dr. chefe de polícia não declarou até hoje qual o fato criminoso atribuído ao alemão Grimberg, que deu motivo a tão misterioso inquérito.

A dar-se crédito ao que dizem os periódicos que defendem com pomposos encômios o ato providencial de S. Excia., praticado por sugestões de S. M. o Imperador, os delinquentes são *caftans*[20] ou *alcoviteiros*, na expressão vernácula; e o crime consiste em angariar e asilar mulheres dissolutas em casas públicas ou prostíbulos, e em fretá-las aos garanhões devassos, entrando à larga pelos proventos colhidos por a torpeza.

Na frase jurídica, e seguindo as sábias previsões do legislador, *eles praticam ações que, na opinião pública, são consideradas como evidentemente ofensivas da moral e dos bons costumes*; são réus de polícia correcional; e, por isso, igualmente passíveis da pena de 10 a 40 dias de prisão e de multa correspondente à metade do tempo todo (Código Criminal, art. 280).[21]

O crime é singularmente processado e julgado como de alçada policial; o delinquente livra-se solto; e, em tal caso, o inquérito é de todo ponto incabível; porque o inquérito é o conjunto de diligências policiais para ordenação do processo comum.

Elas, as mulheres sem ocupação honesta, presas da depravação, messalinas,[22] que se asilam em prostíbulos, e que perturbam o sossego público, devem ser obrigadas a termo de bem viver;[23]

---

prazo improrrogável de cinco dias, com assistência do indiciado delinquente, se estiver preso; podendo impugnar os depoimentos das testemunhas." Art. 42, § 9º. "Para a notificação e comparecimento das testemunhas e mais diligências do inquérito policial se observarão, no que for aplicável, as disposições que regulam o processo da formação da culpa."
20. Cafetões.
21. Art. 280. "Praticar qualquer ação que na opinião pública seja considerada como evidentemente ofensiva da moral e bons costumes; sendo em lugar público."
22. Meretrizes.
23. Instrumento jurídico preparatório de auto crime que os juízes de paz possuíam para controlar condutas marginalizadas e potencialmente criminosas.

e lhes podem ser cominadas[24] penas de multa até 30$000 [réis], de prisão até 30 dias, e três meses de casa de correição ou oficinas públicas (Código Processo Criminal, art. 12, § 3º; Regimento nº 120 de 31 de janeiro de 1842, art. 111; Código Criminal, art. 295).[25]

A *deportação* como pena regular, imposta aos alcaiotes, ou às meretrizes, sobre *inquérito policial reservado*, por ato do Poder Executivo, no regime pacífico das nossas instituições, é luxuoso arbítrio de poder, que acusa plena obliteração[26] mental em quem o pratica.

Os poderes constitucionais carecem de faculdade de suspender a Constituição no que diz respeito aos direitos individuais, salvo nos casos especificados na mesma Constituição.

Nos casos, porém, de *rebelião*, ou de *invasão de inimigo*, pedindo a segurança do Estado que se dispensem por tempo determinado algumas das formalidades que garantem a liberdade individual, poder-se-á fazer por ato especial do Poder Legislativo;

---

24. Impostas.
25. Art. 12. "Aos Juízes de Paz compete (…) § 3º. Obrigar a assinar termo de segurança aos legalmente suspeitos da pretensão de cometer algum crime, podendo cominar neste caso, assim como aos compreendidos no parágrafo antecedente, multa de até trinta mil réis; prisão até trinta dias; e três meses de Casa de Correção ou Oficinas públicas." Art. 111. "Os Chefes de Polícia, Delegados, Subdelegados e Juízes de Paz, nos quais constar que existem nos seus Distritos, ou a quem forem apresentados alguns vadios e mendigos, nos termos dos Artigos 295 e 296 do Código Criminal, bêbados por hábito; prostitutas que perturbem o sossego público; turbulentos que por palavras e ações ofendam os bons costumes, a tranquilidade pública e a paz das famílias, procederão imediatamente na conformidade do disposto nos Artigos 121, 122, 123 e 124 do Código do Processo Criminal, obrigando-os a assinar termo de bem viver, e cominando-lhes pena para o caso em que o quebrem. E tendo notícia, por qualquer maneira, de que o termo foi quebrado, procederão segundo o que se acha disposto nos Artigos 206, 207, 208, 209 e 210 do mesmo Código, a fim de que possam ser impostas aos transgressores as penas marcadas nos Artigos 12 § 3º, 121 e 122 do já citado Código." Art. 295. "Não tomar qualquer pessoa uma ocupação honesta e útil, de que passa subsistir, depois de advertido pelo Juiz de Paz, não tendo renda suficiente."
26. Pelo contexto, espécie de demência.

não se achando, entretanto, a esse tempo, reunida a Assembleia, *e correndo a pátria perigo iminente*, poderá o governo exercer esta mesma providência como medida provisória e indispensável, suspendendo-a imediatamente que cesse a necessidade urgente que a motivou (Constituição Política, art. 179, §§ 34 e 35).[27]

Onde está o ato dos Poderes Legislativo ou Executivo suspendendo os direitos ou as garantias do cidadão?

Onde está o iminente perigo da pátria?

O estrangeiro bom ou mau já não tem direito de asilo no Brasil?

A Lei já não é igual para todos, quer proteja quer castigue?

Já não existe organização policial no país?

Foram revogadas as Leis criminais?

Um governo que tem tropas de prontidão em toda parte em que se manifesta o patriotismo, que tem fuzileiros navais, que tem parques de artilharia, que tem esquadrões de couraceiros,[28] que varre as praças e as ruas a navalha, a baionetas,[29] a bengaladas e

---

27. Art. 179. "A inviolabilidade dos Direitos Civis e Políticos dos Cidadãos Brasileiros, que tem por base a liberdade, a segurança individual, e a propriedade, é garantida pela Constituição do Império, pela maneira seguinte (...) § 34: Os Poderes Constitucionais não podem suspender a Constituição no que diz respeito aos direitos individuais, salvo nos casos e circunstâncias especificadas no parágrafo seguinte. § 35: Nos casos de rebelião ou invasão de inimigos, pedindo a segurança do Estado que se dispensem por tempo determinado algumas das formalidades que garantem a liberdade individual, poder-se-á fazer por ato especial do Poder Legão se achando, porém, a esse tempo reunida a Assembleia, e correndo a Pátria perigo iminente, poderá o Governo exercer esta mesma providência como medida provisória e indispensável, suspendendo-a imediatamente que cesse a necessidade urgente que a motivou; devendo num e outro caso remeter à Assembleia, logo que reunida for, uma relação motivada das prisões e de outras medidas de prevenção tomadas; e quaisquer Autoridades que tiverem mandado proceder a elas serão responsáveis pelos abusos que tiverem praticado a esse respeito."
28. Soldado ou outro oficial militar que veste armadura e capacete.
29. Arma branca pontiaguda que se acopla ao extremo do cano da espingarda.

a balas; e que se reputa firme, valoroso e invencível, estremece aterrado diante de *meia dúzia de alcoviteiros* inermes,[30] imorais, e geralmente escarnecidos pela opinião pública?!

Parece que em uma sociedade de parvos[31] abissínios[32] não se procederia de outro modo.

Fora dos casos ordinários que ficam especificados, e nos que constituem a exceção, sem as formalidades legais que indicamos, e mais as determinadas para o flagrante delito, não se dando a suspensão das garantias e direitos individuais, nos termos prescritos na Constituição, as autoridades policiais não podem prender; porque, como determina a Constituição, ninguém poderá ser preso sem culpa formada, exceto nos casos *declarados na Lei*; nem será condenado senão por autoridade competente e em virtude de Lei anterior e na forma por ela prescrita; porque não há crime ou delito sem uma Lei anterior que o qualifique (Constituição, art. 179, §§ 8º e 11; Código Criminal, art. 1º).[33]

A prisão de Adolpho Grimberg não tem fundamento na lei; excede a todas as suas fórmulas; baseia-se exclusiva e escandalosamente no arbítrio, é um capricho insustentável: S. M. o Impe-

---

30. Desarmados.
31. Tolos, idiotas.
32. Relativo à Abissínia, na região da atual Etiópia. Expressão evidentemente pejorativa que contrasta com os usos de referenciais africanos no próprio discurso de Gama. Por destoar frontalmente com o autor que assinou "Getulino", cantou as "musas de Guiné" e enalteceu a "Líbia adusta", todas elas imagens elogiosas à África, pode-se aventar que o emprego de "abissínio", nesse contexto, quereria mexer com os brios do oponente a todo custo.
33. Art. 179, § 8º. "Ninguém poderá ser preso sem culpa formada, exceto nos casos declarados na Lei; e nestes, dentro de vinte e quatro horas contadas da entrada na prisão, sendo em Cidades, Vilas ou outras Povoações próximas aos lugares da residência do Juiz; e nos lugares remotos, dentro de um prazo razoável, que a Lei marcará, atenta a extensão do território, o Juiz, por uma Nota, por ele assinada, fará constar ao Réu o motivo da prisão, os nomes do seu acusador e os das testemunhas, havendo-as. § 11. Ninguém será sentenciado senão pela Autoridade competente, por virtude de Lei anterior, e na forma por ela prescrita." Art. 1º. "Não haverá crime, ou delito (palavras sinônimas neste Código) sem uma Lei anterior que o qualifique."

rador, cuja autoridade foi invocada para salvaguarda de tamanho escândalo, é um delegado da nação; como chefe do Poder Executivo não dá leis, cumpre-as; o Poder Judiciário, ao qual está subordinada a polícia, é livre e independente; não foi instituído para gozo e descanso e regalo dos magistrados, senão para o culto das Leis, garantia da ordem pública e defesa da liberdade do cidadão.

~

Se o art. 1º do Código Criminal é a síntese inconfutável[34] de uma grande verdade jurídica;[35]

Se o artigo 151 da Constituição Política do Império não é vário[36] anemoscópio[37] dedicado ao arbítrio do Poder Executivo;[38]

Se o abuso do Poder encerra um erro perigoso, fatal às instituições pátrias;

Se o parágrafo oitavo do artigo 15 da Constituição[39] é um sagrado monumento erguido à soberania nacional;

Se as elevadas atribuições conferidas ao Poder Legislativo não consubstanciam gravíssima ironia, ofensiva do nobre caráter dos grandes cidadãos que as exercitam;

Se o escárnio, a mentira e a má fé não constituem virtudes governamentais, em que pese aos sustentadores da doutrina contrária, a prisão de Adolpho Grimberg é um crime.

S. Paulo, 21 de janeiro de 1880
L. GAMA

---

34. Irrefutável.
35. Ver nota acima.
36. Instável, desvairado.
37. Cata-vento, instrumento que indica as variações e mudanças do tempo. Por extensão de sentido, sugere uma coisa que gira ao sabor do vento.
38. Art. 151. "O Poder Judicial é independente e será composto de Juízes e Jurados, os quais terão lugar assim no Cível como no Crime, nos casos e pelo modo que os Códigos determinarem."
39. Ver n. 11, acima.

Capítulo 4
A deportação dos «cafetões» II
Habeas-corpus[1]

Comentário   *Literatura normativo-pragmática. Gama prossegue com o estudo publicado em 23 de janeiro de 1880, estudo que, conforme frisa, não sofreu a menor contestação em nenhuma de suas denúncias e sustentações. Dessa vez, Gama acrescentaria aspectos que demonstravam o conluio das autoridades policiais e judiciárias. Discutiria o papel do Tribunal da Relação que de forma unânime decidiu pela legalidade do inquérito secreto, prisão sem formação de culpa e sem crime tipificado, ademais da inexistência de ordem ou mandado, cárcere secreto e incomunicável, entre outras arbitrariedades que constituíam as diligências policiais e judiciárias de deportação de Grimberg e do português Gomes do Rego. Gama dirigiu-se ao tribunal porque tomava a ocasião para uma crítica radical à instituição que "representou uma só ideia; foi intérprete fiel de um só pensamento; as sentenças foram uníssona expressão de uma só vontade". A ideia, o pensamento e a vontade, dirá Gama, expressavam o que havia de pior no direito. Era a própria negação do pouco que havia de direitos e garantias individuais do cidadão na Constituição. Serviria de epitáfio para uma lápide fria. E arrematava com a performance cênica de quem falava na barra da tribuna do júri: "os venerandos acórdãos do colendo Tribunal da Relação, proferidos a 20 do corrente, em face da jurisprudência pátria, devem ser esculpidos no túmulo da Constituição".*

1. *A Província de S. Paulo* (SP), Seção Livre, 31 de janeiro de 1880, pp. 1-2.

TRIBUNAL DA RELAÇÃO DO DISTRITO
SESSÃO EXTRAORDINÁRIA DO DIA 20 DE JANEIRO DE 1880

Estiveram presentes os exmos. desembargadores, conselheiros J. P. Villaça,[2] A. L. da Gama,[3] Mendonça Uchôa,[4] C. da Rocha,[5] Nogueira[6] e Faria[7] (Procurador da Coroa).
Julgaram das petições de *habeas-corpus* de Antonio Gomes do Rego, e Adolpho Grimberg, os exmos. senhores desembargadores Villaça, Gama, Uchôa e Nogueira.

2. Joaquim Pedro Villaça (1817-1897), nascido na província de São Paulo, foi promotor público, juiz municipal e de órfãos, juiz de direito, desembargador dos tribunais da relação de Ouro Preto e de São Paulo, onde também foi presidente do tribunal, além de ministro do Supremo Tribunal de Justiça.
3. Agostinho Luiz da Gama (?-1880), nascido na província do Mato Grosso, foi político e magistrado. Exerceu os cargos de juiz municipal, juiz de direito e desembargador do Tribunal da Relação de São Paulo. Foi chefe de polícia das províncias da Bahia, Pernambuco e na Corte (Rio de Janeiro), além de presidir a província de Alagoas.
4. Ignacio José de Mendonça Uchôa (1920-1910), nascido na província de Alagoas, foi promotor público, juiz municipal e dos órfãos, juiz de direito, desembargador dos tribunais da relação de Porto Alegre e de São Paulo, além de procurador da Coroa, Soberania e Fazenda Nacional e ministro do Supremo Tribunal de Justiça.
5. Antonio Candido da Rocha (1821-1882), nascido em Resende (RJ), foi promotor público, juiz municipal, juiz de direito, desembargador e político que, à época da demissão de Gama do cargo de amanuense da Secretaria de Polícia, exercia a presidência da província de São Paulo.
6. Antônio Barbosa Gomes Nogueira (1823-1885), nascido em Sabará (MG), foi juiz, desembargador dos tribunais da relação de Minas Gerais e de São Paulo, e também político, presidindo a província do Paraná (1861-1863).
7. José Francisco de Faria (1825-1902), natural do Rio de Janeiro (RJ), foi político e magistrado. Foi chefe de polícia da Corte (Rio de Janeiro), juiz de direito, desembargador dos tribunais da Relação de Ouro Preto e de São Paulo, procurador da Coroa, Soberania e Fazenda Nacional e ministro do Supremo Tribunal de Justiça. Teve muitos embates com Luiz Gama na parte contrária, sendo este, em que Gama advogou *habeas-corpus* para o africano congo Caetano, o mais célebre.

Como consta de um artigo que publicamos neste *Jornal*, sem que sofresse a menor contestação, as prisões de Gomes do Rego e de Grimberg, efetuou-as no dia 16 o próprio sr. dr. delegado da capital, que logo depois transferiu os custodiados à ordem e disposição do exmo. sr. dr. chefe de polícia, pondo-os em *cárcere secreto*, com determinação rigorosa de não falarem com pessoa alguma, além da autoridade e do carcereiro.

As prisões efetuaram-se de surpresa sem processo anterior, e, portanto, sem que precedesse sentença regularmente proferida; sem mandado ou ordem por escrito, expedido por autoridade competente; sem que aos capturados fosse dada *nota de culpa*,[8] nem de qualquer modo explicado o motivo da detenção; sem inquirição regular de testemunhas; sem que aos presos se permitisse o direito de defesa; e com a mais clara e jactanciosa[9] violação da Lei.

Ao exmo. sr. dr. juiz de direito do 1º Distrito da capital, dando os motivos da prisão, disse o sr. dr. delegado, e acrescentou o sr. dr. chefe de polícia, o seguinte:

Ilmo. e Exmo. Sr.,

Tenho a honra de acusar de ofício que, com data de hoje, dirigiu-me V. Excia.; e, em resposta, informar que o indivíduo em questão, Abrahão Grimberg, como consta do passaporte por ele apresentado, e não Adolpho, como ele diz chamar-se, *foi preso por minha ordem*, e recolhido à cadeia, onde se acha, *à disposição do exmo. sr. dr. chefe de polícia, como resultado do inquérito reservado a que se procedeu por esta delegacia.*

Delegacia etc., 16 de janeiro de 1880
CAMILO GAVIÃO PEIXOTO[10]

---

8. É o documento que dá ciência ao preso de quais os motivos de sua prisão.
9. Soberba, petulante.
10. Camilo Gavião Peixoto (1830–1883) foi banqueiro, delegado de polícia e deputado.

Illmo. e Exmo. Sr.,
Declarando-me o dr. delegado de polícia, que a respeito dos motivos da prisão de Adolpho Grimberg não prestara à V. Excia. esclarecimentos completos, por estar o preso à minha disposição, e ter o seu inquérito caráter reservado, cumpre-me informar à V. Excia. que S. M. o Imperador houve por bem decretar a deportação *daquele estrangeiro*; por julgar procedente o inquérito, tendo a presidência desta província ordem, que me foi transmitida, para enviar o preso para a Corte, à disposição do governo imperial.
Deus guarde, etc.

O chefe de polícia
JOÃO AUGUSTO DE PÁDUA FLEURY[11]

SENTENÇA

Vistos estes autos.
Pela informação do dr. chefe de polícia constante de folha nove, verifica-se que a prisão do paciente Abrahão ou Adolpho Grimberg não foi ordenada por motivos de ordem judiciária, mas em execução de providência decretada pelo poder Executivo.
Não competindo a este juízo apreciar o ato do Poder Executivo, que motivou a detenção do paciente, nego a pedida ordem de soltura em favor do mesmo paciente. Custas ex-causa.[12]

S. Paulo, 17 de janeiro de 1880
SEBASTIÃO JOSÉ PEREIRA[13]

Sabem todos, porque é da maior publicidade, e toda a imprensa da capital o repetiu, sem reservas, que, em favor do súdito português Gomes do Rego e do alemão A. Grimberg, foram requeridas ordens de *habeas-corpus* perante o colendo Tribunal da Relação; que, ao primeiro, foi de pronto concedida, mandando-se

11. João Augusto de Pádua Fleury (1831-1894), natural de Cuiabá (MT), foi juiz nas províncias de Goiás, Minas Gerais e São Paulo. Foi também chefe de polícia de São Paulo (1880) e desembargador nos tribunais da Relação do Mato Grosso (1880), Minas Gerais e São Paulo (1885), sendo posteriormente nomeado ministro do Supremo Tribunal Federal (1891-1892).
12. Pela causa.
13. Ver n. 2, p. 113.

comparecer o paciente em sessão, que foi especialmente designada, e informar o exmo. dr. chefe de polícia, como autoridade detentora; e que afinal *por votação unânime* dos dignos juízes sorteados, e com assentimento manifesto dos demais membros presentes, foi denegada a ordem de soltura — por ser a prisão julgada legal, e realizada em termos regulares.

O que, porém, ainda não se sabe, com incontestável prejuízo dos legistas, dos que se dão ao importante estudo do direito público, e do povo em geral, e que deve ser amplamente patenteado, para que todos examinem, estudem, apreciem, e aprendam, são os fundamentos jurídicos, filosóficos e de sublimada moral dessas importantíssimas decisões, proferidas em plena calma, sem a mínima coação, com madureza e critério, por magistrados provectos,[14] ilustrados, e eminentes; membros conceituados de um tribunal egrégio, ao qual, por a Lei, está confiada a missão nobilíssima da guarda dos direitos, e da defesa da liberdade do cidadão.

Esta é, por certo, uma questão gravíssima que, por todos, brasileiros e estrangeiros, ricos e pobres, grandes e pequenos, deve ser largamente meditada.

Não declinamos os nomes dos juízes; não faremos individuações; porque o respeitável Tribunal, nesta valiosa discussão, e consequentes decisões, representou uma só ideia; foi intérprete fiel de um só pensamento; as sentenças foram uníssona expressão de uma só vontade.

Falou-se, discutiu-se e afirmou-se:

— Que o governo, o Poder Executivo, deportando a Grimberg e a Gomes do Rego, bem como a outros *estrangeiros*, exercia um direito, direito antigo, sempre reconhecido e jamais contestado; direito inconcusso,[15] resultado de disposição expressa (?!);

— Que o estrangeiro, no Brasil, não está em sua pátria: habita em terra estranha, a cujas Leis e costumes deve respeito e sub-

---

14. Experientes.
15. Indiscutível, incontestável.

missão; é um hóspede; e, tornando-se incômodo, nada é mais natural do que despedi-lo, ou pô-lo fora; assim como aos proprietários cabe a livre faculdade de despejar os maus inquilinos (!!!);

— Que os conselhos, senão os preceitos da boa higiene, prescrevem a utilidade indeclinável, confirmados pelos ditames da boa razão, de cortarem-se ou separarem-se do corpo os membros gangrenados; que a sociedade é um corpo, o mau estrangeiro o membro pernicioso; o governo é o médico; e a medicina é a deportação (!!!);

— Que a sociedade estava em sobressalto; as Leis desrespeitadas e escarnecidas; os costumes deturpados; a moral afrontada; e o vício e a torpeza, favoniados pela impunidade, campeavam altaneiros, calcando o decoro público; que, portanto, a medida, a providência, a repressão salutar, em tão especiais circunstâncias, não podiam ser outras; e que, por isso, muito bem procedeu o governo (!!!);

— Que a Constituição estabelece que ninguém seja preso sem culpa formada, exceto nos casos declarados na Lei, e rigorosa observação das solenidades especiais prescritas para uns e outros casos; que, porém, o caso em questão não importa prisão propriamente dita; é uma detenção especial, extraordinária, que se não rege pelas disposições comuns; além de que, a mesma Constituição permite, em casos peculiares, a suspensão dos direitos individuais; pelo que a *deportação de estrangeiros*, como dá-se no caso vertente, é um ato regular, ato de governo, praticado de conformidade com a Lei (!!!);

— Que o dr. chefe de polícia, em vez das censuras que lhe eram feitas nas petições em discussão, tornara-se digno de louvores, pelo seu critério, energia e incontestável civismo (!!!);

— Que a prisão, em casos tais, independe de formalidades judiciárias; pode realizar-se ao arbítrio da polícia; e que a incomunicabilidade dos pacientes, em prisão de segredo, está autorizada, clara e evidentemente, pelo Alvará de 5 de março de 1790 (!!!...);[16]

— Que as inquirições secretas, em segredo de justiça, estão autorizadas pelo artigo 147 do Código de Processo Criminal, e são praticáveis sempre que a elas não assistam o delinquente, e seus consócios (!!!).[17]

~

O que aí fica reproduzido é o que ouvimos, e que conservamos de memória, e que nos parece reproduzido com incontestável fidelidade.

Os autores, porém, em que aprendemos; os jurisconsultos e os publicistas, que foram nossos mestres, se bem que, por a sua muita idade, devam estar caducos, ensinam cousa mui diferente; e as Leis determinam o contrário.

Pode-se, sem dúvida, privar de sua liberdade certas pessoas, a fim de prevenir males ou delitos; porém isso somente quando a Lei *prevê os casos e designa as pessoas.*

A segurança pessoal é o de que mais necessita um povo civilizado, e o primeiro elemento da sua grandeza e felicidade.

A sociedade, pois, está rigorosamente obrigada a garantir esta segurança a todos os seus membros; e a liberdade individual *deve ser sagrada e inviolável.*

---

16. O alvará de 5 de março de 1790 disciplinava uma série de questões relacionadas ao processamento da prisão antes da formação de culpa, assim como sobre a inquirição de testemunhas, acareação, incomunicabilidade de presos e visitas à prisão. Para o inteiro teor do alvará, cf. *https://www.hedra.com.br/r/kDw*.
17. Aparentemente, o texto legal isolado dá razão à interpretação dos desembargadores quanto a este tópico. Contudo, talvez Gama se reportasse a uma sutil diferença no processamento do inquérito secreto que, em vez de "sempre", como se lê no corpo do parágrafo, autorizava a formação de culpa em segredo de justiça "somente quando" os acusados não assistissem a ela. Para que o leitor coteje ambas definições, cf. o art. 147: "A formação da culpa terá lugar enquanto não prescrever o delito e proceder-se-á em segredo somente quando a ela não assista o delinquente e seus sócios".

A primeira garantia desta inviolabilidade *deve ser a abolição de toda e qualquer Lei de proscrição*,[18] se ela existe, ou do seu não estabelecimento no caso contrário.

Deixar subsistir uma injustiça, ou proporcionar desejo para a sua prática, é, por assim dizer, cometê-la de novo tantas vezes quantos são os momentos que se passam, sem que ela cesse; é revolucionar, por indesculpável incúria,[19] os salutares princípios de ordem, de garantia e de segurança pública.

Não basta que seja em virtude de uma Lei que o cidadão perca sua liberdade: é preciso também, é indispensável que essa Lei seja aplicada segundo as formas da justiça. A Lei não julga: ela determina como se deve julgar. Aliás, se ela fosse o juiz, seriam supérfluos todos os tribunais.

A segunda garantia da liberdade individual é que o poder supremo não somente renuncie a toda espécie de medida arbitrária (como qualquer prisão que não for um preliminar ou a execução de um juízo), mas que castigue, sem remissão, qualquer dos seu ministros, ou agentes que cometa um ato semelhante.

Ninguém deve ser preso, se não em virtude de ter sido julgado, ou a fim de o ser; porém, ainda assim não estaria bem garantida a liberdade individual, se as detenções fossem indefinidas, se a pessoa interessada pudesse prolongar, à sua vontade, a duração de um processo; se os juízes fossem os mesmos agentes que determinaram a detenção; se fossem amovíveis, dependentes e sujeitos à vontade do governo, como instrumentos do capricho e do arbítrio.

(RAMON SALAS, *Lições de Direito Público Constitucional. Lic.* VII. pág. 49, Ed. 1822).[20]

---

18. Nesse caso, o mesmo que deportação, pena que o Estado impõe ao estrangeiro geralmente sob alegação de segurança da ordem pública interna.
19. Negligência, desleixo ou falta de iniciativa.
20. A primeira parte da citação — até a expressão "duração do processo" — confere exatamente com o texto original. O segundo trecho não é literal, porém, por efeito de tradução jurídica, comunica e preserva o sentido da doutrina de Salas. É de se observar, também, que o excerto transcrito se verifica não na p. 49, mas sim na p. 55. Opto em manter a paginação indicada conforme o publicado em *A Província de S. Paulo* para a eventualidade de Gama ter consultado outra edição, também de 1822, em que a página citada seja, de fato, a de número 49. No entanto, pode-se conjecturar que a divergência de marcação seja oriunda apenas de um equívoco de anotação. Para o texto do jurista Ramon de Salas y

Esta é a sábia doutrina aceita e promulgada por o legislador constituinte no artigo 179 do pacto, §§ 1º, 6º, 7º, 8º, 9º, 10, 11, 12, 13, 21, 34 e 35; garantida nos artigos regulamentares do Código do Processo Criminal, 340, 341 e 342; pela Lei nº 261 de 3 de dezembro de 1841, art. 69, § 7º; pelo Regulamento nº 120 de 31 de janeiro de 1842, art. 438, § 8º; pelo Código Criminal, arts. 1º, 183, 184, 185, 186, 187 e 188; pela Lei nº 2.033 de 20 de setembro de 1871, art. 18, parte primeira e §§ 2º, 3º, 4º e 5º; pelo Decreto nº 4.824 de 22 de novembro de 1871, art. 73.[21]

Cortés (1754-1827), professor e reitor da Universidade de Salamanca, Espanha, cf. *Lições de Direito Público Constitucional para as Escolas de Hespanha*. Trad. de D. G. L. D'Andrade. Lisboa: Rollandiana, 1822, especialmente pp. 55-56.
21. Em notável síntese de conhecimento normativo — partindo da Constituição, passando pelo Código de Processo Criminal e chegando até leis de reforma processual e decretos de regulamentação —, Gama oferecia uma interpretação autoral sobre o tema da prisão ilegal e condições jurídicas do *habeas-corpus*. Vejamos os fundamentos normativos invocados: o caput do art. 179 tratava da "inviolabilidade dos direitos civis e políticos dos cidadãos brasileiros" e definia quais as suas bases, a saber, "a liberdade, a segurança individual e a propriedade". Ao todo, são 35 parágrafos; Gama cita doze deles. Cf. § 1º. "Nenhum cidadão pode ser obrigado a fazer, ou deixar de fazer alguma coisa senão em virtude da lei. § 6º. Qualquer um pode conservar-se ou sair do Império, como lhe convenha, levando consigo os seus bens, guardados os regulamentos policiais e salvo o prejuízo de terceiro. § 7º. Todo o cidadão tem em sua casa um asilo inviolável. De noite, não se poderá entrar nela, senão por seu consentimento, ou para o defender de incêndio ou inundação; e de dia só será franqueada a sua entrada nos casos, e pela maneira, que a lei determinar. § 8º. Ninguém poderá ser preso sem culpa formada, exceto nos casos declarados na lei; e nestes, dentro de vinte e quatro horas contadas da entrada na prisão, sendo em cidades, vilas ou outras povoações próximas aos lugares da residência do juiz; e, nos lugares remotos, dentro de um prazo razoável, que a lei marcará, atenta a extensão do território, o juiz por uma nota, por ele assinada, fará constar ao réu o motivo da prisão, os nomes do seu acusador e os das testemunhas, havendo-as. § 9º. Ainda com culpa formada, ninguém será conduzido à prisão, ou nela conservado estando já preso, se prestar fiança idônea nos casos que a lei a admite; e, em geral, nos crimes que não tiverem maior pena do que a de seis meses de prisão, ou desterro para fora da comarca, poderá o réu livrar-se solto. § 10. À exceção de flagrante delito, a prisão não pode ser executada senão por ordem escrita da autoridade legítima. Se esta for arbitrária, o juiz, que a deu, e quem a tiver requerido, serão punidos com as penas que a lei determinar. § 11. Ninguém será

sentenciado senão pela autoridade competente, por virtude de lei anterior, e na forma por ela prescrita. § 12. Será mantida a independência do Poder Judicial. Nenhuma autoridade poderá avocar as causas pendentes, sustá-las, ou fazer reviver os processos findos. § 13. A lei será igual para todos, quer proteja, quer castigue, o recompensará em proporção dos merecimentos de cada um. § 21. As cadeias serão seguras, limpas e bem arejadas, havendo diversas casas para separação dos réus, conforme suas circunstâncias e natureza dos seus crimes. § 34. Os Poderes Constitucionais não podem suspender a Constituição no que diz respeito aos direitos individuais, salvo nos casos e circunstâncias especificadas no parágrafo seguinte. § 35. Nos casos de rebelião ou invasão de inimigos, pedindo a segurança do Estado, que se dispensem por tempo determinado algumas das formalidades que garantem a liberdade individual, poder-se-á fazer por ato especial do Poder Legislativo. Não se achando, porém, a esse tempo reunida a Assembleia, e correndo a Pátria perigo iminente, poderá o governo exercer esta mesma providência, como medida provisória e indispensável, suspendendo-a imediatamente que cesse a necessidade urgente que a motivou; devendo, num e outro caso, remeter à Assembleia, logo que reunida for, uma relação motivada das prisões e de outras medidas de prevenção tomadas; e, quaisquer autoridades que tiverem mandado proceder a elas, serão responsáveis pelos abusos que tiverem praticado a esse respeito." Do Código de Processo Criminal, respectivamente: art. 340. "Todo o cidadão que entender que ele ou outrem sofre uma prisão ou constrangimento ilegal em sua liberdade tem direito de pedir uma ordem de habeas-corpus em seu favor." Art. 341. "A petição para uma tal ordem deve designar: § 1º. O nome da pessoa que sofre a violência e o de quem é dela causa, ou autor; § 2º O conteúdo da ordem por que foi metido na prisão, ou declaração explícita de que, sendo requerida, lhe foi denegada; § 3º As razões em que funda a persuasão da ilegalidade da prisão; § 4º Assinatura e juramento sobre a verdade de tudo quanto alega." Art. 342. "Qualquer juiz de direito ou juízes municipais, ou Tribunal de Justiça dentro dos limites da sua jurisdição, à vista de uma tal petição, tem obrigação de mandar e fazer passar dentro de duas horas a ordem de habeas-corpus, salvo constando, evidentemente, que a parte nem pode obter fiança, nem por outra alguma maneira ser aliviada da prisão." Da lei de 3 de dezembro de 1841, o caput do art. 69 definia hipóteses recursais para o processo crime e o § 7º prescrevia que: "Da decisão que concede soltura em consequência de habeas-corpus, este recurso será interposto ex-officio. É somente competente para conceder habeas-corpus o juiz superior ao que decretou a prisão". O reg. de 31 de janeiro de 1842 executava a parte policial e criminal da lei de 3 de dezembro de 1841, sendo o art. 438, § 8º, redigido de modo idêntico ao § 7º do art. 69 da lei que lhe é precedente. Do Código Criminal, um conjunto extenso de normas, a começar pelo princípio da reserva legal, cf. art. 1º. "Não haverá crime ou delito (palavras sinônimas neste Código) sem uma lei anterior, que o qualifique." Ato contínuo, para as conceituações de crime contra a liberdade individual, cf. art. 183. "Recusarem os juízes, a quem for permitido passar ordens de habeas-corpus concedê-las, quando lhes forem regularmente requeridas, nos casos em que podem ser legalmente passadas; retardarem sem motivo a sua concessão, ou deixarem, de propósito, e com conhecimento de causa, de as passar, independente de petição, nos casos em que a lei o determinar." Art 184. "Recusarem os oficiais de justiça, ou demorarem por qualquer modo a intimação de uma ordem de habeas-corpus que lhes tenha sido apresentada, ou a execução das outras diligências necessárias para que essa ordem surta efeito. Penas — de suspensão do emprego por um mês a um ano; e de prisão por quinze dias a quatro meses." Art. 185. "Recusar ou demorar a pessoa a quem for dirigida uma ordem legal de habeas-corpus, e devidamente intimada, a remessa e apresentação do preso no lugar e tempo determinado pela ordem; deixar de dar conta circunstanciada dos motivos da prisão, ou do não cumprimento da ordem, nos casos declarados pela lei. Penas — de prisão por quatro a dezesseis meses; e de multa correspondente à metade do tempo." Art. 186. "Fazer remessa do preso à outra autoridade; ocultá-lo ou mudá-lo de prisão com o fim de iludir uma ordem de habeas-corpus depois de saber por qualquer modo que ela foi passada e tem de lhe ser apresentada. Penas — de prisão por oito meses a três anos; e de multa correspondente à metade do tempo." Art. 187. "Tornar a prender pela mesma causa a pessoa que tiver sido solta por efeito de uma ordem de habeas-corpus passada competentemente. Penas — de prisão por quatro meses a dois anos; e de multa correspondente à metade do tempo. Se os crimes de que tratamos nos três artigos antecedentes forem cometidos por empregados públicos, em razão e no exercício de seus empregos, incorrerão, em lugar de pena de multa, na de suspensão dos empregos; a saber: no caso do art. 185, por dois meses a dois anos; no caso do art. 186, por um a quatro anos; e no caso do art. 187, por seis meses a três anos." Art. 188. "Recusar-se qualquer cidadão, de mais de dezoito anos de idade e de menos de cinquenta, sem motivo justo, a prestar auxílio ao oficial encarregado da execução de uma ordem legítima de habeas-corpus, sendo, para isso, devidamente intimado. Penas — de multa de dez a sessenta mil réis." Da Lei de Reforma Judiciária de 20 de setembro de 1871, art. 18, parte primeira: "os juízes de direito poderão expedir ordem de habeas-corpus a favor dos que estiverem ilegalmente presos, ainda quando o fossem por determinação do chefe de polícia ou de qualquer outra autoridade administrativa e, sem exclusão dos detidos a título de recrutamento, não estando ainda alistados como praças no exército ou armada. § 2º. Não se poderá reconhecer constrangimento ilegal na prisão determinada por despacho de pronúncia ou sentença da autoridade competente, qualquer que seja a arguição contra tais atos, que só pelos meios ordinários podem ser nulificados. § 3º. Em todos os casos em que a autoridade que conceder a ordem de habeas-corpus reconhecer que houve, da parte da que autorizou o constrangimento ilegal, abuso de autoridade ou violação flagrante da lei, deverá, conforme for de sua competência, fazer efetiva, ordenar ou requisitar

E ainda, para maior lição do governo, que tem por princípios de direito público a própria vontade; por preceitos constitucionais, o arbítrio; por garantia dos direitos individuais, a violência; por segurança da ordem e da tranquilidade pública, o assassinato, vamos reproduzir a contextura do Decreto de 23 de maio de 1821, expedido pelo governo do príncipe regente, antes que o Brasil tivesse uma Constituição política sob a influência de governos despóticos, e mostrar, com esta publicação, que o conde dos Arcos era mais respeitador do direito e da liberdade do cidadão do que o exmo. sr. conselheiro Sinimbú.[22]

Eis o decreto:[23]

Vendo que nem a Constituição da monarquia portuguesa, em suas disposições expressas, na Ordenação do Reino, nem mesmo a Lei da Reformação da Justiça, de 1582, com todos os outros alvarás, cartas régias e decretos de meus augustos avós têm podido afirmar, de um

a responsabilidade da que assim abusou. § 4º. Negada a ordem de habeas-corpus ou de soltura pela autoridade inferior, poderá ela ser requerida perante a superior. § 5º. Quando dos documentos apresentados se reconhecer evidentemente a ilegalidade do constrangimento, o juiz a quem se impetrar a ordem de habeas-corpus poderá ordenar a imediata cessação, mediante caução, até que se resolva definitivamente". E, finalmente, do dec. de 22 de novembro de 1871, cf. art. 73. "Nos termos reunidos, o respectivo suplente do juiz municipal em exercício deverá preparar o feito de valor superior a 500$ e remetê-lo ao mesmo juiz, o qual, antes de o fazer subir ao juiz de direito, poderá ordenar as diligências que julgar necessárias, devolvendo o processo ao suplente com as convenientes instruções. Quanto aos feitos de valor inferior a 500$, serão preparados segundo a legislação vigente e na forma do novo processo estabelecido; fazendo-se remessa deles ao juiz municipal para o julgamento final."
22. José Lins Vieira Cansanção de Sinimbú (1810–1906), nascido em São Miguel dos Campos, então capitania de Pernambuco, foi um político de grande prestígio no Império, tendo presidido as províncias de Alagoas (1838–1840), Sergipe (1841), Rio Grande do Sul (1852–1856) e Bahia (1856–1858), além de ter sido ministro das Relações Exteriores (1859–1861), Justiça (1863–1864) e Agricultura (1878–1880), período este em que exerceu o cargo de presidente do Conselho dos Ministros. A crítica afiada endereçada a Sinimbú está relacionada, portanto, ao posto político que ele ocupava na época da publicação do artigo.
23. Confere exatamente com o original. É de se notar os grifos meticulosos que Gama dá ao texto, imprimindo as nuances de sua leitura e sugerindo que o leitor o acompanhe pelas minúcias do texto normativo.

modo inalterável, como é de direito natural a segurança das pessoas; e constando-me que alguns governadores, juízes criminais e magistrados, violando o sagrado depósito da jurisdição que se lhes confiou, mandam prender por mero arbítrio, e antes de culpa formada, *pretextando denúncias, em segredo, suspeitas veementes, e outros motivos horrorosos à humanidade*, para impunemente conservar em masmorras, vergados com o peso de ferros, homens que se congregaram convidados por os bens que lhes oferecera a instituição das sociedades civis, *o primeiro dos quais é sem dúvida a segurança individual*; e sendo do meu primeiro dever e desempenho de minha palavra o *promover o mais austero respeito à lei*, e antecipar o quanto ser possa os benefícios de uma Constituição liberal: hei por bem excitar por a maneira mais eficaz e rigorosa observância da sobremencionada legislação, ampliando e ordenando, como por este decreto ordeno, que desde a sua data em diante *nenhuma pessoa livre, no Brasil*, possa jamais ser presa *sem ordem por escrito do juiz ou magistrado criminal do Território*, exceto somente o caso de flagrante delito, em que qualquer do povo deve prender o delinquente. Ordeno, em segundo lugar, que nenhum juiz ou magistrado criminal possa expedir ordem de prisão *sem preceder culpa formada*, por inquirição sumária de três testemunhas, duas das quais jurem contestes, *assim o fato que em lei expressa seja declarado culposo*, como a designação individual do culpado; *escrevendo sempre sentença interlocutória que o obrigue à prisão, e livramento*, a qual se guardará em segredo até que possa verificar-se a prisão do que assim tiver sido pronunciado delinquente. Determino em terceiro lugar que, quando se acharem presos os que assim forem indicados criminosos, se lhes faça imediata e sucessivamente o processo que deve findar *dentro de 18 horas peremptórias, improrrogáveis*, contadas do momento da prisão, principiando-se, sempre que possa ser, por a confrontação dos réus com as testemunhas que os culparam, e ficando abertas e públicas todas as provas que houverem, para assim facilitar os meios de justa defesa, *que a ninguém se devem dificultar ou tolher*, excetuando-se *por ora* das disposições deste parágrafo *os casos que provados merecerem, por as leis do Reino, pena de morte*, acerca dos quais se procederá infalivelmente nos termos dos §§ 1º e 2º do Alvará de 31 de março de 1742. Ordeno, em quarto lugar, que *em caso nenhum possa alguém ser lançado em segredo ou masmorra estreita*, escura ou infecta, pois que a prisão deve só servir para guardar as pessoas, e nunca para as adoecer e flagelar; ficando implicitamente abolido para sempre o uso de correntes, algemas, grilhões e outros quaisquer ferros inventados para martirizar homens ainda não julgados a sofrer qualquer pena aflitiva por sentença final; entendendo-se, todavia, que os juízes e magistrados criminais poderão conservar por algum tempo, em casos gravíssimos, incomunicáveis os delinquentes, contanto que seja em casas arejadas e cômodas, e nunca manietados, ou sofrendo qualquer espécie de tormento. Determino finalmente que a contravenção, legalmente provada, das disposições do presente decreto seja irremissivelmente punida com o perdimento do emprego, e inabilidade perpétua para qualquer outro em que haja exercício de jurisdição.

O conde dos Arcos, etc., Palácio do Rio de Janeiro, em 23 de maio de 1821 — Com a rubrica do príncipe regente
CONDE DOS ARCOS[24]

Depois deste decreto da publicação da lei fundamental, e da disposição do artigo 181 do Código Criminal, principalmente no que se acha estabelecido na hipótese segunda,[25] e da revogação do alvará de 5 de março de 1790, como expressamente foi reconhecido pelo exmo. conselheiro José de Alencar,[26] os venerandos acórdãos do colendo Tribunal da Relação, proferidos a 20 do corrente, em face da jurisprudência pátria, devem ser esculpidos no túmulo da Constituição.

L. GAMA

24. Marcos Noronha de Brito (1771-1828), o oitavo conde dos Arcos, foi um fidalgo e administrador colonial português no Brasil.
25. O caput do art. 181 define como crime contra a liberdade individual o ato de "ordenar a prisão de qualquer pessoa sem ter para isso competente autoridade ou, antes da culpa formada, não tendo nos casos em que a lei o permite". A hipótese a que Gama especialmente se refere é essa: "Mandar qualquer juiz prender alguém fora dos casos permitidos nas leis, ou mandar que, depois de preso, esteja incomunicável além do tempo que a lei marcar".
26. José Martiniano de Alencar (1829-1877) foi um político e escritor de grande notoriedade na segunda metade do século XIX. Considerado fundador do romantismo brasileiro, com obras como *O guarani* (1857) e *Iracema* (1865), foi na política o terreno mais controverso de sua fama pública, já que "muito convém saber" que o ex-deputado e então ministro da Justiça do Império era um escravocrata convicto, defensor aguerrido da moralidade da escravidão negra no Brasil.

PARTE V

A PELEJA DO ADVOGADO CONTRA O BACHAREL

NOTA INTRODUTÓRIA *Durou pouco. Na gíria de hoje, pode-se dizer que durou apenas dois rounds. Luiz Gama veio a público tirar a limpo uma história que um certo bacharel estava a espalhar pelos corredores do tribunal. Dizia o bacharel Veras que Gama tinha rancores pessoais contra ele e isso se dava porque ele havia revelado um malfeito de Gama. Veras simplesmente saiu dizendo à boca pequena que Gama teria consumido as economias de uma mulher escravizada. Em outras palavras, que Gama teria roubado o dinheiro de uma mulher libertanda. A insinuação pérfida e caluniosa exigiu que o advogado abolicionista tomasse uma atitude sem precedentes. Primeiro: tirou Veras do território da fofoca, isto é, deu publicidade, com aspas, ao que Veras estava dizendo nos corredores. Embora tenha dado vazão ao boato, Gama preferiu não discuti-lo. Com o senso de humor que já conhecemos, justificou-se: "Tenho muito orgulho da minha honradez para não descer a explicações com o sr. dr. Veras, que é homem honesto de veras!..." Ocorre que o bacharel Veras resolveu replicar o texto de Gama. E o fez apelando para insinuações tão piores e grosseiras quanto a da primeira fofoca. Sutilmente, dizia que Gama se intitulava como advogado quando era, no muito, um rábula. Ainda pelas tricas da sutileza, chamou de palhaço aquele que era o ex-chefe de redação do satírico* Polichinello. *Como quem bate e corre, Veras terminou dizendo que explicaria num "próximo artigo" a estupidez de Gama. A tréplica de Gama foi tão dura que Veras nunca mais voltou. "Insânia e calúnia", o título da tréplica, é uma classe do estilo de Luiz Gama fazer direito e política na imprensa. Que o leitor leia e saboreie linha por linha! Expõe o fato, explica a relação que existe entre ambos e parte para o confronto direto. Em última instância, Gama não deixaria barato que se insinuasse sobre o seu caráter pessoal, a sua reputação social e a sua habilitação profissional. Por esse trecho, vejam só o calibre do petardo: "O sr. dr. Miranda Veras, sem reputação e sem escrúpulos, é o camelo passivo sobre cujo costado a maledicência excreta as suas impurezas; é o camelo com instintos de porco; porque o seu entretenimento é refuçilhar nas reputações alheias. Os seus amigos, que pouco diferem dele, têm nos seus ouvidos dois esgotos... Onde ele aparece, de pronto, se estabelece o receio; uns põem em guarda as algibeiras; outros temem pela reputação; os asseados levam o lenço ao nariz!..." Parece que uma certa São Paulo sabia do que Gama falava. Veras desapareceu. Ou melhor: Veras caiu nocauteado.*

Capítulo 1
Falador passa mal
Luiz Gama ao público[1]

Comentário *Trata-se de uma crônica forense em que Gama é um dos protagonistas do enredo. Em audiência pública, Gama caracterizou como falso um depoimento do bacharel Pedro de Miranda Veras. Nos corredores do auditório, todavia, Veras saiu dizendo uma baixaria sobre Gama que, sabendo dela por terceiros, publicou a seguinte nota pública.*

Hoje, em audiência pública, tachei de falso, no exercício do meu direito, como advogado, um depoimento prestado pelo sr. dr. Pedro de Miranda Veras.

O sr. dr. Veras, nos corredores do auditório, disse: "Que eu procedia com ódio para com ele, porque, tendo consumido o pecúlio[2] de 400$ de uma escrava do sr. dr. Clímaco Barbosa,[3] tomara-me de rancores contra ele, por haver feito, há dias, a revelação deste fato".

Tenho muito orgulho da minha honradez para não descer a explicações com o sr. dr. Veras, que é homem honesto de *veras*!...

Limito-me a declarar que S. S., como no depoimento que jurou, faltou à verdade.

S. Paulo, 25 de setembro de 1880
L. GAMA

1. *Gazeta do Povo* (SP), Publicações Pedidas, 25 de setembro de 1880, p. 2.
2. Ver n. 3, p. 109.
3. Clímaco Barbosa (1839-1912), natural de Salvador (BA), foi médico, político e jornalista, sendo redator-proprietário da *Gazeta do Povo (SP)* no início da década de 1880. Na qualidade de perito e avaliador, colaborou com Luiz Gama em diversas ações judiciais. Além da colaboração no foro, Barbosa foi também um dos médicos particulares que trataram da saúde de Gama. Cf., no volume *Crime* destas *Obras completas*, "Carta pública a seus médicos", 27 de fevereiro de 1878.

LUIZ GAMA AO PÚBLICO [RÉPLICA][4]

Comentário   *"O bacharel" Veras resolveu confrontar Gama em público. Mas o fez até certo ponto. Embora prometesse que voltaria num próximo artigo com o intento de desmascarar Gama, nunca mais voltou. Nessa curta réplica, contudo, Veras desceu a um dos níveis mais baixos em termos de ataques pessoais. Para o bacharel, Gama era um "indivíduo que se intitula advogado" e, de modo indireto, insinuava que era um palhaço e rábula com passado de ordenança. A tréplica de Gama seria de lavar a alma. O bacharel Veras teve nela, certamente, razões de sobra para nunca mais voltar à imprensa contra Gama.*

É irrisório que um indivíduo que se intitula advogado queira chamar sobre si a atenção do público, como se valesse alguma cousa. Aos palhaços responde-se com apupadas,[5] aos atrevidos com o desdém e aos rábulas *honrados* com o passado de uma ordenança também *honrada*.

Em próximo artigo explicarei a verdade e a estultícia[6] de Luiz Gama.

O bacharel
PEDRO DE ALCÂNTARA PEIXOTO DE MIRANDA VERAS

---

4. *A Província de S. Paulo* (SP), Seção Livre, 26 de setembro de 1880, p. 2.
5. Vaias insistentes, troça impertinente.
6. Estupidez.

Capítulo 2
Insânia e calúnia[1]

Comentário *Não pense o leitor que a tréplica de Gama limitaria-se a sanar um desentendimento profissional principiado nos corredores do auditório do juízo municipal ou do júri criminal. Há algo muito maior. Há o Gama que desafia e esmerilha seu oponente. Há o Gama com pleno domínio cênico. Há o Gama que evoca sua reputação como força moral para o direito que defende. Há, finalmente, a inconfundível verve retórica do advogado que chamaria seu caluniador de bacharel de merda, não sem antes elegantemente invocar a licença poética — e que poética! — de um Bocage. Gama carregou na tinta da pena. Desancou Veras por todos os lados e até mais não poder. O bacharel Veras seria um trapaceiro, pilantra, estelionatário, repulsivo, "sem reputação e sem escrúpulos", que tinha "instintos de porco" e vivia "atarefado com as suas complicadas fraudes, de todos os dias e de todos os momentos". A linguagem do texto pode surpreender até quem já está familiarizado com o estilo enérgico de intervenção de Gama na imprensa. Contudo, o artigo pode ser lido não só como uma resposta pessoal ao bacharel Veras, mas também como um aviso a todos que ousassem duvidar — nos corredores ou nas colunas de jornais — tanto de sua habilitação profissional quanto da lisura de seus atos.*

Eu disse, em um escrito publicado na *Gazeta do Povo*, de 25 do precedente, com referência a infâmias ofensivas do meu caráter, repetidas e propaladas pelo sr. dr. Pedro de Alcântara Peixoto de Miranda Veras, que tinha bastante orgulho da minha honradez para não dar-lhe explicações de procedimento meu, qualquer que fosse; porque, pela notável baixeza dos seus sentimentos, não o julgo capaz de cousas sérias.

Além de que, por minha reputação, só me arreceio de um homem, a quem tudo devo; e que, por um ato de loucura (*só de loucura!*) poderá, em momento aziago,[2] precipitar, em um

---
1. *Gazeta do Povo* (SP), Publicações Pedidas, 3 de outubro de 1880, p. 2.
2. Infeliz, desafortunado.

abismo, o dourado castelo das minhas vaidades, aliás inocentes, que fazem o agrado dos meus amigos, e que não prejudicam os homens de bem: esse homem sou eu.

O sr. dr. Veras, pelotiqueiro[3] desastrado e comediante de mau sucesso, fingindo-se ofendido com as minhas palavras, prometeu ao público esclarecimentos da sua impudica[4] tramoia, que até hoje não deu...

De minha parte mantenho quanto escrevi.

Ao público, porém, aos homens sinceros, porque devo, cabe--me dar explicações tendentes ao procedimento do sr. *ex-juiz municipal de Mogi-Mirim*, que jamais me ofenderá.

O sr. dr. Miranda Veras, embora repulsivo, pelos seus atos, é infeliz e digno de compaixão.

Sem conhecer-me, em circunstâncias bem aflitivas da sua vida de amarguras, procurou-me; e, se bem que estivesse eu prevenido, pelos seus maus atos e péssima fama, que precediam--no, fê-lo com vantagem para si; encontrou em mim um homem de boa vontade; eu cumpri, para com ele, o meu dever.

Aqui estabeleceu-se.

Despido de probidade, desonesto por condição, vadio por índole, e trampolineiro[5] por gênio, montou, às claras, fábrica de estelionatos, da qual tirava diariamente os proventos criminosos para a sua dolorosa mantença.[6]

Ele não me conhecia; e eu sou bastante modesto para não me fazer lembrado aos que exigem meus humildes socorros. Nunca teve intimidades comigo; e, atarefado com as suas complicadas fraudes, de todos os dias e de todos os momentos, e atropelado, de contínuo, por uma legião de vítimas, não tinha tempo para cuidar da minha vida presente, cheia de trabalhos, e da passada, notável por muitos infortúnios.

---

3. Trapaceiro, pilantra.
4. Imoral, sem-vergonha.
5. Trapaceiro, vigarista.
6. Subsistência, custeio.

As invenções de que ele me faz carga carecem de originalidade, não lhe pertencem; foram-lhe mussitadas,[7] misteriosamente, por alguns refalsados[8] garimpeiros,[9] de almas pequeninas, que votam-me ódio, concitados[10] pela inveja!...

O sr. dr. Miranda Veras, sem reputação e sem escrúpulos, é o camelo passivo sobre cujo costado a maledicência escreta[11] (sic) as suas impurezas; é o camelo com instintos de porco; porque o seu entretenimento é refuçilhar[12] nas reputações alheias.

Os seus amigos, que pouco diferem dele, têm nos seus ouvidos dois esgotos...

Onde ele aparece, de pronto, se estabelece o receio; uns põem em guarda as algibeiras;[13] outros temem pela reputação; os asseados levam o lenço ao nariz!...

Fala-se que o sr. dr. Veras está de partida para o norte: corre que as casas de perfumarias vão deitar luto.

O sr. Veras, apesar da sua proa, na frase do poeta,[14] é um "bacharel de borra".[15]

3 de outubro de 1880
L. GAMA

---

7. Cochichadas.
8. Desleais, hipócritas.
9. Pelo contexto, a expressão possui carga depreciativa e indica alguém com comportamento bajulador e interesseiro.
10. Incitados, instigados.
11. Por evidente erro tipográfico, em que se trocou a ordem das letras "e" e "s", ou se substituiu o "x" por "s", quedam-se duas possibilidades adequadas ao contexto: secreta ou excreta. Ambas expressões, no entanto, indicam evacuação, lançar para fora, expelir algo.
12. Embora não haja equivalente no dicionário, possivelmente significa revolver com o focinho. Por sentido figurado, pode-se ler como bisbilhotar.
13. Carteiras, bolsas, sacolas.
14. Refere-se indiretamente a Manuel Maria Barbosa du Bocage (1765–1805). Nascido em Setúbal, Portugal, o popular Bocage foi um dos mais incisivos poetas satíricos do século XVIII, tendo deixado contribuição valiosa para a literatura portuguesa.
15. Merda, bosta, porcaria.

PARTE VI

FONTES DO DIREITO E ESTRATÉGIAS DE LIBERDADE

NOTA INTRODUTÓRIA *Escrito entre outubro de 1880 e janeiro de 1881, esse conjunto de oito artigos tem o direito de liberdade em tempos de escravidão como eixo estruturante. É claro que, especialmente naquele período, a articulação entre fontes do direito e movimento abolicionista ganhava uma textura singular na escrita de Gama, de modo que muito do que fazia passava ou se apoiava nesse eixo. A literatura normativo-pragmática que propõe e elabora, de maneira que se verá original, se concentra em assuntos do direito civil, principalmente, se estendendo também por temas da história do direito e do direito público internacional. De uma carta de Taubaté, discute o fundo de libertação de escravizados e a regulamentação da Lei de 1871; protesta sobre a possibilidade de revogação de uma concessão de alforria no juízo de Itatiba; repudia o ato ilegal do juiz de órfãos de Jaú por prender africanos livres em decorrência de uma ação de inventário; ataca o procurador da Coroa e sua ambição desmedida em vender escravos fugidos como se fossem bens do Estado; por motivo similar, contesta o juiz de órfãos do Rio de Janeiro que colocaria à venda em hasta pública um africano livre que jamais poderia ser legalmente vendido; defende o instituto do depósito e as garantias da curatela para "Elisa, mulher branca, escrava", que corria risco de morte se voltasse às mãos de seu proprietário, o juiz Camilo Gavião Peixoto; por fim, mas não menos notável, defendia o africano livre Caetano, escravizado em Campinas que fugira para São Paulo, com a tese que marcaria uma das frentes da teoria do direito de Gama: a vigência dos efeitos manumissórios da Lei de 1818. Escritos num espaço-tempo relativamente curto, os oito artigos concentram uma estratégia de liberdade alicerçada nas fontes do direito, tendo ciência, contudo, da tomada de corpo que a luta abolicionista vinha conquistando na esfera pública da imprensa.*

Capítulo 1
Porque sou abolicionista sem reservas
Questão forense: Podem ser vendidos como bens do evento[1] os escravos fugidos, cujos donos se não conheçam, depois das diligências legais para descobri-los?[2]

Comentário   *"Por que escrevo este artigo?" Gama perguntava ao fim de uma sólida reflexão sobre o direito civil. Ao que respondia, contextualizando seus leitores: numa audiência do Tribunal da Relação de São Paulo, em que advogava para seis escravizados, a parte contrária disse que os argumentos de Gama não tinham base jurídica razoável. Pelo andamento da sessão, Gama não teve direito de resposta. Imediatamente, talvez sob o peso da derrota, tratou de escrever a base jurídica de seu argumento. Formulou uma espécie de genealogia legal sobre o tema da venda do escravizado fugido como bem do evento. Três dias depois, estava pronta a tréplica antes censurada no auditório do tribunal. O comentário sustentava que o escravizado fugido e posteriormente preso não poderia ser vendido em hasta pública ou retornar à escravidão. Essa era, precisamente, a pretensão do procurador da Coroa: vender escravizados presos como bens do Estado. O argumento de Gama conceitua o que poderia ser chamado juridicamente de escravizado fugido e escravizado abandonado. A operação minuciosa visava, ao fim, declarar livre quem de fato já fruía da liberdade, mas não tinha a prova. Mas o Estado, que deveria outorgar o papel de liberdade através de documentos públicos, queria, ao contrário, capitalizar: manter o estatuto jurídico de escravo e vender o escravizado em hasta pública, recolhendo muito dinheiro por isso. Gama sabia bem contra quais interesses sua tese ia. Sabia, contudo, que a liberdade não tinha preço e quais as fontes do direito que poderiam servir de fundamento normativo para conquistar a liberdade.*

1. Bens que, por não se saber quem era o senhor, proprietário ou herdeiro, deveriam ser entregues ao Estado. Como se verá, o argumento de Gama mirava uma categoria do direito civil que remetia ao tempo das Ordenações para fundamentar pedidos de liberdade no processo criminal. O raciocínio é valioso, entre outros motivos, pela construção de uma interpretação jurídica original para criar direitos individuais.
2. *A Província de S. Paulo* (SP), Seção Jurídica, 14 de outubro de 1880, pp. 1-2.

Não podem ser vendidos como bens do evento os escravos fugidos, cujos donos se não conheçam, depois das diligências legais para descobri-los; porque tais escravos devem ser declarados livres.

Cumpre, porém, que o asserto seja demonstrado; porque o asserto é um fato; o fato tem sua causa; e esta causa é o direito.

I

Como o homem, porque é a sua razão, o direito nasceu; presidiu à constituição da sociedade; animou o seu desenvolvimento; e sagrou-a sua estabilidade; sua gênesis é a do homem; e, como o deste, o seu crescimento é de intussuscepção.[3]

O direito é a vida; repele por sua índole as soluções de continuidade; como a verdade, é sempre o mesmo; como o progresso, é a evolução perpétua; como a luz, é uma força regeneradora; e como a liberdade, eterno e inquebrantável.

Difere da lei, porque é o princípio; e esta, uma modalidade.

Toda a lei que contraria o direito em seus fundamentos é uma violência; toda a violência é um atentado; o legislador que o decreta é um tirano; o juiz que o executa, um algoz; o povo que o suporta, uma horda de escravos.

A lei só é legítima quando promulgada pelo povo; o povo que legisla é um conjunto de homens livres; a lei é a soberana vontade social; a causa, o direito natural.

II

O escravo fugido, cujo senhor se ignora, como a cousa perdida, em análogas circunstâncias reputa-se abandonado.

O *abandono*, considerado como fenômeno jurídico, é relativo e consiste na desistência de um direito ou de um dever; pelo que é essencialmente formal.

---

3. Por transformação e incorporação de elementos formadores.

O *abandono* é *voluntário* ou *presuntivo*; no primeiro caso, é direto e individual; no segundo, dispositivo e conjectural; e, quer na primeira, quer na segunda hipótese, é expresso e legal.

Com aplicação a fatos manumissórios, e esta é a questão vertente, o *abandono voluntário* conserva a nomenclatura técnica; o conjectural toma ordinariamente o nome de *prescrição aquisitiva*; e, por isso, torna-se condicional.

No Brasil, o abandono voluntário com imediata aplicação à espécie que se debate está definido no artigo 76 do Regulamento nº 5.135 de 13 de novembro de 1871,[4] e dá-se "quando o senhor, residindo no mesmo lugar, e sendo conhecido, não procura por o escravo, não o mantém em sujeição nem manifesta vontade de conservá-lo sob sua autoridade".

O *abandono conjectural*, ou prescrição, pelo contrário, mediante condições preestabelecidas na lei, dá-se independente da vontade dominical, por preterições reais ou presumidas, por considerações de estado ou de ordem pública.

Exemplo:

Estando de *fato* livre o que por direito deva ser escravo, poderá ser demandado pelo senhor por cinco anos somente, no fim do qual tempo se entende *prescrito* o direito de acionar (Alvará de 10 de março de 1682, nº 5).[5]

III

Aplicação feita dos princípios de direito, das disposições da lei e das regras de jurisprudência, que ficam expostos ao caso emergente; e considerada a espécie indivíduo preso como escravo fugido, que espontaneamente confessa a sua condição, cujo senhor não é conhecido, ou sendo não o reclama, em face da Ordenação

---

4. Art. 76. "Considera-se abandonado o escravo cujo senhor, residindo no lugar, e sendo conhecido, não o mantém em sujeição e não manifesta querer mantê-lo sob sua autoridade."

5. Embora adaptada, a transcrição preserva o teor normativo da parte citada do alvará.

do Livro 3º, Título 94, §§ 1º, 2º, 3º e 4º; Portaria de 24 de dezembro de 1824; instruções anexas à Portaria 2ª de 4 de novembro de 1825, §§ 11 e 12; Avisos de 28 de janeiro de 1828, 1º de 13 de abril, o 3º de 5 de março [maio] de 1831, e de 12 de agosto de 1834; Decretos de 9 de março [maio] de 1842, artigo 44; e nº 1.896 de 14 de fevereiro de 1857, artigos de 1 a 6; Leis da Assembleia Legislativa desta província sob nº 2 de 21 de março de 1860 e nº 33 de 7 de junho de 1869; Regulamento nº 2.433 de 15 de junho de 1859; Lei nº 2.040 de 20 de setembro de 1871, artigo 6º; Regulamento nº 5.135 de 13 de novembro de 1872, artigos 75, 76, 77 e 78; Avisos nº 318 de 10 de setembro do mesmo ano e nº 639 de 21 de setembro de 1878; opinião do respeitável sr. dr. Teixeira de Freitas[6] na *Consolidação das Leis Civis*,[7] nota 33, ao artigo 58, páginas 63 e seguintes da 3ª edição; parecer do exmo. conselheiro desembargador F. B. da Silveira,[8] procurador da coroa e soberania nacional na Relação da Corte,[9] publicado no *Direito*, ano 1º, 1873, página 249; resulta de modo evidente, racional, inconfutável:[10] que o escravo preso como fugido, quer seja conhecido o senhor, quer não, só por inqualificável absurdo, com inversão flagrante dos bons princípios e violação manifesta, proposital, dos

---

6. Augusto Teixeira de Freitas (1816–1883), natural de Cachoeira (BA), foi juiz, advogado e presidente do Instituto dos Advogados do Brasil (IAB). Autor de diversas obras jurídicas, sobretudo no campo do Direito Civil, ganhou notoriedade como redator contratado do projeto de Código Civil que, todavia, não chegou a ser concluído no século XIX.
7. Lançado quando o autor estava à frente do IAB, *Consolidação das Leis Civis* (1857) representou um marco dos debates legislativos sobre a codificação civil no Brasil. A edição que Gama comenta, todavia, é a 3ª, de 1876.
8. Francisco Balthazar da Silveira (1807–1887) foi político, procurador da Coroa, desembargador de tribunais da Relação e ministro do Supremo Tribunal de Justiça (1875–1886).
9. Tribunal de segunda instância com jurisdição na Corte.
10. Irrefutável.

preceitos da lei, por guia inconsiderado ou inconsciente, poderá ser vendido em hasta pública[11] como cousa achada à guisa de besta ou gado, *como propriedade do vento!...*[12,13]

11. O mesmo que leilão judicial público.
12. Provável arremate sarcástico em que, por metonímia, Gama substitui "evento" por "vento", de modo a assinalar o absurdo da alegação contrária em intentar se apropriar de algo já há muito do estado de natureza.
13. O conhecimento normativo que Gama demonstra nesse excerto ilustra bem o domínio a um só tempo enciclopédico e técnico que tinha das fontes do direito. Para introduzir o argumento que viria a apresentar na sequência, invoca como base jurídica trinta textos jurídicos diferentes, que pertenciam a um repertório de dezoito normatividades e doutrinas de variados níveis e temporalidades. Vejamos, a começar pelas Ordenações citadas, os extratos aduzidos. Respectivamente, tít. 94: "Como se hão de arrecadar e arrematar as cousas achadas ao vento", § 1º, especialmente a estipulação de prazo: "E em cada cidade e vila haverá um lugar assinado conveniente para isto, que seja perto da vila, para a ele trazerem as bestas e gados do vento; e serão aí trazidos por o mordomo ou rendeiro, à terça-feira de cada uma semana, até se acabarem quatro meses, contados do dia que forem assentados no livro (...). § 2º. E se dentro dos ditos quatro meses vier o dono da cousa que for achada de vento, e fizer certo que é sua, ser-lhe-á entregue e pagará ao mordomo, ou rendeiro, as custas que fez em manter e guardar, se dela não se serviu. § 3º. E passados os quatro meses, não lhe saindo dono, o julgador, a que o conhecimento pertencer, sendo requerido, e vendo os autos feitos na forma sobredita, julgará ao mordomo ou a quem o direito do vento pertencer, os ditos gados ou bestas que assim andarem de vento. E tanto que lhe forem julgadas, as poderá vender e arrematar a quem lhe aprouver, e fará delas como de cousa sua. E posto que depois de lhe serem julgadas, venham seus donos a demandá-las, não serão ouvidos nem recebidos à tal demanda". § 4º, especialmente o primeiro trecho: "E antes do gado ou bestas serem julgadas na maneira sobredita, o mordomo, ou rendeiro, ou cujo for o direito do vento, não poderão vender, matar, nem amealhar por maneira alguma, nem esconder, nem levar para outra parte as cousas que assim trouxerem de vento. Mas todo o tempo dos quatro meses as trarão no termo da cidade, ou vila, onde forem achadas, e em lugar que as possam ver e saber onde andam, e o que o contrário fizer, seja preso e haja a pena que haveria se as furtasse (...)". Assinada na véspera de Natal, a portaria de 1824 regulava a apreensão de escravizados fugidos e destruição de quilombos. Cf., especialmente, "(...) os senhores, no ato de receberem seus escravos, pagarão as despesas feitas com a apreensão dos mesmos, as quais, todavia, será conveniente que não excedam a 4$000 por cada um, para ficarem mais suaves aos ditos senhores dos escravos e à Polícia, de quem recebem o benefício de os

haverem quando os julgavam perdidos". Instruções anexas à citada portaria de 1825, § 11: "Os escravos que forem presos por fugidos ou em quilombos (que os comissários procurarão destruir, quando lhes for possível), serão imediatamente remetidos a esta intendência, com a respectiva parte e conta da despesa, para lhes ser logo paga com gratificação para os apreensores. O mesmo se praticará relativamente aos ladrões e salteadores, na conformidade do edital de 3 de janeiro deste ano, que também executarão, no que for aplicável aos seus distritos, e não estiver posteriormente ordenado o contrário. § 12: Obrigarão aos capitães do mato a que apresentarem seus títulos para os visarem e inscreverem os seus nomes em uma lista, de que remeterão cópia a esta intendência; ordenando que os ditos capitães lhes participem cada uma apreensão de escravos fugidos, para se evitarem extorsões aos senhores, e que os escravos se conservem por muito tempo em troncos ou em cárceres privados. Os comissários terão a maior vigilância neste objeto, participando logo às autoridades os abusos sobre que convier dar providências". Aviso nº 18, de 28 de janeiro de 1828, em que se declarava o destino que deviam ter os escravizados retidos em prisão e o depósito que deveriam ter quando abandonados por seus donos, cf. o parecer anexo e que subsidia o aviso, remetendo-os da prisão ou depósito "para a Marinha, onde os escravos servirão no dique, ou em outros trabalhos, onde possam ser vistos a toda a hora do dia, e recebendo o juízo que apreender, do Tesouro, as despesas necessárias". Sem dúvidas, Gama refere-se ao aviso nº 86, de 5 de março de 1831, que mandava que a polícia da Corte entregasse ao juízo dos cativos da cidade "todos aqueles escravos que se acharem policialmente presos no calabouço ou em qualquer outra prisão (...), e de cujos donos não haja notícia, a fim de serem arrematados, conforme a lei". O aviso nº 274, de 12 de agosto de 1834, determinava que os escravizados que, "dentro de seis meses da apreensão e detenção no calabouço não forem reclamados pelos senhores", fossem "remetidos ao juiz de órfãos como bem de ausentes". Sobre o dec. nº 160, de 9 de maio de 1842, que também regulava a arrecadação de bens do evento, ver a transcrição parcial do art. 44 no corpo do texto. O citado decreto de 1857 dava providências sobre "escravos demorados na Casa de Correção da Corte". Cf. Art. 1º. "Logo que for apreendido e recolhido à Casa de Correção algum escravo fugido, ficará imediatamente à disposição do juízo da provedoria, que procederá a respeito dele, como dispõe os artigos 46, 47 e 48 do Regulamento de 11 de maio de 1842; para esse fim, a autoridade policial e o diretor da dita Casa farão sem demora as devidas participações". Art. 2º. "Os mencionados escravos, durante o tempo em que estiverem na Casa de Correção, são sujeitos somente às seguintes despesas: § 1º. De apreensão e condução; § 2º. De custas judiciais para os anúncios e arrematações; § 3º. De vestuário". Art. 3º. "As despesas de sustento e curativo são devidas somente por aqueles que não trabalharem". Art. 4º. "Se o escravo for recolhido à Casa de Correção por ordem de seu senhor, no recibo se declarará o prazo pelo qual fica ele aí depositado, sob a pena de ser havido como abandonado; este prazo pode ser prorrogado por justos motivos". Art. 5º. "Findo o prazo declarado no recibo, se procederá a respeito destes escravos como se determina nos artigos antecedentes a respeito dos escravos fugidos". Art. 6º. "As disposições dos artigos 2º e 3º são aplicáveis aos escravos que se acharem demorados na Casa de Correção por embargo ou depósito da Justiça". Da lei provincial paulista de 1860, que tratava do tema dos escravizados fugidos presos, destacam-se dois artigos, certamente presentes no repertório de Gama ao invocar essa norma". Cf. Art. 4.º "Durante dois meses, contados do recebimento do escravo pelo chefe de polícia, se farão repetidos anúncios com as declarações do art. 2 º, e outras que acrescerem, e comparecendo o senhor dentro deste prazo, mostrando satisfatoriamente o seu domínio, ser-lhe-á entregue o escravo pelo chefe de polícia". Art. 5.º "Findo o prazo do artigo, será o escravo entregue a jurisdição do juízo da provedoria para proceder a respeito, como prescrevem as leis em vigor sobre a arrecadação dos bens do evento; continuando, entretanto, o escravo nos trabalhos públicos até que seja recebido por seu senhor, ou arrematado". Sobre a segunda lei provincial citada, cf. especialmente: art. 3º. "90 dias depois da publicação do edital na capital, no caso de não ter sido reclamado, será o escravo entregue à jurisdição do juízo da provedoria, para proceder a respeito como prescrevem as leis em vigor sobre a arrecadação dos bens do evento". Art. 4º. "Durante o prazo estabelecido no art. antecedente se farão repetidos anúncios com as declarações (...) e, comparecendo o senhor, dentro deste prazo, ser-lhe-á entregue o escravo, desde que justificar o seu domínio, ou o direito que tem à posse dele". Ao regulamento de 1859, cf. especialmente: art. 85. "São bens do evento os escravos, gado ou bestas, achados, sem se saber do senhor ou dono a quem pertençam; o seu produto líquido deve ser recolhido à recebedoria do município da Corte". Art. 88. "Logo que forem apresentados os escravos, gado e bestas achadas, e pelas diligências e averiguações a que se proceder se não conseguir saber a quem pertencem, se fará imediatamente a avaliação (...)". Art. 90. "Feita a avaliação, se passarão logo editais por que [pela qual] se chamem as pessoas que tiverem direito aos escravos, bestas e gado achados do evento, sendo 30 dias para os escravos e 3 para o gado ou bestas (...)". Da Lei do Ventre Livre, Gama cita o art. 6º, que definia quem seria liberto por força de lei, fazendo referência às hipóteses dos parágrafos seguintes, i. e., § 1º. "os escravos pertencentes à Nação (...); § 2º. os escravos dados em usufruto da Coroa; § 3º. os escravos das heranças vagas; § 4º. os escravos abandonados por seus senhores (...)". Quanto ao regulamento de 1872, que dava execução à Lei do Ventre Livre, ver especialmente o cap. VI, dos libertos pela lei. Cf. Art. 75. "São declarados libertos: I. Os escravos pertencentes à Nação (...); III. Os escravos das heranças vagas; IV. Os escravos abandonados por seus senhores"; e o § 1º. "Os escravos pertencentes à Nação receberão as suas cartas de alforria em conformidade do dec. nº 4.815 de 11 de novembro de 1871, e terão o destino

IV

Bens do evento, como define o art. 44 do Decreto de 9 de março [maio] de 1842, são "os escravos, gado ou bestas, achados *sem se saber o senhor ou dono a quem pertençam*".

Desta claríssima disposição, em sentido direto, inevitavelmente resulta que, se o *senhor* do escravo é *conhecido*, o escravo não pode pertencer ao evento; e se, tendo aviso da sua prisão, o não procura, depois de notificado por os meios, e por a autoridade competente, o tem voluntariamente, formalmente, de modo direto, abandonado, de conformidade com as disposições combinadas dos artigos 4º do Decreto nº 1.896 de 14 de fevereiro de 1857, e 76 do de nº 5.135 de 13 de novembro de 1872; pelo que deve ser declarado livre, como estatui a Lei nº 2.040 de 28 de setembro de 1871, art. 6º, § 4º.[14]

Assim também, se o senhor não é conhecido, ou porque não seja encontrado, por mudança ou por ausência, ou porque o

determinado no mesmo decreto". O aviso nº 318, do Ministério da Justiça, interpretava restritivamente parte da Lei do Ventre Livre e não considerava os escravizados apreendidos como bens do evento como libertos pela lei, estipulando uma distinção entre escravizados abandonados e escravizados do evento. Cf. "(...) os escravos contemplados na classe dos bens do evento não são os que seus senhores abandonam e a que se refere o art. 6º, § 4º, da citada lei, mas os achados sem se saber do senhor ou dono a quem pertençam, conforme o art. 85 do regulamento de 15 de junho de 1859". Quanto ao aviso nº 639, de 21 de setembro de 1878, cf. a então definição do Ministério da Justiça: "Considera-se bem do evento o escravo a respeito do qual não há reclamação nem se sabe qual o seu verdadeiro senhor". A citação à *Consolidação das leis civis* (3ª ed., 1876), do jurisconsulto Teixeira de Freitas, confere exatamente, assim como o parecer publicado na revista jurídica *O Direito* (1873), pp.249- 253. Sobre este último, ver especialmente o comentário sobre o dec. 14 de fevereiro de 1857.
14. Respectivamente: Art. 4º. "Se o escravo for recolhido à Casa de Correção por ordem de seu senhor, no recibo se declarará o prazo pelo qual fica ele aí depositado, sob a pena de ser havido como abandonado; este prazo pode ser prorrogado por justos motivos." Art. 76. "Considera-se abandonado o escravo cujo senhor, residindo no lugar, e sendo conhecido, não o mantém em sujeição e não manifesta querer mantê-lo sob sua autoridade." Art. 6º. "Serão declarados libertos: § 4º. Os escravos abandonados por seus senhores (...)."

escravo, com ardil, oculta o seu próprio nome, ou o do seu senhor, ou o do lugar do seu domicílio, *considera-se abandonado*, para o mesmo efeito de alforriado ser, nos rigorosos termos da lei citada; e isto assim deve ser, não só porque verifica-se o caso do *abandono indireto* ou conjectural, como porque não pode o escravo ficar indefinidamente em prisão, sem causa justificativa, e contra as disposições em vigor; nem, principalmente, por a impossibilidade inobstável[15] da sua venda.

V

O art. 8º da memorável Lei nº 2.040 de 28 de setembro de 1871,[16] com previdência muito judiciosa, e para cimeira[17] acautelar corruptelas judiciárias, estabeleceu a matrícula especial de todos os escravos existentes no império, e decretou a manumissão imediata dos que não fossem matriculados.

E, no Regulamento de 1º de dezembro de 1871, promulgado por o Decreto nº 4.835, da mesma data,[18] para estrita execução daquela mencionada parte da Lei de 28 de setembro, imperativamente está determinado, arts. 35 e 45:

1º [art. 35]: A pessoa que celebrar qualquer contrato dos mencionados no art. 45, *sem exibir as relações* ou *certidões das respectivas matrículas*; a que aceitar as estipulações dos ditos contratos, sem exigir a apresentação de algum desses documentos; a que não comunicar à estação competente a mudança de residência para fora do município, transferência de domínio, ou o falecimento de escravos, ou de menores livres nascidos de mulher escrava, conforme prescreve este regulamento; o oficial público que lavrar termo, auto ou escritura de *transferência de*

---

15. Que não se pode obstar.
16. Art. 8º. "O governo mandará proceder a matrícula especial de todos os escravos existentes do Império, com declaração do nome, sexo, estado, aptidão para o trabalho e filiação de cada um, se for conhecida."
17. Em alto nível.
18. Para execução do art. 8º da Lei do Ventre Livre, o decreto definia o regulamento para a matrícula especial dos escravizados e dos filhos da mulher escravizada.

domínio, ou de penhor, de hipoteca ou de serviços de escravos, sem as formalidades prescritas no citado art. 45; o que der passaporte[19] a escravos sem exigir a apresentação das relações ou certidões de matrículas; e o que não participar aos funcionários incumbidos da matrícula as manumissões que houver lançado nas suas notas, incorrerão na multa de 10$000 a 50$000.

2º [art. 45]: Depois do dia 30 de setembro de 1872 não se lavrará escritura de contrato de alienação, transmissão, penhor, hipoteca ou serviço de escravos, sem que ao *oficial público* que tiver de lavrar a escritura sejam presentes as relações das matrículas, ou certidão delas, *devendo ser incluídos no instrumento os números de ordem dos matriculados*, a data e o município em que se fez a matrícula, assim como os nomes e mais declarações dos filhos livres de mulheres escravas, que as acompanharem, nos termos do art. 1º, §§ 5º e 7º da Lei nº 2.040 de 28 de setembro do corrente ano.

Também se não dará passaporte[20] a escravos sem que sejam presentes à autoridade que o houver de dar o documento da matrícula, cujos números de ordens, data e lugar em que foi feita serão mencionados no passaporte; e se forem acompanhados por seus filhos livres, devem os passaportes conter os nomes e mais declarações relativas a estes.

Assim também nenhum inventário ou partilha entre herdeiros ou sócios, que compreender escravos, e nenhum litígio que versar sobre o *domínio* ou a *posse* de escravos será admitido em juízo, se não for, *desde logo*, exibido o documento de matrícula.

Como, portanto, à vista destas disposições inconcussas,[21] há de o juiz provedor,[22] improvisado, por extravagante arbítrio dos poderes judiciários, descurado dos seus deveres, e do Executivo,

---

19. Autorização policial ou judiciária para o escravizado transitar pelas ruas, de um ou mais distritos ou municípios, na ausência do senhor ou de quem o representasse.
20. Autorização senhorial e/ou policial para controle do ir e vir de escravizados por ruas e estradas.
21. Irrefutáveis, incontestáveis.
22. O juiz da Provedoria de Capelas e Resíduos.

por inveterado[23] desplante mercador, sem carta,[24] de *escravos furtados*, expô-los à venda, sem possuir e sem apresentar relações ou as certidões da matrícula especial?

Como lavrará o escrivão, corréu convencido do crime, escritura ou termo de arrematação menosprezando a sanção legal e dispensando-se de cumprir os preceitos imprescindíveis dos artigos 35 e 45 do decreto nº 4.835?

E quem será o comprador culposo desta venda fraudulenta?

Como cumprirá ele a disposição do artigo 21 que o obriga,[25] para a necessária averbação,[26] a dar conhecimento da transferência de domínio à repartição fiscal?

Haverá, por privilégio do evento, matrículas por suposição?

Podem os juízes, ou o governo, revogar a lei ao seu talante?[27]

Já foi eliminado das disposições vigentes o § 8º do artigo 15 da Carta Constitucional?[28]

VI

A questão não é nova; e já foi, com madureza, resolvida.

A 12 de março de 1874, a recebedoria[29] do município da Corte deu categórica e proveitosa lição de direito ao douto juiz da provedoria; e fê-lo de modo louvável, recusando, com ríspido civismo, o recebimento de imposto de transmissão de propriedade de escravos irregularmente arrematados como bens de evento,

---

23. Arraigado, acostumado.
24. Licença, documento.
25. Art. 21. "Os encarregados da matrícula averbarão no livro desta as manumissões, mudanças de residência para fora do município, transferências de domínio e óbitos dos escravos matriculados no município, à vista das declarações, em duplicata, que, dentro de três meses subsequentes à ocorrência desses fatos, são obrigadas a fazer as pessoas designadas no art. 3º."
26. Anotação à margem da escritura ou termo de um registro que incida no documento original.
27. Arbítrio, capricho.
28. Ver n. 11, p. 121.
29. Repartição pública onde se recebiam impostos, taxas, etc.

por não constar, da respectiva *guia, a exibição da matrícula especial*, no ato da arrematação, segundo as prescrições legais em vigor; e o governo, entaliscado,[30] entre o direito e o monstruoso erro, resolveu, com exemplar sabedoria, por Aviso nº 3 de 12 de novembro de 1875, "que aos escravos recolhidos em casa de detenção, e arrematados como bens do evento, aproveita a disposição do artigo 19 do Regulamento de 1º de dezembro de 1871, *devendo ser considerados livres*, sem prejuízo dos direitos dos senhores, reclamados por ação ordinária no juízo competente".[31]

Isto, sim, é jurisprudência; tem fundamento jurídico e foi externado com critério.

VII

O legislador de 1871 estabeleceu praticamente, como princípio abolicionista, e necessário, que seriam declarados livres:
— Os escravos pertencentes à Nação;
— Os escravos dados em usufruto à Coroa;
— Os escravos das heranças vagas;
— Os escravos abandonados por seus senhores.

Esta medida altamente humanitária, que assinala uma vitória da civilização e um grande progresso social, no Brasil, é, na expressão de um exímio filósofo, essencialmente moral e política; e tanto mais inatacável, na razão da sua existência, quanto é certo que o legislador não só decretou a libertação, no tempo presente, sem *restrições onerosas*, dos escravos existentes, sem remuneração alguma para os cofres do Estado, como calculada-

---

30. Apertado, entalado.
31. Aviso nº 509, de 12 de novembro de 1875, do Ministério da Agricultura, Comércio e Obras Públicas, declarava que os escravizados presos e posteriormente arrematados deveriam ser considerados livres, "sem prejuízo dos direitos dos senhores". Embora adaptada, a transcrição preserva o teor normativo do aviso. Ademais, Gama toma o caso da recebedoria da Corte e comenta a "proveitosa lição de direito ao douto juiz da provedoria" a partir do exposto na introdução ao aviso.

mente estendeu-a, prevendo, como devia, sucessos futuros *aos escravos da Nação, aos das heranças vagas e aos abandonados pelos senhores.*

Como, pois, mantida cientificamente a economia da lei, supor isentos do benefício os escravos fugidos cujos donos não sejam sabidos e, como tais, devolvidos ao evento, vendidos pela provedoria, em proveito dos cofres da Nação?!

Que! O legislador diretamente decreta a manumissão dos escravos das heranças vagas, dos pertencentes à Nação e dos abandonados pelos senhores, e, por meios indiretos, às ocultas, com solapado[32] sentimento, procura locupletar-se[33] com as migalhas salpicadas por os acasos do evento?!

E será isto sério?

Será filosófico e moral?

Em que compêndio se encontram estes estólidos[34] princípios de tão exótica hermenêutica?

Qual é a base ontológica dessa doutrina original?

O direito é um corpo; tem a sua anatomia peculiar; tem as suas cavidades esplâncnicas;[35] e estas contêm vísceras delicadas, que devem ser observadas por peritos e tratadas profissionalmente.

Se a Lei de 18 de agosto de 1769[36] está em vigor, os Palínuros[37] da escravidão, por honra sua, devem exigir um mausoléu[38] ao ministério do exmo. sr. conselheiro Lafayette[39] e comemorar, com funerais, o monumental Aviso nº 639 de 21 de setembro de 1878.

---

32. Por sentido figurado, dissimulado, disfarçado.
33. Abarrotar-se.
34. Estúpido, desprovido de discernimento.
35. Viscerais.
36. Conhecida como "Lei da Boa Razão", tal norma marcou época em Portugal e estabeleceu balizas fundamentais ao desenvolvimento do direito português (e brasileiro), ao ordenar, por exemplo, as fontes do direito e a prevalência de normas legisladas sobre outros tipos de normas.
37. Figura mitológica romana que representa um navegador, guia, dirigente.
38. Imponente monumento funerário.
39. Ver n. 9, p. 89.

Por que escrevo este artigo?

Na sessão judiciária do Tribunal da Relação, do dia 8 do corrente,[40] perante numeroso auditório, quando se discutia a ordem de *habeas-corpus* por mim impetrada em favor de seis infelizes, e quando já me não era permitido falar, o exmo. sr. desembargador Faria,[41] muito digno procurador da Coroa, porque eu, na exposição que fiz, disse acidentalmente[42] "que o evento estava extinto quanto aos escravos fugidos, cujos donos eram ignorados", baseando-me na insuspeita opinião do exmo. sr. conselheiro d. F. B. da Silveira,[43] declarou, para resguardo de sua opinião:

> Que o evento existe para os escravos fugidos cujos donos são ignorados; que tais escravos devem ser vendidos pela Provedoria, e o seu produto recolhido aos cofres do Estado, na forma da lei, como decidiram os Avisos nº 318 de 10 de setembro de 1872 e nº 639 de 21 de setembro de 1878!

Estas palavras, tão valiosas pela autoridade do cargo, proferidas em plena sessão do egrégio Tribunal, por magistrado distinto, tanto pelo seu caráter como pela sua ilustração, em um debate importante, constituem duplo e gravíssimo perigo: autorizam o

---

40. Cf. *A Província de S. Paulo* (SP), Noticiário, 9 de outubro de 1880, p. 2. Destaco esse trecho que bem apresenta, por outro ângulo, o contexto da ação: "Durou três horas a discussão da ordem de *habeas-corpus* requerida pelo cidadão Luiz Gama em favor de seis indivíduos presos, como escravos fugidos, na casa de correção.
A discussão, além de longa, foi grave; e era notável, contra o costume, a concorrência de espectadores no tribunal. (...)
Por tudo que ali ouvimos, quer do impetrante, quer dos juízes, se nos afigura que as questões tendentes ao elemento servil atingem a melindroso período, e que os abolicionistas tomam séria atitude perante os poderes do Estado.
O tribunal, por votação unânime, considerou livres e pôs em liberdade três dos pacientes e mandou que os outros três continuassem à disposição do dr. juiz da provedoria, para proceder como de direito."
41. Ver n. 7, p. 132.
42. Sem que discutisse o mérito.
43. Ver n. 8, p. 158.

curso forçado de um erro jurídico (tal é a minha humilde opinião), e cavam abismos aos manumitentes,[44] já sobejamente[45] premados[46] por a prepotência dos senhores e pela má vontade de muitos juízes interessados.

Sou abolicionista, sem reservas; sou cidadão; creio ter cumprido o meu dever.

S. Paulo, 11 de outubro de 1880
L. GAMA

---

44. Relativo aos que demandam liberdade.
45. Demasiadamente.
46. Oprimidos, violentados.

Capítulo 2
Africanos livres presos como escravos
Fato grave – Jaú[1]

Comentário   *Literatura normativo-pragmática. Muito bem informado sobre uma ação de inventário que corria no juízo dos órfãos da distante Jaú, G., o autor do escrito, denunciava que o juiz local havia mandado prender oito africanos — e/ou seus descendentes — que seriam livres em virtude da força normativa da Lei de 26 de janeiro de 1818, que proibia o comércio transatlântico de escravizados. Gama desenvolveria o mesmo argumento, de modo doutrinário, menos de dois meses depois, no célebre estudo "Questão jurídica". Somando-se ao argumento original as marcas estilísticas e a forma descritiva da denúncia, nota-se que Gama seguia abrindo caminhos na imprensa para discutir a ilegalidade da escravidão.*

Corre no juízo dos órfãos do termo do Jaú um inventário no qual estão arrolados como escravos *oito pessoas livres*: são africanos, importados depois da proibição do tráfico e descendentes seus.

Um dos coerdeiros, homem de sã consciência, e de probidade fundida pela têmpera antiga, teve a virtude, raríssima nestes tempos, de prevenir o juízo deste grave sucesso.

Parece que o aviso não foi bem recebido!... Pois que, de uma carta daquela vila, sei que os escravos inventariados foram postos em prisão!...

Sei também que os demais coerdeiros não levaram a bem o procedimento franco e leal do seu digno companheiro!...

Não conheço o sr. dr. juiz dos órfãos do termo do Jaú; e tanto basta para não julgá-lo mal; certo é, porém, que, se ele, em face

---

1. *A Província de São Paulo* (SP), Seção Livre, Foro da Capital, 20 de outubro de 1880, p. 2.

do § 1º da Lei de 26 de janeiro de 1818, julgou necessário *para segurança dos manumitentes* metê-los em prisão, procedeu com hebraísmo notável.²

S. Paulo, 19 de outubro de 1880

G.

---

2. No original, a notação "10-1" ao final do texto indicava que seria replicada, a partir de 21 de outubro de 1880, em outras dez edições (uma a mais, inclusive, do que o sinalizado na numeração).

Capítulo 3
Interesses inconfessáveis criam anacronismos nos tribunais
Aresto notável[1]

Comentário Literatura normativo-pragmática. Crônica forense baseada em um excerto do noticiário judiciário da Corte. Gama acrescenta linhas gerais ao argumento que vinha desenvolvendo em diversos escritos da época e que no mês seguinte ganharia a forma final do estudo normativo-pragmático "Questão jurídica". Gama comentava a "extravagante doutrina" do juiz dos órfãos da Corte, que estipulava uma linha divisória para direitos de liberdade relacionada à idade dos africanos escravizados; se menores de 49 anos, seguramente nascidos após a lei proibitiva do tráfico, de 1831, deveriam ter suas demandas resolvidas no juízo contencioso. A bizarra decisão do juiz — Gama não pouparia adjetivos, heresia e hipocrisia, entre eles — simplesmente barrava demandas de liberdade baseada na multinormatividade do contrabando. E o fazia por uma ficção duvidosa. "O criminoso contrabandista vê nos tribunais", sugeria Gama, um território facilmente dominado, "onde os sacerdotes discutem teologia, enquanto a pátria corre perigo..." De modo original, Gama formula uma crítica jurídica que retira o suposto pioneirismo da Lei de 7 de novembro de 1831, recolocando um novo marco temporal legal para a matéria da proibição do comércio e escravização de africanos: a Lei de 26 de janeiro de 1818. Se o argumento ganhasse força normativa, através da recepção na jurisprudência, principalmente, Gama alcançaria, pela via legal, a extinção imediata do cativeiro para todos os africanos e seus descendentes que entraram no Brasil desde janeiro de 1818. Conseguem imaginar o impacto da tese? O objetivo era, pelas armas do direito, pôr fim à escravidão de um milhão de vítimas do contrabando ilegal — e de Estado.

1. *Gazeta da Tarde* (RJ), 17 de novembro de 1880, p. 2. A redação da *Gazeta da Tarde* introduz o artigo dessa forma: "Luiz Gama, o muito conhecido e notável cidadão, aquele a quem tanto devem as ideias democráticas no Brasil, escreveu ontem, em São Paulo, o artigo que vai em seguida. Acometido há quatro dias de grave enfermidade, mesmo assim acudiu em prol de homens que contra a lei pretende-se escravizar. O artigo, demais, é erudito. Oferecemo-lo à atenção dos tribunais brasileiros".

Refere o *Jornal do Commercio* em sua gazetilha² de anteontem:

ARREMATAÇÃO DE ESCRAVOS

Ontem por ocasião de serem abertas as propostas para arrematação dos escravos pertencentes às menores filhas de José Manoel Coelho da Rocha, declarou o sr. dr. Justiniano Madureira, juiz da 1ª Vara de Órfãos,
⁵ que as propostas relativas aos escravos africanos menores de 49 anos³ ficavam adiadas até que seja resolvida no juízo contencioso a questão que se levantou a respeito dos mesmos escravos.

Sem ofensa da incontestável ilustração deste emérito juiz, que não tenho a honra de conhecer, declaro-vos que não compre-
¹⁰ endo esta extravagante doutrina; e menos ainda esta esquipática⁴ decisão!

Há dúvidas sobre a condição ou sobre o estado dos africanos menores de 49 anos de idade, existentes no país?

Será causa de tais dúvidas a Lei de 7 de novembro de 1831?⁵
¹⁵ Compete a solução de tais dúvidas ao *juízo contencioso*?

Que juízo é esse? Por que lei foi estabelecido?

Pois está revogado o Decreto de 12 de abril de 1832?⁶

---

2. Seção noticiosa, literária e/ou humorística de um jornal.
3. A menção da idade é referência de que se trata de uma discussão sobre a legalidade da entrada de africanos escravizados após a Lei de 1831.
4. Estapafúrdia, bizarra, o que não é coerente.
5. Considerada uma lei vazia de força normativa, recebendo até o apelido de "lei para inglês ver", a conhecida "Lei de 1831" previa penas para traficantes de escravizados e, de maneira não tão assertiva como a historiografia crava, declarava livres os escravizados que chegassem ao Brasil após a vigência da lei.
6. O decreto regula a execução da Lei de 7 de novembro de 1831. Gama, por sua vez, fazia referência indireta ao art. 10 do decreto, que estabelecia de modo bastante nítido a responsabilidade de qualquer juiz frente a uma demanda dessa natureza jurídica. Logo, não havia razão alguma no fundamento do juiz que declinava de decidir uma questão que, por força de lei, deveria decidir. O art. 10 do decreto de 1832 — este mesmo que Gama indignado perguntava se estava revogado — é taxativo e não deixa espaço para dúvida ou adiamento até que juízo contencioso algum resolvesse a questão. Cf. Art. 10. "Em qualquer tempo, em que o preto requerer a qualquer juiz, de paz ou criminal, que veio para o Brasil depois da extinção do tráfico, o juiz o interrogará sobre todas

Deixou-se de considerar especial o processo administrativo, adrede[7] estabelecido, para esta hipótese extraordinária?

Por que motivo?

~

É uma curiosa novidade, que, de contínuo, soa-me aos ouvidos, no juízo e nos tribunais, que a importação de africanos, no Brasil, foi proibida por Lei de 7 de novembro de 1831!

Não é a única heresia (*hipocrisia*, talvez que por semelhança de rima) ia-me caindo dos bicos de pena!

Hoje, nos juízos, e nos tribunais, quando um africano livre, para evitar criminoso cativeiro, promove alguma demanda, exigem os sábios magistrados que ele prove — *qual o navio em que veio; qual o nome do respectivo capitão.*

Negros boçais, atirados a rodo, como irracionais, no porão de um navio; como carga, como porcos, desconhecedores até da língua dos seus condutores, obrigados a provar — *a qualidade, e o nome do navio em que vieram; e o nome do respectivo capitão*!!

Isto é justiça para negros; e se os negros se reunissem em tribunal, para honra de tais juízes, não fariam obra pior.

Estes juízes se parecem com o divino Jesus!

Este fazia falar os mudos; e aos cegos abrir os olhos!

~

as circunstâncias que possam esclarecer o fato, e oficialmente procederá a todas as diligências necessárias para certificar-se dele, obrigando o senhor a desfazer todas as dúvidas que se suscitarem a tal respeito. Havendo presunções veementes de ser o preto livre, o mandará depositar e proceder nos mais termos da lei."

7. Previamente.

A glória da proibição do abominável tráfico de africanos, no Brasil, pertence à nação portuguesa; foi decretado pelo absoluto d. João VI;[8] está na memorável Lei de 26 de janeiro de 1818; conta 62 anos de existência, e *não* 49; foi promulgada para inteira execução do Tratado de 22 de janeiro de 1815, e da Convenção Adicional de 28 de julho de 1817.[9]

Por Aviso de 14 de julho de 1821 declarou o governo que essa lei estava em seu inteiro vigor.

Por outro aviso, de 28 de agosto, do mesmo ano, o governo deu instruções à comissão mista, prescrevendo normas para o processo de apreensão dos navios e dos escravos.

Estas instruções foram reproduzidas, e novamente recomendadas por Aviso de 3 de dezembro do referido ano.

Por Portaria de 21 de maio de 1831 o Ministério da Justiça recomendava, *para estrita observância das leis*, a mais rigorosa atividade na apreensão dos *pretos novos*, que fossem criminosamente importados no império, procedendo a pesquisas e a rigoroso inquérito.[10]

---

8. João VI de Portugal (1767–1826), nascido em Lisboa, Portugal, foi rei de Portugal, Brasil e Algarves.
9. Gama expõe brevemente elementos de sua cronologia normativa do contrabando. No mês seguinte, no artigo "Questão Jurídica", ele daria a público de modo magistral o desenvolvimento desse raciocínio doutrinário. Vejamos a síntese das normatividades aduzidas. O alvará de 26 de janeiro de 1818 possuía força de lei e reforçava a proibição do comércio de escravizados em portos da costa da África acima da linha do Equador. Além da punição aos traficantes, previa igualmente condições para a liberdade dos escravizados apreendidos. O alvará, ademais, executava o tratado bilateral entre Portugal e Grã-Bretanha, de 22 de janeiro de 1815, e a Convenção adicional de 28 de julho de 1817, diplomas que pactuavam termos e responsabilidades entre ambos países para a supressão do comércio transatlântico de escravizados em suas respectivas jurisdições.
10. A portaria nº 111, de 21 de maio de 1831, do ministério da Justiça, recomendava vigilância policial para "evitar a introdução de escravos por contrabando". Em caso de localizarem africanos desembarcados no Brasil por contrabando,

E o Poder Legislativo, já por a Lei de 20 de outubro de 1823,[11] tinha explicitamente admitido aquela de 26 de janeiro de 1818.

Parece que interesses inconfessáveis criam anacronismos nos tribunais!...

Do gládio[12] de Têmis[13] fez-se algema para escravos...

O criminoso contrabandista vê nos tribunais uma nova Constantinopla,[14] onde os sacerdotes discutem teologia, enquanto a pátria corre perigo...

A lei é um anemoscópio;[15] Éolo,[16] o Deus da situação.

Diante destes desastres judiciários, que se reproduzem todos os dias, parece que nós, *os aventureiros da emancipação*, estamos, em nome da lei, impondo preceito[17] ao dislate!...[18]

Vosso amigo,

L. GAMA

as autoridades policiais e judiciárias deveriam apreendê-los, lavrar corpo de delito, proceder nos termos de direito e, ao fim, restituir as liberdades escravizadas nas malhas do contrabando, punindo os "usurpadores dela".

11. Aprovada no bojo do processo constituinte de 1823, esta lei declarava em vigor uma série de normas portuguesas que possuíam inquestionável força normativa no Brasil até abril de 1821. O art. 1º da lei fazia explícita menção às Ordenações como um desses conjuntos normativos que voltavam oficialmente a ter vigência no Brasil. Com a citação de lei nacional, Gama articulava distintas normatividades antitráfico.

12. Espada.

13. Divindade da Grécia Antiga que personificava as ideias de justiça divina, direito natural e bom conselho. Era comumente representada com uma balança em uma mão e uma espada na outra mão.

14. A metáfora é riquíssima em significados. Pode ser lida, entre outras formas, como referência ao expansionismo desordenado associado à assunção de Constantinopla como capital e símbolo do Império Romano (330-395).

15. Cata-vento, instrumento que indica as variações e mudanças do tempo. Por extensão de sentido, sugere uma coisa que gira ao sabor do vento.

16. Na mitologia grega, Éolo era a entidade guardiã dos ventos. A metáfora explora a imagem de um ser que enche as bochechas e sopra fortemente, regendo um dado contexto. Nesse caso, a divindade dos ventos preside sobre o direito e a lei seria uma espécie de catavento, sujeita a trovoadas e ventanias.

17. Regra, norma.

18. Despautério, estupidez.

Capítulo 4
Terrorismo judiciário
2ª vara cível[1]

Comentário   *Literatura normativo-pragmática. No curso da causa de liberdade de "Elisa, mulher branca, escrava", Luiz Gama teve um embate forte com dois juízes, entre eles, o "juiz proprietário" Camilo Gavião Peixoto. Sim, o juiz proprietário de Elisa tomou parte no próprio processo. O artigo é mais uma aula de direito da lavra do advogado negro. Atento ao quadro político, Gama afastava dos abolicionistas a pecha de agitadores que aterrorizavam o país. Ao contrário: os conservadores da ordem escravocrata, os "arautos do terror" é que iam "acastelando-se nos tribunais (...), influindo nas suas decisões e pondo em perigo a providência da lei e a dignidade da nação". Gama, portanto, chamava para si e para a causa que defendia valores como o respeito à lei e à dignidade da nação. Claro que estamos diante do melhor da retórica abolicionista própria do novo momento da luta política no Império. No entanto, a conjuntura política passava a matizar ações no juízo local, haja vista a conclusão do artigo de Gama ser dedicada à distinção de um partido abolicionista e outro escravocrata. Gama, porém, tinha uma causa concreta para solucionar. Tinha uma cliente que corria risco de vida. Tinha um "juiz-proprietário" querendo matá-la. O "senhor estava tomado de ódio violento, queria a escrava para picá-la a chicote", indignava-se Gama, pedindo que outro juiz, responsável interino pela jurisdição, acolhesse sua demanda e a mantivesse em depósito, sobretudo, diante do perigo de vida iminente. O juiz Mello negou a pretensão do advogado Gama. Ao fazer isso, todavia, deixou evidente seu entendimento grosseiro do processamento e julgamento de causas de liberdade. Estupefato com o despacho do juiz, Gama perguntava, entre outras coisas fundamentais ao entendimento doutrinário de uma questão jurídica: "Isto é direito? Este direito tem fundamento filosófico? Este fundamento comporta os princípios de lógica?" A conclusão seria mais um monumento à liberdade, mais uma página memorável de sua literatura normativo-pragmática em tempos de escravidão.*

1. *A Província de S. Paulo* (SP), Seção Livre, Foro da Capital, 28 de novembro de 1880, pp. 1-2. A *Gazeta da Tarde* (RJ), edição de 30 de novembro de 1880, replica partes do artigo.

Juiz, o exmo. sr. dr. Bellarmino Peregrino da Gama e Mello,[2]

Hoje no Brasil, para muitos poderosos, como outrora em Roma, ao levantar do império, por entre ondas de sangue, a liberdade é um perigo.

Pretendê-la é despertar cautelas de segurança; auxiliá-la é dar prova de falta de patriotismo; promovê-la é atentar contra o direito de propriedade, abalar a fortuna pública, prejudicar a particular, cavar a ruína do Estado: tal é o terrível boato, sinistramente propalado em todos os pontos do país, pelos arautos do terror, pelos salteadores da lei, em prejuízo de um milhão e quinhentas mil vítimas do mais abominável crime.

O terror vai, infelizmente, pouco e pouco, invadindo os auditórios, acastelando-se nos tribunais, perturbando a calma e a imparcialidade de alguns juízes ilustrados e respeitáveis, influindo nas suas decisões e pondo em perigo a providência da lei e a dignidade da nação.

Eis um exemplo:

Requereu Elisa, mulher branca, escrava do exmo. sr. dr. Camilo Gavião Peixoto,[3] a sua alforria, mediante a indenização do seu justo valor; e apresentou pecúlio[4] legalmente constituído em moeda, no valor de réis 800$000.

Funcionava então na Segunda Vara Cível o exmo. sr. dr. Rocha Vieira, substituto, com jurisdição plena em ausência do juiz-proprietário, que ocupava interinamente uma cadeira no egrégio Tribunal da Relação.[5]

Foi aceito o requerimento; o emérito juiz, para garantia dos

---

2. Bellarmino Peregrino da Gama e Mello (?-?) foi advogado, juiz de direito, chefe de polícia e desembargador dos tribunais da Relação de Ouro Preto e de São Paulo.
3. Camilo Gavião Peixoto (1830-1883) foi banqueiro, delegado de polícia e deputado.
4. Ver n. 3, p. 109.
5. Isto é, Camilo Gavião Peixoto, a um só tempo juiz e proprietário, fora chamado a ocupar temporariamente o lugar de desembargador do Tribunal da Relação de São Paulo.

direitos da libertanda e dos dominicais,[6] mandou-a depositar, bem como o pecúlio, em mão de pessoa idônea, nomeou-lhe curador[7] e ordenou a audição do senhor relativamente à pretensão: tudo nos termos de direito.

Reassumindo a jurisdição, o muito digno juiz proprietário, o exmo. sr. dr. Camilo Gavião requereu, sem fazer oposição à pretensão de alforria, que lhe fosse a escrava entregue para continuar em seu poder. E porque isto me chegasse ao conhecimento, endereci de pronto uma petição ao ilustrado juiz, opondo-me, em nome da moral e da humanidade, àquela simulada e perversa pretensão, referindo — "que o senhor estava tomado de ódio violento, queria a escrava para *picá-la a chicote, pois que prometia realizar esta tortura ainda quando a escrava obtivesse alforria!*" — e concluí apelando para o direito, para a equidade e para a honra do Benemérito juiz.

Ontem à tarde fui intimado deste venerando despacho:

Nas causas de arbitramento para liberdade, *não concede a lei* (!!!) ao escravo que, por tal meio, pretende libertar-se, o direito de ser retirado da casa de seu senhor, e depositado. (!!!)

Mando, pois, que se relaxe o depósito da escrava Elisa, para ser entregue ao seu senhor, que se obrigará, por termo, nos autos, a não dispor nem retirar desta cidade a dita escrava, enquanto não se decidir a presente causa, sob as penas da lei.

Os (sic) peticionário de fl. 10 (L. Gama), acerca da matéria de sua petição, deve dirigir-se, *querendo*, à polícia, que é a autoridade competente para prevenir qualquer ato de rigor, punido pela lei, do senhor contra a escrava.

S. Paulo, 25 de novembro de 1880
GAMA E MELLO

~

---

6. Senhoriais.
7. Aquele que está, em virtude de lei ou por ordem de juiz, incumbido de cuidar dos interesses e bens de quem se acha judicialmente incapacitado de fazê-lo.

Vou agora sujeitar esta admirável norma de jurisprudência de borracha, depois de cautelosamente besuntada de óleo de nafta,[8] modificador químico por excelência desta bamboleante matéria, às lindes[9] inalteráveis da lei.

Afirma o respeitável juiz neste seu calculado despacho:

1º que nas causas de liberdade, por arbitramento, é inadmissível o depósito do libertando, em mão particular, por contrário à lei;

2º que o remédio legal, concedido ao manumitente,[10] neste caso, para garantia do seu direito, é assinar, o senhor, um termo, nos autos, pelo qual se obrigará a não dispor, nem retirar do lugar da ação o libertando, enquanto não for o pleito decidido;

3º que se o libertando, ou alguém por ele, arrecear-se de violências físicas ou morais, prejudiciais ao seu direito, deve recorrer à polícia.

Isto, porém, é arbitrário e viola flagrantemente o direito.

Aos pleitos de liberdade, *sem exceção*, para garantia dos escravos, e segurança dos direitos que possam ter os senhores, precede o depósito daqueles, em poder de pessoa idônea (Av. 3 de novembro 1783; B. Carn. – Dir. Civ. I, I tit. 3º § 32 not. a; Alv. 10 março 1682; Ramalho – Prax. Bras. § 100 nº 5 e not.; Cod. Com. arts. 204 e 212; *revista* 12 fevereiro 1873 – Gaz. jur. vol 1º pags. 83 e 338; argum. do Decreto nº 5135, 13 novembro 1872, art. 81, § 2º).[11]

---

8. Líquido combustível, inflamável.
9. Raias, limites.
10. Alforriando, que demanda a liberdade.
11. Vejamos as referências na ordem em que são citadas. O aviso de 1783 pode ser lido na indicação exata dada por Gama, a saber, em Borges Carneiro, *Direito Civil de Portugal*, Livro 1º, Lisboa: Impressão Régia, Título 3º, § 32, nota a. Segundo Borges Carneiro, tal aviso "declarou que as Pretas que se achavam presas em cadeia pública, enquanto se litigava sobre sua liberdade, fossem,

No regulamento promulgado pelo Decreto nº 5.135 de 13

por esta ser mui favorável transferidas para depósitos particulares, onde seus contendores se sustentassem durante o litígio". É de se notar, igualmente, que o § 32 tratava do "favor da liberdade" e se constituía de cinco ideias centrais, sendo quatro delas bastante caras ao conhecimento normativo que Gama colocava em prática em São Paulo. Descontadas citações internas e referências externas, são elas: 1º. "Todo o homem se presume livre; a quem requer contra a liberdade incumbe a necessidade de provar"; 2º. "Quando se questiona se alguém é livre ou escravo, esta ação ou exceção goza de muitos privilégios concedidos em favor da liberdade"; 3º. "A favor do pretendido escravo não só pode requerer ele mesmo, mas qualquer pessoa (*assertor*), ainda repugnando ele"; 4º. "A causa da liberdade não admite estimação, por ser ela de valor inestimável (...)." O alvará de 1682 regulava a liberdade e a escravidão de negros apreendidos na guerra dos Palmares, na antiga capitania de Pernambuco. Conhecido da historiografia sobretudo pela regulação da prescrição do cativeiro após cinco anos de posse da liberdade, nesse texto Gama reporta-se a outro comando normativo do alvará — o quinto parágrafo, que regulava pleitos de liberdade —, em que o rei de Portugal outorgava que os cativos poderiam demandar e requerer liberdade, ainda que contra o interesse de seus senhores. Art. 204. "Se o comprador sem justa causa recusar receber a cousa vendida, ou deixar de a receber no tempo ajustado, terá o vendedor ação para rescindir o contrato, ou demandar o comprador pelo preço com os juros legais da mora; devendo, no segundo caso, requerer depósito judicial dos objetos vendidos." Art. 212. "Se o comprador reenvia a cousa comprada ao vendedor, e este a aceita (art. 76), ou, sendo-lhe entregue contra sua vontade, a não faz depositar judicialmente por conta de quem pertencer, com intimação do depósito ao comprador, presume--se que consentiu na rescisão da venda." A Revista de 12 fevereiro de 1873, que aliás serviu não só como reforço ao argumento, mas, antes, como base para articular o Alvará de 1682 com o Código Comercial (1850), pode ser lida em: Candido Mendes de Almeida e Fernando Mendes de Almeida, *Arestos do Supremo Tribunal de Justiça coligidos em ordem cronológica até hoje*, Rio de Janeiro: B. L. Garnier, 1883, p. 770. As páginas da *Gazeta Jurídica, Vol. 1* (1873), citadas no corpo do texto, não conferem. Possivelmente, deu-se algum erro tipográfico, motivo pelo qual não replicarei extratos delas aqui. O *caput* do art. 81, que trata do processo sumário em causas de liberdade, remete ao comando normativo do art. 65 do dec. nº 4.824 de 22 de novembro de 1871. O § 2º do art. 81 estipula que: "Os manutenidos em sua liberdade deverão contratar seus serviços durante o litígio, constituindo-se o locatário, ante o juiz da causa, bom e fiel depositário dos salários, em benefício de qualquer das partes que vencer o pleito. Se o não fizerem, serão forçados a trabalhar em estabelecimentos públicos, requerendo-o ao juiz o pretendido senhor."

de novembro de 1872, para execução da Lei de 28 de setembro de 1871,[12] no capítulo VII, em que se estabelece as formas dos processos, lê-se o artigo 80, que se inscreve:

Das causas em favor da liberdade.

E, no artigo 84, está determinado o seguinte:

Para alforria, *por indenização do valor*, e para a remissão é suficiente uma petição, na qual exposta a intenção etc., etc.

No art. 85, estatui:

Nos casos para que este regulamento não designa forma de processo, o juiz procederá administrativamente.

Está, pois, demonstrado, com evidência incontestável:

Que a demanda manumissória[13] precede o depósito do manumitente como preliminar necessário dela;

Que o depósito, como a lei recomenda, por ser mais favorável à liberdade, deve realizar-se em poder de pessoa particular;

Que os direitos do senhor sobre os salários do escravo estão garantidos por lei;

Que o processo, para aquisição de alforria por indenização do valor, é *judiciário*, e de forma sumária;[14]

Que é *judiciário por ter a forma estabelecida na lei* especialmente.

Isto posto, a negação do depósito do libertando é uma violação inegável da lei.

---

12. Refere-se à conhecida Lei do Ventre Livre, que declarava livres os filhos da mulher escravizada nascidos a partir de sua promulgação. A lei também regulava outras matérias, a exemplo do processamento e julgamento de causas de liberdade.
13. Processo em que se demanda a liberdade.
14. Simplificada, célere.

O exmo. sr. dr. Gama e Mello, juiz ilustrado e íntegro, porém de todo ponto suspeito nestas graves questões de alforria; porque, embora liberal, como os da sua escola, só admite liberdade *de si para cima*; e, prevenido por sentimentos políticos, vê em cada libertanda um desastre para os divinos fazendeiros, e pródromos[15] lôbregos[16] das finanças da nação, cuja riqueza para S. Excia. e para os seus desorientados consectários,[17] tem por base exclusiva o braço dos escravos, cevadores modernos das moreias de Polião;[18] esmiuçou curioso as coleções de arestos[19] judiciários e nelas encontrou o absurdo Acórdão de 26 de junho de 1874, proferido pelos hircos[20] gibosos[21] da Relação do Ouro Preto, que se lê no 5º volume do *Direito*, a páginas 66 e 67.[22]

S. Excia., juiz sobremodo esclarecido, se o não dominasse o vezo partidário, com a simples leitura comparada dos artigos 80, 84, 85 do regulamento citado, nº 5.135 de 1872, veria o mons-

---

15. Precursores.
16. Por sentido figurado, tétricos, tenebrosos.
17. Efeitos, resultados.
18. A alegoria é complexa, indicando, em uma possível interpretação, que os escravos eram devorados pelo sistema econômico vigente. Afinal, Públio Védio Polião (? a.C.), militar e político romano, passou à história pelo trato cruel e homicida que dispensava aos seus escravos, lançando-os em tanques d'água repleto de moreias, para que fossem por elas devorados.
19. Acórdão, decisão de tribunal que serve de paradigma para solucionar casos semelhantes.
20. O mesmo que bode.
21. Corcunda.
22. Os desembargadores de Ouro Preto decidiam, em síntese, pela ilegalidade do depósito judicial da libertanda no curso de uma ação de liberdade mediante pagamento. Cf. *O Direito*, 5º Vol., 1874, pp. 66–68. É de se notar que, além da denegação de depósito no curso da ação de liberdade, o precedente invocado pelos desembargadores de São Paulo possuía outro tenebroso paralelo com o julgado de Ouro Preto. Assim como a libertanda Elisa era escravizada por um juiz em São Paulo, Umbellina, a libertanda que os desembargadores de Ouro Preto insistiram em manter em cativeiro, era escravizada por um magistrado, a saber, o desembargador João de Souza Nunes Lima.

truoso atentado grosseiramente cometido pelos corcundas do empório²³ do Ouro Preto; e não teria a infelicidade de os imitar, procedimento que sinceramente deploro.²⁴

Naquela aludida decisão resolveram aqueles juízes, sem saber o que faziam, que:

23. Mercado, bazar, centro comercial. Pela sequência na exposição do argumento — e considerando que o desembargador Nunes Lima era parte interessadíssima no julgamento de seus pares de Ouro Preto —, pode-se inferir que o acórdão lavrado foi como uma peça de empório, i. e., vendido a preço de mercado. Possivelmente, esse foi um dos sentidos do emprego da palavra "empório" imediatamente após a citação do acórdão.
24. Cf., respectivamente, art. 80. "Nas causas em favor da liberdade: § 1º. O processo será sumário; § 2º. Haverá apelações *ex-officio* quando as decisões forem contrárias à liberdade. (...)." Art. 81. "O processo sumário é o indicado no art. 65 do dec. nº 4.824 de 22 de novembro de 1871. § 1º. As causas de liberdade não dependem de conciliação. § 2º. Os manutenidos em sua liberdade deverão contratar seus serviços durante o litígio, constituindo-se o locatário, ante o juiz da causa, bom e fiel depositário dos salários, em benefício de qualquer das partes que vencer o pleito. Se o não fizerem, serão forçados a trabalhar em estabelecimentos públicos, requerendo-o ao juiz o pretendido senhor. § 3º. Estes processos serão isentos de custas." Art. 82. "O processo para verificar os fatos do art. 18 deste regulamento é o dos parágrafos do art. 63 do dec. nº 4.824 de 22 de novembro de 1871. § Único. Essa mesma forma de processo servirá para verificação do abandono conforme os arts. 76, 77 e 78 deste regulamento." Art. 83. "No caso de infração do contrato de prestação de serviços, a forma do processo é a da lei de 11 de outubro de 1837; e o juiz competente é o de órfãos nas comarcas gerais, e o de direito nas comarcas especiais, onde não houver juiz privativo de órfãos. § Único. Havendo perigo de fuga, ou no caso de fuga, pode ser ordenada a prisão do liberto contratado, como medida preventiva, não podendo, porém, exceder de trinta dias." Art. 84. "Para a alforria por indenização do valor, para a remissão, é suficiente uma petição, na qual, exposta a intenção do peticionário, será solicitada a vênia para a citação do senhor do escravo ou do possuidor do liberto. Antes da citação o juiz convidará o senhor para um acordo, e só em falta deste prosseguirá nos termos ulteriores. (...). § 1º. Se houver necessidade de curador, precederá à citação nomeação do mesmo curador, em conformidade das disposições deste regulamento. § 2º. Feita a citação, as partes serão admitidas a louvarem-se em arbitradores, se houver necessidade de arbitramento; e o juiz prosseguirá nos termos dos arts. 39, 40 e 58 deste regulamento, decretando ao final o valor ou o preço da indenização, e, paga esta, expedirá a carta de alforria ou o título de remissão. § 3º. Se a alforria for adquirida por contrato de serviços, esta circunstância será mencionada na

O depósito preliminar do escravo não tem lugar *nos processos administrativos para arbitramento*, porque esse meio é só admitido *na ação de liberdade, ou de escravidão*. A prática em contrário não se apoia nem na Lei de 28 de setembro, nem no regulamento (!!!), e importa antecipadamente privar aos senhores da posse dos seus escravos (que solícitos procuradores!), tanto mais que nem se pode apadrinhar com o perigo de sevícias[25] (que abstrusa[26] sabedoria!) pois que, na forma da lei, pela insuficiência do valor exibido, *podem* os escravos voltar ao poder dos senhores!...

Processo administrativo de arbitramento!...

Isto, tristíssimo é de dizê-lo: se não é fruto da mais supina[27] ignorância, é uma preterição voluntária do dever.

Considerarei, para terminar, as imposições finais do venerando despacho do exmo. sr. dr. Bellarmino.

O escravo não pode ser depositado porque nesta hipótese a lei proíbe o depósito; logo, a lei neste caso veda expressamente a limitação da posse dominical,[28] como porém manda o meritíssimo juiz que o senhor, por termo assinado nos autos, se obrigue *a não dispor nem retirar o escravo do lugar do pleito?*

Isto é disposição de lei?

Que lei é essa?

Isto é direito?

Este direito tem fundamento filosófico?

Este fundamento comporta os princípios de lógica?

O libertando, para garantia do seu direito, pode recorrer à polícia?

Pois a polícia já tem alçada ou interferência nas causas cíveis?

Os magistrados procedem em tal caso de mão comum com ela?

---

carta; e, no caso de ulterior remissão, não se passará título especial, mas bastará averbá-la na mesma carta." Art. 85. "Nos casos para que este regulamento não designa forma de processo, o juiz procederá administrativamente."
25. Crueldades, torturas.
26. Intrincada, obscura.
27. Excessiva, demasiada.
28. Senhorial.

Não, isto não é jurisprudência, não é fruto da inteligência, do estudo e da ilustração de um magistrado sisudo e respeitável; é uma precipitada evasão.[29]

O país divide-se atualmente em dois partidos, um filantrópico, destemido, arvorando o lábaro[30] da justiça, proclama a liberdade de um milhão e quinhentas mil vítimas; o outro, imagem viva do Atlântico, intumescido[31] de cóleras, pretende impedir o curso impetuoso do Amazonas.

Neste, onde ergueu-se a bandeira negra da escravidão, está o exmo. sr. dr. Gama e Mello.

S. Paulo, 26 de novembro de 1880

L. GAMA

---

29. Evasiva, manobra, desculpa ardilosa.
30. Estandarte, bandeira.
31. Inchado, engrossado.

Capítulo 5
Questão jurídica I
Subsistem os efeitos manumissórios da lei de 26 de janeiro de 1818 depois das de 7 de novembro de 1831 e 4 de outubro de 1850?[1]

Comentário   *O mais conhecido estudo jurídico de Luiz Gama, republicado desde 1937, "Questão jurídica" é uma página definitiva na história do direito e da abolição no Brasil. O artigo estabelece o ano de 1818 como marco temporal da proibição do comércio de escravizados da África com o Brasil e, ato contínuo, correlaciona e sustenta que esse marco geraria direitos de liberdade até o momento em que era escrito, 1880. A tese e sua fundamentação nas fontes do direito, combinadas com a função pragmática que exerciam, eram inéditas e originais. Se ganhasse força normativa no Tribunal da Relação de São Paulo e de lá espraiasse por juízos, cortes e repartições, significaria simplesmente o fim da escravidão no Brasil pela mediação do judiciário. Não foi essa a história. A tese caiu vencida no Tribunal da Relação. Os desembargadores mandaram o "preto Caetano, africano livre" voltar ao cativeiro do violento comendador Polycarpo Aranha. Caetano tinha aproximados sessenta anos. Se Gama usasse a Lei de 1831 como marco para a proibição da entrada de africanos escravizados no país, os desembargadores rejeitariam sumariamente seu argumento de que ele era um africano livre. Ciente disso, elaborou uma genealogia da Lei de 1831 e, com veio de historiador do direito, concluiu que o marco de 1831 estava condicionado ao de 1818. Fincando 1818 como base, ampliaria assim a razão do argumento para Caetano e para a quase totalidade dos africanos no Brasil de 1880. Era uma estratégia de liberdade ousada: estendia o marco temporal da jurisdição de liberdade e reforçava a combalida e desrespeitada Lei de 1831. Mas o Partido Liberal, denunciava Gama, estava comprometido com a política da escravidão. Um parecer do Conselho de Estado, sob domínio liberal, e um Aviso Confidencial, escrito por José Thomaz Nabuco de Araújo, pai de Joaquim Nabuco, são invocados por Gama para arrematar a sua magistral aula de direito.*

1. *A Província de S. Paulo* (SP), Seção Livre, 18 de dezembro de 1880, p. 5. Aqui houve um pequeno equívoco no título original, já que a lei não é de outubro, mas sim de 4 de setembro de 1850. Ao longo do texto, Gama sempre se reporta à data correta. Outra observação pertinente: Mennucci, acompanhado por Ferreira, ocultou a interrogação final, substituindo-a por um ponto final simples, como se o autor não partisse de uma pergunta para estruturar seu raciocínio jurídico.

Na sessão do colendo Tribunal da Relação, celebrada a 26 do precedente, quando discutia-se a concessão da ordem de *habeas-corpus*, que obtive, impetrada a favor do preto Caetano, africano livre, havido como escravo do sr. comendador Joaquim Polycarpo Aranha,[2] fazendeiro do município de Campinas, o exmo. sr. desembargador Faria,[3] digno procurador da Coroa, em enérgico discurso, apoiando-se nas opiniões dos exmos. deputado Souza Lima, externada na Câmara temporária, e conselheiro Nabuco de Araújo,[4] manifestada em um parecer do Conselho de Estado,[5] afirmou, por entre aplausos dos exmos. desembargador Gomes Nogueira[6] e juízes de direito drs. Gama e Mello[7] e Gonçalves Gomide, que a Lei de 26 de janeiro de 1818[8] fora implicitamente revogada pela de 7 de novembro de 1831;[9] que este fato, aliás de máxima importância, estava no espírito esclarecido de todo país e dos poderes do Estado, que cogitavam, com muito patriotismo e critério, dos meios de resolver o tormentoso problema do elemento servil; e que, se, pelo contrário, essa lei continuasse em vigor, todos esses homens ilustradíssimos, depu-

---

2. Joaquim Polycarpo Aranha (1809-1902), natural de Ponta Grossa (PR), foi fazendeiro e político estabelecido em Campinas (SP).
3. Ver n. 7, p. 132.
4. José Thomaz Nabuco de Araújo Filho (1813-1878), baiano de Salvador, foi advogado, juiz de direito e político de expressão nacional. Foi deputado, presidente da província de São Paulo (1851-1852), ministro da Justiça (1853-1857) e senador do Império (1857-1878).
5. Órgão consultivo ao imperador, organizado em seções, formado por uma seleção de ministros de Estado e outras figuras-chave do direito e da política nacional. Para o Segundo Reinado, suas atribuições estão marcadas na Lei nº 234 de 23 de novembro de 1841.
6. Antônio Barbosa Gomes Nogueira (1823-1885), nascido em Sabará (MG), foi juiz, desembargador dos tribunais da relação de Minas Gerais e de São Paulo e também político, presidindo a província do Paraná (1861-1863).
7. Ver n. 2, p. 180.
8. Ementa: Estabelece penas para os que fizerem comércio proibido de escravos.
9. Considerada uma lei vazia de força normativa, recebendo até o apelido de "lei para inglês ver", a conhecida "Lei de 1831" previa punição para traficantes escravizadores e, de maneira não tão assertiva como a historiografia crava, declarava livres os escravizados que chegassem ao Brasil após a vigência da lei.

tados e senadores do Império, estadistas notáveis, estariam em grave erro: só o Poder Judiciário seria bastante para resolver a questão!

Este perigoso discurso, este enviesado parecer do respeitável magistrado, obrigou-me a escrever este artigo.

∼

Não sei se é um compromisso; não afirmo que seja um dever, mas, para mim, é fora de contestação que o honrado sr. procurador da Coroa, por virtude ou por temor, põe ombros[10] ao carrego[11] do maquiavelismo[12] governamental neste melindrado cometimento da abolição da escravatura.

Essa manifestação tremenda, repleta de inconsequências jurídicas, que acabo de referir, com cuidada fidelidade, tem duas partes distintas; uma é a repetição nua dos sofismas políticos do governo chinês, de que fala o clássico Jeremias Bentham;[13] a outra é uma duríssima verdade, uma confissão espantosa, feita

---

10. Se dedica, trabalha com afinco.
11. Fardo, encargo, carga pesada e onerosa.
12. Expressão que remete às ideias formuladas por Nicolau Maquiavel (1469-1527), pensador político florentino que se destacou, em parte, por relativizar a moralidade em prol da eficácia das decisões. Nesse contexto, pode-se ler o termo por seu sentido figurado, entendendo a ideologia governamental não como um sistema de direitos subordinado aos princípios constitucionais e liberais marcados na Carta outorgada de 1824, mas enquanto um sistema político perverso que se organiza a partir do cálculo interesseiro dos donos do poder.
13. Jeremy Bentham (1748-1832) foi um filósofo e jurista inglês que exerceu grande influência entre os intelectuais de seu tempo. Embora não reste claro a qual texto de Bentham Gama se reportava, é possível conjecturar que fosse o *Traité des sophismes politiques et des sophismes anarchiques* [Tratado dos sofismas políticos e dos sofismas anárquicos], edição póstuma, de 1840, que reunia manuscritos de Bentham. A referência de Gama, contudo, poderia ser a outro livro, uma vez que circulava em português o seu *Sofismas anárquicos – exame crítico de diversas Declarações dos Direitos do Homem e do Cidadão* (1823). Ambas as obras possuíam ideias enfáticas sobre os limites do poder do governante, formas de organização social e crítica do direito. O prenome de Bentham está aportuguesado conforme a escrita de Gama.

voluntariamente à luz do século e perante a razão universal: a magistratura antiga, enfeudada[14] aos criminosos mercadores de africanos, envolta em ignomínia,[15] sepultou-se nas trevas do passado; a moderna, inconsciente, amedrontada, recua espavorida[16] diante da lei; encara, com súplice[17] humildade, o Poder Executivo; e, sem fé no direito, sem segurança na sociedade, e esquivando-se ao seu dever, declara-se impossibilitada de administrar justiça a um milhão de desgraçados!

Onde impera o delito a iniquidade[18] é lei.

Examinemos a questão de direito.

O rei de Portugal, para estrita execução, nos estados do seu domínio, do solene tratado celebrado com o governo da Grã-Bretanha a 22 de janeiro de 1815,[19] e da Convenção Adicional de 28 de julho de 1817,[20] promulgou o memorável Alvará de 26 de janeiro de 1818, cujo primeiro parágrafo assim determina:

> Todas as pessoas, de qualquer qualidade e condição que sejam, que fizerem armar e preparar navios para o resgate e compra de escravos, em quaisquer dos portos da Costa d'África, situados ao norte do Equador, incorrerão na pena de perdimento dos escravos, os quais "imediatamente ficarão libertos", para terem o destino abaixo declarado...

Na mesma pena de perdimento dos escravos, para ficarem libertos, e terem o destino abaixo declarado, incorrerão todas as pessoas, de qualquer qualidade e condição, que os conduzirem a qualquer dos portos do Brasil, em navios com bandeira que não seja portuguesa.

14. Submissa, avassalada, submetida.
15. Humilhação, desonra, infâmia.
16. Apavorada, aterrorizada.
17. Que suplica, que implora.
18. Injustiça.
19. O tratado bilateral proibia que navios carregados de pessoas escravizadas, oriundos de portos da costa africana situados ao norte da linha do Equador, aportassem em território brasileiro.
20. A convenção estipulava condições para efetivar o tratado de 1815 e assegurar a proibição do tráfico de escravizados nas jurisdições portuguesas ao norte da linha do Equador.

Sem embargo da interessada desídia[21] dos juízes e notória venalidade dos funcionários, que escandalosamente auxiliavam, sem o mínimo rebuço, a transgressão desta lei, foi ela, de contínuo, mandada observar, tanto em Portugal como no Brasil.

Aqui, por Aviso de 14 de julho de 1821, recomendou o governo que as autoridades pusessem o mais escrupuloso cuidado na sua fiel observância.

Para complemento desta importante providência, por outro Aviso expedido a 28 de agosto do mesmo ano, deu instruções à Comissão Mista para regularidade do serviço de apreensão dos escravos e dos navios negreiros.

E, por outro, de 3 de dezembro, novas recomendações foram feitas para maior solicitude à mesma Comissão.

Em 1823, por a Lei de 20 de outubro, foi explicitamente adotada sem limitação alguma a de 1818.[22]

A 21 de maio de 1831, o ministro da Justiça expedia a seguinte portaria:

Constando ao governo de Sua Majestade Imperial que alguns negociantes, assim nacionais como estrangeiros, especulam, com desonra da humanidade, o vergonhoso contrabando de introduzir escravos da Costa d'África nos portos do Brasil, em despeito da extinção de "semelhante comércio": manda a Regência provisória, em nome do Imperador,[23] pela Secretaria de Estado dos Negócios da Justiça, que a Câmara Municipal desta cidade faça expedir uma circular a todos os juízes de paz das freguesias do seu território, recomendando-lhes toda vigilância policial ao dito respeito; e que no caso de serem introduzidos por contrabando alguns escravos novos, no território de cada uma

---

21. Negligência, irresponsabilidade.
22. Aprovada no bojo do processo constituinte de 1823, esta lei declarava em vigor uma série de normas portuguesas que possuíam inquestionável força normativa no Brasil até abril de 1821. Gama construía o seu argumento, portanto, de modo que nem mesmo a nascente legislação nacional escapasse ao repertório normativo que concorria para a abolição do tráfico de escravizados e liberdades dela decorrentes.
23. Como essa portaria é datada de maio de 1831, mês seguinte da abdicação de Pedro I, o imperador em questão, representado pela "Regência provisória", era Pedro II, que contava cinco anos de idade.

das ditas freguesias, procedam imediatamente ao respectivo corpo de delito, e constando por este, que tal ou tal escravo boçal foi introduzido aí por contrabando, façam dele sequestro, e o remetam com o mesmo corpo de delito ao juiz criminal do território, para ele proceder nos termos de direito em ordem a lhe ser restituída a sua liberdade e punidos os usurpadores dela, segundo o art. 179 do novo Código,[24] dando de tudo conta imediatamente à mesma Secretaria.

> Palácio do Rio de Janeiro, 21 de maio de 1831
> MANOEL JOSÉ DE SOUZA FRANÇA[25]

N. B. Nesta conformidade se expediram avisos a todas as câmaras municipais e aos presidentes das províncias, para estes expedirem aos juízes de paz das mesmas províncias.

A 7 de novembro deste ano, porque reconhecesse o governo que a lei vigente, por deficiência manifesta, não atingia ao elevado fim de sua decretação, e no intuito não só de vedar a continuação do tráfico, "como de restituir à liberdade os africanos criminosamente importados", promulgou nova lei:

Art. 1º. "Todos os escravos" que entrarem no território ou portos do Brasil, "vindos de fora", ficam livres.

Art. 2º. Os importadores de escravos no Brasil incorrerão na pena corporal do art. 179 do Código Criminal,[26] imposta "aos que reduzem à escravidão pessoas livres"...

---

24. Isto é, o Código Criminal (1830). Cf. Art. 179. "Reduzir à escravidão a pessoa livre que se achar em posse da sua liberdade. Penas — de prisão por três a nove anos e de multa correspondente à terça parte do tempo; nunca, porém, o tempo de prisão será menor que o do cativeiro injusto e mais uma terça parte."
25. A transcrição da portaria confere com o original. Como se lê, a portaria nº 111, de 21 de maio de 1831, do Ministério da Justiça, recomendava vigilância policial para "evitar a introdução de escravos por contrabando". Em caso de localizarem africanos desembarcados no Brasil por contrabando, as autoridades policiais e judiciárias deveriam apreendê-los, lavrar corpo de delito, proceder nos termos de direito e, ao fim, restituir as liberdades escravizadas nas malhas do contrabando, punindo os "usurpadores dela".
26. Isto é, pena de prisão pelo tempo de cativeiro injusto e ilegalmente imposto a terceiros, sendo, ainda, o tempo da punição acrescido em um terço do montante total.

— Incorrem na mesma pena os que cientemente comprarem como escravos os que são declarados livres no art. 1º desta lei.[27]

Para execução desta lei, confeccionou o governo imperial o Decreto de 12 de abril de 1832,[28] firmado pelo venerando paulista, senador Diogo Antonio Feijó,[29] ministro e secretário de estado dos Negócios da Justiça, decreto que contém estas importantíssimas e salutares disposições:

Art. 9º. Constando ao intendente geral da polícia, ou a qualquer juiz de paz ou criminal, que alguém comprou ou vendeu preto boçal,[30] o mandará vir à sua presença e examinará se entende a língua brasileira: "se está no Brasil antes de ter cessado o tráfico da escravatura", procurando, por meio de intérprete, certificar-se de quando veio d'África, em que barco, onde desembarcou, por que lugares passou, em poder de quantas pessoas tem estado, etc. Verificando-se ter vindo depois da cessação do tráfico, o fará depositar, procederá na forma da lei, e em todos os casos serão ouvidas, sem delongas supérfluas, sumariamente, as partes interessadas.

Art. 10: Em qualquer tempo em que o preto requerer a qualquer juiz, de paz ou criminal, que veio para o Brasil "depois da extinção do tráfico", o juiz o interrogará sobre todas as circunstâncias que possam esclarecer o fato, "e oficialmente procederá" a todas as diligências necessárias para certificar-se dele, obrigando o senhor a desfazer todas as dúvidas que se suscitarem a tal respeito. Havendo presunções veementes de ser o preto livre, o mandará depositar e proceder nos mais termos da lei.[31]

---

27. Trata-se de uma adaptação autoral do § 4º do art. 3º da Lei de 7 de novembro de 1831. A releitura, contudo, preserva o teor normativo do texto. Esse parágrafo definia quem seriam considerados como importadores de escravizados e quais suas respectivas responsabilidades.
28. O decreto regulava a execução da Lei de 7 de novembro de 1831.
29. Diogo Antonio Feijó (1784–1843) foi um sacerdote católico e estadista do Império. Teve destacada atuação na burocracia do estado, ocupando posições como deputado, ministro, presidente do Senado. Como ministro da Justiça, assinou a Lei que marcou seu nome na história legislativa brasileira, proibindo o tráfico de escravos para o Brasil (1831).
30. O negro recém-chegado da África, que ainda não falava o português.
31. A transcrição de ambos os artigos do decreto de 12 de abril de 1832 confere como original. Uma única ressalva, contudo, que de modo algum mitiga o

O mal, porém, não estava só na insuficiência das medidas legislativas, senão principalmente na máxima corrupção administrativa e judiciária que lavrava no país.

Ministros da coroa, conselheiros de Estado, senadores, deputados, desembargadores, juízes de todas as categorias, autoridades policiais, militares, agentes, professores de institutos científicos, eram associados, auxiliares ou compradores de africanos livres.

Os carregamentos eram desembarcados publicamente, em pontos escolhidos das costas do Brasil, diante das fortalezas, à vista da polícia, sem recato nem mistério; eram os africanos sem embaraço algum levados pelas estradas, vendidos nas povoações, nas fazendas, e batizados como escravos pelos reverendos, pelos escrupulosos párocos!...

O exmo. senador Feijó, prevalecendo-se do seu grande prestígio, sacerdote virtuoso e muito conceituado, levantou enérgica propaganda entre os seus colegas, nesta província.

Advertiu aos vigários para que não batizassem mais africanos livres como escravos, porque semelhante procedimento, sobre ser uma inqualificável imoralidade, era um crime.

Os vigários deram prova de emenda; mostraram-se virtuosos: de então em diante batizaram sem fazer assentamento de batismo! A religião, como o vestuário, amolda-se às formas do abdômen de quem o enverga: os ingênuos vigários também tinham seus escravos...

Os contrabandistas conseguiram tal importância política no Império, tinham interferência tão valiosa nos atos do governo, que iam ao ponto de dissolver ministérios, como publicamente, sem réplica nem contestação, asseverou na imprensa o exmo. sr. conselheiro Campos Mello![32]

---

texto normativo, se dá no art. 9º, na alteração de ordem na expressão "sem delongas supérfluas, sumariamente". No texto legal, lê-se "sumariamente, sem delongas supérfluas".
32. Antonio Manuel de Campos Mello (1809–1878) foi político e presidiu as províncias de Alagoas (1845–1847) e do Maranhão (1862–1863).

Antes disto, transbordando de cólera e patriotismo, exclamara em pleno parlamento o imortal conselheiro Antonio Carlos:[33]

O abominável tráfico de africanos terá fim quando as esquadras britânicas, com os morrões[34] acesos, invadirem os nossos portos.

Aí estão os conceituosos escritos do dr. Tavares Bastos:[35] o vaticínio cumpriu-se. Eis a Lei de 4 de setembro de 1850,[36] cuja estrita execução deve-se à ilustração, inquebrantável energia, amplitude de vista e altos sentimentos liberais do conselheiro Eusébio de Queiroz:[37]

Art. 1º. As embarcações brasileiras encontradas em qualquer parte, e as estrangeiras encontradas nos portos, enseadas, ancoradouros ou mares territoriais do Brasil, tendo a seu bordo escravos, cuja importação é proibida pela Lei de 7 de novembro de 1831, ou havendo-os desembarcado, serão apreendidas pelas autoridades ou pelos navios de guerra brasileiros e consideradas importadoras de escravos.

Aquelas que não tiverem escravos a bordo, nem os houverem proxi-

---

33. Antonio Carlos Ribeiro de Andrada Machado e Silva (1773-1845), nascido em Santos (SP), foi juiz, desembargador no Tribunal da Relação da Bahia e político de grande expressão nacional, destacando-se como um dos deputados integrantes da Comissão de Constituição na Assembleia Constituinte (1823). É de se notar que o conselheiro Antonio Carlos era pai do seu homônimo Antonio Carlos Ribeiro de Andrada Machado e Silva (1830-1902).
34. Mechas que se acendiam para atear fogo à pólvora dos canhões.
35. Refere-se a Aureliano Tavares Bastos (1839-1875), natural da antiga cidade de Alagoas, hoje município de Marechal Deodoro (AL), que foi jornalista, escritor e político. A citação aos "conceituosos escritos" remete, provavelmente, à edição das *Cartas do solitário* (1862), conjunto de artigos na imprensa que discutia diversas questões políticas, entre elas a abolição do tráfico de escravos.
36. A conhecida Lei Eusébio de Queiroz — Lei de 4 de setembro de 1850 — estabelecia medidas, ritos e punições para reprimir o tráfico atlântico de escravizados.
37. Eusébio de Queiroz Coutinho Mattoso da Camara (1812-1868), nascido em Luanda, foi chefe de polícia, deputado, ministro, senador e conselheiro do Imperador. Como ministro da Justiça (1848-1852), foi o responsável pela Lei de 4 de setembro de 1850, conhecida como Lei Eusébio de Queiroz, que proibiu o tráfico negreiro em caráter terminante.

mamente desembarcado, porém que se encontrarem com os sinais de se empregarem no tráfico de escravos, serão igualmente apreendidas e consideradas em tentativa de importação de escravos.[38]

Para execução desta lei, por Decreto de 14 de outubro, do mesmo ano,[39] publicou o governo um restrito regulamento.

~

Reproduzi, no próprio contexto, os fundamentos da Lei de 26 de janeiro de 1818, da Portaria de 21 de maio e da Lei de 7 de novembro de 1831, do Decreto de 12 de abril de 1832, da Lei de 4 de setembro de 1850; e expus minuciosamente, guardando em tudo a verdade, aliás provada, por fatos irrecusáveis, os atos sucessivos, atos oficiais, governamentais, dos quais evidencia-se que a primeira das leis citadas bem como as subsequentes, estão em seu inteiro vigor.

É princípio invariável de direito, é regra impreterível de hermenêutica, que as "leis novas", quando são consecutivas e curam de fatos anteriormente previstos, interpretam-se doutrinalmente por disposições semelhantes consagradas nas "antigas".

O direito nasceu com o homem, tem a sua história, conta um passado, revive no presente, e é essencialmente progressivo.

Na relatividade jurídica não se dão soluções de continuidade.

É da harmonia dos princípios e da indeclinável necessidade da sua aplicação que se deduzem as relações e as formalidades do direito.

A Lei de 26 de janeiro de 1818 estabeleceu a proibição do tráfico, a libertação dos africanos, as penas para os importadores e outras medidas para rigorosa observância destas, "mas referiu-se aos africanos provenientes das possessões portuguesas situadas ao norte do Equador".

---

38. A transcrição do art. 1º é literal.
39. O decreto nº 708 regulava a execução da Lei Eusébio de Queiroz, definindo como se dariam a repressão, o processamento e o julgamento dos contrabandistas.

O legislador de 1831, sem revogar aquela lei, até então propositalmente mantida, porque não a podia revogar, e não a podia revogar porque a lei foi decretada para execução dos Tratados de 1815 e 1817, "vigentes; e os tratados, enquanto vigoram, por tácita convenção, constituem leis para o mundo civilizado; estatuiu, ampliando as disposições primitivas que foram expressamente mantidas, que ficariam livres 'todos os escravos importados no Brasil, vindos de fora, qualquer que fosse a sua procedência'; criou novas medidas repressivas; aumentou a penalidade; e procurou pôr termo ao tráfico, que, na realidade, não podia ser completamente evitado com os meios da legislação anterior, e manteve o direito à liberdade dos escravos importados contra a proibição legal.

A unidade de vistas na propositura das medidas sociais, a filiação lógica dos assuntos que formam a sua causa, a singularidade do objeto, ainda que sob manifestações múltiplas e a homogeneidade da consecução dos fins, fazem com que estas duas leis — de 1818 e 1831 —, embora separadas pelas épocas, estejam calculadamente, para a inevitável abolição do tráfico, na relação mecânica das duas asas, com o corpo do condor que libra-se[40] altivo nas cumeadas[41] dos Andes.

A Lei de 1831 é complementar da de 1818; a de 1850, pela mesma razão, prende-se intimamente às anteriores; sem exclusão da primeira, refere-se expressamente à segunda que é a causa imediata da sua existência; é, para dizê-lo em uma só expressão técnica, relativamente às duas anteriores: uma lei regulamentar.

~

Em que artificioso direito esteiam as suas esdrúxulas opiniões os avaros[42] defensores da bandeira negra, para afirmar que estas leis estão revogadas?

---

40. Equilibra-se, sustenta-se.
41. Sucessão de cumes montanhosos.
42. O mesmo que avarentos.

Na revogação literal?
Dá-se esta por expressa determinação em contrário do que já foi estatuído em lei análoga anterior.
Se alguma existe, indiquem-na.
Na revogação tácita?
Esta funda-se na falta de objeto, pois que, cessando a razão da lei, cessa a sua disposição.
Não há no Brasil mais africanos a quem se deva restituir a liberdade?
Afirmá-lo fora insânia.
Na prepotência dos fazendeiros que dominam o eleitorado? Na do eleitorado que seduz aos magistrados políticos? Na dos magistrados que julgam parcialmente as causas dos correligionários e amigos? No dos conselheiros de Estado, dos senadores e deputados, que dispõem da liberdade de milhões de negros, como administradores de fazendas?

Mas isto é o cerceamento geral do Direito, é um atentado nacional, é a precipitada escavação de um abismo, é um crime inaudito,[43] que só a nação poderia julgar, convertida em tribunal!

Em 1837, no Senado, teve origem um projeto de lei abolicionista, rigoroso, no qual jeitosamente o partido da lavoura encartou esta disposição:

Art. 13: Nenhuma ação poderá ser intentada em virtude da Lei de 7 de novembro de 1831, que fica revogada, e bem assim todas as outras em contrário.[44]

---

43. Sem precedentes.
44. A citação reforça mais um aspecto da erudição de Gama: a leitura de anais parlamentares. Como essa disposição não se tornou texto legal, restando apenas como projeto e debate legislativo, Gama certamente acessou os anais empoeirados da Câmara e do Senado. Original e "jeitosamente" lançado em 1837, o projeto em questão saiu da gaveta onze anos depois, em 1848, para nova discussão no parlamento. É notável que Gama tenha chamado a atenção para esse ponto do projeto legislativo, o art. 13, que, mais de um século depois, a historiografia também destacaria como expressão da política da escravidão. Sobre o projeto, cf. Anais do Parlamento Brasileiro, Câmara dos Srs. Deputados, sessão de 1848, vol. 2, p. 325.

É, portanto, evidente não só que as leis de 1818 e 1831 consideravam-se em vigor, como que "só por disposição expressa" podiam ser alteradas ou revogadas.

O governo inglês protestou energicamente contra a adoção deste projeto de lei, como atentatório dos tratados existentes, e o projeto adormeceu no Senado...[45]

Em 1848, o governo liberal, mais no intuito de proteger aos donos de escravos do que de favorecer a emancipação, enviou o projeto ao Conselho de Estado, onde habilmente o lardearam[46] de emendas e, assim recheado, foi entregue ao célebre orador paulista e deputado, dr. Gabriel José Rodrigues dos Santos, que o apresentou na Câmara temporária e, sem colher vantagem, o sustentou com o seu peregrino[47] talento.

Novos protestos da Inglaterra surgiram; a maioria que apoiava o governo, dividiu-se; a oposição conservadora, dirigida pelo deputado Eusébio de Queiroz, deu auxílio à fração que impugnava esse monstruoso artigo do projeto; as discussões tomaram caráter gravíssimo e o governo, vendo a sua causa em perigo, em perspectiva seu exício,[48] e iminente um grande desastre político, adiou a votação do projeto!...

Aqui, para a glória do imortal estadista conselheiro Eusébio de Queiroz, reproduzo as palavras por ele escritas em um parecer relativamente a esse absurdo artigo do inconsiderado projeto:

---

45. Para a historiografia sobre o projeto de 1837, cf. Tâmis Parron. *A política da escravidão no Império do Brasil, 1826-1865*. Rio de Janeiro: Civilização Brasileira, 2011, pp. 230-236; Sidney Chalhoub. *A força da escravidão: ilegalidade e costume no Brasil oitocentista*. São Paulo: Companhia das Letras, 2012, pp. 110-126; Waldomiro L. da Silva Júnior. *Entre a escrita e a prática: direito e escravidão no Brasil e em Cuba, c. 1760-1871*. Tese de doutorado, Universidade de São Paulo, 2015, pp. 175-176.
46. Perfuraram, crivaram.
47. Especial, raro.
48. Estrago, prejuízo, ruína. Nas páginas de *O Abolicionista*, de 1º de abril de 1881, todavia, parte da frase foi publicada de modo equivocado, como sendo "em perspectiva seu exílio", em vez de "em perspectiva seu exício", conforme lê-se no original.

Esse projeto foi ao ponto de extinguir todas as ações cíveis e crimes da Lei de 7 de novembro.

Legitimou a escravidão dos homens que essa lei proclamara livres!![49]

A escassez dos fundamentos científicos suprem os atilados[50] defensores da criminosa escravatura com astúcia.

Estão revogadas as leis de 1818 e de 1831, exclamam eles!

São palavras do eminente jurisconsulto e máximo estadista, o exmo. sr. conselheiro Nabuco de Araújo, externadas em um parecer do Conselho de Estado. Foi um apreciado espírito liberal que as ditou!

Sim, senhores, venham essas prodigiosas palavras; a questão é de princípios, é de ideias, é de direito, não é de nomes próprios; se bem que eu aceito-a, sem receios, neste mesmo plano inclinado em que foi posta, tenho homem por mim. Além de que a luminosa Minerva[51] não é deusa tão esquiva de quem eu não possa obter alguns raios de luz, por piedosa graça.

O nome do exmo. sr. conselheiro Nabuco, pelos altos foros conquistados nas letras e na política, que com justiça o puseram por príncipe dos jurisconsultos pátrios, é, no seio dos mares da jurisprudência, sempre agitados por tormentas infinitas, tremendo e invencível escolho. Eu, porém, honrando o nome

---

49. Trata-se do discurso de Eusébio de Queiroz na Câmara dos Deputados em sessão de 16 de julho de 1852. O parecer mencionado por Gama constitui um pequeno trecho do célebre discurso de 1852. A certa altura do acalorado debate legislativo, Queiroz lê o excerto do parecer a que Gama faz referência, dizendo aos seus colegas de parlamento que o projeto de 1837 "proclamou diretamente o que só por meios indiretos devera tentar, isto é, extinguiu todas as ações cíveis e crime da lei de 7 de novembro (...) e legitimou a escravidão dos homens que essa lei proclamara livres!". Como se lê, a transcrição de Gama é próxima do literal. Cf. *A escravidão no Brasil: ensaio histórico-jurídico-social*. Parte 3. Rio de Janeiro: Tipografia Nacional, 1867, pp. 38–73, do jurisconsulto e político Agostinho Marques Perdigão Malheiro. É possível que Gama tenha lido o trecho citado na obra de Malheiro ou, como é igualmente provável, nos próprios anais da Câmara dos Deputados.
50. Espertos, sagazes.
51. Divindade romana das artes e da sabedoria.

daquele atrevido navegante,[52] imortalizado pelo infeliz poeta,[53] e mais celebrado talvez pela coragem e ousadia, do que pela prudência e sabedoria manifestadas em seus atos, mostrarei ao terminar esta polêmica de máximo interesse público, e perante a ciência, que o imenso "promontório do Conselho de Estado", onde S. Excia. fazia de Adamastor,[54] não é mais difícil de vencer que o dos empolados mares da Boa Esperança.

Começarei neste ponto importantíssimo da questão, por uma retesia[55] necessária e formal: à palavra autorizada do exmo. sr. conselheiro Nabuco, oponho, sem o mínimo receio, a incontestável do exmo. sr. conselheiro Eusébio de Queiroz.

Senador por senador, jurista por jurista, ilustração por ilustração, estadista por estadista, patriota por patriota, liberal por... Neste ponto a vantagem é minha: nos conselhos da coroa ainda não se assentou um ministro tão altivo, tão independente e tão liberal como o africano[56] Eusébio de Queiroz.

Quando o exmo. sr. conselheiro Eusébio de Queiroz confecci-

---

52. Refere-se a Vasco da Gama (1469-1524), navegador português que descobriu a rota marítima da Europa até a Índia, conectando por mar novas vias comerciais entre Ocidente e Oriente.
53. Referência a Luís Vaz de Camões (1524?-1580), poeta e dramaturgo português que escreveu o épico *Os Lusíadas*, considerado o maior livro da literatura de língua portuguesa.
54. Figura mitológica representada na literatura portuguesa como um monstro marítimo com poderes para afundar embarcações. Em *Os lusíadas*, Luís de Camões retratou Adamastor como um gigante furioso que se opôs às navegações portuguesas. Gama havia recorrido à figura de Adamastor em dois outros textos precedentes. Cf. "Democrata até os ossos", no volume *Democracia* destas *Obras completas*; e, no volume *Poesia*, "O grande curador do mal das vinhas".
55. Contenda, disputa.
56. Como anotado acima, Eusébio de Queiroz nasceu em Luanda, Angola, no ano de 1812. O leitor certamente percebeu que não é sem perspicácia retórica que Gama articula o local de nascimento de Queiroz com as ideias de altivez, independência e liberalismo.

onou o projeto de lei de 4 de setembro de 1850, escreveu, para instrução dos seus dignos colegas do ministério, uma exposição de motivos[57] que mais tarde leu na Câmara dos srs. deputados. Nessa exposição, S. Excia. não só condenava com muito critério o erro imperdoável do "governo liberal" em 1848, "pretendendo escravizar africanos livres", o que já demonstrei, como explicava com lealdade invejável e elevada isenção de ânimo a economia da citada Lei de 1850.

Eis as suas palavras:

Uma tal providência (alude à pretendida revogação das leis de 1818 e 1831),[58] que contraria de frente os princípios de direito e justiça universal e que "excede os limites naturais do Poder Legislativo", não podia deixar de elevar por um lado os escrúpulos de muitos, e por outro, provocar enérgicas reclamações do governo inglês, que podia acreditar ou bem aparentar a crença de que assim o Brasil iria legitimando o tráfico, não obstante a promessa de o proibir como pirataria. Entendo, pois, que tal doutrina é insustentável por mais de uma razão.

Um único meio assim resta para reprimir o tráfico sem faltar às duas condições acima declaradas (impedir a importação e manumitir-se os importados),[59] e é deixar que a respeito do passado continue, "sem a menor alteração, a legislação existente, que ela" continue igualmente a respeito dos pretos introduzidos para o futuro, mas que só se apreenderem depois de internados pelo país e de não pertencerem mais aos introdutores. Assim, consegue-se o fim, se não perfeitamente, ao menos quanto é possível.

....

Os filantropos não terão que dizer, vendo que para as novas introduções se apresentam alterações eficazmente repressivas, e que, "para o passado", não se fazem favores, "e apenas continua o que está".

....

Por isso entreguei não só a formação da culpa, como todo processo,

---

57. Conjunto de justificativas e diretrizes de um projeto de lei direcionado ao convencimento e esclarecimento dos demais ministros do gabinete e, também, do imperador.
58. O comentário é de Gama.
59. O comentário é de Gama.

ao juízo especial dos auditores de Marinha (juízes de direito), com recurso para a Relação. "Bem entendido, só nos casos de apreensão no ato de introduzir ou sobre o mar."[60]

A Lei de 1850 confirma perfeitamente esta exposição!

∽

Qual é, porém, o pensamento do Conselho de Estado a este respeito, pensamento "libérrimo",[61] sustentado pelo exmo. sr. conselheiro Nabuco de Araújo em um parecer, e por eméritos deputados e senadores da atual maioria parlamentar?

Ei-lo em suas conclusões:

1º A Auditoria de Marinha é a autoridade competente para conhecer dos fatos relativos à importação ilegal de escravos no Brasil; nessa jurisdição "excepcional" estão compreendidos "todos os escravos provenientes do tráfico"!...

2º "Não há outra jurisdição" para julgar a liberdade dos escravos provenientes do tráfico senão a Auditoria de Marinha!...

3º É preciso constar o "desembarque, verificar a importância e tráfico" para que os escravos provenientes sejam havidos por livres!...

4º E como à Auditoria compete a verificação do tráfico, a ela compete o julgamento da liberdade dos escravos importados por esse meio!...

---

60. A transcrição é literal, ressalvados os comentários internos de Gama. Por sua vez, a exposição de motivos integra o célebre discurso de Eusébio de Queiroz na sessão da Câmara dos Deputados de 16 de julho de 1852. Cf. Agostinho Marques Perdigão Malheiro. *A escravidão no Brasil: ensaio histórico-jurídico-social*. Parte 3. Rio de Janeiro, 1867, pp. 58–59. É possível que Gama tenha lido o trecho citado na obra de Malheiro ou, como é igualmente provável, nos próprios anais da Câmara dos Deputados.
61. Superlativo de livre, algo como muitíssimo livre, liberal.

É inexato, injurídico, impolítico e improcedente e político o primeiro ponto das conclusões:

— É inexato porque não tem base objetiva nos fatos constitutivos da materialidade da lei, e contraria, de plano, na parte subjetiva, a sua claríssima disposição;

— É injurídico porque, contando a lei, além do princípio geral, "uma exceção", foi esta exceção, com exclusão prejudicial do princípio geral, elevada à categoria de regra;

— É impolítico porque, sendo a autoridade e a competência, em assunto de atribuições, instituídas por lei, e por prevista utilidade pública, impossível é admitir a existência da primeira sem limitação, nem a da segunda sem prescrições expressas;

— É improcedente porque em sentido diametralmente oposto estatui a lei:

Todos os apresamentos de embarcações de que tratam os arts. 1º e 2º, assim como a liberdade dos escravos "apreendidos no alto mar ou na costa, antes do desembarque, no ato dele, ou imediatamente depois, em armazéns e depósitos sitos nas costas e portos, serão processados e julgados em 1ª instância pela Auditoria da Marinha, e em 2ª instância pelo Conselho de Estado".

Trata aqui a lei das apreensões realizadas no alto mar, nas costas, antes dos desembarques, no ato deles, ou imediatamente depois, em armazéns, depósitos sitos nas costas e portos; não se refere de maneira alguma aos escravos que, escapando às vistas e à vigilância da Auditoria da Marinha, se internarem no país, e menos ainda aos vindos anteriormente; tanto a uns como a outros "são aplicáveis", como afirmou o exmo. sr. conselheiro Eusébio, "as disposições da legislação anterior": a Lei de 1850 cura "exclusivamente dos casos de importação".

É inexato o segundo artigo das conclusões do Parecer do Conselho de Estado: nem os auditores de Marinha têm competência, fora das hipóteses, "por exceção", previstas na Lei de 1850, nem a legislação anterior foi revogada.

Para essas hipóteses especiais rege a Lei de 1850; para as

gerais, quanto aos princípios, as leis de 1818 e 1831; e, quanto às competências e forma do processo, o Decreto de 12 de abril de 1832, artigos 9º e 10.

É inexato o terceiro artigo, é despido de conceito jurídico, e até absurdo; para refutá-lo basta um fato; o fato não constitui uma maravilha, nem é novo.

— Dá-se um desembarque de africanos em um dos pontos da costa.

O capitão do navio, pressentindo o movimento seguro, perigoso, iminente, da autoridade, foge com todos os seus comparsas e abandona os negros em terra, sem deixar vestígio que o malsine.[62]

A autoridade apreende os negros, mas não consegue descobrir quem os conduziu, quando, nem em que navio!

O que faz dos pretos? Vende-os?

Leva-os para si?

Supõem-nos caídos do céu por descuido?

Ou manda "constatar" que eles emergiram do solo como tanajuras em verão?

É finalmente inexato o quarto artigo das conclusões.

A decretação de alforria, em regra, compete aos juízes do cível; por exceção, por desclassificação, estatuída por utilidade pública, tratando-se de africanos importados depois da proibição do tráfico, incumbe aos juízes do cível ou aos criminais, "mediante processo administrativo".

Quando o exmo. sr. conselheiro Nabuco de Araújo era presidente da heroica província de São Paulo e avultava entre os chefes prestigiosos do Partido Conservador, tinha ideias liberalíssimas relativamente aos africanos escravizados de modo ilícito.

---

62. Denuncie.

Os agentes policiais,[63] no município desta cidade, por diversas vezes apreenderam como escravos fugidos pretos que depois se verificou serem africanos boçais.

O exmo. sr. conselheiro Furtado de Mendonça, jurisconsulto muito esclarecido, que exemplarmente exercia a Delegacia de Polícia da capital, depois das diligências legais, os declarou livres. Estes atos foram aprovados com louvor pelo exmo. sr. conselheiro Nabuco de Araújo.

Mais tarde, quando S. Excia. era ministro da Justiça,[64] e mais amadurecido tinha os frutos da sua numerosa ilustração, acercando de todos os "andorinhões" políticos e dos "zangões"[65] da lavoura, que o aturdiam de contínuo, deu-se o seguinte curioso fato, que bem prova a influência, o predomínio dos "senhores" na política e governação do Estado.

Foi em 1853 ou 1854, o que não posso agora precisar, por estrago de notas.

Aconteceu que, em um daqueles anos, viesse à capital certo fazendeiro do interior, cujo nome devo ocultar, trazendo cartas valiosas de prestigiosos chefes políticos e, perante as autoridades superiores, envidasse[66] esforços para reaver dois escravos africanos, boçais, que lhe haviam fugido, e que, aprendidos por um inspetor de quarteirão do bairro suburbano da Água Branca, tinham sido declarados livres e, como tais, com outros, postos ao serviço do Jardim Botânico por ordem da Presidência.

Nada aqui podendo conseguir, armou-se de novas recomendações e foi-se caminho da Corte.

---

63. Até 1854, e isso nos parece revelador para o exemplo que ele passará a narrar, Gama serviu como oficial da Força Pública, espécie de agente policial subordinado, em última instância, ao presidente da província.
64. Isto é, José Thomaz Nabuco de Araújo Filho (1813-1878).
65. A expressão, popular à época, indicava um indivíduo que vive às custas de outra pessoa, explorando de forma constante benefícios e favores alheios.
66. Empenhasse, empregasse.

Mês e meio depois, o presidente da província recebeu um "Aviso confidencial", firmado pelo ministro da Justiça, no qual lia-se o seguinte:

Os pretos F... e F..., postos ao serviço do Jardim Público dessa cidade, escravos fugitivos do fazendeiro B***, residente em A***, foram muito bem apreendidos e declarados livres pelo delegado de polícia como africanos ilegalmente importados no império.

Cumpre, porém, considerar que esse fato, nas atuais circunstâncias do país, é de grande perigo e gravidade; põe em sobressalto os lavradores, pode acarretar o abalo dos seus créditos e vir a ser causa, pela sua reprodução, de incalculáveis prejuízos e abalo da ordem pública.

A lei foi estritamente cumprida; há, porém, grandes interesses de ordem superior que não podem ser olvidados e que devem de preferência ser considerados.

Se esses pretos desaparecessem do estabelecimento em que se acham, sem o menor prejuízo do bom conceito das autoridades e sem a sua responsabilidade, que mal daí resultará?

....

Quinze dias depois, o sr. diretor do Jardim participou à Presidência o desaparecimento dos dois africanos.

A Presidência imediatamente ordenou ao chefe de polícia as diligências precisas para descobrimento dos "fugitivos". Foram inquiridos outros africanos: disseram que à noite entraram soldados na senzala do Jardim, prenderam, amarraram e levaram os dois pretos.

Não foram descobertos os soldados nem os pretos: e neste ponto ficou o mistério.

Aquele invocado "Parecer" do Conselho de Estado, como claramente vê-se, e o "Aviso-confidencial" que acabo de referir, foram escritos com penas de uma só asa, são formas de um só pensamento, representam um só interesse: sua origem é o terror, seus meios a violência, seu fim a negação do direito. Os fatos têm a sua lógica infalível.

É a prova inconcussa[67] de um mau estado, é uma evolução

---

67. Inabalável, irrefutável.

lúgubre[68] da nossa sociedade, uma das faces mórbidas da sinistra política do medo que a sobrepuja; é a mancha negra que desde 1837 assinala indelével a bandeira do Partido Liberal.

O exmo. sr. conselheiro Nabuco, que soube ser homem do seu tempo, consagrou-se inteiramente às exigências do seu partido; morreu na firmeza de suas crenças; têm ambos a mesma história. E o futuro, quando julgá-lo, sobre a lápide do seu túmulo, fazendo justiça ao seu caráter, perante a imagem da pátria, há de sagrá-lo herói.

S. Paulo, 7 de dezembro de 1880
LUIZ GAMA

---

68. Sinistra, macabra.

Capítulo 6
Escrevo estas linhas para evitar desastres
Libertação de escravos pelo fundo de emancipação[1]

Comentário Literatura normativo-pragmática. Gama recebeu uma carta procedente de Taubaté, vale do Paraíba, interior de São Paulo. Consultavam-no sobre "a classificação dos escravos que devem ser alforriados pelo fundo de emancipação". Há, portanto, uma pergunta. O que Gama formula, por sua vez, é um parecer jurídico que, ganhando as páginas dos jornais, tornava-se muito mais do que uma opinião doutrinária direcionada a um caso ou jurisdição particular — Taubaté —, uma vez que assumia a dimensão de uma lição de direito digna de um catedrático da matéria. Apresenta-se na tribuna da imprensa, como de costume, "parcialmente prevenido por a grita dos senhores" e igualmente ciente "para quanto presta o patronato nas povoações do interior, principalmente quando o despertam a política, as relações de amizade, e os interesses de família". Gama ponderava, portanto, as condições e circunstâncias políticas — relações de família, amizades e interesses — entranhadas num processo dessa natureza jurídica. Feitas tais ressalvas, sem dúvida estruturantes para a reflexão a que daria forma, Gama argumentava sobre as condições, modos e ordens de preferência na libertação de escravizados pelo mecanismo do fundo de emancipação. O raciocínio interpreta a legislação então vigente e a articula, via citação a Borges Carneiro e Albert Hein, com o conhecimento normativo proveniente da civilística portuguesa e alemã. Certo de seu objetivo pragmático de solucionar uma demanda concreta, contudo, Gama avisava, com a eloquência e sisudez habituais, que aquela peça se destinava aos poucos abolicionistas que ocupavam os tribunais, além mesmo dos algozes — senhores e juízes — que embargavam o passo da emancipação. Era, então, uma peça normativo-pragmática inserida no novo patamar da campanha abolicionista da década de 1880. Em suas palavras: "Dou estas linhas humildes como aviso e minguado auxílio a alguns filantropos, protetores espontâneos de infelizes, que lutam contra embaraços, entre os quais desgraçadamente avulta a má vontade de certos juízes, propensos à tortura e à escravidão".

Escrevem-me de Taubaté[2] que a classificação dos escravos que

[1]. *Gazeta do Povo* (SP), Publicações Pedidas, 21 de dezembro de 1880, p. 2.
[2]. Cidade localizada no Vale do Paraíba (SP), distante 130 km de São Paulo, foi a primeira comarca da região.

devem ser alforriados pelo fundo de emancipação[3] está sendo feita ali de modo irregularíssimo, arbitrariamente, com ofensa manifesta da disposição da lei e grave prejuízo dos direitos dos libertandos.

Não sei quem são os dignos membros da junta classificadora; não os conheço, não tenho para com eles ódio nem prevenções.

Escrevo estas linhas para evitar preterições, desgostos e quem sabe se até desastres.

Eu sei para quanto presta o patronato nas povoações do interior, principalmente quando o despertam a política, as relações de amizade e os interesses de família.

Meu fim é chamar para os fatos que começam de produzir clamores as atenções do governo, se bem que já parcialmente prevenido por a grita dos senhores.

A classificação legal é esta:

I. Famílias;

II. Indivíduos.

§ 1º. Na libertação por famílias preferirão:

I. Os cônjuges que forem escravos de diferentes senhores;

II. O cônjuge que for casado com livre (Aviso nº 4 de 19 de setembro de 1873);

III. Os cônjuges que tiverem filhos nascidos livres em virtude da lei, e menores de 8 anos;

IV. Os cônjuges que tiverem filhos livres menores de 21 anos;

V. Os cônjuges com filhos menores escravos;

---

3. Foi um mecanismo de captação de recursos instituído pela Lei de 1871 para promoção de alforrias de escravos, através do recolhimento de multas, impostos, cotas e outras verbas orçamentárias.

vi. As mães com filhos menores escravos;

vii. Os cônjuges sem filhos menores.

§ 2º. Na libertação por indivíduos preferirão:

i. A mãe ou pai com filhos livres;

ii. Os de 12 a 50 anos de idade, começando pelos mais moços no sexo feminino, e pelos mais velhos no sexo masculino.

Na ordem da emancipação das famílias e dos indivíduos serão preferidos:

1º Os que por si ou por outrem entrarem com certa quota para sua libertação.

2º Os mais morigerados,[4] a juízo dos senhores: em igualdade de condições, a sorte decidirá (Decreto Regulamentar nº 5.135 de 13 de novembro de 1872, art. 27).[5]

Esta classificação deve compreender somente os escravos que possam ser libertados pela quota do fundo de emancipação distribuída ao município; e não a todos, como se fazia, em observância da disposição do art. 41 do Regulamento nº 5.135, de 13 de novembro de 1872 (Vid. Decreto nº 6.341, de 20 de setembro de 1876, art. 2º).[6]

---

4. Bem-comportados.
5. Gama transcreveu o art. 27 do decreto de 13 de novembro de 1872, porém habilmente enxertou uma disposição normativa diversa que não compunha o texto do decreto, mas constituía uma das hipóteses de preferência do fundo de emancipação. Cf. Aviso nº 335, de 19 de setembro de 1873, do Ministério da Agricultura, Comércio e Obras Públicas, em que se declarava que, sendo um dos cônjuges escravizado, "deve este ser classificado de preferência na ordem das famílias e não de indivíduos".
6. Respectivamente, art. 41. "A verificação do valor dos escravos, por algum dos meios precedentes, deverá estar concluída até 31 de dezembro de cada ano e compreenderá tantos escravos classificados quantos possam ser libertados pela

Se na classificação houver deficiência nas declarações quanto à ordem das preferências, dela cabe recurso para o juízo dos órfãos (Regulamento nº 5.135 de 13 de novembro de 1872, art. 34; Avisos de 4 de março e 8 de julho de 1876).[7]

Este recurso deve ser intentado dentro do prazo de um mês, depois de concluídos os trabalhos da junta respectiva, antes do ato complementar do arbitramento (Regulamento citado, arts. 34, 35 e 37).[8]

É certo, portanto, que, sem provocação de parte, não pode o juiz, *ex-officio*, alterar a ordem da preferência. Pode, porém, depois de esgotado aquele prazo, por exceção, admitir reclamação, nos casos de força maior ou justo impedimento, que o nosso direito admite, uma vez que o recurso ou reclamação, embora fora do prazo, seja interposto antes de começado o processo de

---

importância do fundo de emancipação." O art. 2º do decreto de 20 de setembro de 1876, por sua vez, disciplinava que: "A classificação para as alforrias compreenderá somente aqueles escravos que possam ser libertados com a importância da quota distribuída ao município".

7. Respectivamente, art. 34. "Perante o juiz de órfãos deverão os interessados apresentar suas reclamações dentro do prazo de um mês, depois de concluídos os trabalhos da junta. As reclamações versarão somente sobre a ordem de preferência ou preterição na classificação. § Único: Se houver reclamações, o juiz de órfãos as decidirá dentro do prazo de 15 dias." O aviso nº 108, de 4 de março de 1876, do Ministério da Agricultura, Comércio e Obras Públicas, instruía como proceder na emancipação de escravizados, em especial quanto à liberdade daqueles relacionados nas listas organizadas pelas juntas classificadoras dos fundos de emancipação. O aviso nº 393, de 8 de julho de 1876, também do Ministério da Agricultura, Comércio e Obras Públicas, estabelecia regras para a classificação e ordem de preferências entre escravizados a serem emancipados via fundo de emancipação.

8. Sobre o art. 34, ver nota 7, acima. Art. 35. "Não havendo reclamações, ou decididas estas pelo juiz de órfãos, considerar-se-á concluída a classificação." Art. 37. "Concluída a classificação do modo acima prescrito, o coletor, ou o empregado fiscal de que fala o art. 28, promoverá — nas comarcas gerais, ante o juízo municipal, salva a alçada para o julgamento final, e nas comarcas especiais, ante o juízo de direito — o arbitramento da indenização, se esta não houver sido declarada pelo senhor, ou, se declarada, não houver sido julgada razoável pelo mesmo agente fiscal; ou se não houver avaliação judicial que o dispense."

arbitramento (Decreto nº 4.835, de 1º de dezembro de 1871, art. 19; cons. cons. est. — secc. just. — 26 de julho de 1876, *in fine*; Aviso de 14 de novembro dito).⁹

Este recurso ou reclamação, segundo os preceitos legais e regras de direito, pode ser intentado por o escravo pessoalmente, ou por qualquer pessoa (*assertor*), *ainda repugnando ele* (Vid. Heineccius, § 155 e seguintes; Borges Carneiro, Direito Civil, Livro I, Título III, § 32, números 1, 2 e 3).¹⁰

Dou estas linhas humildes como aviso e minguado auxílio a alguns filantropos, protetores espontâneos de infelizes, que lutam contra embaraços, entre os quais desgraçadamente avulta a má vontade de certos juízes, propensos à tortura e à escravidão.

S. Paulo, 20 de dezembro de 1880
LUIZ GAMA

---

9. Para execução do art. 8º da Lei do Ventre Livre, o decreto definia o regulamento para a matrícula especial dos escravizados e dos filhos da mulher escravizada. O art. 19, a seu turno, determinava que os "escravos que, por culpa ou omissão dos interessados não forem dados à matrícula até o dia 30 de setembro de 1873, serão por este fato considerados libertos, salvo aos mesmos interessados o meio de provarem, em ação ordinária, com citação e audiência dos libertos e de seus curadores".

10. Em Borges Carneiro, *Direito Civil de Portugal*, Livro 1º, Lisboa: Impressão Régia, Título 3º, § 32, se encontra uma base doutrinária que se tornou bastante relevante para o conhecimento normativo de Gama. Esta seção cuida do tema do "favor da liberdade" e se constitui de cinco ideias centrais, sendo três delas citadas expressamente por Gama nesse parágrafo. Descontadas citações internas e referências externas, são elas: 1º. "Todo o homem se presume livre; a quem requer contra a liberdade incumbe a necessidade de provar"; 2º. "Quando se questiona se alguém é livre ou escravo, esta ação ou exceção goza de muitos privilégios concedidos em favor da liberdade"; 3º. "A favor do pretendido escravo não só pode requerer ele mesmo, mas qualquer pessoa (*assertor*), ainda repugnando ele." Cf. Borges Carneiro. *Direito Civil de Portugal*. Livro 1º. Lisboa: Impressão Régia, Título 3º, § 32, pp. 96-97.

Capítulo 7
Desfazendo as ficções do direito
Contraprotesto[1]

Comentário *Literatura normativo-pragmática. Gama veio a público protestar sobre a potencial reescravização judicial de alforriados no juízo de Itatiba, interior de São Paulo. Replicado algumas vezes na imprensa, o texto visava, sem dúvidas, alertar o advogado do senhor de escravizados, assim como o juiz local, de que ele não só estava muito bem informado dos interesses de reescravização daqueles que já tinham recebido alforria, como protestaria, contestaria e agiria nos termos da lei para "fazer com que as alforrias sejam mantidas; porque são regulares e irrevogáveis".*

O emérito advogado, sr. dr. Pinheiro Lima, meu particular e distinto amigo, levantou protesto contra as alforrias concedidas pelo sr. João Elias de Godoy Moreira a escravos da sua exclusiva propriedade, sob o motivo, aliás de todo o ponto improcedente, de tais alforrias serem concedidas *em fraude de credores*.

É meu intuito, em face do direito e da jurisprudência, fazer com que as alforrias sejam mantidas; porque são regulares e irrevogáveis: nós temos lei.

Na hipótese emergente não se dá prejuízo, nem fraude contra credores; nem cabimento algum têm, contra as liberdades bem adquiridas, as ficções e sutilezas do direito romano, não menos bárbaro, que mal invocado entre nós.[2]

LUIZ GAMA

---

1. *A Província de S. Paulo* (SP), Seção Particular, Itatiba, 4 de janeiro de 1881, p. 2.
2. No original, ao final vinha a indicação 3-1, referindo-se à replicação do texto por três vezes. No entanto, o artigo foi replicado pelo menos mais quatro vezes no mês de janeiro de 1881.

Capítulo 8
Questão jurídica II
O escravo que requer e é admitido a manumitir-se, por indenização do seu valor, se o preço arbitrado judicialmente excede ao pecúlio, continua cativo, por deficiência deste?[1]

Comentário *Literatura normativo-pragmática. A resposta à pergunta que intitula o artigo estava na ponta da língua do jurista: "Não. Deve o magistrado decretar a sua alforria, nos termos de direito". Na ponta da língua certamente porque pensada, estudada, refletida e amadurecida pela original experiência que Gama possuía na produção normativa de liberdade em tempos de escravidão. Nesse estudo doutrinário, Gama conceitua a formação do pecúlio e discute o direito do escravizado demandar liberdade. Por uma interpretação que conectava diferentes normatividades e temporalidades, haja vista as citações ao direito romano, português e brasileiro, "conclui-se filosoficamente, com as regras de boa hermenêutica", sustentava Gama, qual o modo de os juízes decretarem a liberdade ainda que o pecúlio estivesse abaixo do valor arbitrado. E arrematava a solução normativa adequada: "Deve o juiz decretar a liberdade do escravo, obrigando a completar o preço em moeda pelos meios regulares, ou ao pagamento, em serviços, por contrato, lavrado no juízo dos órfãos na forma da lei; porque 'no conflito de um interesse pecuniário e da liberdade, prevalece esta' ".*

---

1. *Gazeta de S. Paulo* (SP), Ineditoriais, 13 de janeiro de 1881, p. 3. Esse artigo, com o título "Questão jurídica", sendo publicado tão somente algumas semanas depois do homônimo famoso, pode ser compreendido como "Questão jurídica – parte II". Não por outro motivo, ao que parece, *O Abolicionista* (RJ) de 1º de julho de 1881 o republicou imediatamente na sequência do primeiro "Questão jurídica". Ambas as partes, por exemplo, respondem a uma pergunta técnica e desenvolvem uma linha de raciocínio jurídico amparada na multinormatividade da matéria em questão.

Respondo: Não. Deve o magistrado decretar a sua alforria, nos termos de direito.

∽

Ao escravo é permitida a formação de pecúlio,[2] que se poderá constituir por meio de doações, legados, heranças, e do próprio trabalho e economias, com permissão do senhor, só neste último caso (Lei nº 2.040 de 28 de setembro de 1871, art. 4º; Decreto Regulamentar nº 5.135 de 13 de novembro de 1872, art. 48).[3]

Se o senhor convencionar com o escravo, "ainda que pertença a condôminos",[4] a concessão de alforria, ficando [fixando], desde logo, o preço, poderá ir recebendo o pecúlio, em prestações, à proporção que for sendo adquirido, com o juro de seis por cento, como pagamento parcial (Decreto Regulamentar citado, art. 49, § único, nº 1).[5]

---

2. Patrimônio, quantia em dinheiro que, por lei (1871), foi permitido ao escravizado constituir a partir de doações, legados, heranças e diárias eventualmente remuneradas.

3. As redações do art. 4º da Lei de 1871 e do art. 48 do decreto regulamentar são idênticas. Cf. "É permitido ao escravo a formação de um pecúlio com o que lhe provier de doações, legados e heranças, e com o que, por consentimento do senhor, obtiver do seu trabalho e economias. O Governo providenciará nos regulamentos sobre a colocação e segurança do mesmo pecúlio."

4. Indivíduo que com outro ou outros exerce o direito de propriedade sobre um bem não dividido.

5. A ressalva destacada entre aspas condiz expressamente com a segunda parte do parágrafo único do art. 49. A construção interna do parágrafo, todavia, oferece uma interpretação autoral de Gama, na medida em que discute o direito à formação do pecúlio como uma convenção entre senhor e escravizado — verbo ou ação de que a lei não fazia menção. A simples operação, por sua vez, implicaria no reconhecimento de uma relação jurídica com sujeitos capazes de contratar ou convencionar. Logo, senhores e escravizados equiparados numa relação bilateral. Embora reforçar a capacidade jurídica de seus representados possa afigurar-se como um expediente lateral, isso fazia parte da estratégia jurídica de Gama e, em muitas causas de liberdade, levou a um desfecho vitorioso para suas demandas.

Este pecúlio, "enquanto inferior seja ao valor razoável do escravo", dada transferência de domínio, passará às mãos do novo senhor, ou terá qualquer dos destinos mencionados no art. 49 (Decr. Reg. cit. art. 51).[6]

Havendo impossibilidade de arrecadar-se o pecúlio do poder do senhor, "o escravo tem o direito à alforria", mediante indenização do resto do seu valor, em dinheiro ou "em serviços", por prazo que não exceda de 7 anos; "o preço" poderá ser fixado por arbitramento, se não existir avaliação judicial, que deverá prevalecer (Decr. Reg. cit. art. 52).[7]

O escravo que, por meio do seu pecúlio, puder indenizar o seu valor, "tem direito à alforria" (Lei nº 2040 cit., art. 4, § 2º; Decr. Reg. cit. art. 56).[8]

O "direito à liberdade", uma vez adquirido, nos termos da lei, exercita-se, por petição do escravo, no juízo comum competente, acompanhada de exibição de "pecúlio suficiente a juízo do Magistrado" (Decr. Reg. cit., arts. 56, 57, 84 e 86).[9]

---

6. A transcrição do art. 51 do decreto de 13 de novembro de 1872 confere com o original, exceto pela expressão destacada em aspas que Gama inseriu no corpo do texto.
7. A interpretação está alinhada com o teor — e mesmo com expressões exatas — do texto normativo.
8. A interpretação está alinhada com o teor — e mesmo com expressões exatas — do texto normativo. Cf. Art. 56. "O escravo que, por meio de seu pecúlio, puder indenizar o seu valor, tem direito à alforria. § 1º. Em quaisquer autos judiciais, existindo avaliação e correspondendo a esta a soma do pecúlio, será a mesma avaliação o preço da indenização (...) para ser decretada *ex-officio* a alforria. § 2º. Em falta de avaliação judicial ou de acordo sobre o preço, será este fixado por arbitramento."
9. Após ter destacado, nos dois parágrafos precedentes, a ideia de que "o escravo tem direito à alforria", realce que habilmente fazia sem enfatizar as condições e os termos restritivos da letra da lei, Gama destacava agora, sem expressão legal nessa direção, a ideia de "direito à liberdade". A construção do argumento, como se nota, não era apressada. Gama passava, portanto, de um "direito à alforria", emparedado por uma série de condicionantes, para um "direito à liberdade" que valeria já com a "convenção" entre senhor e libertando. Para os textos normativos citados, cf. Art. 56, acima. Art. 57. "Não poderá requerer arbitramento, para execução do art. 4º, § 2º da lei, o escravo que não exibir,

Assim: — Considerando a ilegitimidade da escravidão, "que é contrária à natureza (L. 4, § 1º, Dig. Stat. Hom.; Instit. Justi., § 2º, de jur. person; Ord. Liv 4º Tit. 42, v); visto como, por direito natural, todos nascem livres, todos são iguais". Inst. Just. pr. de libertin. I, 5; Ulp. L. 4 Dig. de Just. A jur. I, 1.; Alv. 30 de julho de 1699; que nada é mais digno de favor do que a liberdade (Gayo L. 122 Dig. de reg. jur. L. 17); pelo que, em benefício dela, muitas cousas se determinam "contra o rigor do direito" (L. 24, § 10, Dig. de fideic. libertat.; Inst., § 4º, de donat; Ord. Liv. 4, Tit. 11, § 4º); e que são mais fortes, e de maior consideração as razões que concorrem a seu favor, do que as que podem fazer justo o cativeiro (Lei de 1º de abril de 1680).

— Considerando que o favor da liberdade, por a razão de direito, exprime a ideia mais benigna (L. 32, § fin. Dig. ad. Leg.

---

no mesmo ato em juízo, dinheiro ou títulos de pecúlio, cuja soma equivalha ao seu preço razoável. § 1º. Não é permitida a liberalidade de terceiro para a alforria, exceto como elemento para a constituição do pecúlio; e só por meio deste e por iniciativa do escravo será admitido o exercício do direito à alforria, nos termos do art. 4º, § 2º da lei. § 2º. Prevalecem na libertação, por meio do pecúlio, as regras estatuídas no § único do art. 44, quanto à entrega do preço do escravo alforriado." Art. 84. "Para a alforria por indenização do valor, para a remissão, é suficiente uma petição, na qual, exposta a intenção do peticionário, será solicitada a vênia para a citação do senhor do escravo ou do possuidor do liberto. Antes da citação o juiz convidará o senhor para um acordo, e só em falta deste prosseguirá nos termos ulteriores. § 1º. Se houver necessidade de curador, precederá à citação nomeação do mesmo curador, em conformidade das disposições deste regulamento. § 2º. Feita a citação, as partes serão admitidas a louvarem-se em arbitradores, se houver necessidade de arbitramento; e o juiz prosseguirá nos termos dos arts. 39, 40 e 58 deste regulamento, decretando ao final o valor ou o preço da indenização e, paga esta, expedirá a carta de alforria ou o título de remissão. § 3º. Se a alforria for adquirida por contrato de serviços, esta circunstância será mencionada na carta; e, no caso de ulterior remissão, não se passará título especial, mas bastará averbá-la na mesma carta." Art. 86. "O valor da indenização para alforria, ou para a remissão, regulará a competência para o simples preparo ou para o preparo e julgamento, em conformidade da lei nº 2.033 de 20 de setembro de 1871. Assim, o valor do escravo no caso de abandono."

Falcid; que, no que for obscuro, se deve favorecer a liberdade (Paul. L. 179 Dig.); e que, no caso de dúvida, e de interpretação, deve decidir-se a favor da liberdade (Pompon. L. 20 de reg. jur).

Acrescentadas às disposições da legislação pátria, que ficam citadas, as do Decreto e Regulamento nº 5.135 de 13 de novembro de 1872, arts. 61 e 62, e harmonizadas todas com os princípios aceitos e inconcussos[10] do direito manumissório, conclui-se filosoficamente, com as regras de boa hermenêutica, que:[11]

— Dada a hipótese de um escravo requerer alforria, mediante indenização, por pecúlio; de admitido ser, no juízo, por equivaler o pecúlio "razoavelmente" ao seu valor; de não existir avaliação judicial; de não querer aceitar o senhor o preço exibido e, por isso, ser caso de arbitramento; de, verificado o arbitramento, tornar-se o pecúlio insuficiente por excedê-lo o valor arbitrado; sendo certo que "o direito à liberdade", uma vez adquirido, torna-se perpétuo (Perdig. Mal. Secc. 4, § 127, nº 10, not. 714 e 715, Vol. I);[12]

— Deve o juiz decretar a liberdade do escravo, obrigando a completar o preço em moeda pelos meios regulares, ou ao paga-

---

10. Estabelecidos, firmados.
11. Após subsidiar seu argumento com textos normativos da mais recente e reconhecida produção legislativa, como a Lei de 1871 e seu respectivo decreto regulamentar, Gama buscou outro corpo de textos, muitos deles oriundos do direito romano recepcionado pela civilística portuguesa. Contudo, antes de concluir, Gama amarra o conhecimento normativo que embasa seu argumento voltando às "leis pátrias" do "direito manumissório". Cf. Art. 61. "É permitido ao escravo, em favor de sua liberdade, contratar com terceiro a prestação de futuros serviços, por tempo que não exceda de sete anos, mediante o consentimento do senhor e aprovação do juiz de órfãos." Art. 62. "O escravo que pertencer a condôminos, e for libertado por um destes, terá direito à sua alforria, indenizando os outros senhores da quota do valor que lhes pertencer. Esta indenização poderá ser paga em serviços prestados por prazo não maior de sete anos, em conformidade do artigo antecedente."
12. A citação confere com a primeira edição de *A escravidão no Brasil: ensaio histórico-jurídico social* (1866-1867), obra de Agostinho Marques Perdigão Malheiro (1824-1881), natural de Campanha (MG), historiador, deputado e advogado que presidiu o Instituto da Ordem dos Advogados Brasileiros (1861-1866).

mento, em serviços, por contrato, lavrado no juízo dos órfãos na forma da lei; porque "no conflito de um interesse pecuniário e da liberdade, prevalece esta" (Inst. Just. § 1º de eo fui libertat. caus. III. 12 — sciant commodo pecuniario praferendum esse libertatis causam).

S. Paulo, 12 de junho[13] de 1881
LUIZ GAMA

---

13. Por evidente erro tipográfico, uma vez que a publicação é de 13 de janeiro de 1881, o mês indicado não corresponde ao mês da escrita. É possível cravar que a data da escrita seja o dia 12 de janeiro de 1881.

PARTE VII

O COCHEIRO E O CÔNSUL

NOTA INTRODUTÓRIA *Nesses três textos, Gama defende extra-judicialmente dois clientes: o cocheiro José Lopes de Lima e o vice-cônsul de Portugal em São Paulo, Félix de Abreu Coutinho. Se a relação advogado-cliente com Lima é constituída nos autos, não se pode precisar o mesmo com o agente consular. De todo modo, Gama defende com veemência tanto o cocheiro Lima quanto o cônsul Coutinho, ambos ofendidos e achincalhados largamente na imprensa. A defesa de Lima é memorável. Entre declarações de peso, como a de que nunca possuiu escravizados, Gama defendia o cocheiro negro pela moral e pelo direito: "Tenho consciência de mim. Sei quando defendo um criminoso e quando proclamo a inocência dos inculpados. José Lopes de Lima é vítima da inexplicável odiosidade popular, armada por alguns especuladores impudicos". Armação odiosa também era a razão pela qual atacavam o vice-cônsul. Gama chama a responsabilidade para si — "não quero que a outrem se atribuam atos que são exclusivamente meus" — de algo que os acusadores atribuíam a Coutinho. Os dois casos, processados simultaneamente, evidenciam que Gama tinha o relógio do direito no pulso. Ou seja, sabia a hora exata de entrar ou encerrar uma discussão jurídica na imprensa; sabia a hora de aumentar ou baixar a temperatura do litígio. Seja num como em outro caso, preferiu não debater a causa nos jornais. O fez pontualmente. Numa causa, havia ganhado; noutra, tinha o andamento nas mãos. Quando disse "sou o eu o autor da demora legal", sinalizava que o relógio do processo andaria conforme ele quisesse. Coisa de quem manejava o tempo com maestria.*

Capítulo 1
O cocheiro negro no banco dos réus
Processo vira-mundo[1]

Comentário Literatura normativo-pragmática. Luiz Gama conseguiu no Tribunal do Júri de São Paulo a absolvição de seu cliente José Lopes de Lima. O resultado, contudo, despertou uma reação em parte da imprensa que Gama qualificou de leviana, insana e inspirada pelo ódio. O artigo dirige-se, portanto, a dois desses jornais que, "sem estudo, sem conhecimento dos fatos, sem critério, sem base moral, sob o domínio do despeito", atacaram de forma covarde o seu cliente; e também ao presidente do Tribunal do Júri que, estimulado pelo jogo cínico da imprensa e não pelo mérito da causa, recorreu da sentença dos jurados. Gama fulminava ambos, jornalistas e magistrado, igualados como abutres de um "mísero proletário". É de se imaginar que Gama escrevia com a verve que usou na tribuna do júri. "José Lopes de Lima é um desgraçado cocheiro, negro, sem fortuna; não admira, pois, que o espicaçassem bravejantes os exasperados abutres da miséria". Não defendia um cliente, apenas. Era um irmão de infortúnios, para remeter aos termos do compromisso que assumiu no célebre artigo originalmente intitulado "Questão de liberdade" — "Em nome de Rita" —, ainda no início de sua carreira. O cocheiro Lima tinha nome; não era o "Vira-Mundo", apelido que a imprensa insistia em usar. Era um cidadão, proletário e negro, absolvido pelo Tribunal do Júri de São Paulo e no pleno exercício de sua liberdade.

É assim que se julga — levianamente —, sem estudo, sem conhecimento dos fatos, sem critério, sem base, sem moral, sob o domínio do despeito, com as inspirações do ódio, pelo assomo de prevenções hiperbólicas, com os atropelos da cólera e com a barbaridade nativa dos atrabiliários!...[2]

5

---

1. *Gazeta do Povo* (SP), Publicações Pedidas, 23 de abril de 1881, p. 2.
2. Furiosos, raivosos.

Acabo de ler duas biliosas parlandas:[3] uma da *Gazeta de S. Paulo* e outra da *Comédia*; em ambas censuram-se, com desabrida[4] acrimônia,[5] o augusto Tribunal do Júri, o mais colendo do país,[6] por a justa, devida e indeclinável absolvição do réu José Lopes de Lima.

É uma insânia; mas está provada por dois artigos editoriais da ilustrada imprensa da cidade de São Paulo.

A mim não surpreendeu este caprichoso e desabrido procedimento, de sobejo[7] explicado por a baixa condição do infeliz, que ocupava o banco dos réus.

Tenho consciência de mim; sei quando defendo um criminoso e quando proclamo a inocência dos inculpados.

José Lopes de Lima é vítima da inexplicável odiosidade popular, armada por alguns especuladores impudicos.[8]

Lamento que os ilustrados redatores da *Gazeta* e da *Comédia* se tenham prestado, como publicistas, a servir de zarabatanas[9] à fatuidade[10] e à calúnia.

José Lopes de Lima é um desgraçado cocheiro, negro, sem fortuna; não admira, pois, que o espicacem[11] bravejantes os exasperados abutres da miséria.

Dos distintos redatores da *Comédia*, cujos talentos venero, nada de particular direi. São muito moços; muito têm que aprender para que bem conheçam a sociedade e os homens. Sem

---

3. Falatório, palavreado, discussão acalorada.
4. Desagradável.
5. Aspereza, indelicadeza.
6. Gama qualifica o colegiado de juízes de fato, populares e sem remuneração, como o mais respeitável do país.
7. De sobra, demasiado.
8. Imorais, sem-vergonha.
9. Tubo comprido pelo qual se pode atirar pedras e grãos pelo sopro. Por sentido figurado, indica que os redatores se serviram de meio de ataque.
10. Vaidade, presunção.
11. Picassem, furassem.

ofensa do seu caráter posso dizer-lhes: por enquanto, é duvidosa a sua capacidade para que possam ter valiosa opinião perante os tribunais e o país.

Quanto ao meu digno e respeitável amigo, redator da *Gazeta*, direi apenas que tenho razoável fundamento para não aceitar as suas lições de moral pública; e que me não convencem os seus simulados conselhos de prudência, desmentidos à luz do dia, em lugar público, de modo incontestável, *pelos seus próprios atos*.

Não invejo a nobreza de sentimentos de pessoa alguma. Nunca possuí escravos. Estou habituado a medir os homens por um só nível: distinguo-os pelas ações. Se eu fosse juiz teria votado pela absolvição do réu.

O exmo. sr. dr. Rocha Vieira, digno presidente do Tribunal do Júri é, hoje, alvo de encômios,[12] por ter apelado da decisão dos juízes de fato.[13] Estes elogios, porém, devem pesar, sombriamente, na consciência do emérito juiz, porque ele deve ter a segurança de que os não mereceria, se o réu, em vez de mísero proletário, fosse algum *régulo*[14] *político*, dos que, com a sua influência e o seu dinheiro, dominam sobranceiros[15] as populações e alinham as conveniências judiciárias.

Não é meu desejo discutir esta questão pela imprensa.

Se o processo tornar a novo julgamento, eu, no tribunal, responderei condignamente aos acusadores interessados e extrajudiciais do meu cliente.

S. Paulo, 23 de abril de 1881
LUIZ GAMA

---

12. Elogios.
13. Isto é, os jurados do Tribunal do Júri.
14. Chefe de pouca importância, porém tirânico.
15. Orgulhosos, arrogantes.

Capítulo 2
Tranquilo dentro do caos
Resposta ao Sr. F...[1]

Comentário *Nota de Luiz Gama extraída de uma comunicação entre partes de um tumultuoso processo de inventário. Esse rápido excerto sugere que Gama advogava para o vice-cônsul de Portugal em São Paulo, o comendador Félix de Abreu, e estava no centro dessa disputa que tomou conta dos jornais da época.*

O sr. comendador Félix de Abreu nada me disse relativamente a inventário ou espólio de Gomes do Paço; *eu, sim, falei ao mesmo senhor e lhe disse que estava coligindo documentos para requerer inventário.*

LUIZ GAMA

....

A CARTA DO SR. F

Comentário *Antes de publicar a réplica de Gama, o articulista d'*A Província *insere uma carta da qual oculta a autoria, mantendo-se apenas a possível inicial do autor. Assim, Lusus introduz a carta:*

(...) Leia o público o seguinte documento que obtivemos do distinto advogado sr. Luiz Gama:

Ilmo. Sr. Luiz Gama,
 Digne-se V. S. responder-me ao pé desta o seguinte, autorizando-me a fazer de sua resposta o uso que me convier: se o vice-cônsul português Félix de Abreu Pereira Coutinho falou alguma vez com V. S. a respeito de se requerer inventário dos bens deixados pelo falecido *português* João Gomes do Paço. (...) — F.

1. Lusus, in: *A Província de S. Paulo* (SP), Seção Livre, O vice-consulado de Portugal em São Paulo, 17 de março de 1881, p. 1.

Capítulo 3
A colônia portuguesa em São Paulo
O seu a seu dono[1]

Comentário   *O artigo situa-se no curso de um intenso debate na imprensa sobre o inventário de um barbeiro de provável nacionalidade portuguesa. Detratores e críticos do vice-cônsul português em São Paulo, Félix de Abreu, acusavam-no de agir com malícia ou desídia na representação dos interesses dos portugueses envolvidos nesse caso. Gama surge na acalorada discussão com o propósito de discernir as responsabilidades que ele e o agente consular tinham no processo, por isso o título original "O seu a seu dono". Para Gama, o vice-cônsul era alvo de uma "celeuma calculada, ou arregimentada propaganda" odiosa, em que pretendiam culpá-lo por fato que não estava ao seu alcance. Sem arrodeio algum, Gama pôs termo à questão, como advogado que dominava o tempo do direito e do processo.*

Nestes últimos tempos, como de todos é notório, tem-se levantado, nesta cidade, certa celeuma calculada, ou arregimentada propaganda, contra o exmo. sr. comendador Félix de Abreu Pereira Coutinho, digno vice-cônsul de sua majestade fidelíssima.

Esta celeuma ou propaganda, pelo menos segundo o que tenho observado, é animada por alguns dignos membros da colônia portuguesa, nesta cidade, que não ocultam a sua animadversão[2] àquele respeitável agente consular.

E a notável veemência da linguagem, um tanto *realista*, dos artigos que avultam em nossa imprensa, dá prova inequívoca do ardor e da paixão partidária, de que estão possuídos os seus entusiásticos autores.

Saiba-se, entretanto, uma vez por todas, que eu nada tenho que ver com as causas eficientes, nem com as paixões exuladas dos acusadores do exmo. sr. vice-cônsul; o meu fim, vindo à imprensa,

---

1. *Gazeta do Povo* (SP), Publicações Pedidas, 21 de maio de 1881, p. 2.
2. Aversão intensa, ódio.

por esta única vez, nestes encapelados[3] debates, é explicar fatos que estão sendo propositalmente baralhados:[4] não quero que a outrem se atribuam atos que são exclusivamente meus.

Por o falecimento do barbeiro João Gomes do Paço, cuja nacionalidade, até hoje, ainda não foi regularmente verificada, deram-se preterições legais, que, com justiça, não podem ser lealmente postas à culpa do vice-consulado português; e quanto à suposta existência e arrecadação dos bens desse estrangeiro, se o é, por sua proverbial[5] prudência, diante de certas delicadas dificuldades, o exmo. sr. vice-cônsul tem se achado em sérios embaraços.

Sou procurador da senhora viúva de João Gomes do Paço; e, desde o falecimento deste, ainda não requeri o respectivo inventário; e assim tenho procedido, de caso pensado, para não dar causa a prejuízos da minha infeliz cliente.

E é certo que, em público, os agressores do exmo. sr. vice-cônsul não me podem pedir esclarecimentos deste meu reservado procedimento.

A verdade, pois, até hoje, relativamente às espinhosas circunstâncias que ladeiam esta melindrosa ocorrência, está em que as autoridades do país tiveram justificáveis escrúpulos e contiveram-se pensadamente diante da lei; que o exmo. sr. vice-cônsul, não menos avisado, de modo indireto, procurou apoiar-se em alheio procedimento; e que eu, como procurador, aguardo oportunidade para proporcionar à minha constituinte o mais vantajoso resultado, sem atropelo de fórmulas, sem prejuízos de interesses, sem infrações da lei.

Em conclusão: tirando licitamente partido das circunstâncias, e de fatos que não criei, nem o exmo. sr. vice-cônsul, o autor da demora legal do inventário de João Gomes do Paço sou eu.

S. Paulo, 21 de maio de 1881
LUIZ GAMA

---

3. Agitados.
4. O mesmo que embaralhados, misturados.
5. Notória, amplamente conhecida.

PARTE VIII

UMA ESTÁTUA, UM COVEIRO
E UM PERITO CRIMINAL

NOTA INTRODUTÓRIA   *A série de cinco artigos reproduzida a seguir conta a história de um crime trágico ocorrido na rua de São Bento, centro de São Paulo, em novembro de 1880. O autor narra uma história brutal de violência e crueldade senhorial praticada por "uma pessoa de elevada posição social" contra uma "mísera crioulinha (...), menor de nove anos de idade". O teor da denúncia é de arrebatar até o mais insensível dos leitores de hoje, que dirá da época. A narrativa, contudo, se revela original desde a (não tão) enigmática autoria até o uso criativo do suspense no conhecido estilo literário que Gama tanto explorou, transitando da fúria à sobriedade — e dela de volta à fúria — no curto espaço de algumas linhas. Por razões que deixa implícitas ao longo da série, o autor não pode revelar expressamente seu nome civil. Com notável habilidade, evoca para si o nome de uma estátua onisciente que, por sua sugestiva localização, viu um crime tomar lugar em um "feudal palacete" da rua São Bento. O "Leão da Torre de São Bento", escultura no alto da torre da igreja de igual padroeiro, assistiu uma cena de terror e, quiçá por sua natural ferocidade, resolveu, com o perdão da analogia, rugir para toda a cidade ouvir. Ocorre que não só a estátua tudo via e denunciava, como um coveiro surgia como testemunha-chave do crime macabro. Assim, estátua e coveiro, cada qual com seu ângulo de visão, chegaram à conclusão de que o assassino da criança preta menor de nove anos de idade era o abastado senhor de escravizados, certamente homem branco, que habitava o tal palacete. Conclusão diferente foi a dos médicos legistas e a das autoridades policiais e judiciárias. A investigação foi arquivada sem sequer encontrar indício suficiente de que teria ocorrido, de fato, um crime. Para contestar a versão oficial, a estátua, o coveiro, e agora o perito criminal que se deu ao trabalho de desmontar o atestado de óbito fraudulento, por certo unidos numa só mão, lançaram a série "Uma estátua, um coveiro e um perito criminal" (introduzida pela significativa notinha intitulada, originalmente, como "É de admirar"). Nada mais forte do que o testemunho: a estátua via o covarde espancamento que culminou no assassinato; o coveiro via a tentativa de ocultar o cadáver; e o perito criminal via o documento viciado que atestava uma* causa mortis *enganosa, feita sob medida para ludibriar a eventual boa-fé das eventuais autoridades não corrompidas. Nada mais forte do que o testemunho.*

Capítulo 1
Chibata aos pobres, incenso aos ricos
É de admirar[1]

Comentário *Nota introdutória para o caso assombroso que passaria a expor na série "Uma estátua, um coveiro e um perito criminal". A expressão "azorrague para os pobres" adianta ao leitor o teor do escândalo que está prestes a conhecer.*

A *Gazeta do Povo* e o *Jornal da Tarde*, que são tão solícitos em zurzir[2] o mais pequenino fato que se dá com qualquer escravo malcriado, e que põem em pelourinho o nome de pessoas inofensivas, por que razão tem guardado um *calculado* silêncio a respeito de um crime atroz praticado na rua de S. Bento e de que a polícia já tomou conta?

Será porque eles leem por duas cartilhas, azorrague[3] para os pobres, incenso para os ricos?

A BOLA

---

1. *A Província de S. Paulo* (SP), Seção Livre, 23 de novembro de 1880, p. 2.
2. Repreender com veemência, crítica colérica.
3. Chicote, chibata formada por várias correias entrelaçadas presas num cabo de pau. Instrumento de tortura.

Capítulo 2
Uma história criminosamente bíblica
*Despertador moral I*¹

Comentário   *Não se trata apenas de uma peça retórica feita sob medida para sensibilizar os leitores do escândalo que passariam a conhecer. Por trás da ironia ácida, às vezes cortante, há a deliberada construção de um argumento jurídico que poderia tomar a forma de um processo-crime. Nessa parte, contudo, o autor se concentra na descrição das primeiras linhas do caso. Comenta-o, é verdade, mas no limite de uma introdução. A riqueza de detalhes que o autor menciona certamente revela alguém que está muito bem informado sobre o que ocorreu no interior e no quintal "do vistoso palacete" da rua São Bento, cena do castigo, do espancamento, da privação de alimentos e da morte "daquela cristã de raça preta", menor de nove anos de idade.*

Aqueles que dotados de melindrosa sensibilidade tão justamente se horrorizam quando algum escravo feroz, no auge do desespero, dominado pela loucura, lança mão de arma homicida e acomete o senhor, devem enlouquecer de dor, de pesar, depois de reclamar, com energia, a vindita² legal, perante os tribunais, ouvindo o seguinte caso:

No interior de certo vistoso palacete, à rua de S. Bento, uma pessoa de elevada posição social toma-se de nobres cóleras contra uma mísera crioulinha, ingênua, filha de uma sua escrava, menor de nove anos de idade — *uma Rio Branco*.³

---

1. *A Província de São Paulo* (SP), Seção Livre, 24 de novembro de 1880, p. 1.
2. Aqui no sentido de castigo, punição.
3. Referência à criança que já possuía estatuto jurídico de pessoa livre. A Lei do Ventre Livre (1871), que declarou livres crianças nascidas de ventre escravo, foi por muito tempo conhecida, também, como *Lei Rio Branco*, levando o nome do Visconde de Rio Branco, José Maria da Silva Paranhos (1819-1880), então presidente do Conselho dos Ministros quando da assinatura da lei.

Isto nada tem de notável, a pessoa que descende de uma família considerável, e de ramo, célebre tanto pelo sangue como pelo crime, e pelo homicídio, não é muito que odeie, que deteste mesmo, uma infeliz criança que nasceu de ventre escravo; espécie de precito,[4] descendente de grilheta.[5]

Também não é de espantar que espanque, com ferocidade nativa, a desgraçada criança: o ferro endireita-se a malho.[6]

É bem natural que, para eficácia do castigo, e para evitar desastres de estômago, privem-na de alimentos.

É proveitoso, para exemplo de futuros ingênuos, filhos de escravas, que a criança, com o corpo todo chagado, cicatrizado, em parte, ensanguentado, fosse posta em uma arca, no quintal do suntuoso palacete, num chiqueiro com os seus irmãos porcos.

É belo de ver-se esta criatura humana, cristã, purificada nas águas do batismo, ungida com os óleos santos, vivendo dia e noite com os seus irmãos cerdosos.[7]

É suntuoso, é edificante, é bíblico, ver-se os porcos comerem, na mesma gamela,[8] como aquela cristã de raça preta.

---

4. Maldito, amaldiçoado, condenado.
5. Por sentido figurado, espécie de elo invisível que aprisiona.
6. Martelo de cabeça pesada que se pega com as duas mãos.
7. Que tem cerdas, espécie de pelos ásperos.
8. Vasilha utilizada para dar de comer aos porcos.

É uma cena gasparina,[9] digna dos Martinhos,[10] dos Cotegipes[11] e dos enflorados Florêncios.[12]

É arrebatador, é admirável verem-se os porcos, os seletos irmãos do cônego Ferreira, tomados de treda inveja e quais modernos Cains atirarem-se àquela menor cristã, para judiciosamente impedirem-na de comer mais do que eles no imundo banquete.

É, porém, deplorável vê-la fugir deles, perseguida, esfomeada, sem abrigo, sem proteção divina, sem socorro humano, desesperada, *meter-se em uma barrica*[13] e, ali, qual caranguejo em sua concha, ocultar-se, diante de olhos católicos, à ferocidade de incitadas[14] bestas; ali passar horas, dias e noites, tendo por leito, por homizio,[15] as tábuas côncavas do providencial casulo; ali receber, às ocultas, corrompidos sobejos[16] de comida; ali viver alguns dias, como se irracional fora; e ali morrer menos cuidada do que um cão.

LEÃO DA TORRE DE S. BENTO

9. Provável referência à fração de um bilhete de loteria, também conhecido por gasparinho, por ter sido tal fracionamento autorizado pelo então ministro da Fazenda, Gaspar da Silveira Martins (1835–1901). Sendo assim, a expressão sugere, com o contundente sarcasmo que perpassa o texto, uma cena que exprime alegria, sorte.
10. Martinho Álvares da Silva Campos (1816–1887), mineiro de Pitangui, foi médico, deputado por mais de duas décadas, presidente da província do Rio de Janeiro (1881–1882), ministro da Fazenda (1882) e senador do Império (1882–1887).
11. João Maurício Wanderley (1815–1889), o barão de Cotegipe, nascido em Barra (BA), foi juiz e político de expressão nacional. Foi deputado por diversas legislaturas, presidente da província da Bahia (1852–1856), senador do Império (1856–1889), além de ministro da Marinha (1868–1870), da Fazenda (1875–1878) e das Relações Exteriores (1885–1888).
12. Florêncio Carlos de Abreu e Silva (1839–1881), natural de Porto Alegre (RS), foi advogado, jornalista e político. Foi deputado, senador do Império (1880) e presidente da província de São Paulo (1881).
13. Pequeno tonel, barril, pipa.
14. Excitadas, encolerizadas.
15. Esconderijo.
16. Restos, sobras.

Capítulo 3
Um cadáver disputado
Despertador moral II[1]

Comentário *O que já era uma narrativa brutal toma nessa segunda parte outros elementos que a tornariam ainda mais cruel. Se antes o leitor apenas conhecia detalhes do crime em seu plano interno, ou seja, cenas ocorridas no interior ou no quintal do palacete da rua São Bento, dessa vez o autor mudaria o cenário da narrativa para localidades externas, a exemplo do cemitério municipal e do bairro da Luz. Nessa linha, a entrada em cena de atores externos, policiais e médicos-legistas, além de outros que indiretamente citados permanecem ocultos, faz o suspense da trama prender o leitor. Muito bem informado de minúcias ocorridas não só no interior do palacete, o autor demonstrava conhecer o laudo cadavérico — escrito "sem estudo especial, sem o indispensável exame interno" — da mísera criança menor de nove anos de idade. Mais até do que conhecer o "documento", a "dissertação dos professores", o Leão da Torre tinha olhos que alcançavam o interior do cemitério municipal, onde viu policiais desenterrarem o "cadáver de Lázaro em miniatura" e entregarem-no a esses dois "fidelíssimos auxiliares científicos da polícia". O autor cercava o crime por lados diferentes. Sabia, contudo, quem era o autor e o poder político que este possuía. Pensava nas possibilidades de contra-atacar. Embora sem muitas chances para agir, formulava hipóteses processuais que só um advogado experiente em causas criminais poderia formular. "O plano da defesa está bem traçado. A prova oral, que poderá encerrar perigos, será inutilizada pela deficiência dos exames." "O dinheiro é o dinheiro", concluía o Leão da Torre, para em seguida arrematar: "Que durma em paz a infeliz ingênua (...) e não perturbe a paz dos ricos, que têm por si a ciência e criaram os tribunais".*

---

1. *A Província de S. Paulo* (SP), Seção Livre, 25 de novembro de 1880, p. 1.

> Oh! Que homens, e que terra,
> Usos tão bárbaros encerra!²

    Quando, no domingo, dia consagrado às férias das partes operárias, a polícia agitava-se misteriosa, ativa, solícita, interessada, e penetrava no cemitério, tomava nas mãos um cadáver de Lázaro³ em miniatura e o entregava confiada a dois facultativos,⁴ duplamente juramentados; e deles exigia a verdade, em nome da ciência, da moral e da sociedade, em sinistra expectativa, *aquela pessoa* habitadora do feudal palacete, caprichosamente vestida com determinado propósito; aquela pessoa, que cometera tão horroroso homicídio que punha a polícia em sobressalto, passeava com soberbia⁵ e garbo pelo bairro da Luz, fazia ostentação do seu orgulho, da sua nativa ferocidade, da sua riqueza, do seu poderio de família, das suas custosas vestes, do seu desprezo das autoridades e do mísero povo, que detesta.

    Recebia as homenagens da cortesania,⁶ os cortejos da adulação, as zombarias da necedade,⁷ que retribuía com sorrisos hipócritas, com dissimuladas ironias.

    É que enquanto os cadáveres dos miseráveis fermentam no seio das valas e os crimes se lavam em áureas águas, folgam os assassinos, em salões festivos, e brotam sobre as sepulturas rosas purpurinas!...

2. Citação adaptada dos versos de Virgílio (70-19 a.C.), no Livro I do poema épico *Eneida*: *Quod genus hoc hominum? quoeve tam barbara morem Permitit Patria?* É possível que o autor tenha recolhido essa citação traduzida no livro *Memória histórica acerca da pérfida e traiçoeira amizade inglesa*, Porto, 1840, de Francisco de Assis de Castro e Mendonça. É provável, todavia, que o próprio autor a tenha vertido do latim para o português.
3. Referência a Lázaro de Betânia, personagem bíblico descrito no Evangelho de João (11:41-44) que, quatro dias após sua morte, teria sido ressuscitado por milagre de Jesus. A metáfora, como se verá, ganha uma forte carga simbólica com o desfecho da história.
4. O mesmo que médicos, indivíduos que exercem legalmente a medicina.
5. Soberba exagerada.
6. Classe de pessoas que privam da corte, dos palácios.
7. Grande ignorância, disparate dito por algum néscio.

O dinheiro é o dinheiro.

Os médicos, os fidelíssimos auxiliares científicos da polícia, olharam para o cadáver como uma donzela delicada para um copo de jalapa;[8] viram-no *por fora*; e, parece que enojados, escreveram uma indigesta dissertação, repleta de insinuações malévolas, embrulhadas em retórica cediça[9] e concluíram apelando para a opinião de terceiro, não presente, *que a morte resultara de lesão interna!...*

Mas esse terceiro já tinha declarado perante a autoridade que não vira a menor quando enferma, nem depois de morta; e que *essa opinião* fora em boa fé, por solicitação de pessoa distinta, sem a mínima suspeita, escrita em um documento!

A dissertação dos professores, portanto, lavrada a esmo, sem estudo especial, sem o indispensável exame interno, é uma peça despida de critério médico-legal, feita em desvantagem da polícia, em prejuízo da justiça, em menoscabo da sociedade, em desabono de seus autores, para salvatério[10] do crime e em proveito do escândalo.

....

Enquanto a polícia ouvia aos seus esclarecidos auxiliares, na sombra, o empenho[11] sorrateiro e astucioso percorria todos os ângulos da cidade.

Subia as escadas, atravessava as salas, penetrava nas alcovas,[12] implorava às senhoras, rogava aos homens, abalava os espíritos e criava a impunidade: não desprezava um só ponto culminante; bateu-se até as portas do templo sagrado!

O plano da defesa está bem traçado.

A prova oral, que poderá encerrar perigos, será inutilizada pela deficiência dos exames.

---

8. Vinho desagradável e de péssimo sabor.
9. Entediante, maçante.
10. Escusa, expediente, recurso para escapar.
11. Por metonímia, refere-se diretamente a um indivíduo poderoso, de grande influência.
12. Pequeno aposento, dormitório.

Nas dúvidas, nas meias palavras, nas incoerências da medicina, firma-se robusta a improcedência dos depoimentos, que também poderão ser medidos, ao menos em parte, pelas rogativas, pelas súplicas, pelo empenho.

....

Que durma em paz a infeliz ingênua, cujas carnes, em vida, foram disputadas pelo azorrague[13] e pelos porcos esfomeados; e agora, na sepultura, pelos vermes; e não perturbe a paz dos ricos, que têm por si a ciência e criaram os tribunais.

---

13. Chicote, chibata formada por várias correias entrelaçadas presas num cabo de pau. Instrumento de tortura.

Capítulo 4
A farsa do atestado de óbito
Despertador moral III[1]

Comentário *O autor discute trechos do atestado de óbito da criança assassinada pelo senhor proprietário do palacete da rua São Bento. A causa mortis teria sido, segundo os "ilustrados peritos", uma "enfermidade gástrica" sem relação alguma com qualquer violência sofrida. O Leão da Torre, porém, estava furioso. O que se passava em São Paulo era "uma comédia científica que serve de prólogo a um crime célebre!" Era um "desastre policial; o prenúncio de uma vergonha judiciária; um eclipse da medicina-legal", enfim, uma certidão mentirosa "extorquida à boa fé de um honrado profissional pelo assassino astucioso". O Leão da Torre, no entanto, saía do exame técnico do atestado de óbito e ia para a cena do crime continuado — o cemitério. Acrescentava, por sua vez, um dado: o cadáver, "tendo ainda os pés sujos de barro", foi levado ao cemitério para ser enterrado às ocultas. Sendo "recusado pelo coveiro, que levantou o alarma", voltou o cadáver para o mesmo palacete da rua São Bento. Aumentando a intensidade do suspense do enredo, o autor põe mais um ponto, antes do final.*

> A justiça é como as teias de aranha, que servem para apanhar moscas.[2]

A menor faleceu de uma enfermidade gástrica; as úlceras espalhadas pela periferia do cadáver bem podiam resultar daquela enfermidade; nada mais encontraram que, de per si,[3] possa autorizar a suspeita fundada de violências que desse causa à morte. Além disto, a enfermidade gástrica, em grau letal, está atestada por facultativo[4] idôneo.

1. *A Província de S. Paulo* (SP), Seção Livre, 27 de novembro de 1880, p. 1.
2. Ditado moral que, de tanto ser repetido, se tornou de domínio público, muito embora possa ser atribuído a Sólon (638-558 a.C), poeta e estadista da Grécia Antiga.
3. Por si só.
4. O mesmo que médico, indivíduo que exerce legalmente a medicina.

Tal é, em resumo, a douta opinião dos ilustrados peritos.

Se é certo que a causa do óbito foi uma gastrite, ou qualquer outra moléstia congênere, se a gastrite ou cousa semelhante podia ter gerado ulcerações internas no corpo da menor; se tudo isto, segundo as regras da ciência, deduz-se da natureza da moléstia, robustece-se pelo exame do *hábito externo* do cadáver, e confirma-se pelo atestado do médico assistente, o assassinato suposto, imaginado e atribuído a determinada pessoa é mais do que uma quimera, é uma inventiva[5] perigosa, é uma calúnia!...

Tudo isto, porém, é uma fantasmagoria; é uma comédia científica que serve de prólogo a um crime célebre!

É o começo de um desastre policial; o prenúncio de uma vergonha judiciária; um eclipse da medicina-legal; uma incúria[6] dos peritos; uma prova irrecusável de fatal desídia.[7]

Não houve atestado; esse documento, com tal nome crismado,[8] ao qual se referem os desatilados[9] peritos, *é uma afirmação graciosa*, extorquida à boa fé de um honrado profissional pelo assassino astucioso. Essa gastrite habilmente inventada serviu para iludir ao primeiro médico e preparar o descalabro da reputação dos outros, que descuidosamente se precipitaram.

Era uma gastrite de origem exótica; formada pela vergasta,[10] desenvolvida pela ausência de alimentos, curada pela nudez da paciente ao ar livre, modificada casualmente pelas aduelas[11] de uma barrica.[12]

É preciso que a nosologia moderna registre em seus anais este fenômeno de gastricismo,[13] sob a técnica rubrica de "gastrorragia-vergalhosa".

5. Invencionice, fantasia.
6. Negligência, desleixo ou falta de iniciativa.
7. Irresponsabilidade.
8. Sacramentado.
9. Descuidados, ineptos.
10. Chibata, chicote, vara fina usada para açoitar, torturar.
11. Cada uma das tábuas que formam a barrica.
12. Pequeno tonel, barril, pipa.
13. Desordem, perturbação ou enfermidade do estômago.

Mísera, escarnecida medicina!

Dizia o judicioso Erasmo,[14] no célebre *Elogio da loucura*,[15] que ela, bem como a retórica, foram inventadas para ocultar a verdade!

Eu, porém, cá de cima do aéreo Cruzeiro dos Bentos, onde moro, julgo-a semelhante a certas viúvas ingênuas, que decantam a virgindade das filhas aos próprios Lovelaces[16] que, à noite, entram-lhes furtivamente pelas janelas.

Não escarnecerei, porém, do que é sério, que entre lágrimas foi gerado e a vergalho[17] terminado.

Esse aleijão[18] médico-legal vai ser a pedra-angular de um gravíssimo processo, cujo fim, a regular pelo começo, está previsto.

No dia em que o cadáver da menor, *tendo ainda os pés sujos de barro*, foi levado ao cemitério, e recusado pelo coveiro, que levantou o alarma, *à noite*, julgando não ser visto, entrou ele, e demorou-se no palacete da rua de S. Bento...

Quando a tiraram da barrica[19] e a reconduziram ao sobrado, porque lhe magoassem[20] as inúmeras feridas, deu alguns gritos. Para que não incomodasse aos senhores, aplicaram-lhe, como calmante, algumas pancadas. Saudáveis, deliciosas pancadas: ela recebeu-as e para sempre calou-se...

O LEÃO DA TORRE DE S. BENTO

---

14. Erasmo de Rotterdam (1466-1536), nascido em Rotterdam, Holanda, foi teólogo católico, acadêmico e humanista de notório reconhecimento na filosofia moderna.
15. *O elogio da loucura* (1509) é um ensaio satírico e político contra costumes e práticas corruptas dentro da estrutura da Igreja Católica. Escrita originalmente em latim, a obra logo foi traduzida para diversas línguas e alcançou grande repercussão, tornando-se espécie de leitura obrigatória para as gerações seguintes.
16. Do francês, sedutor perverso e cínico.
17. Chicote, chibata formada por várias correias entrelaçadas presas num cabo de pau. Instrumento de tortura.
18. Coisa malfeita, defeituosa, monstruosa.
19. Pequeno tonel, barril, pipa.
20. Machucassem.

Capítulo 5
Revirando as vísceras da medicina legal
Despertador moral IV[1]

Comentário *"Tenho o direito de dirigir-lhes questões", dizia o Leão da Torre, não se sabe mais se uma estátua ou um advogado criminal, "porque o direito de existir não é menos sagrado que a defesa dos criminosos". Voltando-se ao debate do "relatório médico-legista, confeccionado por dois professores de elevada distinção", o autor conceitua o que é uma gastrite — afinal, essa foi a* causa mortis *apontada pelos peritos — e os sintomas causados por tal enfermidade. Parece uma discussão estritamente técnica feita no campo da medicina forense. No entanto, ela se dá diante da completa inércia da opinião pública — "Reina profundo silêncio" — e da "desanimada e tediosa" polícia. Paralisadas essas duas esferas — imprensa e polícia —, talvez pela ação política do assassino astuto, pouco restava ao autor do thriller de terror a não ser isso mesmo, metamorfosear-se em onisciente estátua que tudo testemunhava e que, por fúria leonina, tudo denunciava. A denúncia final, como se verá, foi à imagem e semelhança de um advogado no tribunal do júri no ato da descaracterização de uma prova. É o que se lê no argumento último, no qual, com habilidade retórica notável, o autor performaticamente abandona a tese que desenvolveu anteriormente e apela para o coração dos jurados: "Admitirei, porém", fulmina o autor, "contra tudo quanto se tem notado, que a gastrite existisse, qualquer que fosse a sua qualidade ou causa; que a informação do culpado seja verdadeira; que o atestado seja exato e o exame procedente. Qual foi o tratamento ministrado a essa miserável criança de 7 anos de idade durante o tempo de tão grave enfermidade? A fome, por alimento; por lenitivo, a sede; por coberta, a nudez; por medicação, a vergasta; por leito, o chiqueiro; por abrigo, uma barrica; e, para descanso, a morte".*

1. *A Província de S. Paulo* (SP), Seção Livre, 1º de dezembro de 1880, p. 1.

> Deram cabo da menor
> O marido e a mulher!
> O malvado com dinheiro
> Só não faz o que não quer!

Reina profundo silêncio.

Uns, mais propensos à malevolência do que à verdade, de verificação difícil, dizem que a polícia, desanimada e tediosa, contraiu-se diante do crime, favoneado[2] pela má vontade, pelo descuido ou pela imperícia dos peritos; outros, mais robustecidos pela experiência das ações humanas, supõem que as autoridades, ocultas, observam cuidadosas o movimento dos fatos e aguardam, com prudência, azada[3] oportunidade para dar certeiro golpe nos delinquentes; eu penso, porém, que as cousas se complicam, que os interesses chocam-se, que a justiça eleva-se, embora se aumentem a confusão e as trevas que há provas perigosas e que, do caos, Deus, que protege a inocência e que pune rigorosamente o crime, fará rebentar jorros de luz.

Por enquanto, o que preocupa o espírito público, que o traz preso como uma ideia fixa, tanto como a enormidade do singular delito, que o causara, é o exame dos peritos, improvisado diante do cadáver, e quase estranho ao seu penoso estado; tendo por fundamento um atestado sem matéria, sem base e sem valor probante.

Há quem diga que é a peça mais exótica, senão a mais extravagante, que se há visto no foro da capital; que não satisfaz os preceitos da ciência; que se não funda em princípio algum, que repele as doutrinas práticas; que é alheio às regras de medicina jurídica, que não tem a mínima relação com a matéria da causa; que nem sequer afirma ou nega um só dos quesitos formulados! Que é um aborto moral, uma mancha científica, uma injúria à

---

2. Protegido.
3. Vantajosa, adequada.

aptidão dos seus autores, atentatório da gramática, violador dos ditames da prudência, despido de regular dicção e até ofensivo do senso comum.

É o que afirma, em termos peremptórios, pessoa autorizada que o releu!

Terminaria eu aqui, de bom grado, estas observações imparciais, se o fatal exame não tivesse por base exclusiva uma atestação firmada por hábil e honrado facultativo,[4] e se essa atestação não reproduzisse *preciosas informações* de um dos culpados, que a solicitara, com empenho, e se essas informações não fossem aceitas, e estivessem desenvolvidas entre conceitos técnicos, se bem que inoportunos, pelos desavisados peritos.

Os sintomas, reais ou inventados, referidos ao digno terceiro facultativo, deram causa a que este, em boa fé, atestasse a existência de uma gastrite, motivadora do óbito.

Os peritos, tendo nas mãos esse atestado e observando o cadáver externamente, e prescindindo da autópsia, declararam-no verdadeiro; e, em razão dos seus conhecimentos científicos, que não ouso pôr em dúvida, acrescentaram que as úlceras ou feridas existentes na periferia do cadáver podiam ser resultantes da gastrite...

Refiro-me a um trabalho da maior importância, muito melindroso, em razão do objeto de sua existência; é um relatório médico-legista, confeccionado por dois professores de elevada distinção. Tenho o direito de dirigir-lhes questões, que eles deveriam prever, estudar e resolver, com clareza e precisão; porque o direito de existir não é menos sagrado que a defesa dos criminosos.

Considerarei, em primeiro lugar, a *gastrite*.

Gastrite, ou inflamação do estômago, é *aguda* ou *crônica*.

No primeiro caso, é acompanhada de sintomas violentíssimos. O enfermo sente dores intensas na região epigástrica, que apresenta calor considerável e inflamação, dores que se aumen-

---

4. O mesmo que médico, indivíduo que exerce legalmente a medicina.

tam pelo contato e, principalmente, quando dobrado o corpo para adiante, ou com qualquer cousa que ingira, lança de pronto o que engole, misturado com sangue e bílis; muitas vezes os vômitos são espontâneos, que aliás raramente faltam inteiramente; a sede é excessiva, a febre forte, acompanhada de um pulso pequeno, ligeiro e irregular; extremidades frias; às vezes soluços, síncopes e delírios.

As causas mais frequentes desta inflamação aguda, especialmente nos menores e pessoas privadas de alimentações fortes, excitantes e de dissolução difícil, são *venenos corrosivos* e metástases; às vezes, se bem que raras, são traumáticas, *causadas em consequência de violência externa*, ou de objetos agudos engolidos.

Sua duração é de poucas horas; também pode elevar-se de 8 a 15 dias. A mortalidade é considerável e, mais nos menores do que nos adultos, passa facilmente a uma exulceração, gangrena ou estado crônico.

Procederam os peritos ao exame visceral?

Verificaram, por esse meio, ou pela observação de matérias excretadas, a existência de substância tóxica ou de objetos agudos que fossem ingeridos?

Verificaram, pelo aspecto do cadáver, segundo a sua idade e compleição, o período ou tempo de duração da moléstia?

Esse período ou duração coaduna-se com aquele dentro do qual se desenvolve e termina uma *gastrite aguda*?

Não se podendo harmonizar esses dois pontos, por dissonantes, segue-se que a gastrite era *crônica*?

Existiam as causas da gastrite crônica, aliás diversas das que determinam a existência da *aguda*?

As feridas ou úlceras existentes no cadáver resultavam precisamente da gastrite, *aguda* ou *crônica*?

Tal moléstia pode determinar o aparecimento de ulcerações externas?

Que averiguação fizeram para presumir que as úlceras não provinham de ferimentos, e estes de violências?

Admitirei, porém, contra tudo quanto se tem notado, que a gastrite existisse, qualquer que fosse a sua qualidade ou causa; que a informação do culpado seja verdadeira; que o atestado seja exato e o exame procedente.

Qual foi o tratamento ministrado a essa miserável criança de 7 anos de idade durante o tempo de tão grave enfermidade?

A fome, por alimento; por lenitivo, a sede; por coberta, a nudez; por medicação, a vergasta;[5] por leito, o chiqueiro; por abrigo, *uma barrica*;[6] e, para descanso, a morte.

O LEÃO DA TORRE DE S. BENTO

---

5. Chibata, chicote, vara fina usada para açoitar, torturar.
6. Pequeno tonel, barril, pipa.

PARTE IX

UM CRIME PUXA OUTRO

NOTA INTRODUTÓRIA *Dois meses após o "profundo silêncio" na imprensa — e na polícia, na promotoria, no judiciário — sobre o crime do palacete da rua S. Bento, uma denúncia de tortura contra uma mulher parda de 20 anos conseguiu ganhar um espaço nos jornais. Feito notável. Sob fútil pretexto de evitar fugidas — quem diz isso é o próprio torturador —, a parda Maria Luiza foi amarrada com ferros pelos pés e pelo pescoço. Ainda assim, conseguiu fugir da casa do comendador Almeida, o nome do torturador, e chegou até a redação do jornal* Gazeta de S. Paulo, *onde implorou por socorro. Os redatores, por sua vez, denunciaram o caso de modo tímido, sem mencionar nem o nome do comendador, nem o nome da vítima. Foi então que surgiu uma sequência de historietas curtas e sarcásticas sobre o crime, revelando, de imediato, os nomes dos envolvidos. Só assim o leitor da época — e o de hoje! — pôde saber que o torturador era uma figura do alto escalão social, famoso por integrar diversas associações religiosas e caritativas. Só assim, igualmente, pôde-se saber o nome de Maria Luiza, "uma mulher de cor parda, de idade de 20 anos". O autor da série, contudo, tinha um outro objetivo para além da denúncia da crueldade de Almeida, "carrasco, que carregavas de ferro uma débil mulher": tratava de vincular o crime da casa do comendador com o assassinato ocorrido no interior do palacete da rua S. Bento. Os crimes tinham o mesmo perfil de vítima e de criminoso. Ambos também tinham as mesmas autoridades responsáveis por investigar, processar e julgar. Ambos, possivelmente, tiveram o mesmo desfecho.*

Capítulo 1
O misericordioso Almeida
Exemplo de piedade, I[1]

Comentário *Rápida, sarcástica e certeira, a denúncia da tortura da escravizada Maria Luiza tinha o objetivo de escandalizar o público através da revelação da hipocrisia de um conhecido benemérito de irmandades católicas de São Paulo. Um segundo objetivo, entretanto, estava implícito na denúncia: tirar o figurão Almeida do cômodo anonimato em que se encontrava, instigando-o a responder publicamente pela crueldade praticada em sua casa.*

Maria Luiza, parda, é escrava do sr. F. M. de Almeida, misericordioso, bondoso, religioso, ultramontano[2] e até santo!

Eis porque a infeliz escrava foi encontrada martirizada, acorrentada; e porque o senhor é membro de todas as irmandades e ordens religiosas conhecidas e por conhecer-se!

É secretário da Misericórdia o misericordioso Almeida!

É irmão de Nossa Senhora do Rosário, dos Remédios, da Conceição, de Santo Antonio, São Francisco, São Bartholomeu, e perante de toda a corte celeste e

ORA PRO NOBIS

---

1. *Gazeta de S. Paulo* (SP), Ineditoriais, 5 de fevereiro de 1881, p. 3. Embora sinalize que seja a primeira parte de uma série com o mesmo título, só localizei esse texto intitulado dessa forma. Por outro lado, pode-se ler os artigos "Máscara caída" e "Como se conta a história" como partes seguintes de "Exemplo de Piedade, I".
2. Partidário do ultramontanismo, doutrina conservadora que sustentava a autoridade absoluta e a infalibilidade do papa, tanto em assuntos civis como em matérias de fé.

RÉPLICA DO MISERICORDIOSO ALMEIDA[3]

Comentário   *O comendador Almeida veio a público. Dirigindo-se à redação da* Gazeta de S. Paulo, *dá a sua versão da tortura imposta à parda Maria Luiza. É verdade que, junto a "O misericordioso Almeida", a redação da* Gazeta *publicou uma nota sobre o caso. Mas, o que é bastante sugestivo, ocultou o nome do comendador Almeida e da vítima, Maria Luiza, "uma mulher de cor parda, de idade de 20 anos". Assim, embora se dirigisse à redação da* Gazeta, *o misericordioso Almeida mirava, certamente, aquele que divulgou o seu nome na imprensa; que era o mesmo que sabia o nome de Maria Luiza. De todo modo, o tom da réplica procura dissuadir os redatores de embarcarem no discurso apaixonado daqueles que querem a "extinção imediata" da escravidão. Como se sabe, naquele início do ano de 1881, em São Paulo, só um nome respondia pela paixão exagerada à causa abolicionista.*

Ilustres srs. Redatores da *Gazeta de S. Paulo*,

O jornal de Vv. Ss. hoje publicado fez a meus sentimentos uma grande injustiça.

A escrava de que se trata é minha porque o quis ser; comprei-a a instâncias dela.

A apreciação de Vv. Ss. não foi calma; e a comparação que estabeleceram com o fato da rua de S. Bento foi demasiadamente iníqua.

A prova a mais evidente é que, ao contrário do que lá sucedeu, sem que Vv. Ss., por deferência que muito agradeço, quisessem declinar meu nome, tenho pressa em apresentar-me ao público.

Não receio ser julgado por quem tiver conhecimento de causa.

Do cavalheirismo de Vv. Ss., que folgo reconhecer, espero a inserção nas colunas do seu jornal do artigo incluso.

São Paulo, 5 de fevereiro de 1881
FRANCISCO MARTINS DE ALMEIDA

---

3. *Gazeta de S. Paulo* (SP), Inedioriais, 6 de fevereiro de 1881, p. 3.

O COMENDADOR FRANCISCO MARTINS
DE ALMEIDA AO PÚBLICO

A *Gazeta de S. Paulo* de hoje traz em seu noticiário uma local que me é relativa.

Os ilustres redatores da *Gazeta*, arrastados, por certo, pelo sentimento humanitário que ultimamente parece querer erguer a nação em favor da extinção imediata do elemento servil, a cujas consequências, desgraçadamente, ainda estamos sujeitos, foram apaixonados em sua apreciação.

Sou muito grato a meus concidadãos e [ilegível] pela atenção e consideração que sempre me recompensaram; e prezo tanto o conceito em que sou tido e os sentimentos que também nutro em favor dessa classe desgraçada, que não me satisfaz a tranquilidade de consciência que me acompanha no fato a que a notícia se refere.

Preciso vir a público, e pela primeira vez em minha vida; releve, pois, a distinta redação da *Gazeta* que faça notar a paixão com que escreveu.

Há notável exagero em dizer-se "enorme gargalheira de ferro cravada a martelos e argolas ligadas por grossas correntes". A enorme gargalheira cravada a martelo é simplesmente uma pequena verga de ferro em forma de argola fechada por um pequeno parafuso; as argolas dos pés, feitas como a precedente, são ligadas por tenuíssima corrente destinada a não impedir o movimento. Elas estão na polícia e podem ser examinadas.

Agora as mandei fazer não para castigo, mas simplesmente para ver se assim conseguia o que as fechaduras não podiam conseguir. As saídas da paciente, por meio de chaves falsas, franqueavam as portas de minha casa aos perigos do dia e da noite; não pude obter as chaves falsas; quis ver se, por esse meio, impedindo a saída da paciente, que supus não querer sair desse modo, resguardava minha casa.

Não sou algoz de meus escravos; antes, são eles os senhores

de minha casa. As minhas ocupações, além de me levarem a frequentes viagens para fora da capital, me forçam a passar fora de casa a maior parte de meus dias.

O tratamento que lhes dou é conhecido por todos; e, se não for suficiente o modo por que eles aparecem em público, pode ser certificado pelos vizinhos, e nunca terão ouvido rumor de castigo; pelas pessoas que com mais intimidade frequentam minha casa, onde nunca terão visto algum instrumento a esse fim destinado; pelos srs. drs. Campos, Ellis e Joaquim Pedro, que têm sido os médicos de minha casa. Para todos eles apelo.

Este acontecimento apenas revela que nem sempre se pode tolerar faltas, que, fora do conhecimento de quem as sofre, não podem ser devidamente ponderadas. Para aqueles que não a conhecem, e não experimentaram os dissabores que delas provém, tudo parece negro e tétrico: veem as consequências e não conhecem as causas.

Há demasiada injustiça na equiparação deste fato ao da rua de S. Bento. Desejo e peço toda a sindicação, até em minha própria casa, não só para que conheçam os aposentos de meus escravos, como para que vejam os instrumentos que possuo para a "barbaridade" de que fala a *Gazeta*.

São Paulo, 5 de fevereiro de 1881
FRANCISCO MARTINS DE ALMEIDA

Capítulo 2
Aplausos para o carrasco
Máscara caída[1]

Comentário *A investida contra o "misericordioso Almeida", que impôs tortura à escravizada Maria Luiza, continua, agora sob o sugestivo nome de Frei Chico Socó. Francisco, aliás, era o prenome do comendador Almeida, o "'carrasco', que carregavas de ferro uma débil mulher".*

Meu irmão e ir.,

Mais um mistério da tua "vida íntima" desvendastes ao mundo profano!

Que tu eras "capote",[2] que eras hipócrita, que te acobertavas com a capa da religião e que te metias nas irmandades como piolho em costura, para teres ocasião de beneficiar a "família" e "compadres", isso tudo já estava no domínio público; porém, que eras "carrasco", que carregavas de ferro uma débil mulher, era ainda por todos ignorado, meu ir.

É mais uma pedra que conduzistes para o teu "monumento histórico"; mais um passo que destes para conseguires o que tanto desejas, uma comenda ou baronato!

Tendes agora, meu ir., mais direito para exigirdes um título de nobreza, e esse deve ser o de Barão dos Grilhões!

Que bonito e bem cabido título, meu ir.!

Em nome de todas as irmandades que têm bens e da nossa Sup.[3] Ord.,[4] eu te saúdo por mais esse "grande feito", pela trí-

---
1. *Gazeta de S. Paulo* (SP), Ineditoriais, 6 de fevereiro de 1881, p. 3.
2. Por sentido figurado, disfarçadamente, dissimuladamente.
3. Superior.
4. Ordem.

plice bateria da nossa Ord., e o Sup.[5] Arq.[6] queira receber em desconto dos teus pecados mais esse serviço que acabas de fazer à humanidade!

FREI CHICO SOCÓ

---

[5]. Supremo.
[6]. Arquiteto.

Capítulo 3
Tortura é tortura
Como se conta a história[1]

Comentário *A resposta ao comendador Almeida não tardou. No dia seguinte, agora Salomão contestava a versão do misericordioso que torturara uma mulher com grilhões de ferro. O autor, contudo, volta à carga naquele que era seguramente um de seus objetivos com a divulgação do caso: vincular a tortura da casa do comendador Almeida com o assassinato do palacete da rua São Bento.*

A gargalheirinha[2] era pequenininha e fechadinha por um pequenininho parafusinho e a correntinha era muito fininha e feita de corda de viola.

Conclusão: tudo isto foi aplicado com o fim de tirar o movimento da vítima!

Outra: os médicos da casa sabem que lá não há instrumentos de castigos. Esta é gloriosa! Serão os médicos varejadores[3] de casas e espiões?!

Sr. dr. promotor público, não deixe impune mais esse imitador do atentado da rua de S. Bento.

A moralidade pública pede que não fique impune essa vítima seviciada[4] e carregada de ferros, que prefere morrer a voltar para o poder do algoz, que ufano veio ainda abusar das leis do país e do público.

SALOMÃO

1. *Gazeta de S. Paulo* (SP), Ineditoriais, 7 de fevereiro de 1881, p. 2. A marcação numeral "15-1", que vinha ao final do texto, sinalizava que o artigo seria replicado outras quinze vezes. Não localizei, porém, mais nenhuma reprodução desse texto.
2. Eufemismo para um tipo de coleira de ferro, com três hastes para ganchos acima da cabeça, em que se prendiam pessoas escravizadas.
3. Vasculhadores.
4. Torturada.

Capítulo 4
O crime da rua de S. Bento[1]

Comentário *No embalo da denúncia de tortura na casa do "misericordioso Almeida", o crime da rua São Bento volta a ser notícia. Panthera, o sugestivo colunista, provoca o promotor público da capital a se pronunciar.*

Pergunta-se ao novel[2] e ilustre sr. dr. Cardoso de Mello Júnior,[3] digno promotor da comarca, se ainda não lhe sobrou algum tempo dos seus afanosos preparativos para defesa de teses, a fim de ler e estudar a rima de autos que estão em seu poder e, entre eles, o do *célebre e misterioso crime da rua de S. Bento.*

É já tempo de S. S. estrear no cargo para que foi nomeado há quase quatro meses.

PANTHERA

O PROMOTOR PÚBLICO DA CAPITAL
E O CRIME DA RUA DE S. BENTO[4]

Comentário *A primeira frase do promotor — "Não respondo ao anônimo" — deixa claro que o anônimo mexia com sua cabeça. Porque era justamente ao Panthera — e por que não dizer, felino por felino, ao Leão? — que o promotor Cardoso de Mello Júnior respondia. A simples citação aos "afanosos trabalhos para a defesa de teses", expressão antes utilizada por Panthera, desfaz a eloquência do promotor. O que chama atenção, porém, é o fato de o promotor finalmente revelar o desfecho da investigação policial sobre o crime da rua São Bento. Num jogo de empurra-empurra, pra não dizer coisa pior, o promotor*

---

1. *A Província de São Paulo* (SP), Seção Particular, 6 de fevereiro de 1881, p. 2.
2. Jovem, inexperiente, principiante.
3. José Joaquim Cardoso de Mello Júnior (1860-1948), nascido em São José do Barreiro (SP), foi advogado, promotor público, juiz de direito e chefe de polícia da província de São Paulo (1889).
4. *A Província de S. Paulo* (SP), Seção Livre, 8 de fevereiro de 1881, p. 2.

passou os autos ao juiz, que passou ao chefe de polícia, "de onde até hoje não voltaram com as informações exigidas". Até onde se sabe, portanto, o inquérito ficou sem solução final, emperrado por uma diligência que não foi cumprida. Velho modo de se encerrar um inquérito!

Não respondo ao anônimo; não entra isto absolutamente nas minhas normas de proceder. Devo, entretanto, uma explicação aos que me não conhecem.

Há um mês, mais ou menos, veio-me às mãos, para denúncia, o inquérito policial relativo ao fato da rua de S. Bento, hoje geralmente conhecido nesta capital. Li-o imediatamente, não obstante os "afanosos trabalhos para a defesa de teses", e julgando conveniente, antes de tudo, serem ouvidos os médicos do corpo de delito sobre certos tópicos que considero importantes, requeri ao sr. dr. juiz do Segundo Distrito Criminal a devolução dos autos ao sr. dr. chefe de polícia para, diante dele, e imediatamente, serem tomadas as declarações dos referidos médicos.

Depois disto, o sr. dr. juiz criminal fez descer os autos à polícia, de onde até hoje não voltaram com as informações exigidas.

É o que há de verdade sobre a questão.

Ainda uma vez: não respondo ao anônimo da *Província de S. Paulo* de hoje. São as causas destas linhas as proporções e o vulto que tem o fato ultimamente tomado. Sirvam elas para demonstrar que os trabalhos afanosos que sobre mim pesam não me inibiram ainda de cumprir os deveres de meu cargo, não me podendo, portanto, tocar, de leve ao menos, estas ou semelhantes insinuações.

S. Paulo, 6 de fevereiro de 1881
J. J. CARDOSO DE MELLO JÚNIOR[5]

---

5. Ver n. 3, p. 267.

PARTE X

O ÁS DA ABOLIÇÃO: CARTA DE LUIZ GAMA A FERREIRA DE MENEZES

NOTA INTRODUTÓRIA   *O título despretensioso — "Trechos de uma carta" ou simplesmente "Carta a Ferreira de Menezes" — oculta a grandeza do projeto literário abolicionista que ganhou forma na imprensa do Rio de Janeiro da última década da escravidão. A série de onze artigos, todos publicados entre dezembro de 1880 e fevereiro de 1881, expressa de modo cristalino a consistência ideológica e política da visão estratégica de Luiz Gama no front da luta pela abolição, sendo um dos mais impactantes e significativos textos dessa campanha. Na condição de líder do pujante movimento social abolicionista de São Paulo, Gama dirige-se aos amigos e correligionários do movimento no Rio de Janeiro, expondo e sustentando argumentos pela abolição imediata, ampla, geral, irrestrita. Em onze partes de uma mesma carta — afinal, tinha destinatário, estrutura e finalidades comuns —, Gama elabora uma espécie de programa não para o futuro distante ou para um diletante intelectual escanteado do processo em curso, mas um roteiro de luta para o calor da hora da política brasileira. Assim, começa a série por uma resposta a um discurso do deputado paulista Moreira de Barros e sua interpretação sobre a multinormatividade do contrabando. É de se notar como Gama contesta de pronto a leitura enviesada do deputado liberal e, ao replicá-lo, propositadamente subsidia de argumentos seus companheiros de causa. Essa ideia perpassa toda a série: informar e instruir os mais jovens sobre os caminhos e desafios da luta abolicionista. Para isso, Gama traçava quais eram suas linhas programáticas, seus argumentos-chave e táticas imediatas, além de categorizar quais eram os adversários do movimento, partidos, instituições e associações de homens ricos. A carta, portanto, dava instrumentos para se formar uma nova geração de militantes versados na semântica do abolicionismo. No entanto, não se formaria "uma falange, uma legião de cabeças, mas com um só pensamento, animados de uma só ideia: a exterminação do cativeiro e breve", ancorado no discurso volátil e veloz da análise e da tática políticas. Seria necessário muito mais. Seria necessário assentar bases para um compromisso moral contra a escravidão. Seria fundamental constituir uma sensibilidade e uma estética intransigentes com a escravidão. Assim, Gama exigia coerência de seus companheiros e estigmatizava os senhores de escravizados individualmente como figuras desumanas, cruéis e assassinas; e, coletivamente, como uma "classe social" inescrupulosa e repugnante. Gama não capitulou. A carta, que se revelava um ás na mesa de jogo amarrado, ou por outra, que desvelava a autoria de um ás da literatura, tem uma semântica original, um argumento poderoso e uma narrativa arrebatadora. Tinha os olhos no presente. Destinada estava, desde as primeiras linhas, a ganhar a posteridade como uma das páginas mais instrutivas da história da abolição no Brasil e nas Américas. É a história do abolicionismo brasileiro contada desde onde realmente começou.*

Capítulo 1
Olho vivo no parlamento
Trechos de uma carta[1]

Comentário   *No primeiro dos "trechos de uma carta", Gama inicia com uma análise da multinormatividade do contrabando, isto é, do conjunto de textos legais relacionados à proibição do comércio transatlântico de escravizados da África com o Brasil. Mas não inicia a esmo. Gama estava muito atento aos debates parlamentares referentes às possibilidades de extinção da escravidão no Brasil. Tanto estava atento que leu com lupa um discurso escravocrata e, ato contínuo, preparou uma réplica. Tratava-se de um pronunciamento profundamente atrelado aos interesses da escravidão proferido pelo deputado liberal, também de São Paulo, Moreira de Barros. O ponto central do argumento liberal-escravocrata era um no qual Gama era o maior dos experts: a vigência da Lei de 1831 e de outras normatividades do contrabando. Para Moreira de Barros, desde que o comércio transatlântico de escravizados cessou, as leis perderam sua eficácia. "Será isto verdade? Se é, o orador estava louco". Gama, como se vê pelo estilo, seria mais uma vez intransigente. Ciente das disputas partidárias no parlamento, optou por trazer à baila a opinião de um antigo baluarte conservador, o ex-ministro Eusébio de Queirós. Não visava exatamente a simpatia do Partido Conservador; pretendia, muito antes disso, rotular liberais e conservadores como formas de uma mesma política, a política da escravidão.*

Não li o discurso que me dizem ter proferido nestes últimos dias o dr. Moreira de Barros,[2] no qual dissera que a Lei de 1831, bem como toda a legislação anterior ou posterior a essa época, promulgada para evitar o tráfego, ficara sem efeito algum, desde que esse cessou completamente. 5

Será isto verdade? Se é, o orador estava louco.

---

1. *Gazeta da Tarde* (RJ), Noticiário, 1º de dezembro de 1880, p. 1.
2. Antonio Moreira de Barros (1841–1896), paulista de Taubaté, foi deputado, ministro e presidente da província de Alagoas.

Tu sabes que a lei mais terrível, e que vedou o tráfico, é a de 4 de setembro de 1850, regulamentada por decreto de 14 de outubro do mesmo ano, proposta pelo grande conselheiro Eusébio,[3] "o espírito mais justo e liberal, até hoje conhecido no Brasil".

Esse eminente estadista, quando teve de dar explicações relativas à execução da Lei, em sessão de 16 de julho de 1852, leu uma exposição de motivos, na qual se acha o seguinte:

Um único meio assim resta para reprimir o tráfico... é deixar que a respeito do passado continue a Legislação existente; que ela continue igualmente a respeito dos pretos introduzidos para o futuro, mas que só se apreenderam depois de internados pelo país e não pertencerem mais aos introdutores... os filantropos não terão que dizer, vendo que, para as novas introduções, se apresentam alterações eficazmente repressivas e que, para o passado, não se fazem favores, e apenas continua o que está...

Por isso entreguei não só a formação da culpa, como todo o processo ao juiz especial dos auditores de Marinha, com recurso para a Relação, bem entendido só nos casos de apreensão, no ato de introduzir, ou sobre o mar.

Depois desta leitura, continuando o ministro em seu discurso, disse mais:

Vê, pois, a Câmara, que eu havia comunicado aos meus colegas que os grandes pensamentos da Lei de 4 de novembro de 1850 eram pensamentos nossos em 1849. Nós já então reparávamos a questão das presas, dos julgamentos do réu; já então mantínhamos a Lei de 7 de novembro de 1831, reservando-a, porém, *somente para o passado*, ou para os escravos depois de internados e compreendidos com os outros; já então distinguíamos os introdutores dos compradores...

Veja agora o que diz o Decreto de 12 de abril de 1832[4] publicado para a Lei de 1831, no art. 10:

Em qualquer tempo em que o preto requerer, a qualquer juiz de paz ou criminal, que veio para o Brasil depois da extinção do tráfico, o juiz o

---

3. Ver n. 37, p. 197.
4. Ver n. 6, p. 174.

interrogará sobre todas as circunstâncias que possam esclarecer o fato, e oficialmente procederá a todas as diligências necessárias, para certificar-se delas; obrigando o senhor a desfazer as dúvidas que suscitarem-se a respeito. Havendo presunções veementes de ser o preto livre, o mandará depositar e procederá nos mais termos da lei.

Se é verdade que o dr. Moreira de Barros disse o que ouvi se lhe atribuir, aí está na Lei, e nas palavras do grande Eusébio, a mais cabal resposta.

LUIZ GAMA

Capítulo 2
O caminho da liberdade
Trechos de uma carta[1]

Comentário   *Gama escreve aos amigos e correligionários do Rio de Janeiro, sobretudo, para falar dos adversários do movimento, "dos homens ricos, dos milionários, da gente que tem o que perder". Como militante veterano, Gama traça um estereótipo do adversário a quem os abolicionistas precisariam estar vigilantes: uma espécie de "abolicionista" que acha um meio de dar "uma adversativa" e refugar a causa. A julgar pela referência que faz ao seu "Questão jurídica", pode-se dizer que Gama tinha em mente os republicanos e liberais paulistas, que num primeiro momento até pareceriam simpáticos ao movimento — "mostram-se lhanos, dóceis" —, mas, entre uma adversativa e outra, logo clamavam que o movimento "é perigoso, atinge a violência, provoca uma catástrofe, deve ser reprimido!" Gama alertava que essa qualidade de liberal e republicano quereria uma abolição apenas para o próximo século. Para eles, dizia Gama, "as alforrias devem provar-se por certidões de óbito". E dizia mais: a liberdade que eles, os adversários do movimento abolicionista, defendiam, era "uma liberdade métrica, bacalhocrática, ponderada, refletida, triturada, peneirada, dinamizada, apropriada a corpos dessangrados, higiênica e esculápica para os moribundos e funerária para os mortos". Gama não tinha dúvidas de quem se tratava. "Da minha parte, ouço-os: sei o que eles são, e o que querem; sei o que faço, e prossigo na minha tarefa." A luta pela abolição vinha de muito tempo. Gama ensinava o caminho da liberdade.*

Preciso é que tu saibas o que por aqui se diz relativamente à nobre cruzada emancipadora.

Não me refiro aos nossos amigos, aos nossos correligionários, aos nossos companheiros de luta; constituímos uma falange, uma legião de cabeças, mas com um só pensamento, animados de uma só ideia: a exterminação do cativeiro e breve.

Tratarei dos nossos adversários, dos homens ricos, dos milionários, *da gente que tem o que perder*.

1. *Gazeta da Tarde* (RJ), 12 de dezembro de 1880, p.3.

Provocados, em particular ou em público, nas palestras, nas conversações familiares, ou nas reuniões, sobre a Lei de 1818, ou de 1831, ou sobre o projeto de 1837 ou sobre a negra tentativa de 1848, mostram-se lhanos, dóceis, contritos,[2] curvam-se à razão, reconhecem o direito, confessam a verdade, rendem culto à liberdade, dão-nos ganho de causa, aplaudem-nos, e proclamam com entusiasmo a santidade da causa que defendemos, mas... dá-se uma adversativa; reclamam para si um lugar na propaganda; eles também são abolicionistas; porque também são brasileiros.

O que nós pretendemos é grande, eles o proclamam; é belo, é invejável; o que, porém, estamos fazendo, é perigoso, atinge a violência, provoca uma catástrofe, deve ser reprimido!...

Os filósofos (eles também os têm, e até positivistas) querem que se não altere o compassado movimento do tempo, a morna calma do taciturno vanzear[3] da nau do Estado. Para extinguir o cativeiro é preciso criar, com supina[4] reflexão, o seu condigno substituto: a sociedade não pode prescindir do servilismo.

A emancipação, a liberdade, hão-de vir com o vagar providencial das criações geológicas, para evitar-se indigestões morais, não menos perigosas que as físicas, mormente[5] em aspérrimos[6] alváreos de implacável catadura[7] africana.

Eles têm a experiência do mundo, sabem que Adão foi feito de barro, e que a celeridade é um instrumento destruidor. Querem uma abolição secular; as alforrias devem provar-se por certidões de óbito; uma liberdade métrica, bacalhocrática,[8] ponderada,

---

2. Arrependidos, pesarosos.
3. Como o balançar vagaroso de uma embarcação em mar sem ondas.
4. Elevada, notável.
5. Sobretudo, principalmente.
6. Muito áspero.
7. Aspecto, aparência, expressão do semblante.
8. Referência a bacalhau que, em sentido figurado próprio à época, remetia ao chicote, chibata.

refletida, triturada, peneirada, dinamizada, apropriada a corpos dessangrados,[9] higiênica e esculápica[10] para os moribundos e funerária para os mortos.

Tomaram atitude de bonzo,[11] constituíram-se imagens ambulantes da pachorra,[12] trazem, em punho, por ornato,[13] a cartilha salvadora da resignação.

Nós provocamos reações perigosas, por virtude; estrangulamos nos puros corações o sentimento generoso da piedade; estamos, por indesculpável imprudência, retardando uma reparação nacional; ferimos de morte o patriotismo, e menosprezamos, diante do estrangeiro, o pudor da aristocracia brasileira.

Acrescentam, e isto é notável, que a lavoura tem dois inimigos: nós, e os próprios correligionários deles, que estão sacrificando a sua causa no Parlamento!...

Da minha parte, ouço-os: sei o que eles são, e o que querem; sei o que faço, e prossigo na minha tarefa.

Hoje entreguei na redação da *Província* um trabalho humilde, feito às pressas, mas de alguma utilidade sobre a tese seguinte: "Subsistem os efeitos manumissórios da Lei de 26 de janeiro de 1818, depois da promulgação das de 7 de novembro de 1831 e 4 de setembro e 1850?"[14]

Escrevi-o a propósito de umas asseverações do exmo. sr. desembargador Faria, procurador da Coroa, feitas no Tribunal da Relação quando se discutia uma ordem de *habeas-corpus* impetrada por mim em favor de uma africano livre posto em cativeiro.

São Paulo, 8 de dezembro de 1880
LUIZ GAMA

---

9. Debilitado, que perdeu muito sangue.
10. No sentido de medicada.
11. No sentido de indivíduo fingido, sonso, preguiçoso.
12. Lentidão, apatia.
13. Ornamento, adereço.
14. Refere-se ao artigo "Questão jurídica", que se lê nesse volume à p. 189.

Capítulo 3
O heroico escravo que mata o senhor
Carta ao Dr. Ferreira de Menezes[1]

Comentário *Gama toma como mote da carta uma notícia recém-publicada no jornal. A notícia que vinha de Itu, interior paulista, o indigna de tal maneira que o convalescente Luiz Gama se levanta e pega da pena para escrever um dos mais veementes protestos contra a crueldade da escravidão no Brasil. Quatro escravizados assassinaram o filho de um influente fazendeiro escravocrata. Após o cometimento do crime, os escravizados não fugiram, antes buscaram proteção das autoridades policiais. Revoltados, "trezentos cidadãos" vão em marcha até o cárcere onde os "quatro Espártacos" estavam presos e, armados "à faca, a pau, à enxada, a machado", invadem a repartição policial e "matam valentemente a quatro homens; menos ainda, a quatro negros; ou, ainda menos, a quatro escravos manietados em uma prisão!" Dessa "hecatombe" Gama tira uma conclusão filosófica que sintetizaria sua visão de mundo e de direito: "o escravo que mata o senhor, que cumpre uma prescrição inevitável de direito natural, e o povo indigno, que assassina heróis, jamais se confundirão". A reflexão se opunha diametralmente à de um professor da Faculdade de Direito de São Paulo, Leite Moraes, que havia se posicionado e justificado o linchamento de trezentos contra quatro. Gama não pararia ali. A revolta com o povo indigno da "heroica, a fidelíssima, a jesuítica cidade de Itu" — vejam só o misto de fúria e sarcasmo que Gama imprimiu na reflexão — estendia-se para outras praças da província de São Paulo. É o caso do "auto de fé agrário" ocorrido em Limeira, também interior paulista, onde um "rico e distinto fazendeiro" e certamente branco matou um homem negro com os mais violentos requintes de crueldade. "O escravo foi amarrado, foi despido, foi conduzido ao seio do cafezal", contava Gama, com a loquacidade de uma testemunha ocular. "Fizeram-no deitar: e cortaram-no a chicote, por todas as partes do corpo: o negro transformou-se em Lázaro; o que era preto se tornou vermelho. Envolveram-no em trapos... Irrigaram-no a querosene: deitaram-lhe fogo..." Gama, adoentado em sua casa, deve ter chorado, porque aos outros seguramente fez.*

1. *Gazeta da Tarde* (RJ), 16 de dezembro de 1880, p. 1. Também publicado em *Gazeta do Povo* (SP), 14 de dezembro de 1880; e *A Província de S. Paulo* (SP), 18 de dezembro de 1880.

Meu caro Menezes,[2]

Estou em nossa pitoresca choupana do Brás,[3] sob as ramas verdejantes de frondosas figueiras, vergadas ao peso de vistosos frutos, cercado de flores olorosas, no mesmo lugar onde, no começo deste ano, como árabes felizes, passamos horas festivas, entre sorrisos inocentes, para desculpar ou esquecer humanas impurezas.

Daqui, a despeito das melhoras que experimento, ainda pouco saio às tardes, para não contrariar as prescrições do meu escrupuloso médico e excelente amigo, dr. Jayme Serva.[4]

Descanso dos labores e das elucubrações da manhã, e preparo o meu espírito para as lutas do dia seguinte.

Este mundo é uma mitologia perpétua; o homem é o eterno Sísifo.[5]

---

2. José Ferreira de Menezes (1841-1881), natural do Rio de Janeiro, possivelmente de Angra dos Reis, foi jornalista, dramaturgo e advogado. Amigo pessoal de Gama, estando ao seu lado em numerosas batalhas, Ferreira de Menezes foi um dos raríssimos homens negros a se graduar na Faculdade de Direito do Largo de São Francisco em todo o século XIX. Além disso, dirigiu, no Rio de Janeiro, o jornal *Gazeta da Tarde*, de tendência abolicionista, no qual Gama foi um dos colaboradores, notadamente na famosa carta que dirigiu ao seu amigo de longa data.
3. Gama escreve do seu endereço até o fim vida, a "casa de campo" do Brás, muito provavelmente o número 25 da Rua do Brás (hoje denominada Rangel Pestana), nas cercanias da antiga Estação Norte (atualmente estação Pedro II da linha vermelha do metrô paulistano).
4. Jayme Soares Serva (1843-1901), baiano de Salvador, onde se formou em medicina em 1867. Foi voluntário da pátria durante os combates na Guerra do Paraguai e de lá voltou com a patente de major médico. Fez carreira médica em São Paulo.
5. Na mitologia grega, Sísifo era o mais astucioso dos mortais e, por abusar da sua esperteza e malícia, foi condenado por toda a eternidade a empurrar montanha acima uma enorme pedra redonda de mármore e, quando chegasse ao cume, soltá-la montanha abaixo, tornando a carregá-la acima e empurrá-la abaixo num movimento incessante e contínuo. Numa bonita passagem, Gama reflete e exclama sobre a natureza humana e seus dias de lutas na imprensa e no foro.

Acabo de ler, na *Gazeta do Povo*, o martirológio[6] sublime dos quatro Espártacos,[7] que mataram o infeliz filho do fazendeiro Valeriano José do Valle.

É uma imitação de maior vulto da tremenda hecatombe que aqui presenciou a heroica, a fidelíssima, a jesuítica cidade de Itu, e que foi justificada pela eloquente palavra do exmo. sr. dr. Leite Moraes,[8] deputado provincial e professor considerado da nossa faculdade jurídica.

Há cenas de tanta grandeza, ou de tanta miséria, que, por completas, em seu gênero, se não descrevem: o mundo e o átomo por si mesmo se definem; o crime e a virtude guardam a mesma proporção; assim, o escravo que mata o senhor, que cumpre uma prescrição inevitável de direito natural, e o povo indigno, que assassina heróis, jamais se confundirão.

Eu, que invejo com profundo sentimento esses quatro apóstolos do dever, morreria de nojo, de vergonha, se tivesse a desgraça de, por torpeza, achar-me entre essa horda inqualificável de assassinos.

Sim! Milhões de homens livres, nascidos como feras ou como anjos, nas fúlgidas areias da África, roubados, escravizados, azorragados,[9] mutilados, arrastados, neste país clássico da sagrada liberdade, assassinados impunemente, sem direitos, sem família, sem pátria, sem religião, vendidos como bestas, espoliados em seu trabalho, transformados em máquinas, condenados à luta de todas as horas e de todos os dias, de todos os momentos, em proveito de especuladores cínicos, de ladrões impudicos,[10] de salteadores sem nome, que tudo isto sofreram e sofrem, em face de uma sociedade opulenta, do mais sábio dos monarcas,[11] à luz divina da santa

---

6. Lista dos que morreram ou sofreram por uma causa.
7. Ver n. 13, p. 75.
8. Joaquim de Almeida Leite Moraes (1834-1895), paulista de Tietê, foi professor de direito, vereador, deputado e presidente da província de Goiás.
9. Açoitados, chicoteados.
10. Imorais, sem-vergonha.
11. Referência tão explícita quanto irônica à figura de Pedro II.

religião católica e apostólica romana, diante do mais generoso e do mais desinteressado dos povos; que recebiam uma carabina envolvida em uma carta de alforria, com a obrigação de se fazerem matar à fome, à sede e à bala nos esteiros[12] paraguaios;[13] e que, nos leitos dos hospitais, morriam, volvendo os olhos ao território brasileiro, ou que, nos campos de batalha, caiam, saudando risonhos o glorioso pavilhão da terra de seus filhos; estas vítimas, que, com o seu sangue, com o seu trabalho, com a sua jactura,[14] com a sua própria miséria, constituíram a grandeza desta nação, jamais encontraram quem, dirigindo um movimento espontâneo, desinteressado, supremo, lhes quebrasse os grilhões do cativeiro.

Quando, porém, por uma força invencível, por um ímpeto indomável, por um movimento soberano no instinto revoltado, levantam-se, como a razão, e matam o senhor, como Lusbel[15] mataria a Deus, são metidos no cárcere; e, aí, a virtude exaspera-se, a piedade contrai-se, a liberdade confrange-se, a indignação referve, o patriotismo arma-se, *trezentos concidadãos* congregam-se, ajustam-se, marcham direitos ao cárcere e aí (oh! é preciso que o mundo inteiro aplauda), à faca, a pau, à enxada, a machado, matam valentemente a *quatro homens*; menos ainda, a quatro negros; ou, ainda menos, a quatro escravos manietados[16] em uma prisão!...

Não! Nunca! Sublimaram, pelo martírio, em uma só apoteose, quatro entidades imortais!

Quê! Horrorizam-se os assassinos de que quatro escravos matassem seu senhor? Tremem porque eles, depois da lutuosa cena, se fossem apresentar à autoridade?

---

12. Terreno baixo, alagadiço e pantanoso.
13. Referência à Guerra do Paraguai (1865–1870), maior conflito militar do Império e da América do Sul no século XIX.
14. No sentido de orgulho.
15. Lúcifer.
16. Amarrados, de mãos atadas.

Miseráveis! Ignoram que mais glorioso é morrer livre em uma forca, ou dilacerado pelos cães na praça pública, do que banquetear-se com os Neros[17] na escravidão.

Sim! Já que a quadra é dos grandes acontecimentos; já que as *cenas de horror* estão em moda; e que os nobilíssimos corações estão em boa maré de exemplares vinditas,[18] leiam mais esta:

Foi no município da Limeira; o fato deu-se há dois anos.

Um rico e distinto fazendeiro tinha um crioulo, do norte, esbelto, moço, bem parecido, forte, ativo, que nutria o vício de detestar o cativeiro: em três meses fez dez fugidas!

Em cada volta sofria um rigoroso castigo, incentivo para nova fuga.

A mania era péssima; o vício contagioso e perigosíssima a imitação.

Era indeclinável um pronto e edificante castigo.

Era a décima fugida; e dez são também os mandamentos da lei de Deus, um dos quais, o mais filosófico e mais salutar é: *castigar os que erram*.

O escravo foi amarrado, foi despido, foi conduzido ao seio do cafezal, entre o bando mudo, escuro, taciturno dos aterrados parceiros: um Cristo negro, que se ia sacrificar pelos irmãos de todas as cores.

Fizeram-no deitar: e *cortaram-no* a chicote, por todas as partes do corpo: o negro transformou-se em Lázaro;[19] o que era preto se tornou vermelho.

Envolveram-no em trapos...

---

17. Referência a Nero (37–68), imperador de Roma que passou à história como símbolo de tirania e violência.
18. O mesmo que vingança, desforra.
19. Provável referência a Lázaro de Betânia, personagem bíblico descrito no Evangelho de João (11:41–44), que, quatro dias após sua morte, teria sido ressuscitado por milagre de Jesus. O contexto que invoca o tema do sacrifício reforça essa leitura. No entanto, a referência também pode ser a Lázaro, mendigo e leproso que protagoniza a conhecida parábola "O rico e Lázaro", narrada no Evangelho de Lucas (16:19–31).

Irrigaram-no a *querosene*: deitaram-lhe fogo... Auto de fé agrário!...

Foi o restabelecimento da inquisição; foi o renovamento[20] do *touro de Fálaris*,[21] com dispensa do simulacro de bronze; foi uma figura das candeias[22] vivas dos jardins romanos; davam-se, porém, aqui, duas diferenças: a iluminação fazia-se em pleno dia; o combustor[23] não estava de pé empalado; estava decúbito;[24] tinha por leito o chão, de que saíra, e para o qual ia volver em cinzas.

Isto tudo consta de um auto, de um processo formal, está arquivado em cartório, enquanto o seu autor, rico, livre, poderoso, respeitado, entre sinceras homenagens, passeia ufano, por entre os seus iguais.

Dirão que é justiça de salteadores?

Eu limito-me a dizer que é digna dos nobres ituanos, dos limeirenses e dos habitantes de Entre-Rios.

Estes quatro negros espicaçados pelo povo, ou por uma aluvião de abutres, não eram quatro homens, eram quatro ideias, quatro luzes, quatro astros: em uma convulsão sidérea desfizeram-se, pulverizaram-se, formaram uma nebulosa.

Nas épocas por vir, os sábios astrônomos, os Aragos[25] do futuro, hão de notá-los entre os planetas: os sóis produzem mundos.

S. Paulo, 13 de dezembro de 1880

Teu

LUIZ GAMA

20. O mesmo que renovação.
21. O touro de bronze, que leva o nome do déspota Fálaris, foi uma máquina de tortura e execução, símbolo máximo da crueldade na Antiguidade. Espécie de esfinge taurina onde o executado era confinado e queimado, tendo seus gritos de suplício canalizados até a boca da esfinge, que parecia urrar com a tortura.
22. Espécie de tocha acendida ao queimar um pavio embebido em óleo.
23. O que queima, arde.
24. Posição corporal deitada, de barriga para baixo ou de costas.
25. Dominique François Jean Arago (1786–1853) foi um astrônomo, deputado e ministro francês.

Capítulo 4
A libertação do ventre escravizado
Trechos de uma carta[1]

Comentário   *Gama abre esse trecho da carta com uma interpretação interessante sobre a "Lei Áurea", não a de 1888, obviamente, porque não a testemunhou, mas a de 1871, a conhecida Lei do Ventre Livre. Com a habilidade retórica de praxe, afirma que a libertação do ventre escravizado foi "imposta ao governo e arrancada ao parlamento" pela vontade nacional, mas esse mesmo governo e seus magistrados a violariam escandalosamente, com sofismas, preterições, prevaricações, vícios, caprichos, entre outras condutas não menos criminosas. A conclusão a que Gama chega é fatal: "É que os homens do governo, os juízes e os funcionários têm famílias, têm amigos, têm interesses, têm escravos!" Famílias, amigos, interesses e escravidão — haja união! — faziam dos senhores uma classe coesa e organizada. Era contra ela que Gama se voltava. "Os senhores dominam pela corrupção, têm ao seu serviço ministros, juízes, legisladores, encaram-nos com soberba, reputam-se invencíveis." Urgia contra-atacar essa classe. Encarando de volta os senhores, Gama explicita a marcação racial da escravidão. Afirma que o negro "é a causa da grandeza do Brasil", que, "chamado escravo, na expressão legal, este homem sem alma, este cristão sem fé, este indivíduo sem pátria, sem direitos, sem autonomia, sem razão, é considerado abaixo do cavalo, é um racional toupeira, sob o domínio de feras humanas — os senhores". Gama deflagra então a prova de seu argumento, isto é, de que os senhores, "cônscio da impunidade, que os distingue", agiam como feras humanas. Assim, passa a descrever "um fato, entre muitos semelhantes, de deslumbradora eloquência". O abandono do "inocente mulatinho" à porta da casa de seu amigo pessoal, "maior de sessenta anos" e "de cor preta", Porphirio Pires Carneiro, é de escandalizar os leitores — da época e de hoje. "Isto é torpeza de branco, exclamava ele [Carneiro] enfurecido, enfiando os dedos pretos pelos bastos cabelos brancos!" A fúria de Gama — e de Carneiro — está no texto de modo arrebatador. Da fúria, contudo, Gama mirava o futuro: a abolição. Chegaria o dia, Gama imaginava, em que os senhores "hão de apertar a mão do liberto, nivelados pelo trabalho, pela honra, pela dignidade, pelo direito, pela liberdade".*

1. *Gazeta da Tarde* (RJ), 28 de dezembro de 1880, p. 1.

Meu caro Menezes,

A lei áurea de 28 de setembro de 1871, imposta ao governo e arrancada ao parlamento, por a vontade nacional, em circunstâncias climatéricas,[2] desde o começo grosseiramente sofismada, senão criminosamente preterida em sua execução, e que, hoje, muito longe está de satisfazer as aspirações à civilização e os progressos do país, ainda assim, continua a ser flagrantemente violada pelo governo, pela Magistratura, pela monocracia[3] e pelos donos de escravos.

Dão-se as violações escandalosas contra os manumitentes,[4] contra os pecúlios[5] públicos ou particulares, contra as arrecadações, contra as avaliações ou arbitramentos, e somente a favor dos *senhores*!... É que os homens do governo, os juízes e os funcionários têm famílias, têm amigos, têm interesses, têm escravos!...

As alforrias pelo fundo de emancipação constituem, geralmente falando, a mais sórdida prevaricação.[6] As classificações são viciosas; na escolha dos libertandos[7] domina o capricho; os arbitramentos são de excessivo valor.

Pode-se afirmar, salvando raríssimas exceções, que o serviço não tem desempenho regular, é feito por uma horda de prevaricadores.[8]

Os *senhores* procedem com ostensivo despudor. Tratam os cavalos de estrebaria como seus próprios irmãos: até aí nada vejo

---

2. Críticas, perigosas.
3. O mesmo que monarquia, autocracia, regime em que o governante detém a soberania política, isto é, a palavra final sobre assuntos civis.
4. Alforriandos, que demandam liberdade.
5. Ver n. 3, p. 109.
6. Faltar ao cumprimento do dever por interesse ou má-fé.
7. Alforriandos, manumitentes, aqueles que demandam liberdade.
8. Corruptos, aqueles que faltam ao cumprimento do dever por interesse ou má-fé.

de repreensível; porque o sábio conde de Chesterfield,[9] que tinha razões de sobra, dizia *que certos fidalgos eram menos nobres que os seus cavalos*.

Cobrem-nos (aos cavalos) de lã e de sedas durante o inverno: envidraçam-lhe as estrebarias, alcatifam[10] o assoalho de escolhida palha e até mandam vir da Europa a sua alimentação. Durante o verão dão-lhe pastos especiais, fazem-nos mudar de clima, mandam banhá-los uma e duas vezes por dia.

O homem, porém, a *imagem de Deus*, a máquina viva e ambulante do trabalho, o negro, o escravo, come do mesmo alimento, no mesmo vasilhame dos porcos; dorme no chão, quando feliz, sobre uma esteira; é presa dos vermes e dos insetos; vive seminu; exposto aos rigores da chuva, do frio e do sol; unidos, por destinação, ao cabo de uma enxada, de um machado, de uma foice; tem como despertador o relho do feitor, as surras do administrador, o tronco, o viramundo,[11] o grilhão,[12] as algemas, o gancho ao pescoço, a fornalha do engenho, os *banhos de querosene*, as fogueiras do cafezal, o suplício, o assassinato pela fome e pela sede!... E tudo isto santamente amenizado por devotas orações ao crepúsculo da tarde e ao alvorecer do dia seguinte.

O negro, disse o meu estimável amigo, o exmo. sr. dr. Belfort Duarte,[13] é a causa da grandeza do Brasil: pois bem, este miserável grande, fator da opulência daquele grande miserável, este animal maravilhoso, chamado escravo, na expressão legal, este homem sem alma, este cristão sem fé, este indivíduo sem

---

9. Provável referência ao 4º conde de Chesterfield, Philip Stanhope (1694–1773), aristocrata e diplomata. A hipótese é sugerida devido à presença do conde como personagem literário de dois livros publicados em meados do século XIX: *Barnaby Rudge: A Tale of the Riots of Eighty* (1841), de Charles Dickens, e *The Virginians* (1857), de William Makepeace Thackeray.
10. Cobrir com tapete.
11. Pesado grilhão de ferro.
12. Cadeia grossa de argolas de ferro.
13. Francisco de Paula Belfort Duarte (1844–?), maranhense, jornalista, advogado e deputado. Graduado pela Faculdade de Direito do Largo de São Francisco (1864).

pátria, sem direitos, sem autonomia, sem razão, é considerado abaixo do cavalo, é um racional toupeira, sob o domínio de feras humanas — *os senhores*.

Por as Leis de 1º de outubro de 1828, art. 59, e nº 16 de 12 de agosto de 1834, art. 1º, foram as câmaras municipais, por motivos de ordem pública, incumbidas de promover os meios de bom tratamento dos escravos, e de evitar as crueldades para com eles, mediante comunicações e propostas às assembleias provinciais.

Qual foi, entretanto, a câmara ou assembleia que já cuidou, ao menos por mera formalidade, do desempenho deste sagrado e piedoso dever?

Os vereadores e os deputados, ainda os mais ilustres, nunca leram esta lei.

Outras acertadas providências, no mesmo sentido, para segurança dos míseros escravos, restrita observância da disposição da lei, defraudada por *senhores* ferozes, foram dadas pelo Governo Imperial, em Avisos 4º e 8º de 11 de novembro de 1831 (Vide Legislação Brasileira – Coleção Nabuco).

Por a Lei de 20 de outubro de 1823[14] foi conferido aos presidentes de províncias o encargo tão importante quão melindroso e humanitário, de cuidar e promover o bom tratamento dos escravos. Até hoje, porém, as altas administrações provinciais, que se ocupam de tudo, inclusive as posturas concernentes ao lixo e nomeações de oficiais da Guarda Nacional, não desceram às senzalas, senão para assistir a surras!...

Os *senhores*, cônscios da impunidade, que os distingue, procedem com desplante e com desbrio.

---

14. Aprovada no bojo do processo constituinte de 1823, esta lei declarava em vigor uma série de normas portuguesas que possuíam inquestionável força normativa no Brasil até abril de 1821. O art. 1º da lei fazia explícita menção às Ordenações como um desses conjuntos normativos que voltavam oficialmente a ter vigência no Brasil. Não é evidente, contudo, a qual norma, recepcionada pela mencionada lei, Gama fazia referência indireta.

Eis um fato, *entre muitos semelhantes*, de deslumbradora eloquência.

Há dias, à rua Vinte e Cinco de Março, no bairro da Figueira, margem do rio Tamanduateí, nesta cidade, arrabalde frequentado por porcos, bestas soltas e cães vadios, à noite, foi exposto um menino recém-nascido, de cor parda, à porta do sr. Porphirio Pires Carneiro.[15]

Este homem, que é maior de 60 anos, e paupérrimo, e que a si tomou a criação do menor arrancado à morte pelo braço do acaso, é de cor preta, é afilhado do defunto conselheiro Martim Francisco,[16] que o criou em seu lar, que o educou, entre seus filhos, e que à sua custa fê-lo viajar pela Europa; tem no porte e no ânimo a nobre altivez e a inflexibilidade nativa dos Andradas.[17]

O indigno abandono do menor, criminosamente feito, à sua porta, foi-lhe causa de insônias; revoltou-o.

— *Isto é torpeza de branco*, exclamava ele enfurecido, enfiando os dedos pretos pelos bastos cabelos brancos!

---

15. Embora existam poucos rastros da biografia de Porphirio Pires Carneiro, sabe-se, por esse fragmento, que se tratava de um amigo pessoal de Luiz Gama. Os poucos registros assinalam que foi morador da freguesia da Sé, comerciante em Santos (SP) e funcionário público em São Paulo. Contarei mais da biografia de P. P. Carneiro, como também era conhecido, na minha tese de doutorado.
16. Martim Francisco Ribeiro de Andrada (1775-1844), natural de Santos (SP), foi uma figura proeminente da política brasileira da primeira metade do século XIX. Um dos Andradas protagonistas da Independência em 1822, foi constituinte (1823), deputado por sucessivos mandatos, presidente da Câmara dos Deputados e ministro da Fazenda. É conhecido, também, por ser pai de José Bonifácio, o Moço (1827-1886), e Antonio Carlos de Andrada (1830-1902), personagens que mantiveram estreita relação política e profissional com Luiz Gama.
17. Referência a, entre outros Andradas, José Bonifácio de Andrada e Silva (1763-1838). Nascido em Santos (SP), José Bonifácio passou para a crônica político-histórica como o Patriarca da Independência do Brasil. Foi um célebre político, naturalista e poeta que exerceu diversos postos-chave na política da primeira metade do século XIX, dentre eles o de deputado constituinte em 1823.

Passou uma semana percorrendo os subúrbios; varejou as vendas, auscultou pelas quitandas, até que um dia deu com a ponta do fio de Ariadna!...

O enjeitado,[18] aquele inocente mulatinho, atirado aos cães, é um ingênuo,[19] filho de uma escrava pertencente a um negociante rico, que, brutalmente, sem defesa possível, obrigou a mísera mãe a depô-lo à margem de um rio, exposto às intempéries, às bestas, às feras, embora mais compassivas do que ele!...

Isto devia ser registrado, comentado pelos meus respeitáveis amigos, pregadores de política positiva, solertes[20] redatores da *Província de S. Paulo*; isto deve ser combatido, com tédio, por todos os honestos altruístas: isto é o detestável *positivismo* dos abutres, que devoram, por perversidade, míseros recém-nascidos; isto é a *divinização do crime*, que tanto repugna à probidade imaculada dos castíssimos redatores do *Correio Paulistano*; isto seria uma infâmia se não fora um mau hábito inveterado[21] dos senhores; é o calo das suas pervertidas consciências, que o *positivismo* não quer ver, não quer extrair, não quer ponderar, não quer perceber, não quer discutir; e não considera, e não examina e não discute, porque este peculiar *positivismo negreiro* é um sistema exótico de esdrúxula filosofia, foi descoberto entre os hebreus hodiernos,[22] é uma espécie de *Cireneu* moderno;[23] sua moral é singularíssima, sua piedade esquipática:[24] está da parte dos desgraçados, auxilia com brandura e, com amor, exorta[25] os pa-

---

18. Diz-se, juridicamente, da criança que foi abandonada ao nascer ou em tenra idade.
19. Aqui no sentido de filho/a de escravizado/a que nasceu livre.
20. No sentido de espertalhões, ardilosos.
21. Arraigado, acostumado.
22. Modernos.
23. Referência a Simão de Cireneu, o mesmo Simão de Cirene, que foi um personagem bíblico conhecido por ser obrigado pelos soldados romanos a auxiliar Jesus a carregar a cruz até o Gólgota, o Calvário, local da crucificação.
24. Estapafúrdia, fútil, e/ou que não é coerente.
25. Que dá estímulo, incentiva.

cientes; ajuda-os a carregar a cruz; rende preitos[26] à Lei; pega as fímbrias da samarra;[27] abraça o algoz; justifica o suplício; subscreve a condenação; faz mesuras[28] ao patíbulo;[29] dá um sorriso a César e uma lágrima ao penitente.

É um *positivismo cortesão, previdente, que calcula quanto escreve, que lima quanto diz, porque não fira, que procura agradar a todo mundo, que, cauteloso, não quer comprometer-se*: enfim, *positivismo de Convento*.

De tudo quanto vejo e observo, meu caro amigo, não me espanto: o mundo é uma esfera e a vida o movimento.

Os *senhores* dominam pela corrupção, têm ao seu serviço ministros, juízes, legisladores, encaram-nos com soberba, reputam-se invencíveis.

A luta promete ser renhida, mas *eles* hão de cair. Hão de cair, sim, e o dia da queda se aproxima.

A corrupção é como a pólvora, gasta-se e não reproduz-se.

Hão de cair, porque a Nação inteira se alevanta; e no dia em que todos estivermos de pé, os ministros, os juízes, os legisladores estarão do nosso lado: em Sedan,[30] foram os generais os prisioneiros que se entregaram, não foram os soldados que desonraram Metz.[31]

---

26. Homenagem, tributo.
27. Nesse caso, barra da veste de um condenado à pena de morte.
28. Reverência, cumprimento cerimonioso.
29. Lugar, geralmente um palanque montado a céu aberto, onde se erguia o instrumento de tortura (forca, garrote ou guilhotina) para a execução dos condenados à pena capital.
30. Refere-se à batalha de Sedan, cidade localizada no leste da França, ocorrida nos eventos da Guerra Franco-Prussiana, em 1870. A batalha pôs fim à guerra, decretando a vitória das forças alemãs sobre o exército francês. Derrotado, Napoleão III, imperador da França, foi levado como prisioneiro para a Prússia.
31. Referência ao Cerco de Metz, cidade francesa que foi palco de uma longa batalha ocorrida no contexto da Guerra Franco-Prussiana, em 1870. Leitor arguto da crônica política da época e politicamente inclinado ao lado francês do conflito, Gama anota que foram os militares franceses de alta patente, aqui representados pela expressão "generais", aqueles que capitularam diante das

Os próprios *senhores* — na granja, na tenda, na taverna ou no Senado — onde, entre anciãos venerandos, tem, infelizmente, entrado alguns prevaricadores vilões, hão de apertar a mão do liberto, nivelados pelo trabalho, pela honra, pela dignidade, pelo direito, pela liberdade, dirão, com o imortal filósofo:

Se fosse possível saber o dia em que se fez o primeiro escravo, ele deveria ser de luto para a humanidade.

S. Paulo, dezembro de 1880
LUIZ GAMA

tropas inimigas. Ao sublinhar que não foram os soldados que traíram a pátria, Gama sugere que os cidadãos pobres da base da sociedade são os mais leais à República e à ordem pública.

Capítulo 5
Conspiração dos escravocratas
Trechos de uma carta[1]

Comentário *Em continuidade ao trecho anterior, Gama segue caracterizando os senhores como uma espécie de classe social que agia unificada, através de seus clubes, assembleias, associações secretas e representações políticas. Pela metáfora, associava a consciência de um fazendeiro ao "porão de um navio negreiro". Pela análise política, definia "os ricaços da grande lavoura" como "os legítimos possuidores de africanos livres, os consócios da pirataria, os fidalgos do art. 179 do Código Criminal", a saber, aquele que proibia, em tese, a reescravização de alguém. Para assegurar seus interesses, ameaçados pela agenda abolicionista, os senhores andavam se reunindo periodicamente. Bem informado sobre a pauta que os reunia, mas, sobretudo, sobre a moralidade que os distinguia, Gama descreve, com a prosa que o consagrou como mestre da narrativa, um típico encontro senhorial. Da reunião política, onde "conspiram virtuosamente para manutenção do proveitoso crime", voltavam aos seus aposentos, dormiam bem, comiam melhor ainda, jogavam seus jogos de cartas e, ao fim, "mandam surrar os negros, e, quando é preciso, para disciplina e exemplo, até matá-los..." Isso tudo sem desprezar as questões de fé. "Os senhores ouvem missa, confessam-se, comungam, limpam a consciência, vivem na mais estreita intimidade com os padres, com os juízes e com Deus." É evidente que o sarcasmo funcionava como arma retórica. Gama transitava por muitos espectros da crítica social e muitas entradas discursivas. Vejamos a beleza literária, por exemplo, em como desenha o céu carregado da cidade de São Paulo, na primeira frase do texto, e como conclui a peça — ou o ato da peça... — com o descarrego de um raio "que semeia ruínas em sua passagem". Mestre da narrativa, ia dizendo, que transita por formas e discursos. Das questões de fé e consciência, tão vivamente expostas, retoma o fio da política. Ao criticar os senhores de escravo, sintetizava o pensamento escravista e suas formas de coerção pelo terror moral e corporal.*

1. *Gazeta da Tarde* (RJ), Noticiário, 1º de janeiro de 1881, p. 1.

Meu caro Menezes,

Escuro, carregado de nuvens plúmbeas, triste, melancólico, indefinido está o firmamento paulistano.

Os horizontes estreitam-se, sem luzes, o zênite, em trevas, mais se abate, assemelha-se o espaço à consciência de um velho pantafaçudo[2] fazendeiro, espécie de alcatroado[3] porão de navio negreiro.

Congregam-se taciturnos, em povoações diversas, os ricaços da grande lavoura, os legítimos possuidores de africanos livres, os consócios da pirataria, os fidalgos do art. 179 do Código Criminal; sucedem-se as assembleias, criam-se os clubes, forjam-se representações e, à sombra da lei, sem estorvo das autoridades, organizam-se secretamente as juntas de resistência...

Vociferam contra a *loucura* e a *liberdade*, condenam a imprudência dos emancipadores e conspiram virtuosamente para manutenção do proveitoso crime!

Para eles, a lei é um escárnio, um obstáculo negro: uma espécie de escravo, que se modifica ou que se remove a dinheiro.

Contam com a sábia política dos divinos Bonzos[4] do Conselho de Estado, com a eloquência servil de alguns senadores, com a ambição de certos deputados, com a dependência de eleitores, com a venalidade de votantes!

Terminadas as reuniões, levantam-se, rezam o credo, dão graças à Divina Providência e exclamam, em coro: "Ditoso país, invejáveis instituições, sapientíssimo governo, abençoado povo!".

Tornam prazenteiros para os seus aposentos, dormem à larga,

---

2. Grosseiro, ridículo.
3. Coberto com alcatrão. Gama indica, por metáfora, que a consciência de um senhor de escravizados é uma espécie de substância escura que impregna o espaço com mau cheiro e impede a passagem de luz solar.
4. Aqui no sentido de indivíduo preguiçoso, medíocre, ignorante.

comem com satisfação, bebem melhor, jogam o *solo*,[5] o *pacau*,[6] o *lasquinet*,[7] mandam surrar os negros e, quando é preciso, para disciplina e exemplo, até matá-los...

Depois, o negro, que do burro apenas difere na forma, tem por obra de misericórdia uma sepultura silvestre no cafezal...

Os senhores ouvem missa, confessam-se, comungam, limpam a consciência, vivem na mais estreita intimidade com os padres, com os juízes e com Deus.

Há, porém, em tudo isto um erro de cálculo, uma opinião falsa, uma imprevisão fatal, que conduz a um abismo inevitável.

Há legisladores sinceros que detestam o enorme crime da escravidão; há, no país, a grande maioria dos homens livres, cuja vontade é lei inquebrantável; há uma potência invencível — a opinião pública — que, de há muito, decretou a emancipação; há um ódio latente, misterioso, indomável, por toda parte, que repele os especuladores de carne humana; há os abolicionistas pobres, inteligentes, que nunca tiveram escravos, que amam o trabalho, que tranquilos encaram o sacrifício, que não se corrompem, nem se vendem.

Os *senhores*, entretanto, habituados a ver somente a cor negra dos seus escravos e a calcular sobre as arrobas de café, veem, no país inteiro, uma vasta fazenda; estranham a *insubordinação abolicionista* e exclamam: "É preciso impor silêncio, qualquer que seja o meio, a esta horda de desordeiros; é preciso acabrunhar, pelo terror, a escravatura,[8] para que não veja com esperança a propaganda; o *bacalhau*[9] manterá o respeito e a obediência, a nossa propriedade será garantida pela força pública, auxiliada pelo capanga".

---

5. Antigo jogo carteado parecido com o atual truco mineiro.
6. Espécie de jogo de baralho comumente jogado na fronteira gaúcha.
7. Jogo de cartas semelhante ao vinte e um.
8. Aqui não é no sentido usualmente dado de sistema, comércio ou tráfico, mas no sentido da condição de escravizado.
9. Chicote, chibata usada para tortura.

É, porém, certo que a farda do soldado e o ponche do capanga são duas causas repugnantes entre si; quem arrisca a vida pela liberdade detesta a escravidão, a espada cinge o braço leal, o trabuco é o símbolo da traição. Acredito que os *senhores* nos acometam com os capangas, mas estou certo que os soldados vencerão com o povo.

Com referência a escritos meus, concernentes à propaganda abolicionista, insertos em um suplemento da *Província* do dia 18, a russa[10] redação do *Correio Paulistano* baixou a terreiro, cumprimentou a da *Província*, por a desafeição com que trata aos abolicionistas, censurou-a, porém, *por admitir artigos* emancipadores, e concluiu com este *trecho de ouro*, escrito com ponta de vergasta[11] embebida em sangue escravo:

Aderindo a estas tão sensatas observações, inclusive aquelas em que o ilustrado colega se refere à grande responsabilidade da imprensa pela circulação dos tais excessos de verbosidade, viramos a primeira folha do órgão republicano e, num suplemento, achamos a *divinização do crime*, esta cousa detestável, como diz o colega, esse excesso de verbosidade que o colega não duvidou pôr em circulação, apesar da grave responsabilidade...

O exmo. dr. presidente da província horrorizou-se ao ler a bárbara cremação do escravo vivo, de que trato na minha carta precedente.

Aqui transcrevo o resultado das indagações a que S. Excia. mandou proceder; foi hoje publicado na *Tribuna Liberal*; é digno de nota:

Sabemos que havendo S. Excia. o sr. presidente da província exigido informações do juiz de direito da comarca da Limeira acerca do fato denunciado em uma carta publicada na *Gazeta do Povo* de 14 do corrente, respondeu o mesmo juiz que, feitas as necessárias indagações verbais e por busca em cartórios, estava autorizado a afirmar que naquele mu-

---

10. Pode ser referência tanto a "complicada" quanto a "envelhecida".
11. Chicote, vara fina usada para açoitar, torturar.

nicípio não se dera o fato descrito na publicação, e nem passeia ali livremente o responsável por esse ou fato semelhante. Parece, portanto, ter havido equívoco.

É conhecido um filho do município da Limeira, a quem se atribui o crime da ordem e gravidade de que se acusou a aludida carta, mas esse indivíduo mora há muitos anos em outro município, que se diz fora teatro do crime, e pronunciado, como se acha, por outro delito, tem podido escapar às diligências para a sua prisão.

Estes e outros fatos que irei relatando servirão de prova irrecusável do estado de barbaria a que tem atingido o Brasil, corrompido, sem moral e sem costumes, pela instituição servil.

Não admira, entretanto, que a escravidão conte esforçados apologistas, porque o cinismo, com ser torpe, na grande pátria dos imortais helenos, teve escolas e notáveis cultores.

Há quem louve, com entusiasmo, a extrema bondade de alguns *senhores* e, por isso, a *felicidade invejável dos seus escravos*; para mim, os bons senhores são como os túmulos de mármore e a escravidão é como o raio, que semeia ruínas em sua passagem.[12]

S. Paulo, dezembro de 1880
LUIZ GAMA

---

[12]. Por extrema precariedade do material consultado, pode-se ter leituras diferentes dessa mesma frase. A historiadora Ana Flávia Magalhães Pinto leu-a como "a escravidão é como o rato, que semeia ruínas em suas passagens". Cf. *Escritos de Liberdade: literatos negros, racismo e cidadania no Brasil oitocentista*. Campinas, SP: Editora da Unicamp, 2018, p. 103. No entanto, mesmo admitindo ser essa uma solução possível, não me parece a exata, uma vez que a concordância e o sentido da oração, combinados com a análise tipográfica da letra "t" e "i" e com o uso singular de metáforas naturais próprias do repertório do autor, recomendam que a sentença deva ficar grafada como "raio".

Capítulo 6
A revolução que se aproxima
Carta ao Dr. Ferreira de Menezes[1]

Comentário *No trecho precedente, Gama elaborou uma síntese do pensamento escravista, ilustrando-a com as palavras de um hipotético senhor de escravizados, que dizia: "a nossa propriedade será garantida pela força pública". Pois bem. Gama retoma a ideia de direito de propriedade e avança por aspectos jurídicos da escravidão, disciplina que dominava como poucos. Vejamos primeiro o que chamava de direito de propriedade de escravizados. A síntese é lapidar: "Os atuais donos de escravos, que tamanho alarde fazem do — seu direito de propriedade — são portadores convictos de documentos falsos, são incapazes de exibir títulos regulares de domínio. Comprados ou herdados, esses escravos foram criminosamente constituídos, foram clandestinamente transferidos, são mantidos em cativeiro por culposo favor, por conivência repreensível de corrompidos juízes". Portanto, como num efeito cascata, da constituição à transmissão e manutenção da propriedade escravizada, tudo se dava por meio de uma espécie de crime continuado. A escravidão, "essa monstruosidade social", dizia Gama noutra definição avassaladora, "originou-se no roubo, é obra de salteadores, e para a sua nefasta existência concorreram ministros, senadores, deputados, conselheiros de estado, magistrados, militares, funcionários de todas as classes, por interesse próprio, pela desídia, pela corrupção, pela venalidade". Para justificar seu argumento, o que faz de maneira sólida, Gama utiliza uma miscelânea de exemplos. Com admirável visão de conjunto, traz o caso de um inventário com oito africanos livres que corria no juízo local de Jaú; de Guaratinguetá, outra ação de inventário, dessa vez com treze africanos livres ilegalmente escravizados; de Mogi das Cruzes, mais um caso de uma alforria não reconhecida pelo juiz; e, finalmente, de São Paulo, "uma família de pardos" em que todos nasceram livres e que, sob pretexto legal fútil, fora posta em escravidão. Por término, o fio da meada da carta: o contra-ataque aos senhores, ou ainda, à classe senhorial, ameaçada pela revolução que Gama antevia. Se ela não veio, a análise das condições estruturais para sua realização estava lá. E ler as condições e as circunstâncias, tarefa de primeira ordem para um líder do calibre de Gama, era um passo fundamental para a marcha exitosa do movimento social.*

1. *Gazeta da Tarde* (RJ), 4 de janeiro de 1881, p. 2.

Meu caro Menezes,

Os míseros escravos, o milhão de penadas vítimas, atualmente postas na mais cruciante tortura, para o descanso e ventura de alguns milhares de empertigados[2] bípedes, ruflados[3] zangões,[4] são incontestavelmente africanos livres, ou descendentes seus, criminosamente importados no império, posteriormente à promulgação das leis proibitivas do tráfico.

O que os novos, os sábios, os empelicados[5] altruístas, os *evangelizadores da evolução política negreira* chamam, de estufadas bochechas, *elemento servil*, é despido de fundamento jurídico, não tem o mínimo apoio na lei civil do Estado, é um escândalo inaudito,[6] da desídia,[7] é o imundo parto do suborno, da perfídia e da mais hedionda prevaricação.[8]

Os atuais donos de escravos, que tamanho alarde fazem do *seu direito de propriedade*, são portadores convictos de documentos falsos, são incapazes de exibir títulos regulares de domínio. Comprados ou herdados, esses escravos foram criminosamente constituídos, foram clandestinamente transferidos, são mantidos em cativeiro por culposo favor, por conivência repreensível de corrompidos juízes.

A inobservância da lei, os desmandos, o crime, já constituem estado normal. Examiná-los, acusá-los, profligá-los[9] é excentricidade tão original como o aparecimento de estrelas ao meio dia.

Quando lavra a imoralidade, quando reina a depravação, quando, com os bons costumes, a justiça vai a caminho da pros-

---

2. Soberbos, vaidosos.
3. Agitados.
4. A expressão, popular à época, indicava um indivíduo que vive às custas de outra pessoa, explorando de forma constante benefícios e favores alheios.
5. Cobertos de pelicas, de luxos.
6. Sem precedentes.
7. Negligência, irresponsabilidade. Sem esquecer que o autor utilizava termos jurídicos como esse para imputar a culpa objetiva na autoria de um crime.
8. Corrupção, perversão.
9. Criticá-los, atacá-los.

crição,¹⁰ dizia Miguel Angelo,¹¹ que os homens honestos devem quedar-se, à margem das correntes do destino, à semelhança dos marcos de pedra — *ímobile saxum*!¹²

Eu, porém, digo que, em tal conjuntura, o silêncio é a coparticipação no delito e que a revolução é a consciência do dever; os povos adormecidos e os escravos são como Lázaro: precisam que os ressuscitem.¹³

Na Vila do Jaú, e creio que no juízo municipal, corre um inventário, no qual figuram como escravos oito africanos livres.¹⁴

Um dos coerdeiros denunciou o fato e, porque não fosse atendido, delatou-o, pela imprensa da capital, implorou com energia admirável providências contra esse monstruoso escândalo.

Depois de toda esta celeuma o digno juiz mandou, *prudentemente*, pôr os escravos em custódia, para proceder às necessárias averiguações!...

A suspeita, a denúncia, o indício, a revelação de que um homem sofre indevido cativeiro, de que é livre, de que o torturam, é motivo para que seja suspeitado e, de pronto, posto em segura prisão! Novo modo de proteger, de garantir o direito!...

A liberdade é um crime, é um atentado de ordem pública, é um descalabro eminente das instituições pátrias; em falta dos pe-

---

10. Extinção.
11. Provável referência a Michelangelo Buonarroti (1475-1564), escultor, pintor, arquiteto e poeta italiano, protagonista do Renascimento Italiano e um dos maiores artistas da história mundial.
12. Rocha inamovível.
13. Ver n. 3, p. 244.
14. Cf., nesse volume, "Africanos livres presos como escravos", p. 171. Visto pelo conhecimento interno do processo, este é mais um indício consistente de que o pseudônimo "G.", que assinou o mencionado artigo, fosse de fato Gama.

lourinhos,[15] das devassas[16] do baraço,[17] do cutelo,[18] do "morra por êlo"[19] para detê-la, para segurá-la, para comprimi-la, inventaram o *positivismo farisaico*, o cárcere judiciário, a evolução retrógrada, a piedade do servilismo, o lenitivo do açoite!...[20]

A natureza tem as suas leis, é fatal a sua lógica: os que são indignos da liberdade desejam a escravidão da humanidade. É a inevitável conclusão do absurdo, é a filosofia do crime, é a razão da rapina[21] desde que ela tornou-se potência social e ascendeu ao posto governamental.

Em Guaratinguetá,[22] certo fazendeiro declarou, por ato espontâneo em o seu testamento solene, regularmente disposto, e havido como perfeito, que comprara e mantinha como escravos seus treze africanos livres e declinou os seus nomes, para que fossem restituídos à liberdade.

O ilustrado dr. juiz de direito da comarca, em sentença judicial, declarou que tal verba testamentária era insuficiente; e, por isso, julgou escravos os africanos livres!...

---

15. Coluna de madeira ou de pedra em lugar público onde criminosos e escravos eram expostos e torturados.
16. Processo inquisitorial sumário sem direito de defesa e meios de contestação.
17. Corda feita de fios de estopa ou vergas torcidas, usada para açoitar presos e enforcar réus condenados à pena de morte.
18. Instrumento cortante que compreende uma lâmina semicircular e um cabo de madeira, usado antigamente em execuções por decapitação.
19. A expressão remete às punições elencadas nas Ordenações Filipinas. Pode ser traduzido como "morra por isso", incluindo desde a "morte civil", com banimento e degredo, até a "morte física" por enforcamento, decapitação ou incineração.
20. Ainda uma palavra sobre o uso da expressão "morra por êlo". Aplicá-la aqui demonstra tanto o conhecimento da matéria criminal do Antigo Regime quanto o grau da crítica do autor ao sistema punitivo do século XIX que, paradoxalmente, evoluía retrogindo, é dizer, atualizava mecanismos de tortura e castigo que se supunham ultrapassados em pleno século das luzes.
21. Roubo.
22. Cidade localizada no Vale do Paraíba, interior paulista.

Isto é digno das páginas da história, isto é incontestavelmente o mais atrevido altruísmo, o mais esplendoroso exemplo de *justiça à moda positiva*!...

Isto pareceria inacreditável se a magistratura não fosse o *braço de ferro* dos *senhores*.

A moral, o direito, a lei, a justiça, estão entregues ao capricho, às conveniências individuais e inconfessáveis, mutradas[23] pela ignomínia,[24] ao arbítrio, à má vontade de juízes, que se incompatibilizaram, de há muito, com a boa razão.

Isto é pungente para quem o sente, é um vexame para a consciência de quem pensa, é vergonhoso de proferir-se, mas seria um crime ocultá-lo; é preciso que todos o leiam, é indispensável que todos ouçam-no, porque a verdade, como o fel, é o néctar do Calvário.

Em Mogi das Cruzes,[25] certo cidadão propôs ação manumissória[26] em favor de um indivíduo, que fora, pelo próprio senhor, alforriado verbalmente. Falecera o libertador sem que reduzisse a escrito a concessão. Trata-se, portanto, de prová-la por as fórmulas de um processo judicial; o juiz indeferiu a pretensão, declarando-a infringente do direito e contrária às normas de jurisprudência!...

Proibir a propositura de ação!
Prejulgar do fundamento da causa!
Cogitar do valor de provas antes de aduzi-las!
— É isto da Beócia, d'outra liça.
Onde os perros[27] se atrelam com linguiça.[28]

23. Seladas, carimbadas.
24. Desonra, infâmia.
25. Município paulista que hoje pertence à Região Metropolitana de São Paulo.
26. Processo em que se demanda a liberdade.
27. Cachorros.
28. Não encontrei registro de autoria desse verso, citado no meio de uma argumentação, como era próprio do estilo do autor. Assim, pode-se conjecturar que ele o tenha lançado originalmente, sem com isso descartar que outro autor ou mesmo que o domínio público de alguma região o tenha em conta.

Tudo isto são frutos envenenados da perniciosa influência dominical,[29] são consequências de grandes crimes passados, inultos,[30] que sinistramente invadem e infeccionam a sociedade hodierna.[31]

Queres um exemplo do que foram os traficantes da carne humana?

Eles não se limitavam à revenda de africanos livres, de *negros* vindos de outra parte do mundo; escravizavam brasileiros, nascidos neste mesmo solo!

Há, nesta cidade, uma família de pardos, nascidos na vila de Santa Branca — um deles é um artista distintíssimo, é um cidadão considerado, é um homem de bem —, aos meus labores judiciários devem eles o gozo da sua liberdade; dela faltava-me apenas uma rapariga, cujo senhor acabo de descobrir no interior da província, pela mediação de um lidador dedicado.

Essa família, composta de pessoas *que nasceram livres*, foi conquistada a pretexto de cobrança de dívida; e, logo depois, alienada, por um certo comendador que houve em Jacareí, contrabandista de fama, muito rico, poderoso, grande proprietário, temido, mais do que respeitado, nunca vencido, e sempre em tudo vencedor.

Ainda uma recordação do passado e uma referência para terminar.

Cedo a palavra a um velho estadista, de elevada probidade; é a transcrição de um trecho de uma carta sua:

Sr. Comendador José Vergueiro,[32]

Como o sr. conselheiro Nabuco, na carta que me dirigiu, e que

---

29. Religiosa, católica.
30. Impune, não vingado.
31. Moderna.
32. Nicolau José de Campos Vergueiro (1824-1903), o filho, natural de Piracicaba (SP), foi um grande fazendeiro estabelecido em Limeira (SP) que teve o protagonismo, entre os cafeicultores paulistas, de propor a substituição da mão de obra escravizada pela mão de obra livre e estimular a imigração europeia para o Brasil, já na década de 1860.

lhe envio, menciona um ato do meu ministério, em 1848, parece-me conveniente dizer-lhe algumas palavras, que o expliquem; e o faço com tanto maior prazer quanto é certo que os acontecimentos que lhe sobrevieram servem de contraprova a esse feliz sucesso da ilha de Reunião, e plenamente confirma a asserção de que — quando a corrente dos acontecimentos não é dirigida com cautela e prudência, nunca deixa de ser fatal à ordem pública e à economia social.

Em maio de 1848, ocupando eu a pasta da justiça, procurei, *por meios persuasivos*, fazer compreender aos principais contrabandistas de africanos, *que era chegado o momento* (!!!) de tomar-se providências para cessações do tráfico, *que, então, se fazia publicamente* (!!!). A resposta foi *um riso de escárnio*. Estavam eles no auge da influência e, cegos pelo interesse, não viam o abismo que se lhes abria debaixo dos pés.

Um dia, estando eu na Câmara dos Deputados, entrava pela barra deste porto um vapor com africanos.

Era demais. Dali mesmo escrevi ao presidente da província do Rio de Janeiro, o visconde de Barbacena, que os mandasse apreender. A ordem foi imediatamente cumprida. Não se pode hoje fazer ideia da tempestade que produziu esse primeiro ato de repressão.

Unidos aos conservadores, os contrabandistas deram batalha ao governo nas tormentosas eleições de setembro deste ano e, tão forte se tornou a oposição, principalmente nas altas regiões, entre as personagens daquela época, que o ministério baqueou a 29 desse mesmo mês, apesar da imensa maioria que o sustentava na Câmara, que foi dissolvida.[33] Os contrabandistas e seus aliados bateram palmas de contentes: seu triunfo era completo, mas, infelizmente para eles, e felizmente para o país, não foi de longa duração. Aquilo que não quiseram fazer por bem, foram obrigados a fazer por mal. Todos nós recordamos, com verdadeira mágoa, do modo por que os vasos[34] de guerra de sua majestade britânica procederam em Campos, Cabo Frio, na barra mesmo deste porto, Paranaguá, etc., etc., e das deportações que o ministério que nos sucedeu foi obrigado a fazer dos seus aliados da véspera; e dos processos que mandou instaurar *contra alguns dos nossos principais fazendeiros*, precedidos de buscas, varejos à mão armada, prisões, etc., etc.

---

33. Refere-se ao Poder Moderador. Por disposição constitucional, facultava ao monarca dissolver a Câmara dos Deputados quando bem lhe conviesse.
34. Navios.

A humilhação que então sofremos foi e será eternamente lamentável. Por culpa de quem?

É, pois, evidente que tais excessos teriam sido evitados se aquelas medidas de prevenção, tratadas oportunamente, fossem sustentadas pelo povo e pelos próprios que, até então, se tinham envolvido no tráfico.

Não teríamos sido humilhados, nem eles deportados. Não se teria por essa causa escoado do império imenso cabedal: *e a obra inevitável, civilizadora e cristã da emancipação* estaria presentemente muito adiantada, se não quase concluída.

Não temermos novos ultrajes daquela natureza, eu o creio: *mas se não começarmos já* (em 1869) essa obra de regeneração social, podemos estar certíssimos de que seremos, *em breve, forçados, por qualquer modo, que desconhecemos, a fazer aquilo que é do nosso rigoroso dever não retardarmos por mais tempo.*

Rio de Janeiro, 1º de maio de 1879[35]
CAMPOS MELLO[36]

Aqui tens, meu distinto amigo, em sucinto quadro, uma vista das desgraças do passado, ornado com as cores violáceas das misérias do presente, aqui verás as causas do desespero nacional; os elementos de uma reforma ambicionada, inevitável, pronta, criteriosa, profunda, ou, se o quiserem, os motivos, a justificação da desconfiança, as cóleras exuladas, e até a revolução, que é sempre feitura dos maus governos.

A escravatura, essa monstruosidade social, não tem aqui uma causa política que a justifique; originou-se no roubo, é obra de salteadores, e para a sua nefasta existência concorreram ministros, senadores, deputados, conselheiros de estado, magistrados, militares, funcionários de todas as classes, por interesse próprio, pela desídia, pela corrupção, pela venalidade.

O presente é a reprodução tristíssima do passado, com algumas modificações intrínsecas.

Pretendem alguns especuladores que o futuro seja a dedução rigorosa ou a soma destas duas épocas; enganam-se: o futuro será

---

35. A carta é, como ele corrige à frente, do ano de 1869.
36. Ver n. 32, p. 196.

uma nova era, o resultado de uma memorável convenção ou de uma grande catástrofe; os sucessos resultam das circunstâncias, estas têm a sua origem nas variedades do tempo.

Como os barões da Idade Média, hão de cair os landlords.[37] Desde que uma classe social, infringindo todos os preceitos de equilíbrio moral, violando as leis do decoro e as fundamentais do estado, dominando as forças vivas do país, fez da fraude, da violência, do crime, um meio de poderio, de vida e de adquirir riquezas, implantou, contra si, os gérmens[38] de uma revolução tremenda, inevitável, que, lentamente desenvolvida, aproxima-se ao grave período de perigosa explosão.

As leis sociológicas não estão sujeitas às especulações humanas; como as leis físicas têm períodos de ociosidade, de desenvolvimento e de substituição: como o Sol tem o seu ocaso; e o Sol quando o atinge, "vai, por entre nuvens atrás, envolvido em manto de púrpuras..."

S. Paulo, dezembro de 1880
Teu
LUIZ GAMA

---

37. Senhores de terras e escravos.
38. Estágio inicial do desenvolvimento de um organismo.

Capítulo 7
Emboscada dos criminosos escravocratas
Carta ao Dr. Ferreira de Menezes[1]

Comentário   *Fazendo referência a um trecho de uma carta anterior, Gama volta ao tema do debate e da aprovação da Lei de 1871, reafirmando que tal lei "não satisfaz as justas aspirações abolicionistas do país". Como de costume, trazia um fato, processo e/ou documento para discutir e dar suporte ao seu argumento. Nesse caso, torna a falar da agenda política dos senhores de escravizados, porém, estrategicamente escapando do noticiário do calor da hora, volta ao paradigmático ano de 1869, no contexto das discussões sobre a abolição ainda durante o gabinete Zacarias. Os fazendeiros de Limeira (SP), naquela oportunidade, começaram a discutir condições e o tempo para o fim da escravidão. Para representar seus interesses, fundaram uma associação — que levava a palavra democrática em sua razão social — e pretendiam influenciar os debates sobre o tema na Câmara dos Deputados. Nesse sentido, a associação redigiu um "projeto de lei para emancipação do elemento servil" — que Gama guardava como peça rara de seu arquivo igualmente raro —, em que havia a previsão de que, antes da emancipação geral, os escravizados deveriam ser matriculados, isto é, possuir uma espécie de cadastro para que se pudesse fiscalizar a legalidade da propriedade escravizada. No entanto, o estatuto vinculava essa matrícula a uma verificação do domínio, ou seja, um dispositivo — "medida administrativa do mais elevado alcance político" — que atestaria se a escravização era regular de direito. Ocorre que, com o debate da matéria na Câmara dos Deputados, tal vinculação caiu perdida e não entrou no texto legal. Gama interpretou as razões disso ter acontecido. "Esta salutar verificação", dizia Gama, "se não fosse maliciosamente alterada pelo Poder Legislativo e pelo governo, daria causa à manumissão de todas as pessoas ilegalmente escravizadas: evitaram-na; armaram um laço, uma emboscada, por a qual a fraude está, de contínuo, cometendo impune os mais horrendos crimes!" Os autores da emboscada e da fraude tinham, mais uma vez, culpa no cartório (e no parlamento): eram os "senhores, dos réus de crime de roubo".*

---

1. *Gazeta da Tarde* (RJ), [editorial], 7 de janeiro de 1881, p. 1.

Meu caro Menezes,

Em uma carta precedente, que tiveste a bondade de estampar na conceituada *Gazeta da Tarde*, eu disse que a Lei de 28 de setembro de 1871 já não satisfaz as justas aspirações abolicionistas do país; pretendo agora, se me o permitires, justificar este meu asserto, mediante exibição de prova irrefutável.

O povo, ativo, inteligente, nobre, refletido, altivo, ordeiro, oberado[2] de labores, continuamente a braços com as necessidades múltiplas que o aturdem, vencedor em todas as dificuldades, irônico diante das desgraças próprias, compassivo, piedoso para com as alheias, magnânimo para com os governos violentos, compressivos[3] e desorganizadores dos seus direitos; o povo, Atlas[4] dos tempos modernos, sem fábula, sem figura, entidade que assombra, e faz estremecer tiranos, tem poucos ócios para dispensá-los a leituras detidas, estudadas, profundas, ou meditadas: foi por isto que, para ele, criou-se uma leitura especial, fácil, cômoda, mais deleitável que instrutiva, mais agradável que trabalhosa — a dos *periódicos*, a do *jornal*.

Do que se pensou, do que se disse, do que se escreveu, do que se ouviu, do que se leu há 10 anos, poucos se lembram já, poucas memórias o registraram, e menos ainda o conservam.

Este grande livro in-fólio,[5] em folhas esparsas, meditado, composto, escrito, impresso e publicado da noite para o dia, que sobra em todas as casas, que falta em todas as estantes e que desaparece com a mesma rapidez, do dia para a noite, tem ainda outra vantagem de incontestável proveito, repete-se, reproduz-se, sem aumento de preço para os consumidores, sem prejuízo de tempo, de trabalho e de atenções.

---

2. Onerado, carregado.
3. Opressivos.
4. Referência a Atlas, o titã da mitologia grega condenado por Zeus a sustentar os céus em seus ombros.
5. Folha de impressão dobrada ao meio de que resultam cadernos com quatro páginas (no contexto, páginas de 22 x 32 cm).

Em 1869, depois daquelas memoráveis palavras que o conselheiro Zacarias sabiamente inseriu na *Fala do Trono*,[6] e da consulta feita ao Conselho de Estado, que, sem prudência, repeliu-a, agitou-se o país, pronunciou-se validamente a opinião pública, fez-se a luz relativamente à emancipação da escravatura.

Os agricultores, notadamente os desta heroica província, viram manchas no horizonte; ergueram-se, pensaram; e, embora eivados de preconceitos, aliás, destrutíveis, elevaram-se à altura da grande ideia. Reuniram-se, por iniciativa própria, entenderam-se, discutiram, constituíram a importante — Associação Democrática Constitucional Limeirense[7] —, isenta do vírus partidário, e do seu sexo, informe,[8] irregular, defeituoso, saiu o importante projeto da Lei nº 2.040 de 28 de setembro de 1871. É preciso que o povo o releia; que o confronte criteriosamente com algumas disposições da lei, e que note, que admire as fraudes cometidas no parlamento pelos legisladores.

---

6. Embora não se possa cravar, é provável que Gama faça referência à Fala do Trono de 1868, em que o imperador Pedro II sinalizou que se poderia fazer reformas futuras para substituição do trabalho escravizado. Nos termos da dita Fala do Trono, Pedro II avisava que o "elemento servil tem sido objeto de assíduo estudo, e oportunamente submeterá o governo à vossa sabedoria a conveniente proposta". É sabido que Zacarias de Góis, mencionado expressamente por Gama, participou da discussão, o que pode ser visto na seção Observações à Fala do Trono do mesmo ano. As Falas do Trono foram reeditadas recentemente pela Editora do Senado Federal. Cf. *Falas do trono: desde o ano de 1823 até o ano de 1889: acompanhadas dos respectivos votos de graça da Câmara Temporária: é [sic] de diferentes informações e esclarecimentos sobre todas as sessões extraordinárias, adiamentos, dissoluções, sessões secretas e fusões, com um quadro das épocas e motivos que deram lugar à reunião das duas Câmaras e competente histórico/coligidas na Secretaria da Câmara dos Deputados*. Prefácio de João Bosco Bezerra Bonfim e Pedro Calmon. Brasília: Senado Federal, Conselho Editorial, 2019, especialmente pp. 495–501.

7. Organização sediada em Limeira, município do interior paulista, distante 140 km da capital.

8. Disforme, grosseiro, grotesco.

PROJETO PARA A EXTINÇÃO DO ELEMENTO SERVIL NO IMPÉRIO DO BRASIL

Art. 1º Do dia 1º de janeiro de 1880 em diante o ventre escravo será declarado livre em todo o Império do Brasil.

Art. 2º Do dia 1º de janeiro de 1904 em diante será proclamada a liberdade geral dos escravos no Império.

Art. 3º Os poderes competentes farão baixar as leis e regulamentos necessários para a realização desta emancipação sob as seguintes bases:

§ 1º O governo mandará desde já abrir em todos os municípios a matrícula dos escravos existentes com a declaração do nome, sexo, idade, estado, ofício, cor e sob que título de domínio é possuído cada um. Esta matrícula se repetirá todos os anos na mesma época.

§ 2º A lista municipal das matrículas será remetida aos juízes de direito das respectivas comarcas, que formarão, em resumo, um mapa estatístico, e enviarão ao presidente da província.

§ 3º Aberta a referida matrícula nos municípios, cada proprietário é obrigado a exibir uma relação de seus escravos com as declarações do § 1º.

§ 4º O escravo que não for dado a matrícula, por culpa ou malícia do seu proprietário, *ipso facto*,[9] será declarado livre.

§ 5º O proprietário, no ato da entrega da relação dos seus escravos para a matrícula, receberá em troca um conhecimento ou nota declarativa do nome, idade, sexo, naturalidade, estado, cor, ofício, e sob que título são possuídos. Este conhecimento será rubricado pelo agente e escrivão da repartição municipal encarregada da matrícula e servirá de título legal de propriedade dali em diante.

Art. 4º O governo criará estabelecimentos agrícolas e industriais para receber o fruto do ventre livre.

§ 1º Os nascidos depois de 1879 serão criados e alimentados pelos proprietários até a idade de 8 anos, idade esta em que serão recolhidos para os ditos estabelecimentos, recebendo

---

9. Necessariamente, pelo próprio fato.

em troca uma apólice do governo do valor de quinhentos mil réis, de seis por cento ao ano, e os nascidos de 1893 em diante devem ser recolhidos em 1901 a estabelecimentos de caridade mediante a indenização proporcional.

§ 2º As crianças recolhidas para estes estabelecimentos serão aí conservadas na aprendizagem e nos labores próprios de sua idade até completarem 13 anos, e então seus serviços contratados por conta dos mesmos estabelecimentos, e assim servirão até perfazerem a idade de 21 anos, idade em que poderão trabalhar no que lhes convier como homens livres que são.

§ 3º Os escravos que não forem apresentados à matrícula na forma do art. 3º, embora considerados livres pela força do § 4º do mesmo artigo, serão apreendidos e recolhidos aos mencionados estabelecimentos, e aí trabalharão sob contrato até o dia 1º de janeiro de 1901, época em que seguirão a carreira que lhes convier.

Art. 5º Encerrada a matrícula, toda e qualquer transferência de domínio de escravos será nula, desde que se não faça acompanhar de prova autêntica de matrícula ou do conhecimento de que fala o § 5º do art. 3º.

Art. 6º Todos os proprietários de escravos são obrigados a participar dentro em 30 dias à agência municipal da matrícula o óbito e o nascimento dos seus escravos.

§ 1º Os que incorrerem em falta perderão o direito de propriedade sobre o escravo nascido, e a indenização de que trata o § 1º do art. 4º, se for recolhido aos estabelecimentos do governo, mesmo os de caridade.

No caso de morte, não fazendo a participação de que trata o artigo precedente, será o proprietário responsabilizado perante os tribunais do país.

§ 2º O proprietário que, dando parte do emancipamento[10] de um escravo, mostrar que o libertou na pia batismal, poderá gozar de seus serviços até a idade de 15 anos, sendo, porém, obrigado a mandar-lhe ensinar, escrever e contar.

---

10. O mesmo que emancipação.

Art. 7º No dia 1º de janeiro de 1901 todos os proprietários levarão às repartições respectivas o conhecimento legal que prove a existência de escravos que ainda possuem, e pelos seus valores obterão uma indenização proporcional.

§ 1º Para esta indenização se procederá a uma avaliação em que seja representado o interesse particular por um louvado[11] de sua escolha, e o da fazenda pelo seu respectivo fiscal, ou seus delegados, com recurso aos chefes das tesourarias, ou seus agentes.

§ 2º Servirão de base para as ditas avaliações a idade e o sexo, e atendendo-se ao valor atual, para conhecimento do que o governo mandará formar uma tabela do termo médio pelo qual foram vendidos no ano de 1868.

§ 3º Para criação de fundos para esta indenização será levantado, desde já, um imposto anual de 3$000 por cabeça de escravo. A soma arrecadada será recolhida para bancos territoriais, os quais se encarregarão da referida indenização, e só poderão fazer empréstimos à lavoura diretamente.

§ 4º O governo por seus regulamentos garantirá e resguardará o interesse desses bancos, estatuindo sobre o modo e condições do empréstimo, e favorecendo as necessidades da lavoura.

Art. 8º Será promulgada uma lei sobre o trabalho livre com juízes especiais, processo verbal e sumaríssimo, grátis, onde fiquem claras e definidas as obrigações do locador e locatário, derrogando-se as duas leis de 1830 e 1837, que por obscuras e não interpretadas têm tornado da sua execução um caos para as partes que litigam, e um labirinto para os jurisconsultos que as compulsam.[12]

§ 1º Abrir-se-á uma matrícula em a qual se inscreverão todos os trabalhadores livres, sem propriedade, com declaração do nome, sexo, idade, estado, cor, nacionalidade e emprego que têm. Na ocasião da matrícula receberão uma papeleta, sendo obrigados a vir declarar à matrícula qualquer mudança de estado e de emprego.

---

11. Avaliador, perito, especialista nomeado ou escolhido pelo juiz para dar parecer técnico.
12. Estudam, examinam.

§ 2º Os que incorrem em falta serão multados em $ ou coagidos a pagar esta multa pelo valor do trabalho em obras públicas.

§ 3º Na mesma repartição desta matrícula haverá um livro de registro onde serão registrados todos os contratos dos trabalhadores livres. Sem estes registros de contratos serão nulos.

§ 4º Os juízes especiais do trabalho livre julgarão sem demora, dando a sua decisão na mesma audiência do processo. Não haverá embargos nestas causas, nem mesmo os à execução. Haverá apelação para os juízes de direito que também decidirão em termo breve.

§ 5º De seis em seis meses se reunirá um júri em cada município, composto de dois cidadãos chãos, e abonados do lugar, e o juiz especial do trabalho livre, onde poderão ser apresentados os contratos de trabalho livre a fim de serem examinados aqueles a respeito dos quais alguma das partes se julgue lesada. O júri fará com que os contratos lesivos sejam corrigidos e emendados na forma da lei. Os dois cidadãos membros do júri darão o seu voto a respeito, e o juiz especial, presidente do júri, terá o seu voto de qualidade. O presidente lançará nos contratos o seu — visto —, que será rubricado pelos três membros do júri. Desta decisão não haverá recurso algum.

Salva a redação.

Limeira, sala das sessões da Sociedade Democrática Constitucional Limeirense.

1º de janeiro de 1869
JOSÉ VERGUEIRO[13]

Antes de analisar as disposições de uma lei manda a boa filosofia estudar as causas essenciais ou imediatas da sua promulgação; porque uma lei é um monumento social, é uma página de história, uma lição de etnografia, uma razão de estado.

---

13. Veja nesse volume a carta que Gama endereçou a Vergueiro, justamente no ano de 1869, na qual também discute o projeto de abolição da Sociedade Democrática Constitucional Limeirense. Cf. n. 6, p. 304.

Tais causas podem ser a consagração dos interesses gerais do país; atendendo-os o legislador a lei é uma satisfação devida a justas reclamações nacionais; mas se, pelo contrário, ela é adotada por imposições egoísticas de uma classe, de um partido, de uma facção, para lisonjear as suas ambições privadas, constitui um atentado latente, encerra o gérmen[14] de futuros desequilíbrios políticos, a causa de protestações veementes e de vindictas perigosas.

Uma lei semelhante é mais do que um erro de governação; é uma inépcia indesculpável; é um canhão assestado[15] contra a soberania popular.

Tal é a Lei de 28 de setembro de 1871.

Os legisladores acharam-se entre o patriotismo e as conveniências transitórias; entre o dever e os seus interesses políticos; entre o direito e o crime: iludiram ambas as partes!...

O projeto da Associação Limeirense, cuja honestidade não pode ser posta em dúvida, foi confeccionado com habilidade notável; serviu de conselheiro o sobressalto, escreveram-no entre a prudência e o calculado patriotismo, à sombra da piedade, para acautelamento de futuros e complicados interesses...

Certo é, porém, que nesse projeto, a Sociedade Limeirense, no artigo 3º, § 1º, estabelecendo a matrícula especial dos escravos, incluiu uma medida administrativa do mais elevado alcance político: exigiu a verificação da causa do domínio. Esta salutar *verificação*, se não fosse maliciosamente alterada pelo Poder Legislativo e pelo governo, daria causa à manumissão de todas as pessoas ilegalmente escravizadas: evitaram-na; armaram um laço, uma emboscada, por a qual a fraude está, de contínuo, cometendo impune os mais horrendos crimes!...

O Decreto nº 4.835 de 1º de dezembro de 1871, capítulo 1º, foi propositalmente escrito para ressalva do crime.[16]

---

14. Estágio inicial do desenvolvimento de um organismo.
15. Apontado, direcionado.
16. Para execução do art. 8º da Lei do Ventre Livre, o decreto definia o re-

Os fazendeiros paulistas aconselharam a *retificação dos títulos*: os poderes do Estado, que tratavam de abolir a escravatura, proibiram-na!...

O crime protegido pela lei; os salteadores autorizados a fazer matrículas, sem títulos; as vítimas do delito sacrificadas pelos legisladores!...

E quando examinamos estes fatos, quando esmiuçamos estes dolos, quando averiguamos destas simulações, quando condenamos estes dislates,[17] quando, em nome da lei violada, pedimos, reclamamos a manumissão dos desgraçados, surgem vestidos de gala os divinos positivistas aconselhando-nos prudência, advertindo-nos, em nome dos interesses do Estado, pregando a submissão dos aflitos, e desculpando, e justificando, e santificando as culpas dos *senhores, dos réus de crime de roubo*, que têm direito ao fruto da sua rapina;[18] porque a escravidão deve ser abolida suave, branda e docemente, ao som delicioso da vergasta,[19] por efeito benéfico do *bacalhau*,[20] e com o lento desenvolvimento das leis sociológicas!...

Ah! meu caro amigo, isto seria a triste manifestação da filosofia da miséria, se não revelasse, tão às claras, as misérias filosóficas dos positivistas.

S. Paulo, janeiro de 1881
Teu
LUIZ GAMA

gulamento para a matrícula especial dos escravizados e dos filhos da mulher escravizada. Por sua vez, o capítulo 1º do decreto determinava o modo como se daria a matrícula, a exemplo da obrigatoriedade de registro de nome, sexo, cor, idade e profissão do escravizado matriculado. No entanto, como bem verifica Gama, "propositalmente" não se lê no decreto qualquer obrigação de verificação da causa do domínio.

17. Bobagem, estupidez.
18. Roubo.
19. Chicote, vara fina usada para açoitar.
20. Chicote, chibata usada para tortura.

Capítulo 8
Histórias improváveis
Carta ao Dr. Ferreira de menezes[1]

Comentário   *"Lê, examina, admira!" Luiz Gama convoca os leitores a sorrirem piedosos com ele. É uma tarefa e tanta nos transportarmos um tiquinho que seja ao sentimento que o abolicionista negro manifestou quando leu uma provocação barata na imprensa. Da provocação cínica, contudo, ele sacou da manga mais uma réplica aos ofensores — "sejam coerentes, aceitem as retaliações" — que seria histórica. Mais uma página memorável da luta pelo direito e pela liberdade. Como fio condutor, a crueldade humana, manifestada com notável requinte entre os poderosos da terra. A narrativa que constrói é de transtornar o leitor. As referências, o suspense, o estilo, as conclusões... Gama crescia a cada carta e mostrava o domínio da escrita para muito além da técnica jurídica, da redação jornalística, da poesia satírica ou da crítica de costumes, entre outros gêneros textuais a que se dedicou na imprensa. Numa trama bem arranjada, Gama conecta histórias aparentemente improváveis, como a de um médico-legista em Paris, uma jovem fidalga paulistana, um padre e senador cearense, um homem escravizado em Minas Gerais e dois nobres da linha sucessória da monarquia inglesa. Dos casos que traçou, uma conclusão em comum: "o caráter, a posição do autor determinam a razão do fato". Não era a lei, o tipo criminal ou as provas de um processo. Era a autoria. A "posição do autor" determinaria a coerção legal ou extra-legal. Só um dentre os rapidamente mencionados personagens era negro. Ao se ver a coerção que recebeu, sem recurso, apelação ou súplica que intervisse na situação, Gama exclamava: "o seu autor, porém, é um negro!", o que significava dizer que jamais se poderia esperar resposta semelhante se a cor do autor fosse branca. Certamente, muita experiência com o tribunal do júri e muita leitura sociológica o fizeram chegar a essa espécie de realismo jurídico original já nos anos 1880. Tudo isso, igualmente certo, organizado numa prosa literária de primeira grandeza. "Fica de pé uma entidade", finalizaria Gama, "é o assassino do senhor; é a imagem da miséria; é a Séfora dos tempos modernos; é o leproso social: é o escravo homicida." E arremata: "Tem uma escola — a senzala; tem um descanso — o eito; tem um consolo — a vergasta; tem um futuro — o túmulo".*

1. *Gazeta da Tarde* (RJ), 22 de janeiro de 1881, pp. 1-2.

Meu caro Menezes,

Bem longe estava eu, hoje, de escrever-te estas linhas.

Precisava de algum repouso, e próximo julgava-me de aproveitá-lo, quando um amigo indignado despertou-me a atenção, mostrando-me os disparates originalíssimos que passo a transcrever da *Província* do dia 13.

Sorri-me piedoso quando os li; mas confesso que não é sem tédio que as translado.

Lê, examina, admira!

É MAIS UM MOTE PARA UMA CARTA

Li nesta folha uma notícia, tirada do *Colombo*, jornal onde peleja o Briareu[2] da democracia brasileira — Lúcio de Mendonça.[3]

Notícia muito simples e natural.

É nada mais e nada menos do que um escravo, pondo em exercício o seu direito sagrado de defesa, matando muito simples e naturalmente um inocentezinho, *seu amigo, para assim recuperar a sua liberdade*, que também é sagrada, é um direito absoluto e muito mais do que o é a propriedade, que é também o nosso suor, o nosso sangue, e nossa vida...

Não é assim mesmo, senhores abolicionistas humanos, filantropos, cristãos e até católicos *tutti quanti*![4]

....

Sim! Sim! É mais um futuro Espártaco,[5] que segue caminho a sublimar-se pelo martírio, em apoteose.

Que! Horrorizaram-se os homens de que um escravo mate um inocentezinho seu amigo, somente por ser este parente do seu senhor!

Qui non temperet a lacrimis.[6]

E...

Mãos à obra, meus senhores. O porvir é vosso.

---

2. A comparação elogiosa remete à figura mitológica grega do gigante com cem braços e cinquenta cabeças que ajudou Zeus a derrotar os Titãs na batalha épica conhecida como Titanomaquia.
3. Ver n. 1, p. 57.
4. Do italiano, "todos eles".
5. Ver n. 13, p. 75.
6. A citação em latim, traduzida livremente, pode ser lida como: "Quem seria

É mais uma carta — para um novo atentado.

PROUDHON[7]

⁓

Que felicidade na reprodução dos fatos!
Que perspicácia no exame, que critério na escolha!
Que filosofia nas observações!
Que semelhança, que confronto, e que conclusões!
O mundo comparado a um espeto, o raio ao espírito, a tempestade à tosse!
O filósofo é um arroteador;[8] a lógica um alvião![9]
Ao que vem a calculada reprodução desta ocorrência?
Pretendem, por ela, embargar o passo à propaganda abolicionista?
Quererão, com este fato, justificar e perpetuar a escravidão?

---

capaz de conter as lágrimas?". Esse verso é de autoria de Virgílio (70-19 a.C.) e é lido no poema épico *Eneida*, a que Gama faz referência em outros artigos. Cf., por exemplo, nesse volume, "Um cadáver disputado", p.243.
7. O leitor mais detalhista pode ter reparado, com razão, que esse Proudhon não tinha nada a ver com José do Patrocínio, notório subscritor desse pseudônimo que remete ao conhecido ideólogo anarquista francês. Mais: o leitor pode ter reparado que Proudhon respondia indiretamente ao artigo de Gama publicado na *Gazeta da Tarde* em 16 de dezembro de 1880, texto em o advogado defende que "quatro Espártacos (...) sublimaram pelo martírio, numa só apoteose". Nesse mesmo texto, Gama questionou: "Quê! Horrorizam-se os assassinos de que quatro escravos matassem seu senhor?" Proudhon, como se vê, deixou pistas explícitas de que leu e que respondia Gama. Sobre o ideólogo francês: Pierre-Joseph Proudhon (1809-1865), nascido em Besançon, França, foi tipógrafo, escritor, político e filósofo anarquista. Foi membro do parlamento francês e publicou obras sobre teoria política, propriedade e autogoverno.
8. Aquele que arroteia, que lavra terra inculta, que desmata terreno para nele semear.
9. Tipo de enxada, instrumento com uma lâmina de ferro usado para cavar terra dura e arrancar pedras.

Proudhon ou não entende o que lê, ou não sabe o que escreve, ou ignora o que pretende, ou, como aquele memorável fragmento de antiga estátua de gladiador acantonado¹⁰ em uma praça de Roma, no ângulo do palácio dos Orsini, insoante,¹¹ inconsciente, serve de muro novo às diatribes¹² insulsas¹³ dos despeitados salteadores da liberdade.

Uma vez, porém, que nos pretendam dar lições, que apelam para os exemplos, que servem-se dos escândalos, das misérias, dos desastres, das aberrações, sejam coerentes, aceitem as retaliações, sofram as retesias.¹⁴

Em Paris, afirma Foublaque, conceituado médico legista, Lavard, um excelente velho de 70 anos, trêmulo de contentamento, acolhe risonho, em seus braços, um lindo neto recém-nascido: mira-o, afaga-o com extremos, beija-o. Dá-se um momento de silêncio. O velho, de repente, pega do inocente pelas pernas; maneja-o rápido pelo ar; bate-o com o crânio de encontro ao tronco de um carvalho!...

Este velho era inteligente, ilustrado, nobre, de apurada educação, de excelentes costumes, de elevado conceito, de provado merecimento!...

Por que cometeria ele este atroz delito, que, por a sua enormidade, excede à coerção de todos os códigos?!...

A fisiologia explica-o; porque, nos fenômenos da vida humana, para a ciência, não há mistérios.

Este homem faleceu dois meses depois deste horrível sucesso, repentinamente, vítima de uma lesão cardíaca.

---

10. Estabelecido.
11. Pelo contexto, possivelmente seria a palavra insinuante, grafada à época como "insinoante".
12. Crítica mordaz, discussão exaltada.
13. Insípidas, enfadonhas, que não têm graça alguma.
14. Contenda, disputa.

Na cidade de São Paulo (esta mesma em que escrevo), em o ano de 1831... uma jovem formosíssima enfermou.

Era conhecida a moléstia? Era grave? Era natural? Seria fruto de um crime?

Sei, apenas, que ela era fidalga, de família altiva e preponderante.

Com alguns parentes, foi para um subúrbio tomar ares. Nenhum médico a viu; nenhum médico acompanhou-a.

Uma negra velha, escrava fiel, confidente extremosa, era sua companheira inseparável; e velava por ela dia e noite: os negros, os indignos, os miseráveis, os escravos, quando a infâmia acomete os senhores, às vezes, servem para alguma cousa.

Em certa noite, na solitária habitação, quando dormiam todos, ou fingiam dormir, entre a jovem senhora e a velha companheira negra apareceu um novo ente, sem que se desse encanto, nem mistério, nem assombrosa aparição.

A negra, cauta e cuidadosa, envolveu o *novo ente* em *um xale de casimira azul*, acalentou-o, abafou-lhe os vagidos;[15] diante do crime desaparecem as condições; os criminosos são iguais.

A orgulhosa beldade, de pé, alumiada por uma candeia[16] que pendia da parede escura, disse à escrava:

— Leva-o; a esta hora todos dormem; ninguém te verá; *vai à ponte da Tabatinguera*: atira-o no rio!...

— Misericórdia, *Sinhora*!...

— Vai! Faz o que te digo!...

E a negra velha partiu; tomou pela rua do Brás; desapareceu por entre a noite, densa de sombras, e mais negra do que ela. Levava aos braços o mesclado filho de um negro. Atravessou

---

15. Choro, gemido de recém-nascido.
16. Nesse contexto, pequeno aparelho de iluminação abastecido com óleo ou gás inflamável.

as desertas ruas; venceu os perigos; e, na roda dos expostos,[17] como em tábua de salvação, depôs benigna aquele náufrago do pudor...

Quando ela voltou perguntou-lhe tranquilamente a senhora:

— Está feito!?

— Sim, senhora, respondeu-lhe a negra confidente... Cheguei à ponte... E duas lágrimas brotaram-lhe dos olhos, e deslizaram tardias, pelas faces escuras, como de dois círios[18] acesos dois fios de cera sobre um túmulo. Sua voz tornou-se rouca, e ela recomeçou: cheguei à ponte... não havia ali ninguém...levantei-o nos braços...atirei-o...ele chorou... o rio deu um grito... e... acabou-se tudo! Sim; acabou-se; acrescentou a senhora: *é como se faz às ninhadas de gatos e cães inúteis...*

Conheci a negra, e a senhora. O filho foi alfaiate; trabalhou em uma oficina à rua do Rosário; foi soldado; e morreu, crivado[19] de úlceras, na enfermaria do Quartel de Linha.[20]

---

17. A roda dos expostos, também conhecida à época como roda dos enjeitados, era um lugar em que se abandonava bebês e recém-nascidos. Espécie de tambor com uma portinhola giratória, embutido em uma parede, era construído de modo que quem abandonava, de um lado, não via quem recebia, do outro lado da parede. Pela descrição geográfica que Gama anotou, tomando a rua do Brás como ponto de localização, o percurso da "negra velha" deve ter dado na roda dos expostos do Convento do Carmo.
18. Grande vela.
19. Todo furado, perfurado.
20. O antigo Quartel da Legião dos Voluntários Reais, construído em 1790, passou a ser conhecido como Quartel de Linha, abrigando um efetivo de aproximadamente mil homens da Guarda Nacional em São Paulo em meados do século XIX. Luiz Gama serviu nesse quartel em diversas patentes, até chegar a cabo-de-esquadra graduado, em 1854. Ao tratar do caso em detalhes, até mesmo sobre especificidades internas ao quartel, Gama demonstra indiretamente que continuava a ter trânsito dentro da caserna.

No município de Mogi-Mirim,[21] na fazenda do doutor..., em o ano de 186... achava-se hospedado o exmo. desembargador..., nascido em uma das províncias do norte e que, aqui, desempenhou altos cargos de administração.

Estava à janela; atravessou o largo terreiro um mulato; e o hóspede exclamou:

— O que veio aqui fazer o padre Pompeu?!

— O padre Pompeu?! redarguiu o proprietário.

— Sim: ele mesmo; o senador!...

Momentos depois o opulento hospedeiro mostrava ao seu amigo um vistoso cavalo de raça; tirava-o pelas bridas[22] o mesmo mulato que, momento antes, havia atravessado o terreiro.

O distinto hóspede encarou-o curioso, examinou-o atento, e prosseguiu:

— É perfeito! Tem apenas menos idade; em tudo mais é a imagem do padre esculpida!

E interrogou:

— D'onde és tu?

— Sou do Ceará.

— Do Ceará?! Pior...

— De quem foste escravo?

— Do senador Pompeu.

— Onde nasceste?

— Na casa dele.

— E quem te vendeu?

— Ele mesmo.

Entre os dois amigos, em silêncio, trocaram-se olhares significativos, inteligentes. E o hóspede murmurou — que bárbaro!...

Este mulato chama-se Francisco; quando o vi, pela primeira vez, teria de 25 a 30 anos; era refratário à sua condição, inteligente,

---

21. Localizado no interior paulista, distante 150 km da capital, Mogi-Mirim teve grande concentração de trabalho escravo nas plantações de café.
22. Rédeas.

altivo e indomável. Fugiu diversas vezes: o senhor suportava-o por precisão. Em uma das fugas, matou um homem, que tentou prendê-lo.

Respondeu ao júri; foi condenado a açoites; o tribunal, não por justiça, se não por esquálida[23] parcialidade, para restituí-lo ao senhor, julgou — que ele matara em sua defesa própria.

Sofreu a ignominiosa,[24] a terrível pena; mas continuou a fugir! O sentimento da liberdade é a concentração da sensibilidade moral; zomba das torturas físicas.

O atilado[25] senhor descobriu, porém, um meio de *domesticá-lo*: casou-o; foi-lhe amarra o matrimônio, e a âncora a mulher.

Hoje deve ser um péssimo homem, um ente abjeto, desprezível, infame: tornou-se *bom escravo*; merece os gabos[26] do senhor.

~

Na província de Minas Gerais, em uma das suas povoações, um negro nascido neste libérrimo[27] país, um miserável escravo, ininteligente, inculto, estúpido, bruto, sem costumes, sem caráter, sem bons sentimentos, sem pudor, criado como cousa, para adquirir sua liberdade, para fazer-se homem, pegou de um *senhor moço*, menino, inocente, inofensivo, inconsciente, *seu amigo*... e matou-o!...

Matar um futuro senhor?... Aniquilar o domínio em gérmen?...[28] Desfazer a tirania em miniatura?... Em projeto?... Sob a forma ridícula de pueril criança, para evitar o cativeiro, no futuro?!...

Este acontecimento espantoso atesta a existência de uma ideia fixa, perigosa: acusa uma obliteração mental; o seu autor, porém, é um negro!...

---

23. Imunda, torpe.
24. Desonrosa.
25. Perspicaz, sagaz.
26. Elogios.
27. Superlativo de livre, algo como muitíssimo livre, liberal.
28. Estágio inicial do desenvolvimento de um organismo.

~

    Na culta Inglaterra, em o ano de 1483, o duque de Glocester mandou encerrar na torre de Londres e assassinar, pelo sicário[29] Tirrel, dois indefessos meninos, dois sobrinhos seus, filhos do seu irmão Eduardo IV, seus tutelados, para usurpar-lhes o trono e a riqueza.

    Este príncipe, com as mãos tintas de sangue, foi sagrado, perante Deus, à face da Igreja; foi elevado ao poder; teve cultos e adorações; reinou sobre o povo, com as luzes do clero, e com o auxílio dos sábios!...

    Foi um assassino? Foi um ladrão?...

~

    Aquele fato, de que foi teatro Paris; aquele crime cometido pelo velho Lavard: um homem branco, fidalgo, ilustrado, bem procedido, bem conceituado, compreende-se, explica-se, está no domínio da ciência, tem uma razão de ser.

    Aquela jovem nobilíssima, paulista distinta, rica, importante, poderosa, que furtivamente, em erma[30] habitação, dava à luz o filho de um escravo; que, de concerto com a sua ilustre família, abusando, com ignomínia,[31] da fraqueza, da senilidade de uma mulher escrava, à noite, mandava sepultar vivo, nas águas do Tamanduateí, o fruto pardo das suas relações negras, foi vítima de uma fraqueza inevitável: tem plena justificação nas leis da fisiologia; tem direito à absolvição da sociedade; não é uma ré; é uma vítima.

    Aquele duque de Glocester, aquele tio, aquele tutor, que assassina dois meninos para roubar-lhes o trono e os cabedais,[32] era um príncipe, foi um rei, não foi um ladrão, foi um conquistador.

---

29. Assassino contratado, facínora.
30. Deserta, despovoada.
31. Desonra, infâmia.
32. Recursos financeiros, riquezas materiais.

A governação é uma ciência: é a realização da política: esteia-se em princípios morais, distende-se[33] protegendo a felicidade humana, visa a consecução do bem social.

O crime, a imoralidade são qualificações transitórias de erros comuns que não atingem os atos dos poderosos do estado; o caráter, a posição do autor determinam a razão do fato; o crime é tão grosseiro e vulgar como os criminosos.

∼

Deixo em silêncio duas personagens: aquele *Reverendo Legislador*,[34] que vendeu o filho; e *Proudhon*: o tresloucado autor do escrito que deu causa à carta que escrevo. O primeiro descende em linha reta do imortal Judas,[35] e pertenceu à mesma seita; o segundo é um fugitivo da casa dos orates;[36] que agora iniciou-se nos mistérios das *evoluções positivas do cativeiro*.

Fica de pé uma entidade; é o *assassino do senhor*; é a imagem da miséria; é a Séfora dos tempos modernos;[37] é o leproso social: é o escravo homicida. Tem uma escola — a senzala; tem um descanso — o eito;[38] tem um consolo — a vergasta;[39] tem um futuro — o túmulo. E a escravidão também terá um monumento sagrado, que há de perpetuá-la, além dos séculos, construído com as pedras amontoadas, na praça pública, pelos covardes, pelos malvados, pelos assassinos impunes.

S. Paulo, 17 de janeiro de 1881

Teu

LUIZ GAMA

33. Estende-se.
34. O padre e senador Pompeu.
35. Judas Iscariot foi um dos doze primeiros discípulos de Jesus. De acordo com os Evangelhos, Judas traiu e entregou Jesus para seus captores em troca de trinta moedas de prata.
36. Equivale, no contexto, a hospício.
37. No Livro Êxodo, 6:20, da Bíblia Sagrada, Séfora é mulher de Moisés, mãe de seus dois filhos, Eliezer e Gérsom. Escapa, todavia, a razão literária para Gama invocá-la nesse contexto.
38. Trabalho degradante, em especial o do escravo em área rural.
39. Chicote, vara fina usada para açoitar, torturar.

Capítulo 9
A abolição surge no horizonte
Carta ao Dr. Ferreira de Menezes[1]

Comentário   *Na linha da carta publicada em 7 de janeiro de 1881, Gama segue direcionando sua pena para as reuniões políticas senhoriais, compostas de "fazendeiros abastados, de negociantes e de capitalistas". Nesse trecho, Gama comenta uma "reunião importantíssima", na qual certamente ele era persona non grata, que, nada tratando da defesa de direitos senhoriais, "exclusivamente ocupou-se de suprimentos monetários e aquisição de colonos para a lavoura". Havia uma sensível mudança de pauta. Os fazendeiros e empresários não passaram horas discutindo formas de manutenção do trabalho escravizado. Ao contrário, em evidente sinal de que a abolição surgia no horizonte de expectativas do Brasil, aquela associação, "espécie de Clube da Lavoura e Comércio", debatia o crédito e a imigração de colonos brancos para São Paulo. "Substituir o trabalho servil; dar dinheiro barato, e comodamente aos lavradores são as teses que preocupam-no", isto é, ao Clube da Lavoura. Mais: "há vício radical invencível", apontaria Gama, nas teses do tal Clube. A abolição estava pendente. Não se poderia discutir a introdução de colonos (brancos) e alocá-los nas lavouras sem resolver o paradoxo do trabalhador escravizado (negro) que já estava nas fazendas. Gama concluía, em notório jogo de palavras lançado especialmente aos leitores senhoriais, que: "O escravo no trabalho da lavoura é insubstituível". Isto é, no contexto, não o escravo, mas o negro; insubstituível não o sistema de trabalho, mas os trabalhadores já assentados na colocação. Em resumo: não haveria espaço para trazer colonos brancos quando os trabalhadores negros já estavam no lugar. Ao comentar a reunião do Clube da Lavoura, Gama demonstra estar a par dos passos da política da escravidão e sua agenda reacionária. Política e agenda bastante nuançadas, haja vista a sagaz definição que Gama deu dos componentes daquela associação. "É um conjunto de liberais, conservadores e republicanos; embora na atualidade, sob o ponto de vista prático, fora do palavreado costumeiro, os qualificativos políticos careçam de realidade; porque corre o tempo de muricy, em que cada qual cuida de si."*

1. *Gazeta da Tarde* (RJ), [editorial], 23 de janeiro de 1881, p. 1.

Meu caro Menezes,

Venho da *Gazeta de S. Paulo*, onde deixei para ser impressa sua carta, que endereço-te, relativa a um disparatado escrito, firmado com o pseudônimo — *Proudhon*[2] —, que notavelmente encerra grosseira injúria a este nome, que designa um dos maiores gênios que tem abrilhantado o mundo.

O artigo a que aludo foi impresso na *Província* do dia 13; atira algumas pedradas ao Lúcio de Mendonça, o que não admira, porque o Lúcio[3] é um astro, e o articulista um abissínio;[4] e distribui-me algumas pachuchadas[5] idióticas, dignas de piedoso sorriso.

Cada dia que se finda encerra uma data memorável na senda impérvia[6] que se desbrava aos passos dos lidadores da emancipação.

No dia 16 deu-se nesta cidade uma reunião importantíssima, e de caráter grave, constituída de fazendeiros abastados, de negociantes e de capitalistas. É uma espécie de *Clube da Lavoura e Comércio*[7] e o mais digno de atenção de quantos se hão constituído.

Como sempre acontece entre nós, a julgar pelos fatos, à semelhante reunião não precedeu estudo e acordo, mas, sem embargo disto, ela existe.

É um conjunto de liberais, conservadores e republicanos; embora na atualidade, sob o ponto de vista prático, fora do palavreado costumeiro, os qualificativos políticos careçam de realidade; porque corre o tempo de muricy, em que cada qual cuida de si; e as agregações partidárias não passem de *monções*[8] *de romeiros*, com destino ao poder, que se ajustam, para com maior segurança,

---

2. Ver n. 7, p. 321.
3. Ver n. 1, p. 57.
4. Ver n. 32, p. 128.
5. Bobagens, asneiras.
6. Intransitável, impraticável.
7. Organização social dos interesses de fazendeiros e comerciantes.
8. No sentido de ajuntamento ocasional.

atravessarem desertos cabedelos;⁹ há, contudo, aparências delicadas, dignidades calculadas, e formalidades melindrosas, que não podem ser preteridas. As exterioridades políticas são como o dogma; todo o seu valor provém do mistério; mas o venera, mas o idolatra quem menos o entende.

Neste conjunto de respeitáveis personagens, além das distinções, de exterioridades políticas, há outras cujas gravidades se não pode dissimular. Existem, ali, abolicionistas; e sem dificuldade, desde já, indico dois nomes, prestigiosos, socialmente considerados: são os exmos. srs. dr. Antonio Prado[10] e Lopes de Oliveira.[11]

O Clube ao contrário de quantos se hão reunido — *não tratou, de modo algum, da defesa dos direitos dominicais!*[12] — Pura e exclusivamente ocupou-se de *suprimentos monetários* e *aquisição de colonos* para a lavoura.

Substituir o trabalho servil; dar dinheiro barato e comodamente aos lavradores são as teses que preocupam-no.

No meio, pelo qual se pretende obter colonos, há vício radical invencível; a obtenção de dinheiro depende da de colonos: uma e outra coisa constituem dois impossíveis.

A abolição do trabalho servil é uma questão pendente; qualquer que seja a dificuldade superveniente há de realizar-se em curto prazo; a falta de critério, da parte do governo, daria a conflagração. O escravo no trabalho da lavoura é *insubstituível*.

---

9. Dunas, elevações de areia.
10. Antonio da Silva Prado (1840-1929), nascido em São Paulo, foi advogado, político, fazendeiro e empresário. Na política, foi deputado (1869-1875), vereador (1876-1881), sendor (1887-1889), sempre pelo Partido Conservador, além de ter sido ministro da Agricultura e das Relações Exteriores nos últimos anos do Império. Com o advento da República, Antonio Prado tornou-se um dos mais importantes prefeitos de São Paulo, ocupando o posto por doze anos (1899-1911).
11. Provável referência a Manoel Lopes Oliveira (1846-1911). Natural de Itapetininga (SP), Oliveira foi comerciante, militar e vereador na cidade de São Paulo (1882-1884).
12. O mesmo que senhoriais.

As doutrinas econômicas liberais, com aplicação ao estabelecimento de bancos locais, hipotecários, isolados, se não encerram um impossível ao tempo presente, conduzem ao desastre no tempo futuro; porque o benefício ou o mal não estão nas doutrinas; consistem na aplicação; na falta de oportunidade: os preceitos econômicos sob o ponto de vista prático são relativos, e não absolutos; são aproveitáveis, não impositivos; salvo quando, por organizada especulação, procura-se, à sombra dos princípios, com o auxílio do poder, adquirir riquezas, à custa da desgraça alheia, ou quando as circunstâncias determinam o contrário.

Foi este um dos assuntos da reunião; manifestaram-se opiniões neste sentido. E só este ponto, de per si, é bastante para lançar o pomo de Páris[13] no seio do Clube.

O mal comum, uma necessidade iminente, inevitável, determinou a reunião do Clube; a pluralidade das ideias; as desarmonias essenciais hão de levá-lo ao seu fim.

Não agouro mal a reunião do Clube; felicito, com sinceridade, os seus dignos autores; manifesto, apenas, com alguma antecipação, uma conclusão lógica.

A época em que atravessamos encerra uma fermentação de filosofias, conduz uma revolução moral; caminha para o assinalamento de uma época natural.

Acaba de exibir-se, na Assembleia Provincial, um projeto de lei de extraordinária importância: contém nada menos do que a inamovibilidade do elemento servil nesta província.

Esta lei, como a que foi promulgada pela Assembleia Provincial do Rio de Janeiro, é uma espécie de poliedro[14] governamental, um gládio[15] de dois gumes, que vai ser posto na mão do

---

13. O mesmo que pomo da discórdia. Além das narrativas mitológicas relacionadas à Guerra de Troia, a expressão indica alguma coisa que instigue as pessoas a brigarem entre si.
14. O que tem muitas faces.
15. Espada.

Poder, que, por a mediação da sua monocracia,¹⁶ ou dos *seus* magistrados, favoneando,¹⁷ talvez, pretensões escuras, queira esgrimir,¹⁸ nas trevas, com os próprios abolicionistas.

Cumpre, pois, que estejamos atentos; que observemos, com cuidado, os passos do governo, e que, de olhos abertos, sejamos como os Cirocrotes.¹⁹

S. Paulo, 18 de janeiro de 1881
Sempre teu
LUIZ GAMA

---

16. Aqui no sentido de exercício da autocracia, regime em que o governante detém a soberania política, isto é, a palavra final sobre assuntos civis.
17. Favorecendo, protegendo.
18. Lutar, travar combate.
19. Figura mitológica, espécie de besta que não fechava os olhos e não tinha divisão de dentes.

Capítulo 10
A neta de Zambo
Carta ao Dr. Ferreira de Menezes[1]

Comentário *Gama recebeu uma carta anônima. "Não é a primeira. Neste últimos tempos tem sido esse o meio escolhido por pessoas desprezíveis, que não conheço, nem desejo, para insultar-me!... Insensatos". No entanto, a carta o surpreendeu. Não era mais uma das ameaças do terrorismo senhorial de algum reacionário da política da escravidão, que, como sugere Gama, estavam especialmente raivosos nos últimos tempos. Ao contrário. A carta era escrita por uma "heroína da liberdade" e, pelos traços que se pode alcançar da leitura, tratava-se de uma mulher branca de família influente do Rio de Janeiro ou de Minas Gerais. O entusiasmo de Gama com a carta foi gigantesco. "Esta carta será, quando gravada na história da humanidade, a página de ouro da evolução abolicionista no Brasil", afirmava, realçando que surgia no cenário nacional uma autora do quilate da romancista norte-americana Harriet Stowe, autora do best-seller* A cabana do pai Tomás. *É evidente que a grandiloquência da comparação ou mesmo a efusiva e categórica assertiva da posteridade da carta eram parte do repertório retórico do autor, mas possui incontestável força literária e integra o panteão do que de melhor produziu a literatura abolicionista brasileira. Só veio a público porque Gama deu publicidade à carta, sabendo, certamente, do impacto político que ela poderia exercer, seja pela autoria incomum ou por seu conteúdo de tirar o fôlego do mais prevenido leitor. A Harriet Stowe brasileira, ou "A Neta de Zambo", contava "uma cena revoltante, horrorosa, cruel e infame". Com estilo envolvente, narrava o crime sobre o qual ouviu em viagem ao interior de Minas Gerais, contado pela esposa do homem que testemunhou o bárbaro ato. O "negro chamado P." fora brutalmente torturado por rechaçar que sua filha dormisse com o senhor de escravizados. Em retaliação física e moral ainda maior, o fazendeiro resolveu estuprar mãe e filha. "A Neta de Zambo" dava detalhes da cena macabra e acrescentava à narrativa outro caso igualmente perturbador. Denunciava, assim, que o senhor era um criminoso a quem a autoridade pública dava total apoio e cobertura.*

1. *Gazeta da Tarde* (RJ), 29 de janeiro de 1881, pp. 2–3.

Meu caro Menezes,

Difunde-se a luz da liberdade por todos os antros do império.

A grande causa diviniza-se, tem por altares os corações de acros[2] e invencíveis patriotas.

O evangelho social ressurge verberante e luminoso do seio das sombras; e altaneiro, supremo, invencível, à semelhança das chamas dos relâmpagos, propaga-se por todo o Brasil, como a religião do Cristo, outrora, a rebentar das catacumbas de Roma.

Há três dias, de uma importante povoação do interior desta província (segundo malsina[3] o carimbo do correio), recebi *uma carta anônima*.

Não é a primeira.

Nestes últimos tempos tem sido esse o meio escolhido por pessoas desprezíveis, que não conheço, nem desejo, para insultar--me!...

Insensatos.

Guardo inalterável silêncio sobre o que me dizem; e continuo na minha tarefa, com energia e segurança, levando de vencida os bárbaros lucífugos.[4]

A guerra não se faz com palavras; nem com injúrias; nem com ameaças; nem com lutadores anônimos: os nossos canhões estão assestados[5] a descoberto; os nossos gladiadores estão de pé: nós combatemos sem artifício: nossa armadura é o direito.

Desta vez, porém, o anônimo é a investidura da modéstia; a carta é escrita por uma senhora tão inteligente quão delicada: tu a lerás, algum dia, no próprio original.

Entende-me: não é uma *senhora de escravos*: é uma personificação de virtudes: uma senhora de brios: uma brasileira benemérita: uma heroína da liberdade.

Essa carta será, quando gravada na história da humanidade, a página de ouro da evolução abolicionista no Brasil.

2. No sentido de pouco flexíveis.
3. Denuncia.
4. Que foge da luz, que evita a claridade.
5. Apontados, direcionados.

Não tem data; e tem por assinatura um nome suposto.

À semelhança dos astros, não se sabe de onde veio; ignora-se a data do seu nascimento; rebrilha no firmamento; a ciência lhe sagrará um nome eterno.

Se o estilo é um retrato moral, eu lôbrego[6] através das sombras do mistério, as lindas feições da distinta — *Neta de Zambo*.

Lembro-me de vê-la cavalgando airoso[7] ginete,[8] a correr ousada pelos páramos[9] de Piratinim,[10] peregrina como as rosas de Erimanto[11] e formosa como as pérolas de Golconda.[12]

Creio ter já conversado, discutido, venerado e docemente vencido, pelo sopro benigno da gratidão, osculando[13] a destra[14] veneranda que, em hora ditosa, traçou esse maravilhoso documento.

Envio-te a carta, por cópia. Deve ser lida por ti, e pelos nossos dignos companheiros e amigos.

Peço-te que, dela, publiques alguns trechos, dignos da imprensa ilustrada, dignos da causa nobilíssima que defendemos e da posteridade.

---

6. Diz-se do lugar sombrio, escuro, em que quase não há claridade. Pelo contexto, Gama sugere que entrevê, que enxerga a autora "através das sombras do mistério".
7. Elegante, gracioso.
8. Cavalo de boa procedência, adestrado.
9. Planalto.
10. Provável grafia diferente para Piratininga, nome que designava a região da cidade de São Paulo, antes da colonização portuguesa.
11. Referência ao Monte Erimanto, localizado na Arcádia, Grécia, local de grande significado na mitologia grega, por ter sido onde Hércules cumpriu o quarto de seus doze heroicos trabalhos, a saber, a captura do monstruoso javali que habitava as escarpas do Monte Erimanto.
12. Referência provável aos diamantes extraídos das minas de Golconda, Índia, considerados como os maiores e mais belos do mundo, sendo muitos desses diamantes, hoje, parte da fortuna de reinos e estados europeus.
13. Beijando.
14. Mão direita.

Apelando, porém, para o teu cavalheirismo, exijo que guardes profundo silêncio relativamente aos tópicos que vão traçados com tinta carmesim.

Quanto a uns, porque são excessivamente encomiásticos[15] e concernentes a pessoa a quem muito prezas, e que, pelo seu caráter, impõem-me este dever. Os outros, como verás, são graves, em razão de circunstâncias peculiares, e, de todo ponto, confidenciais.

Termino enviando-te um fraternal aperto de mão; dirigindo epinícios[16] à nossa esplêndida heroína; e dando, com efusão, um sincero abraço no seu respeitável consorte.

Enfim: podemos exclamar, com os nossos irmãos dos Estados Unidos da América do Norte:

— Surge radiante a aurora da liberdade; e, no seu ninho de luzes, a nova Harriet Stowe.[17]

São Paulo, 22 de janeiro de 1881
Teu
LUIZ GAMA

---

15. Elogiosos.
16. Cântico feito para comemorar uma vitória ou o regozijo por um feliz acontecimento.
17. Ver n. 80, p. 98.

A LUIZ GAMA

Senhor,

Sim, Luiz Gama, em último caso, digamos como Condorcet:[18] "Prefiro as procelas[19] da liberdade à segurança da escravidão".

Alguns jornais da Corte têm ultimamente sido pródigos em ameaças, insultos e calúnias.

Lamento do fundo d'alma de ver que a descoberta de Gutenberg,[20] denominada por este século de "astro luminoso, espanca-trevas, percursora do progresso, propagadora da liberdade, etc., etc.", sirva agora por egoísmo e vil interesse a defender o cancro vergonhoso que rói o desventurado Império do Brasil, a escravidão!

Os homens que defendem semelhante causa ou odeiam a humanidade, ou então nunca estiveram em alguns estabelecimentos agrícolas, nos quais os proprietários são os piores tiranos; e os empregados, algozes que ultrapassam em crueldade os da extinta inquisição!

Para corroborar o que acabo de expor, a respeito desses odiosos senhores, citarei e provarei, se necessário for, uma cena revoltante, horrorosa, cruel e infame: e, cousa singular, praticada por um homem educado no foro da civilização, na Europa; o qual (talvez) em companhia dos defensores da opressão e da infâmia, saboreassem o famoso *champagne*, à sombra de um ca-

---

18. Nicolas de Condorcet (1743-1794), o marquês de Condorcet, nascido em Ribemont, França, foi matemático, filósofo e político. Possivelmente, a citação seja retirada do manifesto *Réflexions sur l'esclavage des nègres* (1781), obra considerada abolicionista e de grande impacto nas discussões sobre o fim da escravidão nas colônias francesas.
19. Tempestades, agitações.
20. Refere-se, em termos gerais, à imprensa, através do inventor da prensa móvel e desenvolvedor do processo gráfico usado para imprimir jornais, o gráfico alemão Johannes Gutenberg (1400-1468).

ramanchão[21] acompanhado de cantigas obscenas e báquicas[22] cantadas por meretrizes. Porém, lancemos um véu sobre este quadro aviltante e repugnante, e comecemos a narração do crime horrendo, perpetrado com todo o cinismo e perversidade por este frequentador dos botequins da rua do Ouvidor.

Há de haver aproximadamente três anos, viajava eu no interior desta província, em companhia dos meus tios; e ao passarmos na vila de B. meu tio resolveu pernoitar nela, a fim de resolver alguns negócios. O proprietário do hotel onde nos hospedamos era casado com uma virtuosa e sensível mulher.

À noite, depois de termos esgotado tudo quanto tínhamos a dizer e contar, despedi-me da boa mulher, para ir-me deitar; porém, ela olhando em redor de si para verificar se ninguém a ouvia, disse-me em tom confidencial: "espere, quero-lhe contar uma história que lhe há de entristecer muito e ao mesmo tempo interessar; mas, desde já, peço-lhe o mais absoluto segredo". Pois não, respondi-lhe eu, ansiosa por saber a tal história: esteja sossegada, e desde já estou pronta para lhe ouvir. A dona da casa foi fechar as portas; voltando, assentou-se bem perto de mim, e assim começou:

Meu marido, há oito dias, indo para a fazenda de F... tratar de alguns negócios que o obrigavam a estar na dita fazenda alguns dias, presenciou o seguinte: ao chegar encontrou o proprietário do sítio, que ordenava o feitor que amarrasse ao cepo[23] da casa do tronco o negro chamado P. pelo pescoço, cintura e pés.

Depois de executada esta ordem, o dito fazendeiro chegou-se perto do mísero escravo e, em tom de mofa, disse-lhe: "Então meu capadócio... ontem querias opor-te que a tua filha partilhasse meu leito... cão, não sabes que o escravo pertence em corpo e alma ao senhor?..."

O paciente, com os olhos cheios de lágrimas, pediu ao seu algoz pelo amor de Deus, para que poupasse sua filha, a quem amava extre-

---

21. Construção simples geralmente feita em jardins e parques para descanso, abrigo ou recreação.
22. Relativo a Baco. Aqui a autora emprega como adjetivo de depravação.
23. Pedaço ou tronco de árvore cortado transversalmente.

mosamente. Mas o odioso e inflexível senhor respondeu-lhe cínica e impudentemente[24] o seguinte: "Não só tua filha como tua mulher participarão hoje do meu leito."

... E, com os olhos injetados de sangue pelo ódio, acrescentou com um riso sardônico: "E entretanto, logo de noite tomarás duzentos açoites, e passarás assim a noite; e amanhã, quando fores desamarrado, mandar-te-ei colocar dois ferros; um no pescoço e outro no pé, para que não possas *passear muito*...".

O infeliz, ao ouvir estas iniquidades, fechara os olhos; seus dentes rangiam; do peito saía um ruído surdo semelhante àquele que se ouve no Vesúvio[25] quando ameaça erupção.

Às 10 horas da noite, dois negros robustos, cada um munido de um azorrague,[26] postaram-se um à esquerda e outro à direita do infeliz.

O suplício começou. A parte castigada do mártir estava retalhada, e dela jorrava o sangue em abundância.

O desditoso,[27] desde o princípio até o fim do suplício, não soltara um só gemido, um suspiro!...

Entretanto, o senhor, ou antes, o assassino, protegido pela lei, tinha por meio de ameaças satisfeito seu apetite brutal; e completamente ébrio,[28] exclamava cambaleando diante de seus satélites silenciosos: "*Consummatum est*...".

No dia seguinte, quando os sicários[29] levavam os ferros para algemar o desgraçado, encontraram o corpo da vítima, feio, gelado, hirto;[30] enfim um cadáver!...

Deus compadecera-se do infeliz, chamara-o para a região dos bem-aventurados. O médico fora chamado e atestava, pela fé do seu grau, que o negro falecera de *apoplexia fulminante*!...

24. Desavergonhadamente.
25. Refere-se ao vulcão Vesúvio, localizado na cidade de Nápoles, Itália.
26. Chicote, chibata formada por várias correias entrelaçadas presas num cabo de pau. Instrumento de tortura.
27. Infeliz.
28. Embriagado, bêbado.
29. Assassinos contratados, facínoras.
30. Imóvel, duro.

O tempora!... O mores!...[31]

Terminada a história, a sensível e virtuosa mulher chorava e pedia-me que rezasse um Padre Nosso e uma Ave Maria, por alma do pobre escravo. E antes de retirar-se, recomendou-me pela centésima vez que guardasse segredo.

Mas, como ela e o marido não têm mais que recear a vingança do assassino, pois que já são falecidos; por isso animei-me a narrar-vos essa história terrível e tenebrosa.

Termino, pois, citando-vos mais um fato recente que se deu no município da Limeira,[32] e para o qual chamo a vossa atenção. É o seguinte:

Um pobre negro, de comportamento exemplar, pensou um dia libertar-se; para esse fim ia depositando o produto de algumas economias nas mãos de algumas pessoas, que lhe tinham sido designadas como habilitadas e capazes de fazerem valer o seu incontestável direito, em ocasião oportuna. Mas, ó fatalidade! Um belo dia, o senhor chama o escravo; e pergunta-lhe para que queria ele o dinheiro que tinha depositado nas mãos das ditas pessoas. O coitado do negro expõe-lhe com franqueza o seu intento. Uma torrente de injúrias sai dos lábios imundos do cruel senhor. Enfurecido, manda chamar o cruel e sanguinário feitor; e ordena-lhe que ponha sem mais demora o negro a ferros e, em seguida, passar-lhe cem chicotadas.

É deste modo que se trata na Terra de Santa Cruz um escravo que aspira, por meios lícitos, tornar-se um homem livre.

---

31. "Ó, tempos!... Ó, costumes!...". Exclamações originalmente de Cícero (106-43 a.C.), denunciando as corrupções e as perversidades da Roma em que viveu.
32. Lembrem-se que Gama foi contestado do conteúdo da terceira carta, justamente por habitantes de Limeira, município do interior paulista, que alegavam que o "grau de civilização e sentimentos humanitários da sociedade limeirense" não permitiriam crueldades senhoriais. Naquela ocasião, Gama publicou uma "reparação devida", retificando a localidade do crime, mas sem recuar da conexão do autor do crime com a cidade. Para essa nova acusação que ele deu vazão, não foi encontrada réplica ou reparação — agora devida pelos cidadãos limeirenses.

O prêmio que o escravo obteve, por ter tido uma tão nobre aspiração, foi o seguinte: ferro no pé e no pescoço, cem açoites e sem o dinheiro que tanto lhe custara a ganhar. E tudo isto passou-se e passa-se no ano de Nosso Senhor Jesus Cristo de 1881, nas barbas do século dezenove, denominado por excelência — das luzes!!!... Escárnio! Ironia sangrenta!!...

Nobre e generoso sr. Gama, vós conheceis melhor do que eu os males terríveis que os bárbaros senhores fazem sofrer aos infelizes escravos: por isso abster-me-ei de vos incomodar com a narração de tantas atrocidades; não obstante, peço-vos, desde já, vênia[33] para participar-vos de vez em quando as injustiça e abusos dos quais são vítimas eternas os desprotegidos da lei dos homens! Se, entretanto, os poderes competentes não melhorarem a sorte destes infelizes, ensinai-lhe o meio indicado por vós no artigo "Resposta ao pé da letra"; isto é, o caminho do desespero!

Contra o despotismo, a insurreição é o mais sagrado e mais santo dos deveres — Declaração da imortal Convenção.[34]

Pois bem, se Convenção aconselhava aos povos livres a insurreição contra o despotismo, por que no Brasil não se aconselhará aos escravos a rebelião contra a odiosa e cruel opressão de seus execráveis senhores?!

Sim, todos aqueles que tiverem patriotismo, dignidade e pudor, não podem deixar de exclamar como Voltaire:[35] "esmaguemos a infâmia!"

Sou de V. S. admiradora e criada
UMA NETA DE ZAMBO

33. Licença, permissão.
34. Referência provável à proclamação da abolição da monarquia francesa, em 1792, firmada durante o regime político denominado Convenção Nacional, que vigorou entre 1792 e 1795, fundando a Primeira República Francesa.
35. François-Marie Arouet (1694–1778), mais conhecido pelo pseudônimo Voltaire, nascido em Paris, França, foi escritor, historiador e filósofo iluminista de grande importância para a história das ideias e da política dos séculos XVIII e XIX.

Capítulo 11
No verbo mora o sarcasmo
Carta ao Dr. Ferreira de Menezes[1]

Comentário   *O último trecho da carta ao amigo Ferreira de Menezes, e ao público em geral, tem um quê de comicidade, tão ao gosto da veia satírica de Gama. O modo como descreve São Paulo — "estação de férias e ócios forenses, que aliás não é fértil de jocosos divertimentos" — é um dos indicativos. Em uma reunião pública abolicionista, os presentes resolveram fundar uma associação recreativa e teatral. Para patronos do "Recreio Dramático Abolicionista", indicaram dois nomes da alta sociedade: um funcionário público de alto escalão e um médico da cidade. Decididos os homenageados, não se sabe se por reverência ou pilhéria, publicaram na imprensa os nomes dos eleitos. Tão logo a publicação ganhou os jornais, os ditos homenageados vieram a público declinar da posição, alegando não terem sido previamente convidados nem consultados para tomar parte da assembleia fundadora. Um dos patronos, contudo, avançou em suas justificativas para não aceitar o posto. Disse o médico João Pedro: "estou longe de aderir ao movimento abolicionista, que, em meu fraco entender, considero precipitado, pouco refletido, e inoportuno". Era a deixa que Gama utilizaria como tema para desfecho da série de cartas ao amigo Ferreira de Menezes. Revelando fatos pouco conhecidos da trajetória do médico, caracterizou-o como um refinado hipócrita. "O exmo. doutor é digno membro da confraria do Frei Thomaz; do que prega nada faz", dizia Gama, partindo da rima popular para a crítica política, social e racial. Em sua crítica ao médico, de um fôlego só, com evidente marcação textual para fúria e ênfase, fulminava o contendor que recusava tão ínfima participação no movimento abolicionista e, pior, se metia a analisar o mérito de algo que não conhecia. Gama deu-lhe — e aos demais que o liam — a resposta ao pé da letra.*

Meu caro Menezes,

É parêmia[2] já de sobejo[3] repetida, mas que, por muito aguda, sempre vem de molde:

1. *Gazeta da Tarde* (RJ), 1º de fevereiro de 1881, p. 1.
2. Alegoria breve, expressão proverbial.
3. Excessivo, demasiado.

Este mundo é um vastíssimo teatro onde todos se fazem de cômicos; os mais hábeis, e não são poucos, representam à custa dos outros; recebem as espórtulas,[4] e riem-se deles!

Escrevo-te estas linhas entre sorrisos, entre ironias, lancinantes,[5] ou entre sarcasmos, se o quiseres, meu nobre e distinto amigo; e d'este meu estado são causas as duas cenas cômicas (pois que trata-se de assunto teatral) que passo a transcrever das colunas da judiciosa *Gazeta do Povo*, para regalo teu e dos áticos leitores da tua preciosa *Gazeta*.

Deu-se, aqui nesta estação de férias e ócios forenses, que aliás não é fértil de jocosos divertimentos, e isto há poucos dias, uma jovial reunião (digo jovial por ser composta de *jovens*) de empregados públicos, de negociantes, de artistas e de pensadores (gente que tem o que perder, como eu, mesmo sem nada possuir).

Esta assembleia de voluntários, constituída sem mandato previamente conhecido, toda soberana e poderosa, reunida ao sopro sublime do patriotismo dos seus membros, à guisa das nossas câmaras legislativas; depois de formalmente constituída, com admirável sabedoria, sem eleições diretas ou indiretas; sem Saraivas, sem Sinimbús, sem Gaspares, e até sem Pelotas;[6] e congre-

---

4. Aqui no sentido de gorjeta, gratificação em dinheiro.
5. Que atormenta, aflige.
6. Referência a figurões da política nacional, respectivamente, José Antonio Saraiva (1823-1895), baiano de Santo Amaro, foi advogado e político, tendo sido presidente da província do Piauí (1850-1853), senador (1869-1893), ministro de Negócios do Império (1861), Relações Exteriores (1865-1866) e Fazenda (1885), cargo que cumulou com o de presidente do Conselho de Ministros; José Lins Vieira Cansanção de Sinimbú (1810-1906), nascido em São Miguel dos Campos, então capitania de Pernambuco, foi político, tendo presidido as províncias de Alagoas (1838-1840), Sergipe (1841), Rio Grande do Sul (1852-1856) e Bahia (1856-1858), além de ter sido ministro das Relações Exteriores (1859-1861), Justiça (1863-1864) e Agricultura (1878-1880), período em que exerceu o cargo de presidente do Conselho dos Ministros; Gaspar da Silveira Martins (1835-1901), natural de Cerro Largo, Uruguai, foi advogado, magistrado e político. Eleito deputado e senador por sucessivos mandatos, também foi ministro da Fazenda (1878-1879) e presidente da província de São Pedro do Rio Grande do Sul (1889); e José Antonio Corrêa da Câmara

gando, espontaneamente, sectários de todas as seitas religiosas, e cidadãos de todas as classes e condições; deliberou e dignou, para seus governadores, dois conspícuos[7] patriotas, membros distintíssimos da porção mais elevada da culta sociedade paulistada:[8] os exmos. srs. comendador Domingos de Mello Rodrigues Loureiro, cunhado do exmo. senador marquês de S. Vicente, inspetor aposentado da tesouraria de Fazenda, e chefe da Caixa Econômica Monte do Socorro, e o dr. Joaquim Pedro da Silva, de borla e capelo,[9] e conceituado médico e operador desta afamada cidade.

Todos os periódicos da capital noticiaram de tropel,[10] e com certa ênfase, que a mim se afigurou maliciosa, e que a outros pareceu entusiástica, a organização da sociedade, sob a conspiradora denominação de *Recreio Dramático Abolicionista*.

Os dois anciões venerandos, seletamente designados, pela forma eletiva e regularíssima, rejeitaram modestamente a oficiosa graça, e recusaram-se jeitosos de meter ombros[11] ao fatal carrego.[12]

Aí vão as duas recusas:

SOCIEDADE RECREIO DRAMÁTICO ABOLICIONISTA

Foi com bastante surpresa que li, na *Gazeta do Povo* de 24 do corrente

---

(1824–1893), o visconde de Pelotas, gaúcho de Porto Alegre (RS), foi político e militar, tendo sido ministro da Guerra (1881–1882), período do artigo que se lê, senador (1880–1889) e governador do Rio Grande do Sul (1889–1890 e 1892).
7. Notáveis, respeitáveis.
8. Pode ser apenas um erro tipográfico, onde deveria apenas constar paulista ou paulistana ao invés de paulistada. Mas, considerando o contexto do artigo, de crítica afiada às práticas sociais da sociedade local, Gama poderia ter reforçado o sentido pejorativo para o ajuntamento de paulistas.
9. Nesse contexto, a expressão, que remete às vestes solenes de um doutor, indica mais do que o figurino da pequena capa sobre os ombros (capelo) e o barrete adornado (borla) nas mãos; sugere soberba e empáfia.
10. Com grande repercussão.
11. Atirar-se ao trabalho, com afinco.
12. Fardo.

mês, a notícia de ter sido eleito vice-presidente da associação *Recreio Dramático Abolicionista*, isto porque nem fui convidado para a reunião, nem consultado a semelhante respeito.

Assim, pois, não posso aceitar o mandato que me foi confiado; entretanto, agradeço a lembrança honrosa dos dignos fundadores dessa associação.

São Paulo, 26 de janeiro de 1881
DOMINGOS DE M.R. LOUREIRO

Ilmo. Sr. redator,
Foi com bastante surpresa que li em sua conceituada folha, de ontem, a notícia de ter sido eu designado, ou eleito, para o *conselho abolicionista* da nova associação *Recreio Dramático Abolicionista*; porquanto nem fui convidado para a reunião em que foi criada ela, nem consultado para aceitar tal cargo.

Agradecendo, pois, a lembrança honrosa dos dignos fundadores, e visto só ter disso conhecimento pela imprensa, venho, por meio dela, declarar que resigno esse mandato; não só pelo modo pouco regular por que me foi conferido, *como porque confesso francamente que — partidário das libertações individuais e bem cabidas — estou longe de aderir ao movimento abolicionista, que, em meu fraco entender, considero precipitado, pouco refletido, e inoportuno...*[13]

S. Paulo, 25 de janeiro de 1881
DR. JOAQUIM PEDRO

Sou afeiçoado ao imortal Epaminondas;[14] e não posso, sem visível constrangimento, ocultar à clara luz da verdade certos fatos preciosos, que ela me está de contínuo a sugerir.

Aí vai, portanto, relativamente a esta *mista Associação*, a minha desprevenida opinião.

---

13. Realce em itálico provavelmente feito por Gama, não por J. Pedro.
14. Epaminondas (418–362 a.C.), nascido em Tebas, Grécia, foi general e estadista de sua cidade natal, conduzindo Tebas ao patamar de nova potência hegemônica da Grécia Antiga.

Esta sociedade *Dramática* e *Abolicionista* é nimiamente[15] revolucionária, perigosíssima, e atentatória; quer se a considere em face da estética, quer perante os códigos.

Perante a poesia dramática é o exício[16] inevitável dos *artistas hábeis*; perante o código é uma candidatura à grilheta.[17]

Pôr sobre a fronte do divino Sófocles[18] a pancárpia[19] da manumissão?!

Os exmos. srs. comendador Loureiro, e doutor Joaquim Pedro, como apreciadores de teatro, cumpriram nobremente o seu dever.

Uma sociedade que se propõe a estragar, por beócios,[20] dramas e comédias, compreende-se, anima-se, louva-se; mas quando ao estropiamento literário reúne leilões de prendas, conferências e outros atos, em benefício de alforrias, em prol de escravos, dá prova irrecusável de que é composta por hilotas,[21] semelhantes àqueles por quem intercedem.

Os exmos. srs. Loureiro e Joaquim Pedro são dois conselheiros distintos, dois perfeitos híbleos,[22] que ficariam, principalmente o segundo, tocados de indelével hiposfagma[23] se aceitassem os cargos que com tanto acerto recusaram.

O exmo. sr. dr. Joaquim Pedro, que exibe-se com ademanes[24] estudados, de cabeleireiro de Paris, a sacudir atilado[25] poeira de arroz aos olhos do freguês, quando este conta insonte o troco recebido, apro-

---

15. Demasiadamente.
16. Ruína, perda total.
17. No sentido de prisão.
18. Sófocles (497/6-406/5 a.C.), autor de *Antígona* e *Édipo Rei*, é considerado um dos maiores dramaturgos da história.
19. Coroa de flores.
20. Aqui no sentido de incultos, ignorantes.
21. Miseráveis de extrema ignorância.
22. Que é nativo de Hybla, antiga cidade siciliana.
23. Derrame ocular, sangramento abaixo da conjuntiva do olho. Gama sugere que Joaquim Pedro, mais do que chorar, choraria sangue.
24. Trejeitos, gestos feitos com as mãos.
25. Cuidadoso.

veitou a oportunidade para revelar-se consumado estadista. Deu aos abolicionistas parvos,[26] tolos e estouvados, famosa lição de mestre: rasgou-lhes o estandarte e arrebatou-lhes o gorro[27] em plena praça!

A emancipação há de ser feita lenta, individualmente, com muito critério, com muita prudência!

A lição é digna de proveito; porque, na expressão dos clássicos, o digno doutor — sabe armar no barbeito à perdiz curvado ichó; e pode, sem competidor, ensinar aos perfumeiros como da barrilha fazem-se delicados frascos, para finíssima pomada.

E toda esta magra filosofia da paciência o exímio mestre aprendeu no exílio; depois que *imprudentemente* pretendeu um lugar de professor, de preparatórios, no curso anexo à Faculdade de Direito, que *atrevidamente* concorreu a esse cargo, que *estouvadamente* o aprovaram, que *inopinadamente* o nomearam, e que *prudentemente* S. M. o Imperador mandou cassar o decreto de nomeação.

Dá-se agora uma grave anomalia, digna do mais sério reparo: pois o exmo. sr. dr. Joaquim Pedro, tão pródigo e oficioso em dar lições de prudência, quando viu cassado o decreto de sua nomeação, não teve prudência para suportar, em silêncio, este ato de violência; correu à imprensa; e, nas terríveis contorções de tremenda eclampsia,[28] atirou ao chefe da nação, ao deus do seu partido, os mais ferinos baldões,[29] os mais pesados apodos.[30]

O exmo. doutor é digno membro da confraria do Frei Thomaz; do que prega nada faz.

E, deveras!

---

26. Idiotas, imbecis.
27. Um dos mais importantes distintivos da Revolução Francesa (1789), o gorro (ou barrete) frígio tornou-se símbolo das ideias republicanas.
28. Grave convulsão que ataca gestantes e parturientes. Gama usa da própria linguagem médica do campo de especialização do oponente para lhe deitar o ataque.
29. Impropérios, injúrias.
30. Ditos depreciativos para ridicularizar alguém.

Um homem que se veste regularmente, que se alimenta bem, que goza das melhores comodidades, em uma sociedade opulenta, que sabe evitar o frio e o calor, que frequenta divertimentos e calça luvas de pelica, deve, com sobeja[31] honradez e abundante filosofia, aconselhar aos seus irmãos negros, aos cativos, mas que nasceram tão livres como ele, que são vítimas de um crime horroroso, seminus, expostos ao sol, ao frio e à chuva, vestidos de trapos, sacudidos a *bacalhau*,[32] que têm por lenitivo a tortura, e por luvas os calos levantados pela palmatória e pelo cabo da enxada, que sejam prudentes, que suportem o flagício, que se habituem com os castigos, tenham paciência, porque mais sofreu Jesus Cristo, e dos desgraçados é o reino do céu!...

Isto, meu nobre amigo, é hipocrisia feita de arminhos,[33] embrulhada em pergaminho, e vendida por pomada: não gasto desta *droga*; e tenho por suspeitos estes mercadores piedosos, estes Bicitos do sentimentalismo.

Não pensem que eu seja desafeto ao exmo. dr. Joaquim Pedro, e que me esteja aproveitando desta circunstância para combater as suas ideias. Sou seu amigo, e disto lhe tenho dado provas.

As nossas ideias políticas são opostas; os nossos sentimentos irreconciliáveis: somos duas entidades distintas: eu amo as revoluções; e julgo ser um ato sublime dar a vida pelas ideias.

Ele detesta a revolução; mas, se a fizerem, fora de perigo, apanharia os frutos.

Eu sou um louco; ele, um homem de critério.

Dou-lhe os meus sinceros parabéns.

Se algum dia o Brasil produzir um Alighieri, se este escrever uma nova *Divina comédia*, e todos tivermos de figurar nesse poema, o Exmo. Dr. será transformado em *ponte*; por ela passarão todos, bons e maus: a ponte é a materialização da *imparcialidade*.[34]

31. Excessiva, demasiada.
32. Chicote, chibata usada para tortura.
33. Coisa macia, delicada.
34. Refere-se a Dante Alighieri (1265-1321), poeta, escritor e político florentino.

S. Paulo, 28 de janeiro de 1881
Sempre teu
LUIZ GAMA

Como se vê, o autor da obra-prima *A divina comédia* servia de inspiração para Gama refletir sobre o Brasil. Essa, contudo, não era a primeira vez que Gama o citava. Cf., no volume *Democracia* destas *Obras completas*, "Não garantir educação é violar a Constituição".

PARTE XI

A EMANCIPAÇÃO AO PÉ DA LETRA

NOTA INTRODUTÓRIA   *Uma das vias da encruzilhada de 1º de dezembro de 1880 foi o artigo "Emancipação". Depois dele, outros três artigos lhe dão sequência, tendo a defesa de José do Patrocínio, em particular, e do movimento abolicionista, de modo geral, como mote do discurso. Ao todo, portanto, são quatro artigos com abordagem, temática, aliados e contendores semelhantes. Três dos quatro têm a palavra "emancipação" em seus respectivos títulos, tendo apenas um artigo título diverso — originalmente, "À redação da Província". Assim, todos os textos podem ser lidos como partes de uma mesma série, haja vista que versam, principalmente, sobre a defesa de Patrocínio. E não foi qualquer defesa, ou melhor, desagravo. Gama fez história uma vez mais ao construir um argumento inédito para a imprensa paulista e quiçá brasileira da época. Um homem negro defendia um outro homem negro — na imprensa dominada por homens brancos — e ligava a chave da raça como argumento síntese para se compreender e destruir a escravidão no Brasil. A mediação da categoria raça, todavia, é complexa. Aos homens brancos escravocratas, para quem a pele negra era um defeito, um vício e um estigma, Gama trazia a severa lembrança de que "esta cor é a origem da riqueza de milhares de salteadores" e que "esta cor convencional da escravidão, como supõem os especuladores, à semelhança da terra, através da escura superfície, encerra vulcões, onde arde o fogo sagrado da liberdade". Aos estrangeiros, certamente em sua maioria homens brancos, favoráveis e apoiadores do movimento abolicionista, Gama trazia outro juízo. Os "bondosos estrangeiros, que convivem neste país, sem temor da negridão da nossa pele" mereceriam crédito distinto. A cor estava em disputa. Líder dos abolicionistas de São Paulo, Gama visava formar uma consciência coletiva favorável à grande causa nacional e isso passava por agregar uma massa de gente de diferentes origens e posições sociais. Para isso, os expedientes retóricos pareciam oscilar entre ter e não ter cor. Os ataques ao caráter de Patrocínio, aspecto central do desagravo de Gama, demonstram isso. Era um homem negro e a defesa racial estava absolutamente explícita desde o primeiro ponto do argumento. Num dado momento, porém, o que estava em debate eram tão só atributos morais e cívicos — inteligência, brio, patriotismo, nobreza de caráter, honradez. Atributos esses "que não têm cores", grifava Gama.*

Capítulo 1
O meu companheiro José do Patrocínio
Emancipação[1]

Comentário *A defesa que Gama faz de José do Patrocínio é uma das páginas mais brilhantes da história do abolicionismo. Gama crava o racismo como ordenador da mentalidade antiabolicionista. A retórica elegante e incisiva diante da abjeta agressão de que Patrocínio fora alvo, com a chancela da redação da* Província de S. Paulo, *demonstra como Gama modulava o estilo de seu discurso pelas nuances do debate que travava. A veemência do argumento está fora de questão. Com tamanha eloquência, podemos até ver o advogado negro na tribuna do júri a falar para o conselho de sentença. Porque onde fala de Patrocínio, fala certamente de um irmão. Assim como eram irmãos — antes de réus ou clientes — aqueles que defendia no tribunal. O tribuno negro invocava o "fogo sagrado da liberdade" e dava traços fundamentais do seu abolicionismo, que era também o abolicionismo negro e radical de Patrocínio, a quem, por arremate, Gama defendia, "porque nós, os abolicionistas, animados de uma só crença, dirigidos por uma só ideia, formamos uma só família, visamos um sacrifício único, cumprimos um só dever". Crença, ideia, família, sacrifício, dever. Gama escrevia, portanto, palavras-chave do abolicionismo que praticava desde o final da década de 1860.*

Ilustrado redator,

Acabo de ler, sem espanto, mas com pesar, o contristador[2] escrito, publicado na Seção Livre da *Província* de hoje, contra o distinto cidadão José do Patrocínio.

Em nós até a cor é um defeito, um vício imperdoável de origem, o estigma de um crime; e vão ao ponto de esquecer que esta cor é a origem da riqueza de milhares de salteadores, que nos insultam; que esta cor convencional da escravidão, como supõem os especuladores, à semelhança da terra, através da escura superfície, encerra vulcões, onde arde o fogo sagrado da liberdade.

1. *Gazeta do Povo* (SP), Publicações Pedidas, 1º de dezembro de 1880, p. 2.
2. Desolador, triste.

O irrefletido brasileiro, que, sob a inscrição supra, teve a infelicidade de escrever e publicar aquele vergonhoso artigo, a que aludo, é de espírito mais humilde que os míseros escravos, cujas manumissões[3] advogamos.

Nós que falando, escrevendo, e esmolando, de porta em porta, somos acolhidos com piedoso sorriso, pelos bondosos estrangeiros, que convivem neste país, sem temor da negridão da nossa pele, que nos franqueiam a sua bolsa, e nos prodigalizam[4] o seu óbolo,[5] para remissão dos *elefantes negros da lavoura*, temos, por certo, sobejo[6] motivo para enojarmo-nos dessa parolagem[7] sáfia,[8] indigna da imprensa de um país culto.

Vim ao encontro do gratuito ofensor do cidadão José do Patrocínio, porque nós, os abolicionistas, animados de uma só crença, dirigidos por uma só ideia, formamos uma só família, visamos um sacrifício único, cumprimos um só dever.

José do Patrocínio, por sua elevada inteligência, pelos seus brios, pelo seu patriotismo, pela nobreza do seu caráter, pela sua honradez, *que não tem cores*, tornou-se credor da estima, e é digno dos louvores dos homens de bem.

Ele não precisa desta inculta lição, de bárbaro abissínio,[9] para saber que o Sol, quando dardeja raios da mais alta esfera sobre a lama, desta desprendem-se miasmas.[10]

S. Paulo, 1º de dezembro de 1880
L. GAMA

3. Alforrias, demandas de liberdade.
4. Doam generosamente.
5. Esmola, donativo de pouca monta.
6. Demasiado, de sobra.
7. Tagarelice, falatório.
8. Grosseira, inculta.
9. Ver n. 32, p. 128.
10. Fedentina, exalação pútrida que emana de matéria orgânica em decomposição. A metáfora é rica em significados, sendo provável que Gama estivesse comparando o ofensor de Patrocínio com a lama e seu comentário racista com a fedentina que ela exala sob intenso calor.

Capítulo 2
Emancipação II
À redação da «Província»[1]

Comentário *Essa breve réplica defende os termos de seu artigo anterior, "O meu companheiro José do Patrocínio", sobretudo em relação ao desagravo que fez a José do Patrocínio, aqui referenciado como "um dos mais distintos patriotas". A frase que encerra o texto — "Eu também fui jornalista; sei que um periódico não é uma Vestal, é uma Bíblia" — tem não só eloquência, como demarca sua posição profissional e política no início da década de 1880. A advocacia e a militância republicana eram, afinal, suas tribunas de luta.*

Meus honrados amigos,

A declaração que fizestes em o Noticiário da vossa folha de hoje obriga-me a uma explicação.

Lamentei que nas páginas ilustradas da conceituada *Província* fosse inserida aquela descomedida parlanda,[2] ofensiva da dignidade de um dos mais distintos patriotas; mas não fiz, nem com isto podia fazer, censura à briosa redação; e menos ainda desconsiderarei a liberdade de imprensa, que constitui um direito sagrado.

Eu também já fui jornalista; sei que um periódico não é uma Vestal,[3] é uma *Bíblia*.

LUIZ GAMA

1. *A Província de S. Paulo* (SP), Seção Livre, 4 de dezembro de 1880, p. 1.
2. Falatório, palavreado, discussão acalorada.
3. Essa é uma daquelas frases para ser lida e relida. Vestal, antiga sacerdotisa do culto à Vesta, divindade do fogo para os antigos romanos, assim como termo utilizado à época para designar a imagem de uma mulher casta e virtuosa, é aqui recuperado por Gama em seu sentido sagrado, ainda que, ou justamente, em contraposição à Bíblia.

Capítulo 3
Em defesa do jornalismo abolicionista
Emancipação[1]

Comentário *Gama segue a linha do artigo de igual nome publicado em 1º de dezembro de 1880, em que defendeu José do Patrocínio dos ataques da redação da* Província de S. Paulo. *Atento ao noticiário e aos colunistas do jornal, Gama pinça uma opinião antiabolicionista que reivindicava o boicote da* Gazeta da Tarde — *"folha ostensivamente abolicionista" — como protesto contra a agenda política e econômica relacionada à abolição da escravidão.*

Ilustrados redatores,

Há poucos dias, alguém, que se dá como agricultor, convidou aos seus colegas para rejeitarem as assinaturas da *Gazeta da Tarde*, folha ostensivamente abolicionista que se publica na Corte.

Eu, porém, no intuito de prestar valioso serviço aos verdadeiros agricultores, amigos do país, valho-me da Seção Livre do vosso conceituado jornal não só para transcrever os luminosos trabalhos da grande propaganda nacional, como para difundir as puríssimas ideias econômicas e políticas pregadas magistralmente pela digna redação daquela apreciada folha.

Vosso, L. GAMA

1. *A Província de S. Paulo* (SP), Seção Livre, 15 de dezembro de 1880, p. 1.

Capítulo 4
A liberdade urge
A emancipação ao pé da letra[1]

Comentário *No contexto da polêmica entre Gama e a redação da* Província, *acirrada desde o início de dezembro de 1880, esse artigo sobe o tom da disputa e representa uma espécie de ruptura entre antigos aliados políticos. Embora não mencione o nome de Gama, o editorial da* Província *daquele mesmo dia, citado abaixo, tinha um sujeito oculto — ocultado, melhor dizendo — a quem aquelas linhas faziam referência. O "exaltamento e fervor na defesa da ideia" abolicionista, os "excessos", "os ímpetos de um entusiasmo", os "ânimos exaltados" falavam de uma pessoa em particular. Gama, que performaticamente se apresentava como "fabricante de sátiras, em forma de carapuças", vestiria, conforme disse, "as gorras que me cabem, e que se acham pendentes do editorial a que aludo". A réplica seria histórica. Chamava o editorial da* Província *de "conselhos evangelizadores, escritos por ateus", que "cogitavam, de barriga para o ar nos meios de esperar a queda pacífica e voluntária da monarquia desoladora, por milagre das evoluções calmas, da portentosa sociologia positivista". Era uma contestação moral, sociológica e política sem qualquer concessão retórica. Com o sarcasmo que lhe era próprio, Gama deixava explícito que se dependesse de seus "distintos correligionários, adoradores prediletos da deusa Preguiça", a abolição poderia ser adiada* ad eternum, *até, quem sabe, nunca acontecer. Gama tinha a urgência da liberdade. Em expediente retórico arrebatador dizia que até aceitaria as ideias da* Província, *se a ele essa opção existisse. Em suas palavras: "eu de bom grado aceitaria se me não achasse ao lado de homens livres, criminosamente escravizados e pleiteando contra os salteadores do mar, os piratas da costa da África". A resposta definitivamente ia ao pé da letra.*

Os meus ilustres e honrados amigos da redação da *Província de São Paulo* deram, hoje, a lume, escrito sobre gelo, um curioso e memorável editorial, relativamente aos propagandistas da abolição da escravatura, que assim começa:

---

1. *Gazeta do Povo* (SP), Publicações Pedidas, 18 de dezembro de 1880, p. 2.

A propaganda abolicionista está sendo dirigida inconvenientemente por alguns cidadãos, cujo exaltamento e fervor na defesa da ideia não dão lugar à calma para poderem medir os efeitos de seus discursos e escritos.

A agitação que se notava nos espíritos, lá na Corte, vai se estendendo às províncias e, portanto, tornando-se mais perigosa e talvez menos eficaz em seus resultados.

Não podemos acompanhar os excessos nem louvar os ímpetos de um entusiasmo embora sincero, mas incontestavelmente contrário à execução de uma reforma que não devia ser agitada fora do terreno científico, segundo a medida do critério positivo.

Pregar a emancipação, invocando o *bom Deus*, pondo em contribuição os princípios absolutos da justiça divina, da liberdade como dom sagrado que nos foi conferido pela Providência, inverter a ordem dos fatores do progresso social, querendo que a minoria tenha o direito de impor à maioria, pela força, a solução pronta de um problema complexo, cujo estudo se deve fazer no meio mesmo em que se apresenta cheio de dificuldades aos ânimos exaltados, não nos parece de boa política.

Os fenômenos sociais não dependem exclusivamente do talento daqueles que mais se dedicam a uma causa e que a manejam provocando as massas inconscientes, procurando arrastá-las pelo brilho da eloquência. Eles se operam por leis naturais e aparecem quando as circunstâncias lhes proporcionam a oportunidade. Daí vem que as melhores reformas são aquelas que nascem do convencimento real do povo; são estas as que consultam as necessidades da época e exprimem o ato positivo da soberania nacional.

....

Estas palavras, estes conselhos evangélicos, escritos por ateus, e por pena republicana, se bem que antirrevolucionária, não me causaram admiração, e menos ainda abalaram-me o espírito; pois que eu sei, de há muito, que esses meus distintos correligionários, adoradores prediletos da deusa Preguiça, deitados sob o *gitai da paciência*, cogitam, de barrigas para o ar, nos meios de *esperar a queda pacífica e voluntária* da monarquia desoladora, por milagre das evoluções calmas, da portentosa sociologia positivista; e, nesta cômoda posição, esperam que o fruto amadurecido, por exclusiva ação do tempo, lhes caía de manso à flor dos lábios, a fim de que eles peçam ao primeiro transeunte a graça de lho empurrar, com jeito, para dentro da boca.

Não é uma censura que faço aos meus respeitáveis amigos; estas humildes considerações são antes um preito[2] de homenagem rendido, com sinceridade, ao seu elevado talento, pela maravilhosa compreensão dos áureos princípios e práticas salutares da *salvadora política positivista*, que eu de bom grado aceitaria, se me não achasse ao lado de homens livres, criminosamente escravizados, e pleiteando contra os salteadores do mar, os piratas da costa da África.

Ao positivismo da macia escravidão eu anteponho o das revoluções da liberdade; quero ser louco como John Brown,[3] como Espártacos,[4] como Lincoln,[5] como Jesus; detesto, porém, a calma farisaica de Pilatos.[6]

Fui, em outros tempos, quando ponteava ritmas, fabricante de sátiras, em forma de *carapuças*; e, ainda hoje, tenho o vezo da arte.

Dada esta boa razão, indispensável, em face das complicações emergentes, declaro que aceito, sem escrúpulo, as *gorras*[7] que me cabem, e que se acham pendentes do editorial a que aludo.

Peço vênia,[8] porém, para replicar.

Eu, assim como sou republicano sem o concurso dos meus valiosos correligionários, faço a propaganda abolicionista, se bem que de modo perigoso, principalmente para mim, de minha própria conta.

2. Tributo, manifesto.
3. Ver n. 37, p. 84.
4. Ver n. 13, p. 75.
5. Ver n. 83, p. 98.
6. Pôncio Pilatos foi governador da Judeia (26-36 a.C.) e presidiu o julgamento que sentenciou a crucificação de Jesus. A menção, nesse caso, aponta para uma espécie de sentimento fingido que dominava o carrasco do mártir da cristandade.
7. Toucas, carapuças.
8. Licença, permissão.

Estou no começo: quando a justiça fechar as portas dos tribunais, quando a *prudência* apoderar-se do país, quando os nossos adversários ascenderem ao poder, quando da imprensa quebrarem-se os prelos, eu saberei ensinar aos desgraçados a vereda do desespero.

Basta de *sermões*; acabemos com os idílios.

Lembrem-se os evangelizadores do positivismo que nós não atacamos direitos; perseguimos o crime, por amor da salvação de infelizes; e recordem-se, na doce paz dos seus calmos gabinetes, que as alegrias do escravo são como a nuvem negra: no auge transformam-se em lágrimas.

18 de dezembro de 1880
LUIZ GAMA

PARTE XII

A DEFESA DA CARTA A FERREIRA DE MENEZES

NOTA INTRODUTÓRIA *Os quatro textos a seguir — dois de Luiz Gama e dois outros escritos em resposta a Gama — giram em torno de assuntos tratados na "Carta a Ferreira de Menezes". Um comendador corre à imprensa para dizer que não era um dos envolvidos em um crime bárbaro; e outro colunista tratou logo de pôr em dúvida uma informação que Gama divulgava. Ambas as cartas tiveram suas respostas. A interlocução pública, por sua vez, expressa que a "Carta a Ferreira de Menezes" estava fazendo barulho. E esse era, afinal, um dos objetivos daquela peça histórica, que pode ser lida hoje como um dos textos mais importantes da história do abolicionismo.*

Capítulo 1
Chamada de atenção
Limeira — ao Sr. Luiz Gama[1]

Comentário *Embora carregue apenas três asteriscos como assinatura, de modo a ocultar o nome civil de seu autor, a carta oriunda de Limeira, interior de São Paulo, certamente tinha sido escrita por alguém interessado em fragilizar a narrativa da "Carta a Ferreira de Menezes". Evidente sinal, pode-se constatar logo de saída, de que a carta alcançava uma grande repercussão. O limeirense dizia que Gama divulgava uma informação inexata, o que tornaria sua denúncia, em alguma medida, duvidosa. Aparentemente polida e cordial, a carta "Ao sr. Luiz Gama" buscava, no fundo, tirar a credibilidade das denúncias e ideias que a "Carta a Ferreira de Menezes" trazia ao público.*

Lemos com surpresa a carta do sr. Luiz Gama dirigida ao dr. Ferreira de Menezes,[2] inserta na *Gazeta do Povo* de 14 do corrente, no que se refere ao município da Limeira.

Lamentamos que uma falsa informação em negócio de tanta gravidade tivesse concorrido para que S. S. formasse do povo limeirense um juízo tão desfavorável.

Acostumados a respeitar o caráter de S. S., os nobres e generosos sentimentos que externa em sua carta, e partilhando a justa indignação de que se acha possuído, em face de fatos tão revoltantes, pesa-nos a pecha de assassinos e salteadores, por um fato que desconhecemos.

Asseveramos, pois, ao sr. Luiz Gama, que o fato narrado em sua carta e lançado em conta ao município da Limeira é inexato e filho ou do equívoco, ou de despeitado pouco cavalheiro, que propositalmente procura nodoar[3] a nossa vida social com a imputação de um crime nefando, de uma selvageria sem nome.

1. *A Província de S. Paulo* (SP), Seção Livre, 21 de dezembro de 1880, p. 2.
2. Ver n. 2, p. 280.
3. Desonrar, macular.

Temos notícia de um fato análogo, cuja reprovação pública deve ter assinalado o seu autor, porém esse fato, como poderá informar-se o sr. Luiz Gama, corre por conta do outro município, e ninguém com verdade poderá afirmar que as autoridades da Limeira se tenham tornado moralmente cúmplices de um tal atentado, tolerando que se refugie em seu seio um celerado[4] de tal quilate.

Repugna-nos o papel de delatores; a ninguém denunciamos, defendemo-nos de uma grave acusação que depõe contra o grau de civilização e sentimentos humanitários da sociedade limeirense.

Concluindo, diremos que as autoridades da Limeira, de 1878 para cá, timbram em respeitar os direitos individuais, sem fazer exclusão da qualidade, posição e condição de quem quer que seja, de que têm dado sobejas[5] provas, e assim procedem de fronte altiva, porque costumam sempre pautar seus atos pela consciência pura do cumprimento do dever e obediência às leis do país, disto podem dar irrecusável testemunho as pessoas insuspeitas e de conceito não só da localidade, como da capital.

Esperamos, confiados no critério e circunspecção do sr. Luiz Gama, que diante de que vimos de expor, reformará seu juízo a nosso respeito e nos fará a devida justiça.

***

---

4. Criminoso cruel, facínora.
5. Demasiadas.

REPARAÇÃO DEVIDA[6]

Comentário   *Como o título indica, Gama retificou uma imprecisão da "Carta a Ferreira de Menezes". No entanto, ao fazê-lo, Gama demonstrou como sua rede de informantes agia rápida e habilmente. Para que não deixasse a contestação sem resposta, Gama apresentou um fragmento de uma carta privada que dava lastro à sua versão. Esse tipo de evidência servia de prova no debate público e ninguém ousaria duvidar da validade que ela possuía. Sem embargo, o mérito da denúncia seguia de pé: "O crime existe impune" e o auto processual foi visto, quiçá manuseado e diligenciado pela testemunha que informava Gama. Diante da gravidade do caso, e com a evidência reforçada nesse artigo, a discussão se o autor era ou não da cidade tornava-se uma questão menor.*

Ao respeitável cavalheiro, que não tenho a honra de conhecer, e que, com tanta e imerecida urbanidade, a mim se dirige, pela *Província* de hoje, e reclama contra a atribuição de um crime, que fiz, à pessoa daquela cidade, dou-me pressa em responder com o trecho seguinte, extraído de uma carta:

....

Acabo de ler a *Província*; se quiseres responder ao articulista da Limeira, dou-te a explicação do fato, que fora-te por mim narrado.

O crime existe impune; o que afirmei é a pura verdade; e o criminoso, se não é da Limeira, lá residiu; e acha-se atualmente em…

Vi o processo; o crime foi cometido não na Limeira, mas na comarca de…[7]

A pessoa que da Limeira escreveu o artigo tem conhecimento do fato *e o afirma com reserva louvável*. As circunstâncias são atrocíssimas, muito mais carregadas do que as da tua carta ao dr. F. de Menezes.

....

S. Paulo, 21 de dezembro de 1880
LUIZ GAMA

---

6. *Gazeta do Povo* (SP), Publicações pedidas, Município da Limeira, 21 de dezembro de 1880, p. 2.
7. Gama ocultou o nome da comarca.

Capítulo 2
Pratos limpos
O Exmo. Sr. Comendador J. A. Paula Machado[1]

Comentário *Mais um elemento que reforça a grande repercussão que a "Carta a Ferreira de Menezes" alcançou. O comendador Paula Machado teve de vir a público, dada a suspeita de que fosse ele o comendador mencionado na denúncia de Gama. Não era. Gama, por sua vez, isentou Paula Machado de relação com o fato que denunciou e ainda acrescentou um elemento sugestivo: o "fato gravíssimo a que aludi está arquivado em cartórios e o seu autor tem o nome registrado nos autos".*

O *comendador* a quem referi-me, na carta que enderecei ao meu nobre amigo dr. José Ferreira de Menezes,[2] e que vem inserta na *Gazeta da Tarde*, não é o exmo. sr. comendador Joaquim Antonio de Paula Machado.

O fato gravíssimo a que aludi está arquivado em cartórios e o seu autor tem o nome registrado nos autos.

S. Paulo, 11 de janeiro de 1881
LUIZ GAMA

---

1. *A Província de S. Paulo* (SP), Seção Livre, 12 de janeiro de 1881, p. 2. A réplica do comendador Joaquim Antonio de Paula Machado se lê em *A Província de S. Paulo* (SP), Seção Livre, 11 de janeiro de 1881, p. 2.
2. Ver n. 2, p. 280.

Capítulo 3
Em defesa dos escravizados Antonio e Raymundo
Retificação necessária[1]

Comentário *Gama comenta uma notícia dúbia que dava a entender coisa diversa da que de fato ocorreu. Antonio e Raymundo, escravizados em Campinas, na fazenda de Polycarpo Souza Aranha, fugiram do domínio senhorial e procuraram o advogado abolicionista na capital. "No cumprimento do meu dever", defendeu-se Gama, "e para a manutenção da lei, fiz apresentá-los, com uma petição, assinada por mim, à autoridade competente." Souza Aranha era bastante conhecido de Gama. Basta dizer que ambos haviam acabado de sair de um sério litígio no Tribunal da Relação de São Paulo em razão do pedido de habeas-corpus do africano Caetano. O fato de Gama peticionar em favor de Antonio e Raymundo reforça que Gama não se deu por vencido na célebre causa de Caetano. Ao contrário: voltaria à carga contra o mesmo fazendeiro escravocrata que era o terror dos trabalhadores escravizados da região de Campinas.*

A digna redação da *Gazeta do Povo*, em o seu número de hoje, publicou o seguinte:

À estação urbana do Brás[2] foram recolhidos os pretos Antonio e Raymundo, escravos de Joaquim Polycarpo de Souza Aranha,[3] fazendeiro de Campinas, por andarem fugidos.

Foram ali apresentados pelo cidadão Luiz Gama.

É inexata essa notícia; não apresentei escravo algum à *Estação do Brás*; surpreende-me a asserção.

Os indivíduos de que trata-se procuraram-me, para que eu os tirasse de *violências bárbaras* de que eram vítimas.

---

1. *Gazeta de S. Paulo* (SP), Ineditoriais, 14 de janeiro de 1881, p. 3.
2. Também era conhecida como Estação Norte. No mesmo local, atualmente, está a estação ferroviária do Brás.
3. Ver n. 2, p. 190.

No cumprimento do meu dever, e para manutenção da lei, fiz apresentá-los, *com uma petição, assinada por mim, à autoridade competente*, que está procedendo a diligências.

Esta é a verdade; e o fato bem diverso do que, seguramente por mal informada, foi referido por aquela ilustrada redação.

S. Paulo, 12 de janeiro de 1881
LUIZ GAMA

PARTE XIII

CRUELDADE NO QUARTEL

NOTA INTRODUTÓRIA   *Ex-cabo de esquadra, Gama conhecia a infantaria de São Paulo havia mais de trinta anos. Conhecia, pode-se dizer, a disciplina militar e a desigualdade abissal entre superiores hierárquicos e os recrutas da corporação. A defesa pública que faz do soldado Seixas, natural do Pará, sentenciado à prisão solitária pelo grau máximo regimental de 25 dias de pena, estendido irregularmente para um total de quarenta dias, é o contexto de fundo dos artigos aqui reunidos. São quatro artigos assinados em nome próprio, um firmado pelo sugestivo pseudônimo "Um baiano" e uma réplica do acusado de tortura, o capitão Sebastião Ewerton, comandante da Companhia de Infantaria de São Paulo. O "infeliz soldado Seixas, velho, maior de 50 anos, que há mais de vinte serve ao estado, enfermo, torturado, uma das vítimas desse carrasco de galões chamado Raymundo Ewerton", quase morreu trancafiado na solitária do Quartel de Linha, a principal repartição militar de São Paulo. "Isto na capital de uma província civilizada, diante das principais autoridades", dizia Gama, antes de endereçar uma carta aberta ao presidente da província. O capitão Ewerton veio a público, arrastado por Gama, é bem verdade, e defendeu a sua decisão de castigar o soldado Seixas, ainda que extrapolasse o regimento militar. As repercussões do caso podem ser acompanhadas nas edições dos jornais das semanas seguintes aos artigos de Gama. Contudo, sabemos que Gama conseguiu a soltura de Seixas no décimo terceiro dia de pena, antes, portanto, do cumprimento da pena total imposta. O caso reforça antecedentes de Gama em benefício de militares de baixa patente e joga luz sobre o período pouco conhecido de sua formação militar. Recordando lições do tempo de soldado — e certamente mirando os militares que o liam —, Gama fazia uma reflexão em que distinguia a covardia e a bravura. "Na guerra", fulminava Gama, "há dois meios de alcançar a heroicidade: a bravura, e as ordens do dia. Em regra, os heróis de ordens do dia são os carrascos dos soldados no quartel."*

Capítulo 1
A República em prisão de quartel[1]

Comentário *Ao passo que escrevia as mais duras denúncias da crueldade da escravidão na imprensa paulista e da Corte, Gama abria outra série de denúncias, agora sobre a crueldade fardada. Vale a pena ler a voz original do poeta, político e jurista, que conclui o artigo com a reflexão filosófica de que "a liberdade é mais cara a quem a perde", porque "é fora da luz que se morre por ela".*

A 19 de novembro, deu-se em São Paulo uma das cenas mais estranhas que tem visto este Império *essencialmente agrícola*.

Trinta e tantos presos, torturados, aborrecidos, desesperados, irromperam em brados à liberdade e proclamaram a República dentro do quartel, dentro da prisão, sob as grades do xadrez!

A República do desespero sob as aras do cárcere!

É verdade que a liberdade é mais cara a quem a perde; é fora da luz que se morre por ela.

LUIZ GAMA

1. *Gazeta da Tarde* (RJ), Noticiário, 24 de novembro de 1880, p. 1.

Capítulo 2
O capitão torturador
Ao governo — é grave[1]

Comentário   *Reparem os leitores na primeira e na última palavra do artigo: "digno" e "algoz". Num texto incisivo, sarcástico e certeiro, Gama acusa o "digno capitão Sebastião Raymundo Ewerton, distinto comandante", de se transformar em "cruento algoz". A denúncia de um torturado "no seio de uma repartição importante" tinha o objetivo de escandalizar o público de horrores que lá ocorriam, a ponto de um comandante "torturar, diminuir o pão, negar água, luz e até promover a morte!" Escandalizar os leitores, por um lado, e falar aos militares de dentro do quartel, por outro lado, faziam parte da mesma estratégia para libertar o velho soldado Seixas da prisão solitária e da crueldade do capitão Ewerton.*

O digno sr. capitão Sebastião Raymundo Ewerton, distinto comandante da Companhia de Infantaria de Linha de São Paulo, é um cavalheiro honestíssimo e, na própria opinião dele, inquebrantável em sua conduta e procedimento, para quem o dever é uma religião.

Epaminondas[2] na palavra, Napoleão[3] na firmeza de seus princípios, Phocion[4] na prudência, excede ao próprio Catão[5] na incorruptibilidade.

Uma ordem sua é um decreto, digo mal: é uma lei sagrada, porque os decretos revogam-se por conveniência pública.

---

1. *Gazeta de S. Paulo* (SP), Ineditoriais, 15 de janeiro de 1881, p. 3.
2. Ver n. 14, p. 348.
3. Napoleão Bonaparte (1769-1821) foi um líder político, comandante militar e imperador da França (1804-1814).
4. Phocion (402-318 a.C) foi um político, estrategista militar e estadista ateniense que passou à história clássica retratado como popular e virtuoso.
5. Referência a Marco Pórcio Catão (95-46 a.C), político romano famoso por sua inflexibilidade moral. No caso, diz-se ironicamente de quem se ufana em ter princípios excessivamente rígidos e severos.

Pode-se afirmar que, pelo seu excessivo rigor no comando dos infelizes, que lhe estão entregues, ele se torna um tirano perigoso.

Toda sua virtude, todo seu saber, toda sua justiça consistem em prender, torturar, diminuir o pão, negar água, luz, e até promover a morte!...

Isto na capital de uma província civilizada, diante das principais autoridades, no seio de uma repartição importante, é acontecimento para duvidar-se; mas existe, é verdadeiro, não o podem contestar.

O sr. capitão Ewerton é um militar distinto; confessando-o, cumpro um dever.

O que, porém, não posso admitir; contra o que reclamo, em nome dos infelizes que o sofrem, é que o brioso comandante, por orgulho, por ambição, e para guindar[6] os seus méritos, se transforme, de *motu próprio*,[7] em cruento algoz.

S. Paulo, 14 de janeiro de 1881
LUIZ GAMA

---

6. Elevar, levantar.
7. Iniciativa própria, espontaneamente.

AO GOVERNO – É GRAVE [RÉPLICA][8]

Comentário Nem bem o capitão Ewerton defendeu-se dos "castigos disciplinares" que ordenou, já despediu-se, "prometendo não voltar mais à imprensa sobre este ou outro qualquer assunto". A tática era simples: invocava o "dever militar" e a força de sua autoridade, enquanto, a um só tempo, escapava do escrutínio público e o soldado Seixas permaneceria fatalmente na solitária até a morte. Nas entrelinhas, contudo, algo revelador. Embora o capitão Ewerton declarasse que não conhecia Gama, mencionava, todavia, o passado militar do advogado abolicionista, insinuando em tom ameaçador que "o dito sr. Luiz Gama não tenha ainda sofrido ferimentos graves a par de sacrifícios e contrariedades na vida militar". Na dubiedade da construção da frase, contudo, a ameaça restava explícita. Gama seguiu seu trabalho. Tinha um sentenciado torturado para tirar da prisão solitária.

Com o título acima hoje traz a *Gazeta de S. Paulo* um artigo assustador, com referência aos castigos disciplinares por ordem minha aplicados aos meus comandados; e esses castigos estão de acordo com a obediência, respeito e fiel execução das leis militares, e não ao contrário, como diz o por mim desconhecido sr. Luiz Gama, em seu artigo, no qual sou julgado sem benevolência, humanidade e até algoz dos meus comandados, por pretender guindar[9] mérito, isso talvez porque o dito sr. Luiz Gama não tenha ainda sofrido ferimentos graves a par de sacrifícios e contrariedades na vida militar; e assim em sua consciência estou desfavorecido do direito e justiça, própria [sic] de minha autoridade, amparada [sic] por atos públicos por escrito à companhia que comando. E, sempre respeitando aos meus superiores, não temo a responsabilidade cumprindo o meu dever militar; e desprezo qualquer acusação, prometendo não voltar mais à imprensa sobre este ou outro qualquer assunto.

S. Paulo, 15 de janeiro de 1881
SEBASTIÃO RAYMUNDO EWERTON
Capitão

---

8. *Gazeta de S. Paulo* (SP), Ineditoriais, 16 de janeiro de 1881, p. 3.
9. Elevar, levantar.

Capítulo 3
Ninguém deterá o capitão torturador?
Ao governo — é grave II[1]

Comentário *Gama responde ao capitão Ewerton, iniciando pela duvidosa afirmação de que o capitão não o conhecia. Dada a trajetória de Gama como militar ser contemporânea à de Ewerton, é de se suspeitar que a frase tivesse o sentido de encerrar a discussão o mais rápido possível. O que aliás, para seus interesses inconfessáveis, certamente seria o melhor a fazer. Contudo, Gama aproveitou a deixa para imprimir o caráter impessoal e de interesse público da denúncia que fazia. "Estou no meu posto", concluía Gama, utilizando uma expressão do jargão militar que ele próprio tanto lançara mão. E Ewerton estava no dele: aquele em que estão "os carrascos dos soldados de quartel".*

Pouco me importa que o distinto sr. capitão Sebastião Raymundo Ewerton me não conheça, como declara em o seu artigo inserto na *Gazeta* de hoje; disto me não provém glória, nem desproveito.

Acusei ao sr. capitão Ewerton, como comandante da Companhia de Infantaria de Linha, em seu caráter público; tachei-o de mau funcionário, de ânimo empedernido,[2] que procura nomeada através do sacrifício cruento dos seus subordinados, que vai ao ponto de *tentar contra a vida desses infelizes, por meio de castigos disciplinares*, e assinei o meu escrito: o sr. capitão me entende...

Estou no meu posto.

Se não estamos em um país de bárbaros, o governo cumprirá o seu dever.

O brilho das glórias, quando verdadeiras, adquiridas nos campos de batalha, não justifica os atos de covardia de algoz.

---

1. *Gazeta de S. Paulo*, Ineditoriais, 17 de janeiro de 1881, p. 3.
2. Insensível, cruel.

O general Osório,[3] que era um leão nos combates, nunca pôde ver chibatar um soldado.

Na guerra há dois meios de alcançar a heroicidade: a bravura, e as *ordens do dia*.

Em regra, os heróis de *ordens do dia* são os carrascos dos soldados no quartel.

LUIZ GAMA

---

3. Manuel Luís Osório (1808-1879), nascido em Conceição do Arroio, hoje cidade que leva seu sobrenome, Osório (RS), foi militar e político. Considerado herói de guerra pelo Exército brasileiro, o general Osório foi promovido a marechal em 1877, mesmo ano em que foi nomeado senador do Império.

Capítulo 4
O soldado Seixas sai da solitária
Ao honrado Sr. Dr. Presidente da Província[1]

> **Comentário** *Esse é mais um exemplo em que Gama endereça um artigo a uma autoridade — nesse caso, o presidente da província — dirigindo-se, na verdade, ao grande público. Ao informar o presidente das condições da soltura do "infeliz soldado Seixas, velho, maior de 50 anos", Gama creditava a conquista da soltura não à sensibilidade de algum superior hierárquico do capitão Ewerton, mas à repercussão pública do caso "que a cidade inteira sabe", justamente após ele ter contribuído para isso.*

Em público, servindo-me da imprensa, cumprindo um dever de humanidade, informo e afirmo ao honrado sr. dr. presidente da província que o infeliz soldado Seixas, velho, maior de 50 anos, que há mais de vinte serve ao Estado, enfermo, torturado, uma das vítimas desse carrasco de galões[2] chamado capitão Raymundo Ewerton, foi, ontem à tarde, retirado da *prisão-solitária*, carregado pelos camaradas, exausto de forças!...

Isto dá-se depois do que tenho escrito, e que a cidade inteira sabe.

S. Paulo, 21 de janeiro de 1881
LUIZ GAMA

---

1. *Gazeta do Povo* (SP), Publicações Pedidas, 21 de janeiro de 1881, p. 2.
2. Tiras douradas aplicadas em uniformes como distintivos de patentes e honrarias militares.

Capítulo 5
Um baiano provoca os paulistas
Aos paulistas[1]

Comentário *Imediatamente abaixo ao artigo de Gama dirigido ao presidente da província, um certo baiano complementa, pode-se dizer, as palavras do chefe abolicionista. E pergunta: "Será possível que uma província, com foros de civilizada, consinta que se matem homens à fome dentro de uma jaula?!"*

São Paulo, a Bahia vos contempla!

A vossa indiferença, a vossa inanição espantam o Brasil inteiro!

Será possível que uma província, com foros de civilizada, consinta que se matem homens à fome dentro de uma jaula?! Consinta torturas iguais ou piores que a inquisição?!

Por muito menos foi o coronel Frias Villar corrido pelo povo baiano![2]

E vós?...

UM BAIANO

---

1. *Gazeta do Povo* (SP), Publicações Pedidas, 21 de janeiro de 1881, p. 2.
2. Alexandre Augusto Frias Villar (1825-1901) foi um militar pernambucano que lutou na Guerra do Paraguai (1865-1870) e chegou ao posto de tenente-coronoel do exército imperial. O autor refere-se ao "incidente Frias Villar", quando, em 1875, o tenente-coronel e seu batalhão foram atacados por populares em Salvador por ocasião dos festejos cívicos do dia 2 de julho. Sobre o "incidente Frias Villar", cf. Hendrik Kraay. "Between Brazil and Bahia: Celebrating Dois de Julho in Nineteenth-Century Salvador". In: *Journal of Latin American Studies*, 31:2, 1999, pp. 255-286.

PARTE XIV

AGONIZA, MAS NÃO MORRE

NOTA INTRODUTÓRIA "Só agora me permite o tempo e a saúde responder", dizia Gama, nos últimos meses de sua vida. A saúde andava frágil; e o tempo, raro. Nessa seleção final de artigos, uma pequena e rápida miscelânea que trata de poesia, direito, escravidão e propaganda republicana. Gama escreve ao imperador, abre o baú de seus papéis e de lá retira uma antiga poesia de José Bonifácio, o Moço, assim como escreve um sólido parecer jurídico sobre a ilegalidade da escravização por parte de corporações da Igreja Católica. O conjunto dos nove artigos finais é como as notas de um samba triste, que agoniza, mas não morre. Os artigos testemunham a verve e as letras da "venerável ruína" — para lembrar a célebre expressão de Raul Pompeia — que se tornara Luiz Gama nos meses finais de sua vida. Ruína, é verdade, porque mesmo tudo que é sólido se desmancha no ar.

Capítulo 1
Sabendo se excluir
Meu nobre amigo[1]

> **Comentário**   *A carta aberta lançada na* Gazeta do Povo *(SP) e repoduzida na* Gazeta da Tarde *(RJ) é apresentada aos leitores como a voz de um líder que, recusando a promoção pessoal, orienta que se empenhem todas as forças na grande causa, isto é, na abolição da escravidão. Assim, a simples oferta de um presente foi recusada de antemão, sugerindo que aqueles recursos fossem empregados "na libertação de um escravo".*

Sei que V. e mais alguns distintos cidadãos, constituídos em comissão, tratam de angariar donativos para ofertarem-me o meu retrato.

Penhora-me sobremodo tão elevada quão imerecida prova de apreço. Devo, porém, declarar a V. com a rude franqueza que é me própria, que esta prova de estima e consideração contrária é desagradavelmente à nativa modéstia de meus sentimentos.

Digne-se V., portanto, e os seus respeitáveis amigos, de aceitar um conselho não pedido, acompanhado de uma humilde e sincera rogativa.

Empregarem o dinheiro colhido, com algum auxílio, se precisão houver, na libertação de um escravo, que indicarei. Assim prestaremos todos à humanidade um relevantíssimo serviço, merecedor de melhor apreço, do que a tela, na qual pretendem imortalizar-me a óleo.

---

1. *Gazeta da Tarde* (RJ), Expediente, Luiz Gama, 21 de julho de 1881, p. 2. A redação da *Gazeta da Tarde* assim apresenta o texto de Gama: "A carta que esse ilustre democrata dirigiu à *Gazeta do Povo*, de São Paulo, recusando, como ontem noticiamos, o retrato a óleo que alguns amigos queriam mandar tirar para lhe oferecer, é a seguinte".

Tenho que as sociedades são vítimas de três calamidades indistintas: a religião, o rei e a escravidão.

Trabalhar por extingui-las é um dever imprescindível do cidadão: cumpramo-lo.

Sou, com muita consideração, de V. criado, obrigado e amigo,

LUIZ GAMA

Capítulo 2
Cuidado com a cabeça, Senhor Imperador[1]

Comentário   Gama à frente, secundado pelo estudante Brasil Silvado e o médico Clímaco Barbosa, endereçam uma representação pública ao imperador Pedro II. O trio manifestava solidariedade aos abolicionistas do Ceará e pedia que o imperador intervisse naquela província e impedisse que o seu presidente continuasse a perverter a lei. Que os leitores de hoje não se percam por adjetivações elogiosas e uma tônica que guarda aparente cordialidade. A dado momento, os autores simplesmente rompem a típica estrutura formal de uma representação à mais alta autoridade do país para adverti-lo, ou melhor, ameaçá-lo, de que se a luta popular — de que eles eram parte — avançasse, a cabeça de Pedro II estaria em perigo. Sob uma conclusão moral geral, ocultava-se a advertência do povo que arrebata "as cabeças dos reis". Em comunicação aberta na imprensa — que possivelmente ganhara a forma solene de petição —, Gama e seus camaradas haviam incluído tal expressão que significava, por um lado, o desejo revolucionário republicano de decepar a monarquia pela guilhotina e, por outro lado, sinalizava ao movimento republicano e abolicionista brasileiro que deveriam todos unificar a luta política popular. Aliás, por falar em camaradas e luta política, nesse texto encontra-se um breve e eloquente inventário de levantes populares no Brasil — da Insurreição Praieira (1848-1850) à Revolta do Vintém (1880), ambas postas à luz da Inconfidência e do martírio de Tiradentes (1792). No entanto, em combinação explosiva, as lutas nacionais passavam a ser associadas à luta internacional dos trabalhadores. Para comunista nenhum botar defeito, Gama e seus camaradas escreviam que, a exemplo dos trabalhadores ingleses, deveriam os poucos brasileiros radicalmente abolicionistas e republicanos "levantar o espírito dos operários contra o domínio opressor dos proprietários". Incomum, talvez inédita para a imprensa da época, a expressão simboliza a união de bandeiras e uma direção política que tinha visão de longo alcance. Não bastaria só acabar com a escravidão e a perversa relação senhor/escravizado; era preciso também projetar o futuro pós-abolição e preparar um movimento social que arregimentasse camponeses e operários para uma nova etapa da luta política, agora rivalizada entre proprietários e trabalhadores.

1. *Gazeta do Povo* (SP), Publicações Pedidas, [sem título], 10 de setembro de 1881, p. 2. O artigo foi republicado na edição seguinte da mesma *Gazeta*.

Senhor!
Perante as puras consciências, a verdade, qualquer que seja o modo de sua manifestação, jamais foi uma irreverência e, menos ainda, um apodo.[2]

Para Vossa Majestade, que tem a virtude por hábito, pela elevação nativa do seu augusto caráter, a falta de verdade e o servilismo, maiormente em concorrências políticas ou administrativas, deve constituir imperdoável defecção.[3]

Embora em rude linguagem, porque não temo-la aprimorada, favorável ao objeto, e digna da majestade, aqui daremos em tudo a verdade, porque em tudo a devemos.

São poucos, Senhor, os que assinam este papel; Vossa Majestade, porém, sabe que o direito, o civismo, a dignidade, o patriotismo, a razão, se não avaliam pelo peso, nem pelo número se medem.

Sete são os ministros de Vossa Majestade, que governam este vastíssimo Império; um só homem, na culta Inglaterra (Joseph Arch),[4] bastou para levantar o espírito dos operários contra o domínio opressor dos proprietários; único também é o Sol, que o mundo inteiro ilumina: o número nem sempre vem ao caso.

Afirma-se em todo o país que Vossa Majestade Imperial é o centro de harmonia, de paz e de felicidade social; é, porém, certo que, não poucas vezes, os elementos de ordem, de tranquilidade pública, são gravemente conturbados, comprometidos, nas províncias, e na própria capital do Império, pelos prestigiosos delegados de Vossa Majestade.

---

2. Dito depreciativo, irônico ou ultrajante.
3. Abandono de uma obrigação ou compromisso.
4. Joseph Arch (1826–1919) foi um líder sindical e político inglês. Em 1872, ajudou a fundar e foi eleito o presidente do Sindicato Nacional dos Trabalhadores da Agricultura, movimento social que reunia mais de oitenta mil trabalhadores do campo e reivindicava salário digno e melhores condições de trabalho para toda a categoria. A referência chama a atenção para a leitura que Gama, Silvado e Barbosa faziam da luta política dos trabalhadores da Inglaterra e, em especial, da importância de uma liderança orgânica para "levantar o espírito dos operários contra o domínio opressor dos proprietários".

A esta hora, Senhor, ao norte do Brasil, na heroica província do Ceará, em face da lei, e tal é o assunto desta humilde representação, cidadãos conspícuos, beneméritos, respeitabilíssimos, funcionários conceituados, honestos servidores do povo, honrados pais de família, tão gloriosos como Vossa Majestade, estão sendo acintosa, caprichosamente demitidos, privados de trabalho, de meios de subsistência; e, destarte, perseguidos com desumanidade!... E tudo isto se faz sob o fútil pretexto de que os cidadãos demissionários ameaçam a riqueza, a segurança individual, a propriedade, as instituições; porque são emancipadores de escravos; opõem-se ao hediondo comércio de carne humana; abominam as surras; detestam a tortura e a ignomínia;[5] e fazem sacrifícios para a proscrição[6] do flagício,[7] da degradação, das torpezas inauditas[8] da escravidão!...

E esta perseguição odienta, estas violências inqualificáveis, estas misérias, estas monstruosidades administrativas, fazem-se perante o mundo, que nos observa, em plena luz meridiana, sem rebuço, sem reflexão, sem rubor, sob a égide imperial do sagrado nome de Vossa Majestade!...

Que Vossa Majestade é grande filósofo, um sábio, não há como negá-lo; é também incontestável que somos nós um povo de camelos; as provas superabundam por toda a parte; mas os escolhidos delegados de Vossa Majestade perigosamente se esquecem de que os sábios são nimiamente[9] justos e rigorosos; e que os camelos têm, por índole, o mau vezo de se atirarem com o carrego,[10] quando excessivo ou por mau posto...

Não acusaremos, não discutiremos, não entraremos em liça[11] com o poderoso presidente do Ceará;[12] bem sabemos que uma

---

5. Humilhação, desonra, infâmia.
6. Extinção.
7. Sofrimento atroz.
8. Extraordinárias, sem precedentes.
9. Demasiadamente, excessivamente.
10. Fardo.
11. Disputa.
12. Refere-se a Pedro Leão Veloso (1828-1902), jornalista e político que presi-

autoridade, que tem por si a força pública, o prestígio oficial do poder, milhares de agentes, florestas de baionetas, e as verbas secretas da polícia à sua disposição, nunca deixa de, por si, ter a razão: perante ele damo-nos por vencidos.

Dirigimo-nos calculadamente a Vossa Majestade Imperial, cuja cordura[13] nos atrai, cuja longanimidade[14] nos seduz, cuja graça nos penhora; a Vossa Majestade, que reina, governa e administra, com deslumbramento dos soberanos do universo; que exerce prudente arbítrio sobre o ilustrado parlamento, sobre a grave magistratura, sobre os ministros, sobre as academias, sobre os presidentes; que os pode *e deve cautamente advertir* de que o memorável dia 21 de de abril de 1792, em que a leal cidade do Rio de Janeiro cobriu-se de gala, e esplendidamente iluminou-se, pela morte de Tiradentes, não mais voltará; que o dia 1º de janeiro de 1880 marca uma era de luto para a pátria, de opróbrio[15] para o governo, e de tristeza para Vossa Majestade; que, se os ministros têm à destra[16] bravos Enéas, a quem prodigalizam *merecimentos*, à custa do sangue dos mártires, derramado nas barricadas da rua Uruguaiana, o povo tem as matas, terá Pedro Ivo[17] e Nunes Machado[18] para sagrá-los com a imortalidade; que a província de São Paulo está unida à de Minas Gerais; que,

diu a província do Ceará entre abril e dezembro de 1881. A julgar pelo tempo entre a publicação desse artigo — que certamente se somava a uma campanha pública na imprensa local e nacional — e a exoneração de Veloso, vê-se que a pressão na imprensa pode ter surtido efeito na administração da província.
13. Sensatez, prudência.
14. Virtude de suportar paciente e resignado as contrariedades, vexames e insultos.
15. Grande vergonha.
16. À direita.
17. Pedro Ivo Veloso da Silveira (1811–1852), pernambucano de Olinda, foi um militar e líder político que teve destaque na Insurreição Praieira (1848–1850), luta armada ocorrida em Pernambuco que tinha por bandeiras, entre outras, o fim do Poder Moderador, o voto livre, a liberdade de imprensa e a convocação de uma Assembleia Nacional Constituinte.
18. Joaquim Nunes Machado (1809–1849), pernambucano de Goiana, foi juiz de direito, desembargador e deputado. Foi um dos líderes da Insurreição Praieira (1848–1850) e é considerado um dos seus mártires.

em uma e na outra, dos gemidos dos escravos se poderá compor um cântico à liberdade; e que este mesmo povo, em faustosa restauração, assinalando um novo 7 de abril, poderá responder, com prudência, às arbitrárias demissões de hoje com o sinistro banimento do monarca.

Há uma máxima do célebre chefe da dinastia dos Arsames, na Pérsia, que os reis não devem esquecer: "Ai dos príncipes cujos governos são mais temidos que estimados".

Os espinhos das coroas, Senhor, não provêm da soberania popular; nascem das silveiras, que vêm dos governos impolutos.[19] Os povos são como os coveiros; quando arrebatam as diademas, já as cabeças dos reis estão extintas.

Os tronos, como as árvores seculares cobertas de parasitas, caem sem raízes.

Digne-se Vossa Majestade Imperial de lançar benignas vistas sobre a briosa província do Ceará, que, por inúmeros títulos, bem o merece; e de impedir, com clemência ou com justiça, que o seu delegado governe os infelizes habitantes daquela importante porção do Império à guisa dos paxás da Turquia; e que o coíba de fazer, por mera perversão, o mal que lhe proíbe a lei; uma vez que, por má vontade, por inépcia ou por desídia, não faz o bem que deve aos seus administrados.

Somos, com muito respeito e consideração, Senhor, de Vossa Majestade Imperial, concidadãos e veneradores.

S. Paulo, 7 de setembro de 1881
LUIZ GONZAGA PINTO DA GAMA
BRASIL SILVADO[20]
DR. CLÍMACO BARBOSA[21]

19. Virtuosos, honestos.
20. João Brasil Silvado (1854–1911), nascido no Rio de Janeiro (RJ), foi advogado, educador, chefe de polícia do Distrito Federal durante parte do governo Campos Sales (1898–1902) e escritor. Durante o tempo de estudante na Faculdade de Direito de São Paulo, colaborou com ações de Gama na imprensa, assim como em eventos e associações abolicionistas. Em julho de 1882, meses após a publicação desse artigo, Silvado integraria a direção da Caixa Emancipadora Luiz Gama, movimento social organizado de auxílio mútuo para conquista de alforrias e direitos.
21. Ver n. 3, p. 147.

Capítulo 3
Memória de José Bonifácio
Uma carta[1]

Comentário *Gama escreve essa carta respondendo uma anterior, na qual é solicitado pelo diretor do* Almanaque literário de São Paulo *para que enviasse algum documento que tivesse em mãos e fosse da lavra de José Bonifácio. Assim, Gama envia uma poesia do Mister José, como o chamava. No entanto, o que nos é extremamente útil é notar que Gama revela possuir essa carta como "um precioso documento literário e político, endereçado a um amigo, quando redator da* Democracia, *periódico partidário que aqui se publicava". Ao declarar a data, a ocasião e a importância do documento, vemos que o arquivo do abolicionista negro abarcava até mesmo as correspondências do periódico* Democracia, *no qual, como sabemos, Afro era o redator-chefe.*

Meu caro Lisboa,

Ao fervoroso empenho que hoje manifestaste-me, de publicares no teu bem aceito *Almanaque de São Paulo*[2] algum escrito em prosa da pena do exmo. conselheiro José Bonifácio, correspondo enviando-te de pronto o único que possuo, que tenho como riqueza e que guardo como avarento; é uma carta datada de 26 de abril de 1868, um precioso documento literário e político, endereçado a um amigo, quando redator da *Democracia*,[3] periódico partidário que aqui se publicava.

1. *Almanaque literário de São Paulo para o ano de 1881*, s/d. "Uma carta".
2. Publicação periódica anual com informações variadas da vida política, administrativa, comercial, cultural e literária. O *Almanaque literário de São Paulo para o ano de 1881*, edição a que Gama se refere, foi lançado por José Maria Lisboa, figura de destaque na imprensa paulista do século XIX.
3. O jornal *Democracia* foi lançado em dezembro de 1867 e durou até meados de 1868, antecipando o *Radical Paulistano* tanto no estilo combativo republicano quanto na crítica à sociedade monárquica e escravista. Lançado apenas dois meses após o encerramento do semanário *O Cabrião* (1866-1867), *Democracia* surge como órgão partidário do republicanismo radical de São Paulo, agrupamento político de que Luiz Gama foi um dos principais líderes.

Essa carta acompanhou a célebre poesia — "Primus inter pares"[4] — por ele escrita e dedicada ao bravo capitão Arthur Silveira da Motta;[5] é gema preciosa pouco conhecida e que por certo te dará no goto.[6]

Teu
LUIZ GAMA

~

Meu caro redator,

Escrevo-lhe às pressas, e escrevo-lhe para saudar um dos bonitos nomes da esquadra brasileira.[7]

Esquecido ou lembrado — pouco importa. Brilhará da própria glória, como essa de Jeronymo Gonçalves,[8] o heroico e zeloso comandante do *Silvado*, tão pronto no ataque dos encouraçados, como o foi na Ilha da Redenção.[9]

---

4. Do latim, primeiro entre iguais.
5. Arthur Silveira da Motta (1843-1914) foi escritor, historiador e militar. Considerado herói na Guerra do Paraguai (1865-1870), reformado como almirante, foi também membro da Academia Brasileira de Letras (1907). O fato de Gama o citar enquanto capitão reforça que a admiração não é exatamente pelo almirante, isto é, pela carreira posterior à Guerra do Paraguai, que até inclui a outorga de um título de baronato, espécie de comenda que Gama, antimonarquista convicto, refutava. A admiração de Gama — e de José Bonifácio — é ao mais jovem capitão de mar e guerra promovido por atos de bravura da história da Marinha brasileira.
6. Expressão que significa cair nas graças, cair no gosto, conquistar a simpatia.
7. Refere-se aqui à Marinha brasileira.
8. Jeronymo Francisco Gonçalves (1835-1903), nascido em Salvador (BA), veterano da Guerra do Paraguai (1865-1870), fez carreira militar, sendo reformado como almirante.
9. O combate da Ilha da Redenção, ou *combate del banco Purutué*, ocorrido num grande banco de areia do rio Paraná, foi uma importante batalha da Guerra do Paraguai (1865-1870).

Extravagância, dirá talvez!... pois lembra-se ainda de Humaitá[10] e do assalto à baioneta ao reduto Estabelecimento?[11] Quer falar-nos de guerra, quando o sossego está por toda parte, o desânimo começa a invadir-nos a todos, e os horizontes nublam-se?! Entre as novas linhas do Tebicuary,[12] para onde com todo o *sossego, solenidade e cuidado*, transporta o inimigo tudo que tem enquanto fazemos *grandes movimentos* estratégicos para tomar praças abandonadas, e a discutida intervenção estrangeira na imprensa europeia, não descobre variadíssimas e tristes conjecturas? As três bandeirolas, que não se sabe ao certo aonde estavam erguidas, quando a nossa esquadra subiu à Assunção para *cumprimentar* o arsenal inimigo, não lhe parecem o conceito de uma charada, que já vai sendo adivinhada?

— Compreendo sim, compreendo tudo isso; mas trata-se de cousa diferente. O que aprecio na presente guerra é o heroísmo individual, é a coragem do soldado e do marinheiro, é a resignação em frente de todos os martírios; é a dedicação geral.

Continuidade de vistas, plano de operações, direção no teatro da guerra, sistema de ataque e de defesa — é cousa que nunca vi! Pelo contrário, tenho lido em caracteres maiúsculos despropósitos, que só neste país constitucional se escrevem.

Estes assaltos *homéricos* para tomar uma peça de campanha, deixando ao inimigo retirar tudo antes — sem tê-lo percebido; estas expedições, que ateiam incêndios, destroem víveres e laçam carneiros, ficando intactos os arsenais do inimigo, que aliás retira-se para dentro de novas linhas fortificadas; estas seções de encouraçados que estacionam meses a bombardear uma fortificação, colocados entre duas fortalezas, e são alimentados por estradas de ferro, como se porventura tal operação devesse ser empreendida antes de se poder atravessar Humaitá; estes redutos

---

10. Refere-se à fortaleza de Humaitá, fortificação que controlava o acesso por rio à capital, Assunção, Paraguai.
11. Base paraguaia que combateu batalhões da infantaria brasileira.
12. Referência ao rio Tebicuary, local de batalhas decisivas da Guerra do Paraguai (1865–1870).

que se tomam e abandonam ao mesmo tempo; este sítio perpétuo e incompreensível, que jamais acaba de fechar-se e tem sempre ocultas aberturas, como as portas misteriosas das peças mágicas; e mil outras cousas, se não forem explicadas, não dão direito a louvores, mas sim a tremendas responsabilidades!

A guerra está a terminar, não pode durar muito; ou a fortuna sorri ao exército brasileiro para levar o ataque até o Tebicuary; ou, se o não fizer, aí está a intervenção estrangeira, pesando com todos os seus elementos e com o auxílio que lhe prestam os nossos próprios erros.

Entenda-me: a questão para mim é outra: entusiasma-me essa valente cavalaria rio-grandense, que atira-se (loucura sublime!) de lança em punho a escalar muralhas; aplaudo com frenesi esse Andrade Neves,[13] que para mim nunca será titular, destroçando alegremente os corpos inimigos, como Murat[14] vestido de seda chicoteava os quadrados austríacos; queima-me o delírio do amor pátrio, no meio das lágrimas que molham-me os olhos, quando contemplo essa falange de heróis, rica de talento e de mocidade, dizimada pela peste, pelo sofrimento e pela metralha, e que morre cantando a marselhesa da civilização, como na França o faziam em outros tempos os convivas da guilhotina!! Eis aí o que me eletriza, e tenho razão. É o que há de salvar-nos do ridículo aos olhos da história.

Estes pobres versos, que lhe remeto, nasceram despretensiosos no sentimento desse amor, e exprimem ainda um grito da consciência revoltada.

Quando, ao chegar a notícia da passagem de Humaitá, eu via de envolta com as exibições oficiais, o entusiasmo do povo

---

13. José Joaquim de Andrade Neves (1807-1869), nascido em Rio Pardo (RS), foi general e comandou tropas na Guerra do Paraguai (1865-1870), de onde não voltou com vida, sendo, destarte, considerado mártir pelo Exército brasileiro.
14. Murat I (1326-1389), nascido em Bursa, região da Turquia, foi um sultão que avançou "aos quadrados austríacos", expandindo os limites do Império Otomano a recônditos nunca antes vistos.

correndo delirante; e quase esquecido, ao ressoar dos aplausos, o nome do primeiro oficial brasileiro, que passou as famigeradas correntes — confesso que me entristecia.

Ah, meu país, meu país!, exclamava contristado.[15] Se tu soubesses ser grande; grande como tuas montanhas e teus rios, não precisavas da força que esmaga, bastava-te o desprezo que sepulta, e o esquecimento que mata!

Os poderosos de *ontem* e de hoje não escarneceriam de tuas enfermidades, não te amariam como o fidalgo ama a lavrada baixela,[16] o usurário a burra[17] cheia de preciosos metais, e o rico os trastes luxuosos do dourado salão!

Despertasse a tua consciência, a meio adormecida, para amar tudo que é nobre, elevado, justo e digno; e para punir o vício, a hipocrisia, a vaidade e o crime... Como serias grande?!

Enquanto os governos sacodem os seus títulos e as suas condecorações, guardasses tu sempre para os que o merecessem as madre-silvas de teus campos, as estrelas do teu céu de anil, e os sorrisos azuis de tuas auroras puríssimas!

Não, não precisavas da força que esmaga: era confundir o direito da vítima com a brutalidade do carrasco.

Bastava-te um olhar severo, um gesto altivo, um gemido sufocado, ou mesmo o silêncio; um silêncio eloquente e misterioso, como a nudez profunda da noite na solidão das florestas virgens.

Eis aí o que eu dizia, aflito, aflito, duas vezes, como brasileiro e como homem! Quis protestar e, posto que nunca tenha escrito versos, fi-los pela primeira vez.

São seus — se valem alguma cousa, publique-os. As democracias devem amar o talento, a glória, a dedicação, o heroísmo, tudo que é bom, belo e grande. Aplaudi-los, onde quer que os encontremos — é o verdadeiro caminho para a futura vitória.

---

15. Desolado, triste.
16. Conjunto de recipientes, geralmente de prata, para servir alimentos à mesa. No contexto, parece indicar esses utensílios, usualmente gravados com brasões, como insígnia de fidalguia.
17. Arca ou cofre.

Por que não saudar o capitão-tenente Silveira da Motta? Demos-lhe nós, homens do povo, o nosso título! Não tem assinatura imperial; tanto melhor, ninguém o pode falsificar.

Adeus, até depois.

Rio, 26 de abril de 1868
JOSÉ BONIFÁCIO[18]

---

18. José Bonifácio de Andrade e Silva, o Moço (1827–1886), nasceu em Bordeaux, França, e viveu grande parte da vida em São Paulo, onde se graduou e foi professor de Direito. Poeta, literato, foi na política que alcançou maior notoriedade, como deputado, ministro e senador em sucessivos mandatos desde o início da década de 1860.

Capítulo 4
Liberdade irrevogável
O digno Sr. Dr. Guilherme Caetano da Silva[1]

Comentário *Comunicação pública que, embora endereçada a um único escravizador, certamente possuía a classe senhorial como destinatária da mensagem.*

Benedicta, ex-escrava de S. S., foi regularmente alforriada. O ato é irrevogável, legítimo, está no meu poder.

S. Paulo, 3 de novembro de 1881
LUIZ GAMA

---

1. *O Correio Paulistano* (SP), Seção Livre, 4 de novembro de 1881, p. 1. Guilherme Caetano da Silva, em 1877, foi juiz municipal e de órfãos de Jaboticabal. Cf. *A Província de S. Paulo* (SP), Seção Livre, 15 de dezembro de 1877, p. 2.

Capítulo 5
Acautelem-se os compradores[1]

Comentário *Em vinte dias, muita coisa mudou. Na nota anterior, Gama dizia que Benedicta havia sido "regularmente alforriada" e que ela estava em seu poder, i.e., aos seus cuidados. Na presente nota, contudo, a reviravolta: Benedicta havia sido levada — Em quais condições? À força? — para Campinas, a fim de ser reescravizada de papel passado.*

Benedicta, que o sr. Romão Leomil levou para Campinas, e que trata de vender como suposta escrava do digno sr. dr. Guilherme Caetano da Silva,[2] é forra.[3]

---

1. *Gazeta do Povo* (SP), Publicações Pedidas, 25 de novembro de 1881, p. 3. A nota foi republicada diversas vezes em edições seguintes da mesma *Gazeta*. Embora não tenha a assinatura de Gama ao final do breve texto, trata-se, muito provavelmente, de um escrito de sua autoria, não só pelo fato de anteriormente ter reclamado a legalidade do estado de liberdade de Benedicta, mas também em razão do acesso a informações detalhadas sobre as agruras pelas quais passava Benedicta, às portas da reescravização ilegal em município distante do que vivia.
2. Guilherme Caetano da Silva foi juiz municipal e de órfãos de Jaboticabal. Cf. *A Província de S. Paulo* (SP), Seção Livre, 15 de dezembro de 1877, p. 2.
3. Nesse contexto significa alforriada, liberta, ou que vive em situação de liberdade de fato.

Capítulo 6
À forca o Cristo da multidão[1]

Comentário   *Artigo de propaganda republicana. Único artigo de Gama publicado no jornal Tiradentes (RJ), ele versa justamente sobre a figura do mais conhecido líder da Inconfidência Mineira, Joaquim José da Silva Xavier. Gama evoca imagens de sua complexa teologia política, haja vista a multiplicidade de referências e temporalidades concentrada em alguns poucos parágrafos, indo de Terâmenes, estrategista ateniense, a Washington, estrategista militar e presidente estadunidense; de "Pedro, vacilante" na Jerusalém do cristianismo, ao "Pedro Primeiro, o esquecido", do Brasil recém-independente. Há muitos outros textos onde Gama explora, sobrepõe e acirra temporalidades políticas distintas. Assim, a comparação improvável do Rio de Janeiro com Jerusalém — ou da temporalidade da Paris revolucionária com a de Ouro Preto inconfidente — não deve estranhar o leitor familiarizado com a retórica e o repertório de metáforas políticas de que Gama lançou mão durante sua presença na imprensa. Em seus escritos, contam-se dezenas de menções ao Calvário, ao Gólgota, ao patíbulo, ao cadafalso, à forca, à cruz, assim como diversas aproximações entre os valores republicanos e a mensagem humanista de Jesus. Gama, afinal, estava interessado em escrever um "martirológio" que unisse "os brasileiros e o povo hebreu" numa mesma tradição, onde, nas lógicas da "musa da história", a Redenção fosse a senda da "misteriosa evolução" da humanidade.*

Por entre as sombras e as convulsões agitadas da noite imensa dos séculos ergueu-se, ao norte da América, um grupo de Gigantes.

À frente deles, Washington,[2] pensativo como Arquimedes,[3] com a ponta do gládio[4] sagrado embebida no sangue das batalhas,

---

1. *Tiradentes* (RJ), [editorial], 21 de abril de 1882, pp. 1-2.
2. George Washington (1732-1799) foi um comandante militar e líder político que foi eleito o primeiro presidente da República dos Estados Unidos da América (1789-1797).
3. A imagem remete a um inventor prestes a obter grande revelação.
4. Espada.

inscreve no mapa das Nações: os Estados Unidos. E Franklin,[5] o moderno Terâmenes,[6] arrebatando um raio ao Sol, com lúcidas estrelas, grava no infinito a eterna legenda da Liberdade.

Uma misteriosa evolução faz o fatal clarão repercutir ao Sul; despertaram os filhos do Brasil: em Minas organizou-se a *Inconfidência*.

Esta associação revolucionária constituía um Apostolado completo.

Havia um Cristo naquele conjunto de regeneradores; um Pedro,[7] vacilante; um Judas,[8] inexcedível; a Ordem foi salva pela fé; a fé consolidou-se pelo martírio do Mestre.

O dia 21 de abril de 1792 designa o fatal acontecimento, o mais memorável que registra a história da América Meridional.[9]

As ruas que conduziam ao Calvário regurgitavam[10] de magnificência; assemelhavam-se às festas da Páscoa na Judeia.

Era imenso o concurso, um bulício[11] de cabeças como as ondas inquietas do oceano.

A tropa imponente, unida, compacta, atestava com soberba exuberância o luxo do poderio, do mando, a fátua[12] vaidade do despotismo deslumbrado.

Nas janelas dos preparados edifícios ostentava-se, com opulência, o sexo gentil; rebrilhavam as sedas, o ouro e os diamantes: os primores d'arte desafiavam as obras-primas da natureza.

---

5. Ver n. 77, p. 98
6. Terâmenes (?–404 a.C.) nasceu em Estíria, atual Áustria, foi estrategista militar e estadista ateniense de destacada ação política durante a Guerra do Peloponeso (431–404 a.C.).
7. Pedro, o Apóstolo, foi um dos doze primeiros discípulos de Jesus e fundador da Igreja Católica Romana, no ano 30 da Era Cristã.
8. Ver n. 35, p. 328.
9. Outra denominação da América do Sul.
10. Transbordavam.
11. Alvoroço, agitação.
12. Presunçosa.

A Religião, com estudada humildade, dava-se em piedosa farsada; nos templos reboavam[13] festivos cânticos.

Sobre o patíbulo,[14] à guisa de uma sombra, estava um frade, de pé; com um braço elevado indicava a eternidade. Acurvou-se um pouco, abraçou o penitente, beijou-lhe a corda que, à feição de colar, adornava-lhe o pescoço, orvalhou-a de lágrimas. Com a mão direita, que tinha pelas costas, apertou a do algoz: ambas eram amigas velhas, costumavam ter destes encontros, estavam tintas de sangue...

O sacerdote perorou[15] por meia hora. Foi uma estrangulação moral de trinta minutos, lenta como um capricho de inquisidor. Quando a vítima foi entregue ao carrasco, restava apenas a morte física.

Tu, contra o teu rei, nem os olhos levantarás.

Foram estas as palavras preambulares do pregador!
Teu rei?!
E o que é o rei senão a feitura do povo?
Quê?! Valerá mais o tarro[16] que o oleiro?[17]
Nos confrontos da teologia com o direito, são vulgares estes santos absurdos da ortodoxia.

A soberania popular, excetuando-se o noventa e três, é uma miséria política, sob a régia forma de um escárnio sacramental.

....

À meia hora do dia, como hoje, há 90 anos, expirou aquele que, neste país, primeiro propusera a libertação dos escravos e Proclamação da República. Foi julgado réu de lesa-majestade, mataram-no, mas Tiradentes morto, como o Sol no ocaso, mostra-se ao universo, tão grande como em sua aurora.

13. Ecoavam, retumbavam.
14. Lugar, geralmente um palanque montado a céu aberto, onde se erguia o instrumento de tortura (forca, garrote ou guilhotina) para a execução dos condenados à pena capital.
15. Discursou com pedantismo, falsidade.
16. O mesmo que vaso.
17. Aquele que faz cerâmica, que trabalha em olaria.

....

A musa da história tem a sua lógica invariável e seu modo peculiar de traduzir e registrar os acontecimentos.

O altar, as aras sacrossantas do martírio, aquele monumento mandado levantar pelo vice-rei, pelos magistrados — pelos fiéis servos da rainha —, foi substituído por um patíbulo imperial, modelado em bronze; em vez da forca, há uma estátua. Desapareceu Joaquim José da Silva Xavier,[18] para ser mais lembrado; surgiu Pedro Primeiro, o esquecido.[19]

Mudaram-se os tempos.

A tragédia perdeu a sua época, a comédia entrou em voga, o lugar do mártir está ocupado pela figura do cômico, é um arlequim sobre um túmulo, é um escárnio, é uma indecência, é uma solenidade chinesa do Paço de S. Cristóvão!...[20]

O êneo[21] corcel, ousado como seu amo, atira brutalmente as patas por sobre as cabeças dos miseráveis grandes, dos grandes miseráveis, e dos miseráveis, que ainda existem sem qualificação.

Os brasileiros e o povo hebreu tiveram dois inspirados precursores da sua regeneração.

O Rio de Janeiro, como Jerusalém, teve o seu Gólgota; dois grandes pedestais, levantados por a natureza, para dois Redentores.

Dois Cristos exigiam dois mundos.

Um divinizou a cruz, o outro, a forca.

18. Joaquim José da Silva Xavier (1746-1792), nascido na região de São João del Rei (MG), foi dentista, militar e o revolucionário que passou à história como o personagem-símbolo da Inconfidência Mineira (1789) e um dos mártires da luta pela independência do Brasil.
19. Pedro I do Brasil, ou Pedro IV de Portugal (1798-1834), nascido em Queluz, Portugal, foi rei de Portugal e Algarves e imperador do Brasil.
20. Um dos locais de residência da família real portuguesa quando da transferência da Corte de Lisboa ao Rio de Janeiro. Após a Independência do Brasil e até a Proclamação da República, foi a residência da família imperial, onde nasceu o segundo e último monarca do Império, Pedro II. Atualmente, o lugar abriga o Museu Nacional de Arqueologia e Antropologia.
21. Relativo a bronze. Por sentido figurado, firme, tenaz.

A cruz é o emblema da Cristandade, a forca o será da Liberdade.

O martirológio[22] mostra dois pontos culminantes: o Calvário e o Largo do Rocio.[23]

Concidadãos: descubramo-nos, ajoelhamo-nos.

O altar é a pátria; a pátria está no cadafalso.[24]

Rendamos cultos a Tiradentes.

S. Paulo, 21 de março de 1882
LUIZ GAMA

---

22. Lista dos que morreram ou sofreram por uma causa.
23. Refere-se à atual praça Tiradentes, no centro do Rio de Janeiro (RJ), que antigamente se chamava Largo Rocio, em homenagem ao largo homônimo da cidade de Lisboa, Portugal.
24. O mesmo que patíbulo.

Capítulo 7
Carta a Hyppolito de Carvalho[1]

Comentário *Gama autorizou o destinatário da carta particular a "fazer o uso que quiser" da mesma, o que resultou em sua publicação na imprensa de São Paulo. Pela estrutura da comunicação — e da réplica que Gama escreve —, a carta voltava-se a outros leitores, sobretudo aos cidadãos de Casa Branca, interior paulista. As cartas revelam, por sua vez, informações bastante úteis para se compreender a relação cliente-advogado no Brasil da época.*

Ilmo. Sr. José Hyppolito,

Só agora me permitem o tempo e a saúde responder a carta retro.

Sobre documentos, que apresentou V. S., e com explicações, que prestou-me, redigi a representação que, em seu nome, contra o juiz municipal dessa cidade, o dr. Fernando Antonio de Barros, foi endereçada a S. Excia. o ministro e secretário de estado dos negócios da justiça. Este fato deu-se entre nós ambos exclusivamente, sem intervenção de terceiro.

Desta minha resposta pode fazer o uso que quiser.

Sou, com o devido respeito e consideração, de V. S., atento criado.

LUIZ GAMA

---

1. *A Província de S. Paulo* (SP), Seção Livre, Casa Branca, [sem título], 26 de abril de 1881, p. 2.

A CARTA DE HYPPOLITO DE CARVALHO

Comentário   *A carta que Hyppolito de Carvalho enviou a Gama também foi reproduzida nesta mesma edição d'*A Província. *Leia:*

Ilmo. Sr. Luiz Gama,
Pela franqueza e ornamento de seu caráter, peço-lhe o seguinte favor:

1º Quem redigiu e escreveu a representação que dei contra o bacharel Fernando A. de Barros, juiz municipal desta [cidade; Casa Branca], ao exmo. ministro da justiça, em data de 9 do corrente?

2º Se, além de minhas informações, todas verbais, e os documentos que V. S. juntou como provas, alguém mais teve parte, por palavra, por escrito, ou intervenção por mais pequena que fosse?

Peço a V. S. licença para fazer o uso que me convier de sua resposta.
Sou de V. S. venerador, obrigado criado.

Casa Branca, 31 de março de 1882
JOSÉ HYPPOLITO DE CARVALHO

Capítulo 8
Católico, mas escravista
Carta ao Dr. Cerqueira César[1]

Comentário *A carta particular entre Gama e Cerqueira César parece pertencer a um fluxo de correspondência que ambos possivelmente mantinham. "Pensei na questão", como Gama abre a carta, por exemplo, indica que César havia consultado Gama previamente sobre o tema que passaria a expor, a saber, a ilegalidade da escravidão através de doações obtidas por corporações religiosas. O tom relativamente informal, sobretudo para o teor do assunto, reforça a ideia de que poderia haver troca de cartas entre os dois, em que discutiam, como se lerá nessa, doutrinas e conhecimento normativo e religioso.*

Meu caro dr. Cerqueira César,

Pensei na questão; tenho, para mim, que são livres os escravos ilegalmente doados às corporações religiosas e de mão-morta,[2] que os não podem adquirir.

Aos fiéis católicos e apostólicos romanos foi expressamente proibido ter escravos; tornou-se-lhes de todo ponto *defesa*[3] *a propriedade servil* (Conferir São Matheus, Capítulo 7º, versículo 12; São Gregorio Magno, Epístola IV, 12; Bispo de Orleans – "Carta ao clero de sua diocese"; E as Bulas[4] de Alexandre, em 1200; de Pio 2º, em 1482; de Paulo 3º, em 1557; de Urbano 8º, em 1639; de Benedicto 14, em 1741; Constituição Política do Império, art. 5º).

---

1. Coleção Emanuel Araújo (Acervo particular), 17 de junho de 1882.
2. Condição legal de inalienabilidade de bens.
3. Proibida.
4. Decreto ou documento eclesiástico com ordens e instruções determinadas em nome do papa.

Sei que a despeito de tão expressa proibição essas Ordens têm possuído escravos; fútil é, porém, tal argumento, tirado da Lei contra a Lei; pode-se justificar a transgressão; é porém absurdo, por ela, derrogar o preceito e desconhecer a moral.

Julgo inabalável esta minha doutrina: a manumissão, entre nós, esteia-se nas Decretais.[5]

17 de junho de 1882
Seu, como sempre, amigo muito grato
LUIZ

---

5. Carta ou decreto do papa em resposta a alguma consulta sobre matéria moral ou jurídica.

Capítulo 9
Pela libertação de 78 pessoas![1]

Comentário *Trata-se de uma petição ao imperador Pedro II em que se demanda a liberdade de setenta e oito libertos, quase todos eles mantidos ilegalmente escravizados em Mar de Espanha, Minas Gerais, pelo ilegítimo possuidor, Leite Brandão. Do imenso grupo de mais de setenta pessoas, dez fugiram de Mar de Espanha, sendo que cinco chegaram em Lorena, interior paulista — onde foram presos e depois libertados —, e os outros cinco chegaram até Luiz Gama, na capital paulista. Foram esses últimos que informaram Gama do caso. Isso demonstra — conforme se lê na petição abaixo reproduzida — a rede de comunicação que alimentava a advocacia combativa de Gama. Portanto, cinco libertos, embora ilegalmente escravizados, empreenderam fuga até São Paulo e contaram a Gama a tragédia que se passava na fazenda Babilônia, em Mar de Espanha (MG). São os cinco libertos escravizados, nas palavras de Gama, "os referentes destas graves ocorrências, destas monstruosas transgressões do direito, destes crimes extraordinários cometidos à face da autoridade pública".*

---

1. *Gazeta da Tarde* (RJ), [editorial], [sem título], Luiz Gama, 8 de agosto de 1882, p. 1. Os redatores da folha abolicionista, entre eles José do Patrocínio, incluíram a seguinte apresentação da petição de Gama ao Imperador: "Luiz Gama — Deve estar a esta hora em mão do governo uma representação do grande chefe abolicionista, que é o símbolo da evangélica resignação no sacrifício em prol da causa, que, ferindo os interesses da preguiça nacional, se converte em martírio para os seus sustentadores. A representação visa a liberdade de homens ilegalmente retidos na escravidão e nos dispensa de acrescentar-lhe comentários. A singeleza da exposição dá ao leitor conhecimento do assunto e critério para o seu juízo. Eis a representação". Optei em chamar de petição haja vista a força normativa da peça que, até onde se sabe, não possui capacidade de representação, uma vez que, constrangida pela ausência de meios, limita-se a implorar, pedir, suplicar.

Senhor,

Luiz Gonzaga Pinto da Gama, residente na cidade de São Paulo, vem perante Vossa Majestade Imperial implorar providências administrativas, a fim de que não continuem na privação de sua liberdade os libertos constantes da relação inclusa.

A 3 de maio deste ano, a Ordem Carmelita[2] concedeu alforria aos setenta e oito indivíduos mencionados na referida relação, indivíduos que residem em Mar de Espanha,[3] na fazenda denominada Babilônia, província de Minas Gerais.

Concedidas estas alforrias e invocadas providências que foram concedidas pelo Ministério do Império, não tiveram estas execuções. E os libertos continuam como escravos sob o domínio irregular e ilegal do dr. Joaquim Eduardo Leite Brandão.[4] Dez dos libertos retiraram-se do poder de Brandão; este, porém, pediu providências à polícia para conter escravos insubordinados; obteve força; e recolheu-os à prisão! Interveio a Promotoria Pública, conseguiu a soltura dos detidos; mas os outros, que se acham na mencionada fazenda, lá continuam no cativeiro!

Cinco destes libertos conseguiram chegar a esta cidade de São Paulo; são eles os referentes[5] destas graves ocorrências, destas monstruosas transgressões do direito, destes crimes extraordinários cometidos à face da autoridade pública, com menoscabo[6] da lei e desprezo da moral.

Segundo as declarações destes, outros cinco conseguiram

---

2. A Ordem dos Carmelitas, ou Ordem do Carmo, é uma instituição religiosa católica de 800 anos, que tem presença no Brasil desde os finais do século XVI.
3. Município localizado na região sul de Minas Gerais.
4. Joaquim Eduardo Leite Brandão (1820–1899), mineiro de São João del Rei, foi fazendeiro e proprietário da fazenda Babilônia, que possuía grande concentração de escravos no sul de Minas Gerais.
5. No sentido de informantes, referenciais.
6. Menosprezo, descrédito.

deixar a pressão em que viviam e ficaram na Cachoeira, distrito de Lorena,⁷ trabalhando a fim de adquirirem meio de transporte para esta cidade.

É nestas circunstâncias que o impetrante vem implorar a Vossa Majestade Imperial providências que tirem os libertos do ilegal domínio em que se acham.

É justiça.

São Paulo, 2 de agosto de 1882
LUIZ G. P. DA GAMA

---

7. A fazenda Cachoeira, de Lorena (SP), é uma velha conhecida de Luiz Gama, o que só aumenta a singularidade que essa história possui. Seu antigo proprietário, o alferes Antônio Pereira Cardozo, foi o senhor de escravos que comprou Luiz Gama, quando ele ainda tinha apenas dez anos de idade. Foi na fazenda Cachoeira, também, o cenário do suicídio do alferes Cardozo, crime que marcou a história do município e a memória de Gama, conforme ele conta na "Carta a Lúcio de Mendonça".

ALONSO, Angela. *Flores, votos e balas: o movimento abolicionista brasileiro (1868-88)*. São Paulo: Companhia das Letras, 2015.

ALMEIDA, Candido Mendes de; ALMEIDA, Fernando Mendes de. *Arestos do Supremo Tribunal de Justiça coligidos em ordem cronológica até hoje*. Rio de Janeiro: B. L. Garnier, 1883.

ASSIS, Machado de. *Correspondência de Machado de Assis, tomo V – 1905-1908*. Organização de Sergio Paulo Rouanet, Irene Moutinho e Sílvia Eleutério. Rio de Janeiro: ABL, 2015.

AZEVEDO, Elciene. *Orfeu de carapinha: a trajetória de Luiz Gama na imperial cidade de São Paulo*. Campinas, SP: Editora da Unicamp, 1999.

BARBOSA, Rui. "Luiz Gama". In: *Páginas Literárias (1877-1917)*. Bahia: Livraria Catilia, 1918, pp. 25-26.

BRASIL. *Constituição Política do Império do Brazil (1824)*.

CALMON, Pedro. "Luiz Gama, o negro genial". *Jornal do Comércio*, 21 de junho de 1930.

CARNEIRO, Manuel Borges. *Direito Civil de Portugal*. Livro 1º. Lisboa: Impressão Régia, 1826.

CHALHOUB, Sidney. *A força da escravidão: ilegalidade e costume no Brasil oitocentista*. São Paulo: Companhia das Letras, 2012.

CORTÉS, Ramon de Salas y. *Lições de Direito Público Constitucional para as Escolas de Hespanha*. Trad. de D. G. L. D'Andrade. Lisboa: Rollandiana, 1822.

FERREIRA, Ligia Fonseca. *Luiz Gama (1830-1882): étude sur la vie et l'oeuvre d'un Noir citoyen , militant de la lutte anti-esclavagiste au Brésil*. Tese de doutorado, Universidade de Paris 3, 2001, 4 v.

_____. "Luiz Gama: um abolicionista leitor de Renan". In: *Estudos Avançados*, vol. 21, n. 60, São Paulo, 2007, pp. 271-288.

_____. "Luiz Gama por Luiz Gama: carta a Lúcio de Mendonça". In: *Teresa. Revista de Literatura Brasileira*, n. 8/9, São Paulo, 2008, pp. 300-321.

_____. *Com a palavra, Luiz Gama: poemas, artigos, cartas, máximas*. São Paulo: Imprensa Oficial do Estado de São Paulo, 2011.

_____. *Lições de resistência: artigos de Luiz Gama na imprensa de São Paulo e do Rio de Janeiro*. São Paulo: Edições Sesc São Paulo, 2020.

GAMA, Luiz. *Primeiras Trovas Burlescas de Getulino*. São Paulo: Tipografia Dois de Dezembro, 1859.

_____. *Primeiras Trovas Burlescas de Getulino*. 2ª edição correta e aumentada. Rio de Janeiro: Tipografia de Pinheiro e Cia., 1861.

_____. *Primeiras Trovas Burlescas de Luiz Gama (Getulino)*. Prefácio de Coelho Neto. Edição organizada por Antônio dos Santos Oliveira e João da Rosa e Cruz. São Paulo: Bentley Jr., 1904.

_____. *Trovas Burlescas e escritos em prosa*. Edição organizada por Fernando Góes. São Paulo: Edições Cultura, 1944.

_____. *Primeiras Trovas Burlescas*. São Paulo: Editora Três, 1974. (Coleção Obras Imortais de Nossa Literatura, v. 47).

_____. *Primeiras Trovas Burlescas & outros poemas*. Edição, introdução e notas de Ligia Fonseca Ferreira. São Paulo: Martins Fontes, 2000. (Coleção Poetas do Brasil).

KRAAY, Hendrik. "Between Brazil and Bahia: Celebrating Dois de Julho in Nineteenth-Century Salvador". In: *Journal of Latin American Studies*, 31:2, 1999, pp. 255–286.

Lista dos eleitores da Comarca da Capital. São Paulo: Tipografia do Correio Paulistano, 1883.

MACHADO, Maria Helena Pereira Toledo; CASTILHO, Celso Thomas (org.). *Tornando-se livres: agentes históricos e lutas sociais no processo de abolição*. São Paulo: Editora da Universidade de São Paulo, 2015.

MALHEIRO, Agostinho Marques Perdigão. *A escravidão no Brasil: ensaio histórico-jurídico-social*. Parte 3. Rio de Janeiro: Tipografia Nacional, 1867.

MAMIGONIAN, Beatriz G. *Africanos livres: a abolição do tráfico de escravos no Brasil*. São Paulo: Companhia das Letras, 2017.

MENDONÇA, Francisco de Assis de Castro e. *Memória histórica acerca da pérfida e traiçoeira amizade inglesa*. Porto, 1840.

MENNUCI, Sud. *O precursor do Abolicionismo no Brasil – Luiz Gama*. São Paulo: Companhia Editora Nacional, 1938.

MOORE, Zelbert Laurence. *Luiz Gama, Abolition and Republicanism in São Paulo (1870–1888)*. Tese de doutorado, Temple University, 1978.

NABUCO, Joaquim. *O abolicionismo*. Londres: Tipografia de Abraham Kingdon, 1883.

OLIVEIRA, José Feliciano de. "Luiz Gama e as Trovas de Getulino". *O Estado de São Paulo*, 06 de dezembro de 1930, p. 3.

PARRON, Tâmis Peixoto. *A política da escravidão no Império do Brasil, 1826–1865*. Rio de Janeiro: Civilização Brasileira, 2011.

PERDIGÃO, Agostinho Marques. "O escravo ante a lei criminal (penal e processo) e policial". In: *A escravidão no Brasil: ensaio-histórico-jurídico-social*. Vol. 1. Rio de Janeiro: Tipographia Nacional, 1866, pp. 4–33.

PINTO, Ana Flávia Magalhães. *Imprensa negra no Brasil do século XIX*. São Paulo: Selo Negro, 2010.

_____. *Escritos de liberdade: literatos negros, racismo e cidadania no Brasil oitocentista*. Campinas, SP: Editora da Unicamp, 2018.

POMPEIA, Raul. _____. "Luiz Gama". In: MONIZ, Heitor (org.). *Letras Brasileiras*. Rio de Janeiro: A Noite, n. 13, maio de 1944.

_____. "Última página da vida de um grande homem". In: COUTINHO, Afrânio (org.). *Obras de Raul Pompéia: escritos políticos*. Vol. 5. Rio de Janeiro: Civilização Brasileira; MEC; Fename, 1982.

RIBEIRO, Maria Alice Rosa. "Açúcar, café, escravos e dinheiro a prêmio: Campinas, 1817–1861". In: *Resgate: Revista Interdisciplinar de Cultura*, Campinas, SP, v. 23, n. 1, 2015, pp. 15–40.

SANTOS, Arlindo Veiga dos. *A lírica de Luiz Gama*. São Paulo: Atlântico, 1944.

SCHWARCZ, Roberto. "Autobiografia de Luiz Gama". In: *Novos Estudos Cebrap*. São Paulo, Cebrap, n. 25, outubro de 1989.

SILVA, João Romão da. "Luiz Gama, poeta satírico". *Correio da Manhã*. Rio de Janeiro, 26 de junho de 1952.

_____. *Luiz Gama e suas poesias satíricas*. Rio de Janeiro: Editora Livraria Casa do Estudante do Brasil, 1954.

_____. *Luiz Gama e suas poesias satíricas*. 2ª edição, revista e aumentada. Rio de Janeiro: Livraria Editora Cátedr. Brasília: Instituto Nacional do Livro, 1981.

SILVA JÚNIOR, Waldomiro Lourenço da. *Entre a escrita e a prática: direito e escravidão no Brasil e em Cuba, c. 1760–1871*. Tese de doutorado, Universidade de São Paulo, 2015, 341 f.

TEIXEIRA, Kátia Leiróz. *O Grito da Cor: A Liberdade no Pensamento Abolicionista de Luiz Gama*. Dissertação de mestrado, Universidade do Estado do Rio de Janeiro, 2000, 293 f.

YOUSSEF, Alain El. *O Império do Brasil na segunda era da abolição, 1861-1880*. Tese de doutorado, Universidade de São Paulo, 2019, 312 f.

In memoriam

Devo expressar o meu reconhecimento a mestres que me acolheram, ouviram a minha procura por Luiz Gama, e me deram ideias e instrumentos para buscar a minha *fórmula mágica da paz*. Maria Emília Gomes Barbosa (1922-2006), a minha tia Lula, mãe de santo e então matriarca do Quilombo Brotas, em Itatiba (SP), encorajou os meus primeiros passos no estudo da vida de Gama. No agitado curso das lutas pela titulação da terra quilombola (2002-2005), encampada pela Associação Cultural Quilombo Brotas, de que tenho a honra de ser sócio fundador, desde a assembleia de 23 de março de 2003, tia Lula explicou-me a história da abolição da escravidão no Brasil e acompanhou-me nas primeiras leituras que fiz dos escritos de Gama. Na cidade da Bahia, em 2009, Deoscóredes Maximiliano dos Santos (1917-2013), o saudoso mestre Didi, então sumo sacerdote do culto dos ancestrais nagôs na Bahia e autor do *Yorubá tal qual se fala* (1946), entre outros misteres e sacerdócios, recebeu-me de modo inesquecível no Ilê Axipá e vivamente aconselhou-me, dando-me senhas para tal, a prosseguir com os estudos em Gama. Deraldino Batista Lima (1928-2014), artista plástico fundador da Galeria 13 e zelador da rua do Gravatá, levou-me ao Bângala e contou-me a história de Luiz Gama tal qual falada nos becos e ruas da velha cidade de São Salvador da Bahia de Todos os Santos. Em sua casa, reunimo-nos muitas vezes para celebrar a poesia e a memória de Gama. No Ilê Axé Opô Afonjá, Maria Stella de Azevedo Santos (1925-2018), a nossa querida mãe Stella de Oxóssi, assentou-me no caminho do direito. Guardo comigo, e oxalá cedo revele, palavras suas sobre a vida de Luiz Gama, dos bons tempos em que lia para ela, em sua casa, textos escritos pelo filho de Luiza Mahin. Maria Laís Morgan (1941-2021), professora da Escola de Dança da Universidade Federal da Bahia, esteve presente na minha banca de conclusão de curso em direito, na Universidade do Estado da Bahia, onde apresentei a monografia *Questão jurídica (1880): o pensamento político brasileiro de Luiz Gama*. Naquele 3 de janeiro de 2013, Laís Morgan deu-me título tão importante quanto a aprovação acadêmica, a sua benção de artista. A todos eles, a quem não poderei entregar em mãos essas *Obras Completas*, o meu profundo agradecimento, reconhecimento e votos de paz de espírito na eternidade.

Agradecimentos

Estas *Obras Completas* de Luiz Gama contaram com o apoio decisivo do Instituto Max Planck de História do Direito e Teoria do Direito – Frankfurt am Main, Alemanha. As condições de trabalho excepcionais oferecidas em Frankfurt, notadamente a incrível biblioteca do Instituto, permitiram que eu pudesse me dedicar integralmente ao estudo da obra de Luiz Gama. A par disso, o debate acadêmico de excelência que encontrei no Instituto Max Planck faz com que eu seja devedor às muitas contribuições, críticas, sugestões de colegas e professores do mundo todo, com quem pude aprender e dialogar, e que estão refletidas no método de pesquisa e nos comentários ao texto.

Devo, assim, expressar o mais profundo agradecimento ao professor Thomas Duve, diretor do Instituto Max Planck de História do Direito e Teoria do Direito, e meu orientador de doutorado, que me apoiou desde o primeiro minuto em minhas pesquisas de recuperação e difusão do conhecimento sobre a obra de Luiz Gama. Muito obrigado pela confiança. A combinação rara de seriedade e generosidade intelectual do professor Thomas Duve, que é por todos conhecida, é para mim um exemplo de vida.

Agradeço igualmente ao professor Marcelo Neves, catedrático de Direito Público na Universidade de Brasília, que me convenceu e fez de tudo para que eu prosseguisse com os estudos de Luiz Gama na Alemanha. Sua paixão pela ciência do direito e a sociologia alemã, que o inscreve como extemporâneo discípulo do mestre de todos nós, Tobias Barreto, beneficia quem o cerca, alimenta a chama do conhecimento e dignifica o direito.

Sou grato, também, ao professor Tâmis Parron, do Instituto de História da Universidade Federal Fluminense e do conselho editorial da Hedra, que acompanha essa pesquisa há sete anos e leu rigorosamente todas as linhas destas *Obras Completas*. Todos no Brasil já sabem que o professor Tâmis Parron é um dos maiores historiadores dessa geração. O que talvez ainda não saibam é de seu talento em despertar o que há de melhor dentro do aluno que procura aprender. Por isso, igualmente, devo lhe agradecer.

Ao Jorge Sallum, editor da Hedra, devo também um agradecimento pela confiança e investimento no Projeto Luiz Gama. Desde julho de 2017, tem contribuído com sua leitura crítica e sugestões para a organização dos textos. A visão de longo alcance, mirando a perenidade desta empreitada, sem descurar das minúcias da feitura de cada volume, são atributos que fazem dele um editor raro.

O meu muito obrigado também vai aos colegas historiadores que me receberam tão bem em seus fóruns de debates. Apresentei trechos destas *Obras Completas* em seminários internos no Instituto Max Planck de História do Direito e Teoria do Direito, na Universidade Estadual de Campinas, Universidade de Flensburg, Universidade de Princeton e na Universidade de São Paulo; assim como em congressos temáticos abertos em Bruxelas, Madri e no Rio de Janeiro. Agradeço, então, aos colegas que me convidaram para apresentar nos respectivos espaços, bem como àqueles que discutiram minha pesquisa sobre a obra de Gama, destacadamente, Alain El Youssef; Alec Thompson; Alexandre Rocha da Silva; Ana Carolina Couto Barbosa; Anna Clara Lehmann Martins; Arthur Barrêtto de Almeida Costa; Bruno Tadeu Buonicore; Bruno Fonseca Miranda; Clemente Penna; Constanza Dalla Porta; Damian Gonzales Escudero; David Domínguez Cabrera; Fabiane Bordignon; Felice Physioc; Fernando Liendo Tagle; Gilberto Guerra Pedrosa; João Marcos Mesquita; Jonas Brito; José Evando Vieira de Melo; José Luís Egío Garcia; Karla Escobar; Leonardo Carrilho; Lindener Pareto; Lívia Tiede; Lloyd Belton; Manuel Bastias Saavedra; Marcelo Ferraro; Marco in't Veld; Mariana Armond Dias Paes; Matteo Lazzari; Osvaldo Rodolfo Moutin; Pablo Pryluka; Paulo Henrique Rodrigues Pereira; Maria del Pilar Mejía Quiroga; Marial Iglesias Utset; Pól Moutin; Raquel Sirotti; além dos professores Alejandro de la Fuente; Ana Flávia Magalhães Pinto; Hauke Brunkhorst; Isadora Mota; Manuela Bragagnolo; Maria Pia Guerra; Tâmis Parron; Thomas Duve; e Rebecca Scott.

Porém, mesmo com toda a paciência e generosidade dos mestres e colegas de ofício, estas *Obras Completas* não existiriam se não fossem os funcionários dos arquivos e bibliotecas de obras raras, que me franquearam o acesso aos valiosos originais e à literatura de apoio. Fui atendido com presteza por dezenas e dezenas deles. Mencioná-los todos agora seria impossível porque inevitavelmente eu incorreria em indesculpável omissão de nomes. Agradeço, pois, às instituições arquivísticas pelo cuidado com o acervo e a sempre atenciosa disposição e competência que suas equipes têm em auxiliar o pesquisador. O meu muito obrigado aos funcionários do Acervo Histórico da Assembleia Legislativa do Estado de São Paulo; Arquivo da Cúria Metropolitana de São Paulo; Arquivo Edgard Leuenroth; Arquivo do Estado de São Paulo; Arquivo Geral da Cidade do Rio de Janeiro; Arquivo Geral do Tribunal de Justiça do Estado de São Paulo; Arquivo Histórico de Juiz de Fora; Arquivo Histórico Municipal de São Paulo; Arquivo Histórico Dr. Waldomiro Benedito de Abreu; Arquivo Municipal de Itatiba; Arquivo Nacional; Arquivo Público do Estado da Bahia; Arquivo Público Mineiro; Biblioteca Acadêmico Luiz Viana Filho (Senado Federal); Biblioteca da Faculdade de Direito do Largo de São Francisco; Biblioteca da Faculdade de Direito da Universidade Federal de Pelotas; Biblioteca da Faculdade de Direito da Universidade Federal do Paraná; Biblioteca da Faculdade de Direito da Universidade Federal de Pernambuco; Biblioteca Guita e José Mindlin; Biblioteca Pedro Aleixo (Câmara dos Deputados); Biblioteca Pública do Estado da Bahia; Biblioteca do Supremo Tribunal Federal; Centro Cultural Martha Watts – Espaço Memória Piracicabana; Centro de Memória da Universidade Estadual de Campinas; Fundação Arquivo e Memória de Santos; Fundação Casa de Rui Barbosa; Fundação Biblioteca Nacional; Hemeroteca Roldão Mendes Rosa; e Loja Maçônica Luiz Gama.

Devo, também, uma palavra escrita de agradecimento à minha família. Elaine Aparecida Rodrigues e Helio Martins de Lima, os meus pais, e Daniel Rodrigues de Lima, o meu irmão mais velho, apoiaram incondicionalmente cada passo dessa pesquisa com o entusiasmo e a alegria que sempre fizeram sala em nossa casa. Amigos como Luiz Eduardo Parreiras, Oraida Parreiras, João Acuio, Mariana Campos, Daniel Lerner, Geraldo Figueiredo, Clyde Alafiju Morgan, Diva Maria Martins de Oliveira, José Roberto Barbosa, Jéssica Aparecida Rodrigues, Saulo Miguez, Diogo Miguez e Jaime Miguez estiveram por perto ao longo da preparação das *Obras Completas*; Joel Miguez, amigo e mestre, fez-me ver melhor o quanto Gama andou "fadigado e farto de clamar às pedras, de ensinar justiça ao mundo pecador".

Para Luiza Simões Pacheco, que tanto beneficiou este trabalho com sua diligente revisão e correção textual, a par dos comentários de mérito e estilo, um muito obrigado só não basta: é preciso que eu lhe agradeça mandando "um abraço pra ti, Pequenina, como se eu fosse o saudoso poeta, e fosses a Paraíba".

Índice remissivo

abissínios, 128, 330, 356
abolição, 82, 138, 191, 193, 197,
    199, 276, 331, 361
    nos Estados Unidos da
        América, 84
Acórdão da Relação de São Paulo
    de 17 de julho de 1875,
    110
Acórdão de 26 de junho de 1874,
    185
adro da Palma, 60
africanos livres, 60, 62, 75, 107,
    171, 196, 204, 294,
    300–302, 304
Água Branca, 208
Aguiar, Tobias de, 103
Alencar, José Martiniano de, 144
Alighieri, Dante, 351
Almeida, Francisco Martins de,
    260, 262
alvará
    de 10 de março de 1682,
        110, 157, 182, 183
    de 26 de janeiro de 1818,
        176, 192
    de 30 julho de 1699, 222
    de 31 de março de 1742, 143
    de 5 de março de 1790, 137,
        144
Andrada, Martim Francisco
    Ribeiro de, 289
Andrade, José Maria de, 79
Arago, Dominique François Jean,
    284

Aranha, Francisco Egídio de
    Souza, 64, 77
Aranha, Joaquim Polycarpo, 190,
    373
Arch, Joseph, 394
Arouet, Fraçois-Marie cf. Voltaire
Arquimedes de Siracusa, 409
Assembleia Constituinte, 197, 396
Assembleia Geral (Câmara dos
    Deputados e Senado),
    121
Assembleia Provincial, 126, 127,
    288, 332
Assento 16 de novembro de 1700,
    120
Associação Democrática Consti-
    tucional Limeirense,
    311, 315, 316
Aviso
    1º de 13 de abril, 158
    3º de 12 de novembro de
        1875, 166
    3º de 5 de maio de 1831, 158
    4º de 11 de novembro de
        1831, 288
    4º de 19 de setembro de
        1873, 212
    8º de 11 de novembro de
        1831, 288
    de 12 de agosto de 1834, 158
    de 14 de julho de 1821, 176,
        193
    de 14 de novembro de 1871,
        215

de 28 de agosto de 1821, 176, 193
de 28 de janeiro de 1828, 158
de 3 de dezembro de 1821, 176, 193
de 3 de novembro 1783, 182
de 4 de março de 1876, 213
de 8 de julho de 1876, 213
nº 108 de 4 de março de 1876, 214
nº 18 de 28 de janeiro de 1828, 160
nº 274 de 12 de agosto de 1834, 160
nº 318 de 10 de setembro de 1872, 158, 162, 168
nº 335 de 19 de setembro de 1873, 213
nº 393 de 8 de julho de 1876, 214
nº 639 de 21 de setembro de 1878, 158, 162, 167, 168
nº 86 de 5 de março de 1831, 160

bairro da Figueira, 289
bairro da Luz, 244
Barbosa, Clímaco, 147, 397
Barros, Antonio Moreira de, 105, 106, 271, 273
Barros, Fernando Antonio de, 415, 416
Bastos, Aureliano Tavares, 197
Bentham, Jeremy, 191
Bocage, Manuel Maria Barbosa du, 151
Brandão, Joaquim Eduardo Leite, 420
Brito, Marcos Noronha de, 142, 144
Brown, John, 84, 110, 363
Brás, 107, 323, 324, 373

Casa de campo, 280
Bueno, Vicente Ferreira da Silva, 67
Buonarroti, Michelangelo, 301

Cabral, Almeida, 107
Camara, Eusébio de Queiroz Coutinho Mattoso da, 197, 198, 201, 203–206, 271, 273
Campos, Martinho Álvares da Silva, 241
Cardozo, Antônio Pereira, 64, 65, 77, 421
Carneiro, Borges, 182, 215
Carneiro, Porphirio Pires, 289
Carvalho, José Hyppolito de, 415, 416
Casa de Correção, 126, 159, 162
Casas da Suplicação, 121
Castelar, Emilio, 83
Catão, Marco Pórcio, 379
cemitério municipal, 244, 249
Clube da Lavoura e Comércio, 330, 331
Condorcet, Nicolas de, 339
Conselho de Estado, 190, 201–203, 205, 206, 209, 294, 311
Conselho dos Ministros, 142, 239
Consolidação das Leis Civis, 158, 159
Constantinopla, 177
Constituição do Império, 119–121, 126–129, 136, 138, 144
Constituição Política do Império, 119, 127, 129, 139, 417
Convento do Carmo, 324
Convenção Adicional de 28 de julho de 1817, 176, 192
Convenção de Itu, 82

Corte, 61, 62, 67, 75, 77, 79, 123, 132, 134, 165, 166, 208, 339, 359, 362, 412
Costa-da-Mina, 61, 74
Coutinho, Félix de Abreu Pereira, 231, 233
Cruzeiro dos Bentos, 249
Câmara Municipal, 193, 194, 288
César, Cerqueira, 417
Cícero, 342
Código
    Civil, 158
    Comercial de 1850, 110, 183
    Criminal de 1830, 123, 125, 126, 128, 129, 138, 139, 144, 194, 294
    Processo Criminal, 119, 121, 124, 126, 137–139
cúria de Salvador, 60

Decreto
    de 12 de abril de 1832, 174, 195, 198, 207, 272
    de 13 de novembro de 1872, 213, 221
    de 14 de fevereiro de 1857, 162
    de 1857, 160
    de 23 de maio de 1821, 142
    de 9 de maio de 1842, 158, 162
    nº 4.824 de 22 de novembro de 1871, 122, 124, 139, 142, 183, 186
    nº 1.896 de 14 de fevereiro de 1857, 158, 162
    nº 160 de 9 de maio de 1842, 160
    nº 4.815 de 11 de novembro de 1871, 161, 162
    nº 4.835 de 1º de dezembro de 1871, 163, 165, 215, 316
    nº 5.135 de 13 de novembro de 1872, 162, 182, 223
    nº 6.341 de 20 de setembro de 1876, 213
    nº 708 de 14 de outubro de 1831, 198, 271
democracia, 84, 320, 403
Dickens, Charles, 287
Duarte, Francisco de Paula Belfort, 287
Duque de Glocester, 327

Eduardo IV, 327
Eneida, 244
Epaminondas, 348, 379
Escola Histórica do Direito, 83
Espártacos, 75, 84, 103, 104, 106, 108, 280, 320, 321, 363
Estação Central, 118
Estação Norte, 280, 373
Ewerton, Sebastião Raymundo, 379–381, 383, 385
exército, 75, 119, 120, 141, 384, 387, 402

Faculdade de Direito de São Paulo, 66, 67, 79, 81, 287, 350, 397
Faria, José Francisco de, 132, 168, 190, 277
Feijó, Diogo Antonio, 195, 196
Filho, José Thomaz Nabuco de Araújo, 190, 202, 203, 205, 207, 208, 210, 288, 304
Fleury, João Augusto de Pádua, 134
fortaleza de Humaitá, 401, 402
Franklin, Benjamin, 410
freguesia de Sant'Ana, 60
Frei Thomaz, 350
Freire, Luís José Junqueira, 69

Freitas, Augusto Teixeira de, 158, 159
fundo de emancipação, 211, 213, 214, 286

Gama, Agostinho Luiz da, 132
Gama, Vasco da, 203
Getulino, 69, 75, 128
Golconda, 337
Gomide, Gonçalves, 190
Gonçalves, Jeronymo Francisco, 400
Grimberg, Adolpho, 115, 118, 120, 123, 124, 128, 129, 132–135
Grécia Antiga, 177, 247, 348
Guerra do Paraguai, 80, 280, 282, 387, 400–402
Guerra do Peloponeso, 410
Gutenberg, Johannes, 339

habeas-corpus, 113, 115, 118–120, 123, 131, 132, 134, 139–142, 168, 190, 277
Hugo, Victor-Marie, 83
híbleos, 349

igreja da Misericórdia, 65, 78, 259
igreja matriz do Sacramento, 60, 74
ilha da Redenção, 400
imperador, 73, 103, 105, 123–125, 128, 134, 190, 193, 197, 204, 350, 379, 393, 412, 419
Império Otomano, 402
Império Romano, 177
Inconfidência Mineira, 410, 412
Infantaria de Linha de São Paulo, 379, 383
Instituto da Ordem dos Advogados Brasileiros, 223

Instituto dos Advogados do Brasil, 158
Insurreição Praieira, 396, 397

Jardim Público, 209
João VI de Portugal, 176
Júnior, Antônio Rodrigues do Prado, 65, 78
Júnior, José Joaquim Cardoso de Mello, 267, 268

ladeira da Praça, 61
largo da Misericórdia, 65
largo Rocio, 413
Lavard, 322, 327
Lei
    da Boa Razão, 167
    da Reformação da Justiça, de 1582, 142
    de 11 de outubro de 1837, 186, 200–202, 275, 314
    de 18 de agosto de 1769, 121, 167
    de 1º de abril de 1680, 222
    de 1º de outubro de 1828, 288
    de 20 de outubro de 1823, 176, 193, 288
    de 26 de janeiro de 1818, 171, 176, 177, 189, 190, 198, 199, 201, 202, 204, 206, 275, 277
    de 29 de novembro de 1753, 121
    de 4 de outubro de 1850, 189
    de 4 de setembro de 1850 (Lei Eusébio de Queiroz), 189, 197–199, 203, 205, 206, 271, 272, 277

de 7 de novembro de 1831,
107, 174, 175, 190,
194, 195, 197–202,
204, 206, 271, 272, 275
do Ventre Livre, 158,
161–164, 182, 215,
220, 221, 239, 286,
310–312, 316
nº 2.033 de 20 de setembro
de 1871, 119–121, 123,
139, 221
nº 16 de 12 de agosto de
1834, 288
nº 2 de 21 de março de 1860,
158, 161
nº 2.040 de 28 de setembro
de 1871 cf. Lei do
Ventre Livre
nº 234 de 23 de novembro
de 1841, 190
nº 261 de 3 de dezembro de
1841, 139, 140
nº 33 de 7 de junho de 1869,
158
Leomil, Romão, 407
Levante dos Malês, 61, 74
Lima, João de Souza Nunes, 185
Lima, Pinheiro, 217
Lima, Souza, 190
Lincoln, Abraham, 363
livraria Civilização, 108
Loureiro, Domingos de Mello
Rodrigues, 347, 348
Luís de Camões, 203
Líbia, 69, 128

Machado, Joaquim Antonio de
Paula, 371
Machado, Joaquim Nunes, 396
Madureira, Justiniano, 174
Mahin, Luiza, 61, 74, 83
Malheiro, Agostinho Marques Perdigão, 202, 205, 223

Maquiavel, Nicolau, 191
marinha, 160, 205, 206, 241, 272,
400
Marques, Abílio Aurélio da Silva,
108
Marquês de S. Vicente, 347
Martins, Gaspar da Silveira, 80,
240, 346
Mello, Américo Braziliense de
Almeida e, 81
Mello, Antonio Manuel de
Campos, 196
Mello, Bellarmino Peregrino da
Gama e, 180, 187, 190
Mendonça, Francisco de Assis de
Castro e, 244
Mendonça, Francisco Maria de
Sousa Furtado de, 66,
67, 78, 208
Mendonça, Lúcio de, 57, 60, 68,
73, 77, 84, 320, 330,
421
Menezes, Ferreira de, 270, 279,
280, 286, 294, 299,
300, 309, 310, 319,
320, 329, 330, 335, 336,
345, 366, 367, 369, 371
Mennucci, Sud, 60, 74, 189
Ministério da Justiça, 162, 176,
194
mitologia
Adamastor, 203
Adão, 276
Atlas, 310
Baco, 340
Bíblia, 357
Caim, 241
Calvário, 303, 410, 413
Capitólio, 103
Cireneu, 290
Cirocrotes, 333
Evangelho de João, 244, 283,
301

fio de Ariadna, 290
gorro frígio, 350
Guerra de Troia, 332
Gólgota *veja* Calvário 412
Iscariot, Judas, 328, 410
Jesus Cristo, 175, 283, 336, 343, 351, 363, 409, 410, 412
Lázaro de Betânia, 244, 283, 301
Minerva, 202
musas de Guiné, 128
Palínuros, 167
Pôncio Pilatos, 363
Sete colinas de Roma, 103
Sísifo, 280
touro de Fálaris, 284
Têmis, 177
Vestal, 357
Mooca, 107
Moraes, Joaquim de Almeida Leite, 281
Moreira, João Elias de Godoy, 217
Motta, Arthur Silveira da, 80, 399, 403
mucamba Felícia, 63
Murat I, 402

Napoleão Bonaparte, 379
Netto, Major Benedicto Antônio Coelho, 66, 78
Neves, José Joaquim de Andrade, 402
Nogueira, Antônio Barbosa Gomes, 132, 190

Oliveira, Antonio Prado e Lopes de, 331
Ordem Carmelita, 420
Ordenações, 142, 155, 157, 159, 177, 288, 302
Osório, Manuel Luís, 383

Palácio do Rio de Janeiro, 144, 194
Paranhos, José Maria da Silva *veja* Visconde de Rio Branco 239
Partido
    Conservador, 73, 103, 105, 106, 207
    Liberal, 68, 73, 106, 210
    Republicano, 82, 83, 106
patacho Saraiva, 63, 76
Patrocínio, José do, 321, 355, 356, 419
Paço de São Cristóvão, 412
Paço, João Gomes do, 231, 234
Pedro II, 193, 281, 412
Pedro I, 193, 412
Pedro, o Apóstolo, 410
Peixoto, Camilo Gavião, 133, 180, 181
Pereira, Lafayette Rodrigues, 167
Pereira, Sebastião José, 113, 115, 134
periódicos
    A Gazeta da Tarde (RJ), 73, 105, 173, 179, 271, 275, 279, 285, 293, 299, 309, 310, 319, 321, 329, 335, 345, 359, 371, 391, 419
    A Província de S. Paulo (SP), 105, 107, 110, 113, 115, 117, 131, 138, 155, 168, 171, 179, 189, 217, 231, 237, 239, 243, 247, 251, 267, 268, 277, 279, 290, 296, 320, 330, 355, 357, 359, 361, 367, 369, 371, 385, 405, 407, 415
    Almanaque literário de São Paulo, 399
    Colombo, 320

Correio Paulistano, 290, 296, 405
Democracia, 399
Gazeta de S. Paulo (SP), 109, 219, 227, 259-263, 265, 330, 373, 379, 381
Gazeta do Povo (SP), 103, 105, 107, 147, 149, 211, 227, 233, 237, 279, 280, 296, 346, 347, 355, 361, 367, 373, 385, 387, 393, 407
Jornal do Commercio, 174
O Cabrião, 399
Tiradentes (RJ), 409
pessoas defendidas por Gama
   soldado Seixas, 385
   Antonio, 373
   Benedicta, 405, 407
   Brandina, 109, 110
   Caetano, 132, 190
   Elisa, 180, 181, 185
   José Lopes de Lima, 228
   Maria Luiza, 259, 260, 263
   Raymundo, 373
   Umbellina, 185
Phocion, 379
Pires, Barbosa, 109, 110
Poder Moderador, 305, 396
Polião, Públio Védio, 185
Portaria
   2ª de 4 de novembro de 1825, 158
   de 1825, 160
   de 21 de maio de 1831, 176, 193, 198
   de 24 de dezembro de 1824, 158, 159
   nº 111 de 21 de maio de 1831, 176, 194
praça da Sé, 107, 118
Primeira República Francesa, 343

Primeiras trovas burlescas de Getulino, 69, 75
Proclamação da República, 411, 412
Proudhon, Pierre-Joseph, 321, 322, 328, 330
Provedoria de Capelas e Resíduos, 164

Quartel da Legião dos Voluntários Reais, 324
Quartel de Linha, 324
Quintella, Luiz Candido, 63, 76

Recreio Dramático Abolicionista, 347, 348
Regimento nº 120 de 31 de janeiro de 1842, 126
Rego, Antonio Gomes do, 115, 132, 134, 135
Regulamento
   de 1872, 161
   de 15 de junho de 1859, 162
   de 1859, 161
   de 1º de dezembro de 1871, 163, 166
   nº 120 de 31 de janeiro de 1842, 139, 140
   nº 2.433 de 15 de junho de 1859, 158
   nº 5.135 de 13 de novembro de 1871, 157
   nº 5.135 de 13 de novembro de 1872, 158, 162, 182, 185, 213, 220, 223
Reino de Portugal, 121, 142, 143
República Romana, 103
Revolta liberal de 1842, 103
Revolução Francesa, 350
Rio de Janeiro, 61-63, 67, 74, 76, 81, 132, 144, 194, 202, 205, 241, 305, 306, 332, 396, 397, 412, 413

rio Tamanduateí, 289, 327
rio Tebicuary, 401, 402
Rocha Tarpeia, 103
Rocha, Antonio Candido da, 132
Rocha, José Manoel Coelho da, 174
roda dos enjeitados *veja* roda dos expostos 323
roda dos expostos, 324
Rotterdam, Erasmo de, 249
rua do Bângala, 60, 74

Sabinada, 61, 74
Sabino, Francisco, 61, 74
Salas y Cortés, Ramon de, 138
Savigny, Friderich Carl von, 83
Secretaria de Estado dos Negócios da Justiça, 193, 194
Secretaria de Polícia, 66, 67, 79, 132
senado, 82, 195, 200, 201, 292
Serva, Jayme Soares, 280
Silva, Antonio Carlos Ribeiro de Andrada Machado e, 197, 289
Silva, Florêncio Carlos de Abreu e, 241
Silva, Guilherme Caetano da, 405, 407
Silva, Joaquim Pedro da, 262, 347-351
Silva, José Bonifácio de Andrade e (o Moço), 81, 289, 399, 400, 404
Silva, Vicente Ferreira da, 79
Silvado, João Brasil, 397
Silveira, Francisco Balthazar da, 158, 168
Silveira, Pedro Ivo Veloso da, 396
Sinimbú, José Lins Vieira Cansanção de, 142, 346
Stanhope, Philip, 287
Stowe, Harriet, 98, 338

Supremo Tribunal de Justiça, 110, 132, 158, 183
Supremo Tribunal Federal, 81, 134
Sófocles, 349
Sólon, 247

Terceira Guerra Servil, 75
Terra de Santa Cruz, 342
Thackeray, William Makepeace, 287
Tirrel, 327
Tratado bilateral entre Portugal e Grã-Bretanha de 22 de janeiro de 1815, 176, 192, 199
Tratado de 1817, 199
Tribunal da Relação da Corte, 67, 79, 115, 123, 134, 168, 277
Tribunal do Júri, 227, 229

Uchôa, Ignacio José de Mendonça, 132
Universidade de Salamanca, 139

vale do Paraíba, 69, 82, 211, 302
Valle, Valeriano José do, 281
Veloso, Pedro Leão, 395
Veras, Pedro de Alcântara Peixoto de Miranda, 147-149
Vergueiro, Nicolau José de Campos, 304, 315
Vieira (cerieiro português), 63, 76
Vieira, Rocha, 180, 229
Villar, Alexandre Augusto Frias, 387
Villaça, Joaquim Pedro, 132
Virgílio, 244
Visconde de Rio Branco, 239
Voltaire, 343

Wanderley, João Maurício, 241
Washington, George, 409

Xavier, Joaquim José da Silva, 412

COLEÇÃO HEDRA

1. *Don Juan*, Molière
2. *Contos indianos*, Mallarmé
3. *Triunfos*, Petrarca
4. *O retrato de Dorian Gray*, Wilde
5. *A história trágica do Doutor Fausto*, Marlowe
6. *Os sofrimentos do jovem Werther*, Goethe
7. *Dos novos sistemas na arte*, Maliévitch
8. *Metamorfoses*, Ovídio
9. *Micromegas e outros contos*, Voltaire
10. *O sobrinho de Rameau*, Diderot
11. *Carta sobre a tolerância*, Locke
12. *Discursos ímpios*, Sade
13. *O príncipe*, Maquiavel
14. *Dao De Jing*, Lao Zi
15. *O fim do ciúme e outros contos*, Proust
16. *Pequenos poemas em prosa*, Baudelaire
17. *Fé e saber*, Hegel
18. *Joana d'Arc*, Michelet
19. *Livro dos mandamentos: 248 preceitos positivos*, Maimônides
20. *O indivíduo, a sociedade e o Estado, e outros ensaios*, Emma Goldman
21. *Eu acuso!*, Zola | *O processo do capitão Dreyfus*, Rui Barbosa
22. *Apologia de Galileu*, Campanella
23. *Sobre verdade e mentira*, Nietzsche
24. *O princípio anarquista e outros ensaios*, Kropotkin
25. *Os sovietes traídos pelos bolcheviques*, Rocker
26. *Poemas*, Byron
27. *Sonetos*, Shakespeare
28. *A vida é sonho*, Calderón
29. *Escritos revolucionários*, Malatesta
30. *Sagas*, Strindberg
31. *O mundo ou tratado da luz*, Descartes
32. *Fábula de Polifemo e Galateia e outros poemas*, Góngora
33. *A vênus das peles*, Sacher-Masoch
34. *Escritos sobre arte*, Baudelaire
35. *Cântico dos cânticos*, [Salomão]
36. *Americanismo e fordismo*, Gramsci
37. *O princípio do Estado e outros ensaios*, Bakunin
38. *Balada dos enforcados e outros poemas*, Villon
39. *Sátiras, fábulas, aforismos e profecias*, Da Vinci
40. *O cego e outros contos*, D.H. Lawrence
41. *Rashômon e outros contos*, Akutagawa
42. *História da anarquia (vol. 1)*, Max Nettlau
43. *Imitação de Cristo*, Tomás de Kempis
44. *O casamento do Céu e do Inferno*, Blake
45. *Flossie, a Vênus de quinze anos*, [Swinburne]
46. *Teleny, ou o reverso da medalha*, [Wilde et al.]
47. *A filosofia na era trágica dos gregos*, Nietzsche
48. *No coração das trevas*, Conrad
49. *Viagem sentimental*, Sterne
50. *Arcana Cœlestia e Apocalipsis revelata*, Swedenborg
51. *Saga dos Volsungos*, Anônimo do séc. XIII
52. *Um anarquista e outros contos*, Conrad
53. *A monadologia e outros textos*, Leibniz
54. *Cultura estética e liberdade*, Schiller

55. *Poesia basca: das origens à Guerra Civil*
56. *Poesia catalã: das origens à Guerra Civil*
57. *Poesia espanhola: das origens à Guerra Civil*
58. *Poesia galega: das origens à Guerra Civil*
59. *O pequeno Zacarias, chamado Cinábrio*, E.T.A. Hoffmann
60. *Entre camponeses*, Malatesta
61. *O Rabi de Bacherach*, Heine
62. *Um gato indiscreto e outros contos*, Saki
63. *Viagem em volta do meu quarto*, Xavier de Maistre
64. *Hawthorne e seus musgos*, Melville
65. *A metamorfose*, Kafka
66. *Ode ao Vento Oeste e outros poemas*, Shelley
67. *Feitiço de amor e outros contos*, Ludwig Tieck
68. *O corno de si próprio e outros contos*, Sade
69. *Investigação sobre o entendimento humano*, Hume
70. *Sobre os sonhos e outros diálogos*, Borges | Osvaldo Ferrari
71. *Sobre a filosofia e outros diálogos*, Borges | Osvaldo Ferrari
72. *Sobre a amizade e outros diálogos*, Borges | Osvaldo Ferrari
73. *A voz dos botequins e outros poemas*, Verlaine
74. *Gente de Hemsö*, Strindberg
75. *Senhorita Júlia e outras peças*, Strindberg
76. *Correspondência*, Goethe | Schiller
77. *Poemas da cabana montanhesa*, Saigyō
78. *Autobiografia de uma pulga*, [Stanislas de Rhodes]
79. *A volta do parafuso*, Henry James
80. *Ode sobre a melancolia e outros poemas*, Keats
81. *Carmilla — A vampira de Karnstein*, Sheridan Le Fanu
82. *Pensamento político de Maquiavel*, Fichte
83. *Inferno*, Strindberg
84. *Contos clássicos de vampiro*, Byron, Stoker e outros
85. *O primeiro Hamlet*, Shakespeare
86. *Noites egípcias e outros contos*, Púchkin
87. *Jerusalém*, Blake
88. *As bacantes*, Eurípides
89. *Emília Galotti*, Lessing
90. *Viagem aos Estados Unidos*, Tocqueville
91. *Émile e Sophie ou os solitários*, Rousseau
92. *Manifesto comunista*, Marx e Engels
93. *A fábrica de robôs*, Karel Tchápek
94. *Sobre a filosofia e seu método — Parerga e paralipomena (v. II, t. 1)*, Schopenhauer
95. *O novo Epicuro: as delícias do sexo*, Edward Sellon
96. *Revolução e liberdade: cartas de 1845 a 1875*, Bakunin
97. *Sobre a liberdade*, Mill
98. *A velha Izerguil e outros contos*, Górki
99. *Pequeno-burgueses*, Górki
100. *Primeiro livro dos Amores*, Ovídio
101. *Educação e sociologia*, Durkheim
102. *A nostálgica e outros contos*, Papadiamántis
103. *Lisístrata*, Aristófanes
104. *A cruzada das crianças/ Vidas imaginárias*, Marcel Schwob
105. *O livro de Monelle*, Marcel Schwob
106. *A última folha e outros contos*, O. Henry
107. *Romanceiro cigano*, Lorca
108. *Sobre o riso e a loucura*, [Hipócrates]
109. *Hino a Afrodite e outros poemas*, Safo de Lesbos
110. *Anarquia pela educação*, Élisée Reclus
111. *Ernestine ou o nascimento do amor*, Stendhal

112. *Odisseia*, Homero
113. *O estranho caso do Dr. Jekyll e Mr. Hyde*, Stevenson
114. *História da anarquia (vol. 2)*, Max Nettlau
115. *Sobre a ética — Parerga e paralipomena (v. II, t. II)*, Schopenhauer
116. *Contos de amor, de loucura e de morte*, Horacio Quiroga
117. *Memórias do subsolo*, Dostoiévski
118. *A arte da guerra*, Maquiavel
119. *Elogio da loucura*, Erasmo de Rotterdam
120. *Oliver Twist*, Dickens
121. *O ladrão honesto e outros contos*, Dostoiévski
122. *Sobre a utilidade e a desvantagem da história para a vida*, Nietzsche
123. *Édipo Rei*, Sófocles
124. *Fedro*, Platão
125. *A conjuração de Catilina*, Salústio
126. *O chamado de Cthulhu*, H. P. Lovecraft
127. *Ludwig Feuerbach e o fim da filosofia clássica alemã*, Engels

METABIBLIOTECA

1. *O desertor*, Silva Alvarenga
2. *Tratado descritivo do Brasil em 1587*, Gabriel Soares de Sousa
3. *Teatro de êxtase*, Pessoa
4. *Oração aos moços*, Rui Barbosa
5. *A pele do lobo e outras peças*, Artur Azevedo
6. *Tratados da terra e gente do Brasil*, Fernão Cardim
7. *O Ateneu*, Raul Pompeia
8. *História da província Santa Cruz*, Gandavo
9. *Cartas a favor da escravidão*, Alencar
10. *Pai contra mãe e outros contos*, Machado de Assis
11. *Iracema*, Alencar
12. *Auto da barca do Inferno*, Gil Vicente
13. *Poemas completos de Alberto Caeiro*, Pessoa
14. *A cidade e as serras*, Eça
15. *Mensagem*, Pessoa
16. *Utopia Brasil*, Darcy Ribeiro
17. *Bom Crioulo*, Adolfo Caminha
18. *Índice das coisas mais notáveis*, Vieira
19. *A carteira de meu tio*, Macedo
20. *Elixir do pajé — poemas de humor, sátira e escatologia*, Bernardo Guimarães
21. *Eu*, Augusto dos Anjos
22. *Farsa de Inês Pereira*, Gil Vicente
23. *O cortiço*, Aluísio Azevedo
24. *O que eu vi, o que nós veremos*, Santos-Dumont

«SÉRIE LARGEPOST»

1. *Dao De Jing*, Lao Zi
2. *Escritos sobre literatura*, Sigmund Freud
3. *O destino do erudito*, Fichte
4. *Diários de Adão e Eva*, Mark Twain
5. *Diário de um escritor (1873)*, Dostoiévski

«SÉRIE SEXO»

1. *A vênus das peles*, Sacher-Masoch
2. *O outro lado da moeda*, Oscar Wilde
3. *Poesia Vaginal*, Glauco Mattoso
4. *Perversão: a forma erótica do ódio*, Stoller
5. *A vênus de quinze anos*, [Swinburne]
6. *Explosao: romance da etnologia*, Hubert Fichte

COLEÇÃO «QUE HORAS SÃO?»

1. *Lulismo, carisma pop e cultura anticrítica*, Tales Ab'Sáber
2. *Crédito à morte*, Anselm Jappe
3. *Universidade, cidade e cidadania*, Franklin Leopoldo e Silva
4. *O quarto poder: uma outra história*, Paulo Henrique Amorim
5. *Dilma Rousseff e o ódio político*, Tales Ab'Sáber
6. *Descobrindo o Islã no Brasil*, Karla Lima
7. *Michel Temer e o fascismo comum*, Tales Ab'Sáber
8. *Lugar de negro, lugar de branco?*, Douglas Rodrigues Barros
9. *Machismo, racismo, capitalismo identitário*, Pablo Polese
10. *A linguagem fascista*, Carlos Piovezani & Emilio Gentile

COLEÇÃO «ARTECRÍTICA»

1. *Dostoiévski e a dialética*, Flávio Ricardo Vassoler
2. *O renascimento do autor*, Caio Gagliardi
3. *O homem sem qualidades à espera de Godot*, Robson de Oliveira

«NARRATIVAS DA ESCRAVIDÃO»

1. *Incidentes da vida de uma escrava*, Harriet Jacobs
2. *Nascidos na escravidão: depoimentos norte-americanos*, WPA
3. *Narrativa de William W. Brown, escravo fugitivo*, William Wells Brown

COLEÇÃO «WALTER BENJAMIN»

1. *O contador de histórias e outros textos*, Walter Benjamin
2. *Diário parisiense e outros escritos*, Walter Benjamin

Adverte-se aos curiosos que se imprimiu este livro na gráfica Meta Brasil, em 14 de agosto de 2023, em papel pólen soft, em tipologia MinionPro e Formular, com diversos sofwares livres, entre eles LaTeX & git.
(v. cf2d232)